D1718543

KIELER GEOGRAPHISCHE SCHRIFTEN

Begründet von Oskar Schmieder

Herausgegeben vom Geographischen Institut der Universität Kiel
durch J. Bähr, H. Klug und R. Stewig

Schriftleitung: S. Busch

Band 75

AXEL PRIEBS

Dorfbezogene Politik und Planung in Dänemark unter sich wandelnden gesellschaftlichen Rahmenbedingungen

KIEL 1990

IM SELBSTVERLAG DES GEOGRAPHISCHEN INSTITUTS
DER UNIVERSITÄT KIEL
ISSN 0723 - 9874
ISBN 3 - 923887 - 17 - 5

CIP-Titelaufnahme der Deutschen Bibliothek

Priebs, Axel:
Dorfbezogene Politik und Planung in Dänemark unter sich
wandelnden gesellschaftlichen Rahmenbedingungen / Axel
Priebs. Geograph. Inst. d. Univ. Kiel. - Kiel: Geograph. Inst., 1990
  (Kieler geographische Schriften; Bd. 75)
  Zugl.: Kiel, Univ., Diss.
  ISBN 3-923887-17-5

NE: GT

Gedruckt mit Unterstützung des Ministeriums für Bildung, Wissenschaft,
Jugend und Kultur des Landes Schleswig-Holstein

Vorwort

Durch persönliche Kontakte nach Dänemark, aber auch durch fachliches Interesse an der dänischen Planungspraxis wurde ich während meiner Zeit als Regionalplaner des Landkreises Verden auf den besonderen Stellenwert aufmerksam, den die Dörfer und ihre Probleme in der dänischen Öffentlichkeit einnehmen. Aus dem Wunsch, mehr über die Hintergründe dieses Phänomens zu erfahren, erwuchs die Idee zur Anfertigung der vorliegenden Dissertation. Herr Professor Dr. Jürgen Bähr vom Geographischen Institut der Universität Kiel, dem ich diese Gedanken vortrug, bestärkte mich in meinem Vorhaben und erklärte sich zur Betreuung der Arbeit bereit. Ihm gilt mein herzlicher Dank für die stete Förderung und kritische Begleitung der Arbeit.

Ermöglicht wurde die Realisierung dieser Idee durch meinen beruflichen Wechsel zum Wintersemester 1986/87 an die Pädagogische Hochschule Flensburg, wo der damalige Geschäftsführende Direktor des Geographischen Seminars und Leiter der Forschungsstelle für Regionale Landeskunde, Professor Dr. Karl Weigand, meinem Vorhaben größtes Interesse entgegenbrachte und die Verbindung von Dissertation und Projektarbeiten ermöglichte. Dafür gilt auch ihm mein herzlicher Dank.

Die Bearbeitung des Themas wäre nicht möglich gewesen ohne die mir in Dänemark entgegengebrachte Offenheit und das Entgegenkommen der dortigen Kolleginnen und Kollegen, Behörden, Dorfvereinigungen und anderen Institutionen sowie der Gesprächspartner in den Dörfern. Ihnen gilt mein Dank nicht nur für wertvolle Informationen und anregende Gespräche, sondern auch für viele angenehme menschliche Begegnungen.

Unter den wissenschaftlichen Institutionen, die mir besonders behilflich waren, möchte ich das (inzwischen leider aufgelöste) Geographische Institut der Universität Århus sowie das Geographische Institut der Universität Kopenhagen besonders hervorheben. Von den Fachbibliotheken muß an erster Stelle die Bibliothek von Dansk Byplanlaboratorium genannt werden, deren phantastische Bestände an Original-Plandokumenten und an Planungsliteratur ich während mehrerer Aufenthalte in Kopenhagen auswerten konnte. Erwähnen möchte ich auch die Bibliothek des Sydjysk Universitetscenter in Esbjerg, wo ich ebenfalls mehrere Male zu Gast war. Ein Dank gilt schließlich der Landesplanungsbehörde (Planstyrelsen), die mir nicht nur umfangreiches Material überließ, sondern mir auch die Teilnahme an einem Seminar über Landwirtschaft und Landgemeinden im März 1987 in Gilleleje ermöglichte.

Da ein großer Teil des Themas von Deutschland aus bearbeitet werden mußte, hat mir die dänische Bibliothek in Flensburg (Dansk Centralbibliotek for Sydslesvig) wertvolle Dienste geleistet. Sie hat es nicht nur geschafft, auch die schwierigsten Titel der "grauen Literatur" aus anderen Bibliotheken in Dänemark zu beschaffen, sondern es mir durch unbürokratisches Entgegenkommen auch ermöglicht, über ein gutes Jahr hinweg drei dänische Regionalzeitungen (VESTKYSTEN, VEJLE AMTS FOLKEBLAD und FYENS STIFTSTIDENDE) systematisch auszuwerten.

Aus dem großen Kreis der Personen in Dänemark, die meine Arbeit unterstützt haben, seien namentlich (in alphabetischer Reihenfolge) genannt: Carsten Abild (Otterup), Andreas Cornett (Åbenrå), Dr. Wolfgang Framke (Århus), Ole Glahn (Viskinge), Prof. Dr. Viggo Hansen (Kopenhagen), Olaf Lind (Højbjerg), Jan Michel (Fjaltring), Rie Post (Spøttrup), Niels Henrik

Ross-Petersen (Nykøbing/Mors), Paul Erik Sonne (Kollemorten) und Gøsta Toft (Åbenrå). Meinen dänischen Freunden Ib und Hanne (Nykøbing/Mors), Bent und Lisbeth (Rødovre) sowie Sten und Rosemarie (Kopenhagen) möchte ich herzlich dafür danken, daß sie mir manchen Hinweis für meine Arbeit gaben und mich bei meinen Forschungsreisen gastfreundlich aufnahmen.

Für fachliche Anregungen danke ich auch den Herren Prof. Dr. Eckart Dege, Dr. Paul Gans, Prof. Dr. Dietrich Wiebe und Dr. Reinhard Zölitz vom Geographischen Institut der Universität Kiel, Herrn Dipl.-Geogr. Rainer Danielzyk (Universität Oldenburg) sowie Herrn Wilhelm Sell, Kreisarchivar in Flensburg. Ebenfalls zu danken habe ich für die Reinzeichnung der Abbildungen durch Frau Heike Bostelmann (Institut für Regionale Forschung und Information, Flensburg) sowie Frau Petra Sinuraya (Geographisches Institut der Universität Kiel). Den Herausgebern und dem Schriftleiter der Kieler Geographischen Schriften danke ich für die Möglichkeit der Publikation dieser Arbeit.

In Dankbarkeit erinnere ich mich an die gemeinsamen Besichtigungen und Diskussionen mit meinem inzwischen verstorbenen Vater Walter Priebs, der mich auf mehreren Reisen nach Dänemark begleitete.

Ein herzlicher Dank gilt auch meiner Mutter Eleonore Priebs für die sorgfältige Korrekturlesung, Frau Hiltrud Gans für die druckfertige Aufbereitung des Manuskripts sowie Herrn Hubert Faust für die Beratung bei der Drucklegung. Schließlich danke ich meiner Frau Brynja Halldórsdóttir für ihr Verständnis, das sie meiner Arbeit entgegenbrachte, obwohl mich diese auch manchen Abend und manches Wochenende an den Schreibtisch "fesselte".

Das Manuskript wurde im Juni 1989 abgeschlossen.

Kiel, im Mai 1990   Axel Priebs

Inhaltsverzeichnis

Verzeichnis der Abbildungen

Verzeichnis der Tabellen

1. Einleitung

1.1 Inhaltliches und methodisches Anliegen

Zur Erfassung und Lösung der Probleme des Dorfes sind in unserem Nachbarland Dänemark in den beiden vergangenen Jahrzehnten, insbesondere seit Mitte der 70er Jahre, sowohl in der Politik als auch in der räumlichen Planung sehr konkrete Denk- und Handlungsansätze entwickelt worden.

Während für die Bundesrepublik Deutschland in aller Nüchternheit festzuhalten ist, daß - trotz mancher guten Ansätze in der Dorferneuerung - "das Dorf" politisch kein Thema ist und "Politik für den ländlichen Raum" auch heute noch in erster Linie mit Agrarpolitik gleichgesetzt wird, muß überraschen, auf welche breite Resonanz in der dänischen Öffentlichkeit die komplexen Gegenwarts- und Zukunftsprobleme des Dorfes als Lebensumfeld stoßen. So ist nicht nur seit den 70er Jahren ein erstarkendes Selbstbewußtsein der Dorfbevölkerung festzustellen, das sich unter anderem in der Bildung einer landesweiten Dorfbewegung ausgedrückt hat, sondern seit Anfang der 80er Jahre auch eine schrittweise Rezeption der wesentlichen Anliegen dieser Dorfbewegung durch Kommunal- und Landespolitiker. Mit der vorliegenden Arbeit hat sich der Verfasser das Ziel gesetzt,
- historische Wurzeln für dieses Interesse an der dörflichen Lebensweise zu finden, wozu die wesentlichen Entwicklungsleitlinien der dänischen Dörfer in den beiden letzten Jahrhunderten nachgezeichnet werden (Teil 2);
- die gesellschaftspolitischen Voraussetzungen und Rahmenbedingungen für das Entstehen der Dorfbewegung aufzuzeigen, indem charakteristische Beispiele für die Wachstums- und Zentralisierungtendenzen in der wirtschaftlichen Hochkonjunktur (seit der Mitte der 50er bis zum Anfang der 70er Jahre) und die damit verbundene Marginalisierung des Dorfes vorgestellt werden (Teil 3);
- den Prozeß der "Wiederentdeckung des Dorfes" nach 1970 zu strukturieren und zu analysieren, wozu Handlungsformen lokaler und überregionaler Dorfinitiativen dargestellt, wesentliche politische Weichenstellungen herausgearbeitet werden sowie die dorfbezogene öffentliche Diskussion der beiden letzten Jahrzehnte in ihren Grundzügen aufbereitet wird (Teil 4);
- anhand von Beispielen für dorfbezogene Politik und Planung Ansätze, Schwierigkeiten und Erfolge lokaler, regionaler und landesweiter Handlungsansätze zur Verbesserung der Lebensbedingungen in den Dörfern kritisch aufzuarbeiten und - soweit bereits möglich - zu bewerten (Teil 5); und schließlich
- eine zusammenfassende Wertung und einen kritischen Ausblick zu versuchen sowie auf die Frage der Übertragbarkeit der dänischen Ansätze auf deutsche Verhältnisse einzugehen (Teil 6).

Ein ganz wesentliches Anliegen dieser Arbeit liegt darin, die Raumentwicklung und Planungsgeschichte der letzten Jahrzehnte aus der spezifischen Perspektive der Dörfer und ihrer Bevölkerung aufzuarbeiten und zu bewerten, wozu freilich die üblichen quantitativen Methoden der Regionalforschung nicht geeignet sind. Vielmehr war es neben einer gründlichen Einarbeitung in die spezifischen gesellschaftlichen und politischen Verhältnisse Dänemarks erforderlich, intensive Recherchen vor Ort durchzuführen. In erster Linie handelte es sich hierbei um ausführliche Gespräche und Interviews mit Akteuren und Betroffenen in den Dörfern. Bei diesen Recherchen wurde versucht, die notwendige "Offenheit und Aufgeschlossenheit gegenüber dem Untersuchungsfeld und den Akteuren" aufzubringen sowie "flexibel und offen"

(SEDLACEK 1989, 12) an die Interviewführung und deren Auswertung heranzugehen, wie es für die qualitative Sozialforschung charakteristisch ist, geht es doch ganz wesentlich darum, die subjektive Wahrnehmung von "Lebensqualität" und lokalen Problemlagen durch die Bewohner eines Ortes aufzuspüren und in ihrer Bedeutung zu erkennen. Vor allem in den Teilen 4 und 5 dieser Arbeit dürfte deutlich werden, daß der Verfasser wesentliche Aspekte des "interpretativen Paradigmas" aufgreift, worunter DANIELZYK & WIEGANDT (1985, 14) verstehen, "daß Situationen, Handlungsweisen, Interaktionen, Formen des Alltagsbewußtseins usw. nur in einer Weise darstellbar sind, die sich auf die Position der beteiligten Subjekte einläßt und schon bei der Dokumentation auf Interpretation angewiesen ist". Der Verfasser ist sich der mit diesem Paradigma verbundenen Schwierigkeiten durchaus bewußt, da er häufig auf "atmosphärischen" Eindrücken und auf nicht immer objektiven Schilderungen von Betroffenen bzw. Akteuren aufbauen muß. Auch das Problem, daß die Bewertung derartiger Schilderungen nur selten mit Hilfe "harter Daten" erfolgen kann, liegt bei dieser im Sinne von DANIELZYK & WIEGANDT (1985, 14) "subjektivitätsorientierten und alltagsnahen" Forschung unmittelbar auf der Hand. Obwohl wenn es eines der Wesensmerkmale qualitativer Sozialwissenschaften ist, daß eine szientische Suche nach der "Wahrheit" bzw. einer "objektiven Realität" als aussichtslos gelten muß, wurde in der vorliegenden Arbeit selbstverständlich versucht, die Forschungsergebnisse und deren Bewertung durch Sorgfalt in der Recherche sowie eine breitgefächerte Material- und Beispielsammlung nachvollziehbar zu machen. Gerade das Arbeiten mit Beispielen bzw. Fallstudien, die in der vorliegenden Arbeit einen besonderen Stellenwert einnehmen, dürfte für den qualitativen Ansatz in der Kultur- und Sozialgeographie besonders charakteristisch sein, da nach SEDLACEK qualitative Sozialgeographie nicht auf allgemeingültige Theorien abzielt, sondern aus den in den Fallstudien gewonnenen Informationen mosaikartig ein "Weltbild" entworfen wird (pers. Mitt.).

Mit dem Ansatz, die Belange der Dörfer und ihrer Bewohner in den Vordergrund der Arbeit zu stellen und die zahlreichen lokalen Initiativen unter systematischen Gesichtspunkten aufzuarbeiten, unternimmt der Verfasser auch den Versuch, im Sinne von BARTELS (1980, 53) einen Beitrag zur "engagierten Geographie" zu leisten. Wie noch zu zeigen sein wird, hat es sich bei den Konzentrations- und Zentralisierungsmaßnahmen in der Zeit der wirtschaftlichen Hochkonjunktur durchaus im BARTELSschen Sinne um "Übersteigerungen räumlicher Funktionsspezialisierung" gehandelt, welche "an die Stelle selbstbestimmter Kleinlebensräume ... in zunehmendem Umfang fremdbestimmte Standorte mit einseitigen Fernfunktionen setzt."

Neben den Interviews mit Betroffenen und Akteuren, d.h. mit Schlüsselpersonen aus der Dorfbewegung sowie aus Politik, Wirtschaft und Verwaltung, die zwecks Erkundung der "Insider-Sichtweise" stets in der Form offener Gespräche durchgeführt wurden, fanden im empirischen Teil der Arbeit folgende "Bausteine" Verwendung:
- Für die laufende Information über aktuelle Probleme der Dörfer und die Suche nach lokalen und regionalen Beispielen für dorforientierte Politik und Planung erwies sich die systematische Auswertung der im Vorwort genannten sowie die Lektüre weiterer Tageszeitungen (u.a. POLITIKEN, JYLLANDS-POSTEN) als unentbehrlich, da der Verfasser hierdurch in einer ganzen Reihe von Fällen auf die Spur interessanter Initiativen geführt wurde.
- Vor allem für die Aufarbeitung der historischen und gesellschaftspolitischen Rahmenbedingungen waren eingehende Literaturstudien erforderlich. Während diesbezüglich die Materiallage als sehr gut zu bezeichnen ist, liegen so gut wie keine wissenschaftlichen Veröffentlichungen vor, die sich ausführlich mit der Dorfbewegung selbst beschäftigen. Nur am Rande sei vermerkt, daß fast die gesamte vorliegende Arbeit auf dänischer Originalliteratur basiert,

2

da von wenigen Ausnahmen abgesehen - hingewiesen sei hier auf Arbeiten von CORNETT, FRAMKE, ILLERIS und TOFT sowie einige Abhandlungen auf dem Energiesektor - die Entwicklungen in Dänemark in der deutschsprachigen Literatur nur wenig Beachtung gefunden haben.

- Einen wertvollen Ersatz für die weitestgehend fehlenden wissenschaftlichen Darstellungen zur Entwicklung der Dorfbewegung stellten die Unterlagen aus privaten Archiven dar, die der Verfasser einsehen konnte. Ausgewertet werden konnten neben älteren Zeitungsberichten auch Protokolle, Briefe, Denkschriften und "graue Literatur". Dadurch war es möglich, Auskünfte von Schlüsselpersonen zeitlich exakt einzuordnen und den "roten Faden" für die chronologische Darstellung zu finden.
- Ausgewertet wurde schließlich eine ganze Reihe von Plänen und Dokumenten der kommunalen, regionalen und staatlichen Planungsbehörden sowie die einschlägigen Fachzeitschriften zur Kommunalpolitik und Planung.

1.2 Definitions- und Übersetzungsprobleme

Während es in einer klassischen siedlungsgeographischen Abhandlung sicherlich erforderlich wäre, sich intensiv mit Abgrenzungs- und Definitionsproblemen des Begriffs "Dorf" auseinanderzusetzen, wird in dieser Arbeit, die ja in erster Linie die gesellschaftspolitischen und planerischen Aspekte der Dorfentwicklung ausleuchten will, der Begriff "Dorf" sehr weit gefaßt und sehr pragmatisch angewandt. Damit schließt sich der Verfasser prinzipiell der Vorgehensweise der dänischen Dorfkommission (landsbykommission) an, auf deren Arbeit vertieft in Kapitel 4.6 eingegangen wird. Auch die Dorfkommission, die eine Reihe von Definitionen des Begriffs aufgearbeitet hat, hielt es nicht für zweckmäßig, sich für ihre Untersuchungen auf eine durchgängige Definition des Begriffs "Dorf" festzulegen (vgl. Betænkning Nr. 910, S. 51-63). Trotz dieses pragmatischen Dorfverständnisses konzentrierte sich das Hauptinteresse der Dorfkommission auf ländliche Siedlungen mit einer Einwohnerzahl zwischen 200 und 1.000. Dabei leitet sich die Untergrenze von 200 Einwohnern aus einer Vereinbarung der Chefstatistiker der nordischen Länder aus dem Jahr 1960 her, in der eine geschlossene Siedlung (bymæssigt område) als zusammenhängende Bebauung mit mindestens 200 Einwohnern definiert wird; als zusammenhängend wird die Bebauung dann angesehen, wenn die Abstände zwischen den Häusern in der Regel 200 m nicht übersteigen. Die Obergrenze von 1.000 Einwohnern begründet die Dorfkommission damit, daß die Dörfer nach Überschreiten dieser Einwohnerschwelle ihre eigentliche dörfliche Prägung sowohl in physiognomischer als auch in sozialer Hinsicht verlören; hierbei verweist die Kommission auf wissenschaftliche Dorfuntersuchungen, in denen ebenfalls eine Einwohnerzahl von 1.000 gewählt wird (Betænkning Nr. 910, S. 56).

In der vorliegenden Arbeit wird also in weitgehender Analogie zum Vorgehen der Dorfkommission ein "offener" Dorfbegriff verwendet. Es erschien dem Verfasser jedoch nicht als zweckmäßig, die Obergrenze von 1.000 Einwohnern als strenges Ausschlußkriterium zu sehen - vielmehr werden fallweise auch Bahnhofssiedlungen oder andere ländliche Siedlungen mit mehr als 1.000 Einwohnern betrachtet. Zur Klarstellung sei weiterhin angemerkt, daß das Erkenntnisinteresse der vorliegenden Arbeit zwar vor allem den Siedlungen des ländlichen Raumes gilt, daß der Verfasser jedoch - vor allem bei der Aufarbeitung der dorfbezogenen Planungspraxis - auch die Einbeziehung von Dörfern in verdichteten Räumen für erforderlich hält. Gerade in diesen Orten wird häufig ganz besonderer Wert auf den Erhalt dörflicher Strukturen gelegt, um eine bewußte Alternative zu städtischen Wohn- und Lebensbedingungen zu erhalten.

Bei der Auswertung von Expertengesprächen und von gedruckten Quellen stand der Verfasser vor der Aufgabe, eine Vielzahl dänischer Fachwörter in die deutsche Sprache zu übersetzen. Meistens war dies problemlos möglich, in einigen Fällen jedoch, in denen sich Begriffe aus der spezifischen dänischen gesellschaftlichen Situation ergeben, war es schwierig, adäquate deutsche Termini zu finden. Dies gilt zum Beispiel für den in Dänemark sehr stark diskutierten Begriff "nærdemokrati", der mit "direkter Demokratie" nur annäherungsweise übersetzt ist, oder das Wort "lokalsamfund", der mit dem immateriellen Begriff "lokale Gemeinschaft" insofern nur unvollkommen erfaßt ist, als damit in der dänischen Sprache auch im physischen Sinne eine kleine Siedlung gemeint sein kann.

Nicht immer einfach ist auch die jeweils treffende Übersetzung des Wortes "by", kann dieses doch sowohl als Oberbegriff für alle Formen geschlossener Siedlungen als auch im engeren Sinn speziell für die Bezeichnung einer städtischen Siedlung (im Gegensatz zum "landsby", d.h. dem Dorf) gebraucht werden. In diesem Sinne ist der Verfasser der Ansicht, daß die Übersetzung des für die vorliegende Arbeit sehr wichtigen Begriffs "by- og landzoneloven" mit "Gesetz über Stadt- und Landzonen", wie sie u.a. in deutschsprachigen Publikationen dänischer Institutionen verwendet wird, nicht sinnvoll ist. Anliegen dieses Gesetzes ist nämlich die eindeutige gegenseitige Abgrenzung von Landflächen und geschlossenen Siedlungsflächen, was annäherungsweise der Unterscheidung in den Außen- und Innenbereich nach deutschem Bauplanungsrecht entspricht. Da "byzone" durchaus auch in kleinsten Siedlungen ausgewiesen werden kann, hält der Verfasser die Übersetzung mit "Stadtzone" nicht für zutreffend. In der vorliegenden Arbeit wird das Gesetz also als "Gesetz über Siedlungs- und Landzonen" bezeichnet, wenn nicht - analog zur dänischen Kurzform "zoneloven" - ohnehin einfach vom "Zonengesetz" gesprochen wird (vgl. Kap. 3.8).

Die meisten "amtlichen" Begriffe wurden so exakt wie möglich ins Deutsche übertragen - so z.B. "kommune" als "Gemeinde" oder "planstyrelsen" als "Landesplanungsbehörde". In den Fällen, in denen die Gefahr bestand, daß die Wahl eines "ähnlichen" deutschen Fachwortes nicht exakt den Kern des dänischen Begriffs treffen würde, wurde der dänische Originalbegriff - bzw. seine wörtliche deutsche Übersetzung - verwandt. So hält es der Verfasser nicht für richtig, "kommuneplan" und "lokalplan" als "Flächennutzungsplan" und "Bebauungsplan" zu übersetzen, da er darin bereits eine nicht zulässige inhaltliche Interpretation sieht; in der vorliegenden Arbeit wird also stets von "Kommunalplan" und "Lokalplan" gesprochen. Die Übersetzung des Begriffes "amtskommune" (bzw. "amt") dürfte weder durch den deutschen Begriff "Kreis" noch durch die vom Spitzenverband der dänischen Amtskommunen in einer deutschsprachigen Broschüre sowie von STEINIGER (1982) verwandte Bezeichnung "Kreisgemeinde" ganz befriedigend sein, weswegen der Verfasser durchgängig von "Amtskommune" bzw. "Amt" spricht. Was die Übersetzung dänischer Fachbegriffe im übrigen betrifft, so sollen denjenigen Lesern, die der dänischen Sprache kundig sind, weiterführende eigene Studien dadurch ermöglicht werden, daß bei vielen Fachtermini der dänische Originalbegriff in Klammern hinzugefügt worden ist.

In der Regel wurden in der vorliegenden Arbeit alle Ortsnamen in der dänischen Schreibweise wiedergegeben - dies gilt auch für Sønderjylland (Nordschleswig), wo im deutschen Sprachgebrauch durchaus noch deutsche Ortsnamen gebräuchlich sind. Eine Ausnahme wurde lediglich bei der Schreibweise der dänischen Hauptstadt gemacht. Während die Dänen selbst von

"København" sprechen, ist der Name "Kopenhagen" im deutschen Sprachraum ein fester Begriff; ähnliches gilt für einige Landschaftsbezeichnungen (Jütland, Fünen usw.). Was die wörtlichen Zitate aus dänischen Quellen betrifft, so handelt es sich - ohne daß dies im einzelnen gekennzeichnet ist - durchweg um Übersetzungen des Verfassers. Diese wurden zwar nach bestem Wissen und Gewissen vorgenommen, doch sind gelegentlich subjektive Bewertungen bei der Wahl des passenden deutschen Ausdrucks nicht vermeidbar. Es liegt im Wesen der vorliegenden Arbeit, daß im Text eine große Zahl kleiner und kleinster Orte erwähnt wird. Um dem Leser das Auffinden dieser Orte zu erleichtern, wurde in der Regel deren Gemeinde- und Amtszugehörigkeit angegeben.

2. Das Dorf im wirtschaftlichen und raumstrukturellen Wandel

2.1 Die Zeit der geschlossenen Dorfgemeinschaft

Das vermutlich auf die Steinzeit zu datierende Einsetzen der Siedlungstätigkeit in Dörfern hängt bekanntlich zusammen mit dem Beginn der Landbewirtschaftung, weswegen für die Lokalisierung von Dörfern die Eignung des jeweiligen Gebietes zur Urbarmachung ausschlaggebend war. Wichtige Kriterien für die Anlage einer Siedlung waren außerdem die Erreichbarkeit von Trinkwasser (aus Bächen oder Quellen) und Brennmaterial (aus Wäldern oder Mooren). Als Motivation für die Anlage von Dörfern werden vor allem das menschliche Bedürfnis nach dem Leben in der Gemeinschaft sowie eine Reihe praktischer Erwägungen, insbesondere die gemeinsame Verteidigung von Leben und Eigentum, gesehen (HANSEN 1973, 58). Der größte Teil der Dörfer entstand wahrscheinlich in der Eisenzeit sowie im frühen Mittelalter, wobei jedoch für die Zeit vor der Erfassung in König Waldemars Erdbuch (1231/1250) nur lückenhaftes Quellenmaterial vorliegt. In der Regel können hier nur archäologische Quellen herangezogen werden; mit eingeschränkter Genauigkeit sind ferner Daten über den Gründungszeitpunkt von Siedlungen durch die Auswertung von Ortsnamen zu gewinnen (vgl. ZÖLITZ 1983, 7).

Die wesentlichen Entwicklungen in der dörflichen Siedlungsstruktur haben sich nach ZÖLITZ (1983, 6 f.) in den ca. 450 Jahren zwischen der Erfassung in König Waldemars Erdbuch und der Matrikelliste König Christians V. aus dem Jahr 1682 vollzogen; ZÖLITZ nennt folgende charakteristische Entwicklungsabschnitte:
- "Verlegungen von Dörfern vor allem im 14. Jahrhundert, die u.a. im Zusammenhang mit der Einführung neuer Flurverfassungen stehen;
- die spätmittelalterliche Wüstungsperiode;
- Neugründungen von Dörfern bis ca. 1500;
- frühneuzeitliche Niederlegungen, die zum Teil in direkter Verbindung mit den entstehenden Gutswirtschaften stehen."

Diese Prozesse waren nach ZÖLITZ am Ende des 17. Jahrhunderts abgeschlossen. Wie sich damals die ländliche Siedlungsweise hinsichtlich der Verbreitung von Einzelhofsiedlungen und Dörfern darstellte, geht aus Abb.1 hervor. Demnach waren neben der vor allem im östlichen Dänemark vorherrschenden Siedlungsweise in der Dorfgemeinschaft Einzelhofsiedlungen teils als regionstypische Siedlungsform (vor allem in einigen Harden Nordwestjütlands; vgl. LAURIDSEN 1986, 14), teils als parallele bzw. konkurrierende Siedlungsform zum Dorf (z.B. in Vendsyssel; vgl. HANSEN 1964, 9 ff.) vorhanden. Daß jedoch das Dorf als die primäre räumliche Organisationsform der Landbevölkerung gelten darf, wird u.a. durch die detaillierten Vorschriften für die Anlage von Dörfern belegt, die in den Landschaftsgesetzen des Mittelalters, z.B. im Jütischen Gesetz (Jydske Lov) aus dem Jahr 1241, enthalten sind. Diese Regeln behielten weitestgehend ihre Gültigkeit bis zum Beginn der großen Parzellierungen und der Auflösung der Dorfgemeinschaften gegen Ende des 18. Jahrhunderts.

Dörfer mit langgstrecktem Siedlungsgrundriß entstanden dort, wo die Topographie oder die Bodenverhältnisse es geboten, z.B. an Talrändern - der vorherrschende Dorftyp jedoch war das Fortadorf, wo sich die Höfe um einen unbebauten Dorfplatz (Forta) gruppierten. Auf der Forta, die der Dorfgemeinschaft gehörte, lag der Dorfteich, aus dem das Vieh getränkt wurde. Tagsüber weideten auf der Forta die kleineren Haustiere, über Nacht auch das Großvieh; darüber hinaus war die Forta der Ort, auf dem sich das Gemeinschaftsleben entfalten konnte. Als ein

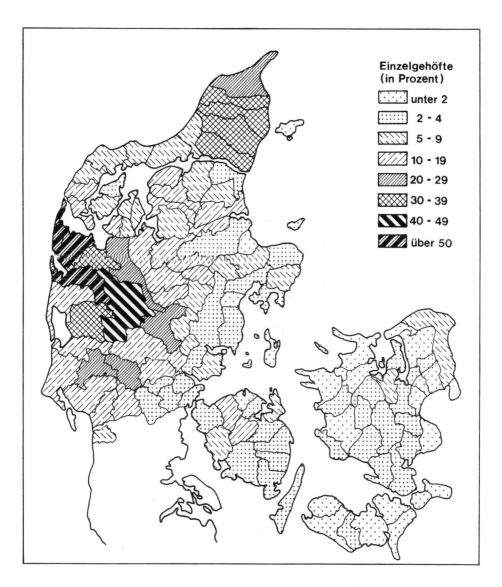

Abb. 1: Anteil der Einzelgehöfte in den dänischen Harden 1688

Quelle: AAKJÆR 1933, verändert

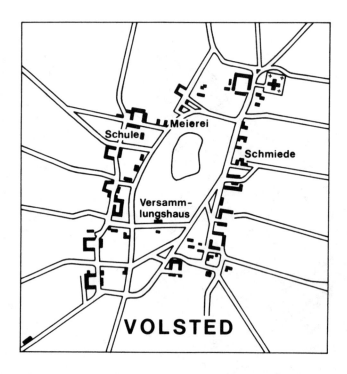

Abb. 2: Grundriß eines gut erhaltenen Fortadorfes (Volsted/Himmerland)

Quelle: HUMLUM & NYGÅRD 1961

bis in die Gegenwart in seinem Grundriß besonders gut erhaltenes Fortadorf gilt Volsted im Himmerland (vgl. Abb. 2).

Bis ins 18. Jahrhundert hinein behielten die Dörfer weitgehend ihre Struktur bei. Jeder Hof war von einem Garten (toft) umgeben, in dem von den Besitzern Kräuter und Gemüse angebaut wurden. Um das Dorf herum lag die Feldmark (bymark), die als Einheit nach gemeinschaftlich getroffenen Beschlüssen bewirtschaftet wurde. Als das "klassische" dänische System gilt die Dreifelderwirtschaft, auch wenn es nicht einmal auf der Hälfte der Fläche Dänemarks zur Anwendung kam (vgl. hierzu im einzelnen FRANDSEN 1988). Der Wintersaat (Roggen) und der Frühjahrssaat (Gerste oder Hafer) folgte bei diesem System die Brache. Das von den einzelnen Bauern bewirtschaftete Land lag in Gemengelage weit verstreut in der Feldmark, nicht selten verteilt auf 50 bis 100 oder sogar noch mehr schmale, längliche Parzellen (Gewannflur). Durch diese Regelung sollte erreicht werden, daß alle Bauern gleich großen Anteil an Flurstücken mit besseren und schlechteren Böden hatten. Im günstigsten Falle legte sich die Feldmark als bis zu 1 km breiter Gürtel um das Dorf herum, aufgrund topographischer Gegebenheiten gab es jedoch erhebliche Abweichungen von diesem Idealfall. Außerhalb der bestellten Feldmark lag der Kamp (overdrev), welcher der gesamten Dorfgemeinschaft - ebenso wie das Brachland und nach der Getreideernte auch die Stoppelfelder - als Weide für Vieh, Pferde und Schafe diente. Sofern in der Nähe des Dorfes Waldflächen vorhanden waren, wurden dort Schweine gehalten - es liegt auf der Hand, daß die Schweinezucht deswegen im östlichen Dänemark erheblich größere Bedeutung erlangte als im waldarmen westlichen Jütland.

Der Kamp hatte oft eine so große Ausdehnung, daß er von mehreren Dörfern gemeinsam genutzt wurde - nach HOFFMEYER (1981, 499) war im Süden der Insel Sjælland ein Radius von 25 km durchaus üblich.

Die Bauern, die in diesen Dörfern lebten, waren in der Regel nicht die Eigentümer des von ihnen bewirtschafteten Landes, da sich das Ackerland seit dem Mittelalter zum größten Teil im Eigentum der Krone oder adliger Gutsherren befand; um 1760 waren nur 4 % des Bodens im Eigentum freier Bauern (KAMPP 1964, 478). Nach HOFFMEYER (1981, 499) gab es damals ca. 800 Güter in Dänemark, wobei durchaus mehrere Güter einem einzigen Gutsbesitzer gehören konnten. Nur 13 % der Flächen wurden vom Gutshof selbst bewirtschaftet, die anderen Flächen waren an die Bauern verpachtet. Die Abgaben an den Gutsherrn (bis zu 25 % der Ernte) wurden, ebenso wie die Abgaben an die Kirche ("Der Zehnte") in Naturalien geleistet. Die schwerste Belastung der Pachtbauern stellten jedoch eindeutig die Frondienste auf den Gütern dar, die bis zu 200 Arbeitstage im Jahr umfaßten.

Im Laufe der Jahrhunderte stieg die Unfreiheit der Bauern. Den Höhepunkt und bis heute das Symbol für die Auswüchse der feudalistischen Gutswirtschaft bildete die Einführung des Schollenbandes (stavnsbånd) im Jahre 1733. Anlaß hierzu war die Wiedereinführung der Landmiliz, womit die Gutsherren zur Rekrutierung von Soldaten verpflichtet wurden. Jedem wehrpflichtigen Bauern zwischen 14 und 36 Jahren (bis 1764 wurden diese Altersgrenzen ausgeweitet auf 4 und 40) war es fortan untersagt, ohne Genehmigung des Gutsbesitzers den Gutsbezirk zu verlassen, in dem er geboren war. Damit wurde sowohl den Forderungen des Militärs Rechnung getragen als auch den Gutsbesitzern die notwendigen Arbeitskräfte gesichert. Zwar war der Gutsbesitzer im Gegenzug verpflichtet, dem Bauern Arbeit oder einen Pachtvertrag zu bieten, doch verfügte er über genügend Druckmittel, um einen Bauern auch zur Übernahme eines abgewirtschafteten Hofes zu zwingen - etwa mit der Drohung, ihn im Falle der Weigerung zum Militärdienst einziehen zu lassen. Diese Verhältnisse ähnelten nach HOFF-MEYER (1981, 499) bereits sehr der Leibeigenschaft, die allerdings im Königreich Dänemark - im Gegensatz zu den Herzogtümern - nie eingeführt wurde.

Wesentlich für die Charakterisierung des Dorfes bis zum Ende des 18. Jahrhunderts ist neben der Abhängigkeit der Bauern vom jeweiligen Gutsherrn die Autonomie der Dorfgemeinschaft. Handelsbeziehungen nach "außen" gab es so gut wie nicht; jeder Hof stellte im Prinzip eine sich selbst versorgende Produktionseinheit dar - Lebensmittel, Kleidung, Geräte usw. wurden selbst hergestellt. Eine Sonderstellung in der dörflichen Gemeinschaft hatte jedoch der Schmied inne, der durch vertragliche Vereinbarung mit der Dorfgemeinschaft deren "gemeinsamer Bediensteter" war (STEENSBERG 1973, 172 ff.). Auch wenn sich häufig Kätner und Insten, d.h. Bauern ohne eigenes (Pacht-)Land, handwerklich betätigten, war die Ausübung eines Handwerks, mit wenigen Ausnahmen (vor allem Schmied und Stellmacher), doch offiziell verboten, da das Privileg hierfür - auch für die Landdistrikte - in den Händen der städtischen Handwerksgilden lag. Über die nach gemeinsamen Regeln betriebene Landbewirtschaftung hinaus bestand im Dorf eine umfassende soziale Gemeinschaft, die sich z.B. durch ein System der Rechte und Pflichten, aber auch durch eine gegenseitige "Sozialhilfe" (vgl. betænkning Nr. 910, 1980, 15) in Notsituationen und ein solidarisches Auftreten gegenüber der Obrigkeit auszeichnete.

Das Prinzip des Flurzwanges, das ursprünglich ein Instrument der gegenseitigen Hilfe in der Dorfgemeinschaft gewesen war, wurde im Lauf der Jahrhunderte mehr und mehr zum Hemmschuh für die Weiterentwicklung der Landwirtschaft. Wollte ein aktiver Bauer die Bewirtschaftung seiner Felder intensivieren und damit den Ertrag steigern, so scheiterte dies meist an den gemeinschaftlichen Beschlüssen sowie der Gleichgültigkeit der übrigen Bauern. In diesem Umstand liegt auch der Keim für die großen Landwirtschaftsreformen seit der Mitte des 18. Jahrhunderts, welche die Verhältnisse auf dem Lande grundlegend verändern sollten.

2.2 Die Zeit der großen Agrarreformen

Die bis dahin wohl größten Umwälzungen erfuhr die ländliche Agrar- und Sozialordnung Dänemarks in der zweiten Hälfte des 18. Jahrhunderts als Folge tiefgreifender Agrarreformen, die gleichzeitig das Landschaftsbild sowie die Funktionen der Dörfer einschneidend verändern sollten. Die Tragweite und die Durchschlagskraft dieser Reformen sind dabei nur im Zusammenwirken von ökonomischen Zwängen einerseits wie auch neuer philosophischer bzw. gesellschaftlicher Strömungen andererseits zu erklären.

Die ökonomische Unsinnigkeit der bisherigen Bewirtschaftungsform der Güter wurde offenbar, als sich um 1750 in Europa ein deutlicher Anstieg der Getreidepreise einstellte. Namentlich die vergrößerte Nachfrage Englands, das durch die mit der industriellen Revolution einhergehende Bevölkerungsexplosion vom Getreideexporteur zum Importeur wurde, erforderte eine flexible Reaktion der dänischen Landwirtschaft. Die Gutsbesitzer mußten jedoch bald erkennen, daß eine Intensivierung der Getreideproduktion mit dem bisherigen Instrumentarium, d.h. vor allem durch eine Verschärfung der Frondienste, nicht möglich war. Vielmehr wurde den weitsichtigen unter ihnen bald deutlich, daß so bald wie möglich die agrarstrukturellen und sozialen Hemmnisse für eine Intensivierung der Bewirtschaftung beseitigt sowie die notwendigen Anreize für einen aktiven Einsatz der Bauern geschaffen werden mußten. Was die philosophische bzw. gesellschaftliche Komponente in den Landwirtschaftsreformen betrifft, so sind in erster Linie die Einflüsse der Aufklärung zu nennen, die bei den gebildeten Oberschichten ein humaneres Menschenbild entstehen ließen. Von Bedeutung für die Wertsteigerung landwirtschaftlicher Produkte war jedoch auch die Lehre der Physiokraten, wonach der Reichtum eines Landes allein im Boden liegt.

Die Zeit der Reformen wurde in Dänemark vor allem in der Regierungszeit Frederiks V. (1746-66) eingeläutet, als der Ratgeber des Königs und wohl mächtigste Mann jener Zeit, Oberhofmarschall Adam Gottlob MOLTKE, durch eine Verordnung im Jahr 1755 eine lebhafte und unzensierte Diskussion über die notwendigen Reformen der Landwirtschaft initiierte. 1757 wurde die erste Landwirtschaftskommission eingesetzt (HOFFMEYER 1981, 503), der in den folgenden Jahrzehnten eine Reihe weiterer folgte. Umstritten blieb freilich trotz des sich ausbreitenden Reformeifers, ob sich die Neuerungen allein auf "technische", d.h. vor allem agrarstrukturelle Reformen zur Steigerung der Bodenproduktivität beschränken sollten, oder ob das Gebot der Stunde eine umfassende Bauernbefreiung sein sollte. Die Uneinigkeit über diesen Punkt dürfte ausschlaggebend für den von HOFFMEYER (1981, 504) festgestellten "Zickzackkurs" der Agrargesetzgebung jener Zeit sein - so wurde z.B. die fortschrittliche Arbeit einer im Jahre 1768 eingesetzten Kommission nach 1770 durch den Eingriff reaktionärer Kreise konterkariert. Gravierende Rückschläge der Reformtätigkeit waren insbesondere nach der Ernennung Ove GULDBERGS zum Geheimen Kabinettssekretär (1774) und damit zum eigentlichen Regierungschef zu verzeichnen, da dieser befürchtete, eine Befreiung der Bauern müsse das Königreich in seinen Grundfesten erschüttern (HOFFMEYER 1981, 504).

Auch wenn staatliche Reformen in der GULDBERG-Ära nur schleppend vorankamen, hatten vorausschauende Gutsbesitzer und dynamische Bauern die Zeichen der Zeit erkannt. Bereits 1757 fanden in Westjütland erste Hofkäufe durch vormalige Pachtbauern statt (LAURIDSEN 1986, 13). Ab 1760 wird in Jütland von der Zeit der großen "Gutsschlachtungen" gesprochen - innerhalb weniger Jahre verschwand die Gutswirtschaft in den Ämtern Ribe und Ringkøbing sowie in Thy. Allerdings hatten die Bauern beim Verkauf königlicher Güter das Nachsehen, weil ihnen keine Kredite eingeräumt wurden - so waren es in erster Linie ehemalige Gutsbesitzer, die dadurch erneut Güter mit Pachtbauern erwarben.

1759 ließ die Königswitwe Sofie Magdalene auf Gut Hørsholm ihrem Stallmeister, Graf Kr. STOLBERG, der - durch die Werke KLOPSTOCKs inspiriert - auf seinen holsteinischen Gütern die Leibeigenschaft abgeschafft hatte, freie Hand bei der finanziellen Sanierung des Gutes. STOLBERG ließ daraufhin die zu Hørsholm gehörenden Gutsländereien parzellieren und vergab 12 Bauernstellen auf Erbpachtbasis an vorherige Pachtbauern, wobei die Frondienste durch Abgaben ersetzt wurden. Die Bauern erhielten die Möglichkeit, bei steigendem Preisniveau selbst Geld zu verdienen und Kapital zu bilden - die Erntesteigerungen der folgenden Jahre bestätigten die Richtigkeit der Reform. Auch auf den Gütern der Staatsmänner J.H.E. BERNSTORFF und A.G. MOLTKE wurde auf "privater" Initiative mit Reformen experimentiert, z.B. wurden auf dem BERNSTORFFschen Gut 42 Bauernstellen geschaffen (HOFF-MEYER 1981, 503).

Entsprechend der skizzierten Grundhaltung GULDBERGS waren es ausschließlich ökonomische und nicht soziale Überlegungen, die noch in der Regierungszeit GULDBERGS, am 23.4.1781, zum Erlaß einer umfassenden Flurbereinigungsverordnung führten. Sie setzte den Schlußstein unter eine Reihe von Verordnungen, die in den beiden vorangegangenen Jahrzehnten erlassen worden waren, und stellte nach HOFFMEYER (1981, 506) in Wirklichkeit eine "Zusammenfassung" aller früheren Bestimmungen über den Tausch von Flurstücken dar. Weiterhin zielte die Verordnung ausschließlich auf eine Aufhebung des Flurzwanges, nicht aber auf eine Veränderung der Eigentumsverhältnisse ab. Auch wenn Historiker wegen dieser Einschränkungen zu unterschiedlichen Beurteilungen des wirklichen Reformgehalts dieser Verordnung kommen, war sie doch ein Meilenstein in der Reformtätigkeit - mit dieser zusammenfassenden Rechtsgrundlage über die Bereinigung der zersplitterten Flurverhältnisse wurde eine wichtige Voraussetzung für die großen Reformen geschaffen, die endgültig seit 1784 die Lebensverhältnisse des Bauernstandes verbessern sollten.

Entscheidende Rahmenbedingung für den Beginn echter und durchgreifender Reformen stellte die Übernahme der Regierungsgeschäfte durch den erst 16jährigen Kronprinzen Frederik im Jahre 1784 dar, der die reaktionären Berater seines geisteskranken Vaters entmachtete und aufgeklärte, fortschrittlich denkende Männer zu Ministern berief. 1786 wurde die "Große Landwirtschaftskommission" eingesetzt, die sich nun endlich und ausdrücklich der Verbesserung der bäuerlichen Lebensbedingungen annahm. Im selben Jahr wurde eine königliche Kreditkasse eingerichtet, die den Pachtbauern die Übernahme ihres Hofes erleichtern sollte (vgl. DEGN 1962, 21). Besonders symbolträchtig war die Auflösung des Schollenbandes im Jahre 1788, deren 200. Wiederkehr im Jahre 1988 (stavnsbåndsjubilæum) mit einer Fülle von Veranstaltungen in ganz Dänemark gefeiert wurde. Die Konsequenz dieser Maßnahme war auch deswegen besonders weitreichend, weil nunmehr Bauern und Landarbeiter fluchtartig die Güter verließen, auf denen die schlechtesten Bedingungen geherrscht hatten. In der Folge kam es zu einer großen Zahl freiwilliger Fronverträge; einige Bauern konnten sich sogar gänzlich von den Frondiensten freikaufen. Um 1800 waren alle Fälle willkürlicher Fronfestsetzung beseitigt.

Aus der vormaligen Gruppe der abhängigen Pachtbauern entstand im Laufe des 19. Jahrhunderts ein persönlich freier Bauernstand mit eigenem Besitz - die zersplitterte Struktur der Feldmark wurde durch den Austausch von Flurstücken beseitigt, der Flurzwang aufgehoben. Die Arrondierung der Flurstücke (Verkoppelung), die jeweils von einem Bauern allein bewirtschaftet wurden, führte in großem Umfange zur Verlegung der Hofstellen in die Feldmark (Vereinödung) und damit zur Auflösung der traditionellen Dorfgemeinschaft. Gerade diese Entwicklung war jedoch für viele Bauern mit Unsicherheit verbunden, weswegen sie häufig (insbesondere im südlichen Jütland und im nördlichen Fünen) durch eine sternförmige Parzellierung bzw. bei Dörfern mit langgestrecktem Grundriß durch eine kammförmige Parzellierung umgangen wurde. Auch wenn dies unter landwirtschaftlichen Gesichtspunkten wenig vorteilhaft war, behielten viele Bauern auf diese Weise doch die Möglichkeit, mit ihrem Hof in der Dorfgemeinschaft zu verbleiben. Trotz dieser "halben Lösungen" (STILLING 1987, 60) wurde die Flurbereinigung systematisch und konsequent durchgeführt - nach STILLING (1987, 60) wurde um 1840 nur noch ein Prozent des Bodens unter Flurzwang bewirtschaftet.

Es würde zu weit führen, die vielschichtige Problematik dieser großen Landwirtschaftsreformen hier in aller Tiefe auszuloten. Es muß jedoch festgestellt werden, daß das Reformwerk des ausgehenden 18. Jahrhunderts die Grundlage für die leistungsfähige dänische Landwirtschaft im 19. und 20. Jahrhundert schuf. In jener Zeit bereits bildete sich eine Agrarstruktur heraus, die in vielen anderen Ländern erst sehr viel später erreicht wurde (oder bis in die Gegenwart nicht erreicht worden ist). Nach HANSEN (1981, 44 f.) stellte diese Flurneuordnung die Bauern zwar vor fachliche und ökonomische Herausforderungen, die zu meistern sie zuvor nicht gelernt hatten, andererseits wurden jedoch durch den Übergang vom Pachtbauerntum zu einem besitzenden Bauernstand gewaltige Energien freigesetzt und persönliche Initiativen möglich, die zuvor in der einengenden Wirtschaftsgemeinschaft unterdrückt worden waren. Begünstigt wurde die Bewältigung dieser und anderer Probleme zweifelsohne durch das erwähnte Ansteigen der Agrarpreise seit der Mitte des 18. Jahrhunderts. Das Charakteristische der dänischen Agrarreformen war nach ARNIM (1951, 10), daß der Staat über die Bauernbefreiung hinaus versuchte, den wirtschaftlichen Aufstieg der Bauern zu fördern. Diese Politik trug wesentlich dazu bei, daß das Agrarland im Laufe des 19. Jahrhunderts tatsächlich in die Hände der Bauern überging - im Jahr 1834 waren nur noch rd. 50 %, im Jahr 1900 sogar nur noch 5 % der landwirtschaftlichen Nutzfläche Dänemarks Pachtland (ARNIM 1951, 10).

Was im Zusammenhang dieser Arbeit besonders interessiert, sind die Strukturveränderungen in den Dörfern, aus denen die Höfe ausgesiedelt wurden. Zwar wurden durch den Abriß von Höfen in das alte Ortsbild deutliche Wunden geschlagen, doch verschaffte umgekehrt die schwindende Autarkie der Einzelhöfe den Dörfern neue Funktionen. Die eigenständig wirtschaftenden Bauern waren nunmehr darauf angewiesen, ihre Produktion am Markt zu orientieren, was zwangsläufig mit einer gewissen Spezialisierung einherging. Der einzelne Betrieb vermochte jetzt nicht mehr alle Waren für den eigenen Bedarf selbst herzustellen bzw. alle Reparaturen selbst zu erledigen, sondern war mit dem Erlös aus dem Verkauf seiner landwirtschaftlichen Produkte in der Lage, Waren zu kaufen und Dienstleistungen in Anspruch zu nehmen. Durch diese Arbeitsteilung, die das Selbstversorgungssystem ablöste, wurden die Dörfer zu lokalen Märkten für die Bewohner der umliegenden Höfe. Voraussetzung für die volle Entfaltungsmöglichkeit von Handwerks- und Handelsbetrieben in den Dörfern war allerdings die im Jahr 1857 erfolgte Einführung der Gewerbefreiheit. Nachdem zuvor, wie erwähnt, nur einige Handwerker, vor allem Schlachter, Wagner, Roggenbäcker und Bierbrauer ihr Gewerbe, wenn auch häufig im Nebenerwerb, außerhalb der Städte hatten ausüben dürfen, wurden nunmehr die Privilegien des Handels und des Handwerks in den Städten weitgehend beseitigt. Allerdings war das Gesetz schon vorher ausgehöhlt worden - so hatte der Schmied, der nun überwiegend nicht mehr im Vertragsverhältnis mit der Dorfgemeinschaft stand, sein Dienstleistungsangebot erheblich ausgedehnt, und auch der Hökerhandel hatte sich bereits in gewissem Umfange ausgebreitet. Die Gewerbefreiheit brachte es aber nun mit sich, daß eine Reihe anderer Handwerker, deren Dienste von der ländlichen Bevölkerung nachgefragt wurden, in das Dorf kam - so z.B. Mühlenbauer, Weißbrotbäcker, Tischler, Sattler und Glaser. Dadurch änderte sich auch das äußere Bild des Dorfes nicht unbeträchtlich, wurden doch nun in den Dörfern, aus denen die Höfe ausgesiedelt worden waren, die Baulücken mit den Häusern der Handwerker und anderer Gewerbetreibender aufgefüllt. Seit der Mitte des 19. Jahrhunderts löste die gemauerte Bauweise die Fachwerkbauweise ab, weswegen sich auch das Maurerhandwerk auf dem Lande ausbreitete.

Bemerkenswert ist, daß das Dorf seine soziale Funktion behielt, obwohl die landwirtschaftliche Bevölkerung verstreut in der Feldmark lebte. Insbesondere die Dorfschulen, die auf der Grundlage des Schulgesetzes von 1814 vor allem um 1850 überall im Lande entstanden, wurden zum wichtigen Treffpunkt für Bewohner des Dorfes und der umliegenden Einzelhöfe, und die bäuerlichen Sitten und Bräuche überlebten, indem sie sich den neuen Zeiten anpaßten. Schließlich sind noch die Fortschritte in der politischen Verfassung der ländlichen Gemeinwesen zu erwähnen. Nachdem durch ein erstes Landkommunalgesetz im Jahre 1841 die gesetzliche Grundlage für die Bildung von Gemeinderäten geschaffen worden war, wurde im Jahr 1867 ein fortschrittliches Gemeindegesetz erlassen, durch das u.a. der obligatorische Vorsitz des Pastors im Gemeinderat abgeschafft und die politische Verantwortung in die Hände der Bauern überführt wurde.

Es darf hier nicht unerwähnt bleiben, daß durch die Landwirtschaftsreformen zwar die Abhängigkeit zwischen Adel und Bauern aufgehoben worden war, die Armut der Landarbeiter sich jedoch weiter verschärft hatte. ARNIM (1951, 11) spricht sogar davon, daß die für die Bauern aufgehobene Hörigkeit durch die Einführung von Pflichtarbeit nunmehr auf die Kätner und Insten übertragen wurde. Hierdurch entstand ein Landproletariat, das vor allem nach der Aufhebung des Schollenbandes verstärkt aus den Landdistrikten abwanderte, um sein Glück in den von den Anfängen der Industrialisierung erfaßten Städten zu suchen. Erst ab dem Ende des 19. Jahrhunderts, als die Abwanderung der Kätner und Insten in die Städte bzw. deren Auswanderung nach Übersee überhand zu nehmen drohte, wurde versucht, die Stellung dieser Schicht durch gesetzliche Regelungen zu verbessern. Zu nennen ist hier in erster Linie das Gesetz zur Schaffung von Grundeigentum für Landarbeiter aus dem Jahr 1899 (vgl. JENSEN 1927). Bis zur tatsächlichen Lösung des Problems mußten freilich zwei weitere Jahrzehnte vergehen; in Kap. 2.5 wird hierauf noch einmal zurückgekommen.

2.3 Der Durchbruch des Genossenschaftsgedankens und der bäuerlichen Bewegung

Bereits während der in Kap. 2.2 geschilderten Umwälzungen der traditionellen ländlichen Siedlungs- und Sozialstruktur kündigten sich erneut Veränderungen an. Auch wenn die erste

Phase der industriellen Entwicklung in Dänemark ganz überwiegend auf Kopenhagen beschränkt blieb, war es nach KJERSGAARD (1982, 26) eine dänische Eigentümlichkeit, daß die Industrialisierung als typisches Stadtphänomen hier ihren eigentlichen und entscheidenden Durchbruch auf dem Lande erlebte. Ausschlaggebend hierfür war, daß die dänischen Kornexporte in das übrige Europa im letzten Drittel des 19. Jahrhunderts angesichts preiswerterer Importe aus Rußland und den USA nicht mehr konkurrenzfähig waren. Die Antwort der dänischen Landwirtschaft auf diese für sie katastrophale Entwicklung stellte die Umstellung von der Getreideproduktion auf Viehhaltung sowie die Veredelung der landwirtschaftlichen Produkte in Meiereien und Schlachtereien, d.h. mit industriellen Verarbeitungsmethoden, dar. Dieses war auf breiter Basis jedoch nur möglich durch die lauffeuerartige Ausbreitung des Genossenschaftswesens. Nachdem im Jahre 1866 in Thisted die erste ländliche Verbrauchergenossenschaft gegründet worden war und überall im Lande Nachahmung fand (vgl. THESTRUP 1986), hielt der Genossenschaftsgedanke mit der Gründung der ersten Genossenschaftsmeierei der Welt in Hjedding/Mitteljütland im Jahre 1882 seinen Einzug auch in der Landwirtschaft. Innerhalb der nächsten drei Jahre wurden 84 Genossenschaftsmeiereien gegründet, und um die Jahrhundertwende bestanden im ganzen Land bereits rund 1000 Einrichtungen dieser Art (DREJER 1949, 30).

Der Funke genossenschaftlichen Denkens sprang schnell auf andere Bereiche der landwirtschaftlichen Veredelung und Vermarktung über. Unter dem Eindruck der Importbeschränkungen, die das Deutsche Reich für lebende Schweine erlassen hatte (JENSEN & REENBERG 1981, 20), wurde bereits 1887 in Horsens die erste dänische Genossenschaftsschlachterei gegründet, der bis zur Jahrhundertwende 25 weitere folgten (DREJER 1949, 34). Gerade die europäische Landwirtschaftskrise wurde damit in Dänemark zum Auslöser einer tiefgreifenden Modernisierung und Rationalisierung der Landwirtschaft, während andere europäische Staaten, gerade auch das Deutsche Reich, ihre Bauern gegen die billigeren Kornimporte aus Übersee durch eine protektionistische Schutzzollpolitik abschirmten und damit die überkommene Agrarstruktur über viele Jahrzehnte konservierten. Bereits damals wurde in Dänemark durch die Umstellung auf die Verarbeitung tierischer Produkte (Butter, Speck, Käse) die Spitzenstellung dänischer Qualitätsprodukte auf dem Weltmarkt begründet.

Der sich sprunghaft vergrößernde Absatzmarkt landwirtschaftlicher Produkte im In- und Ausland wäre nicht möglich gewesen ohne die revolutionären Verbesserungen der Verkehrsverhältnisse, vor allem nicht ohne den Bau von Eisenbahnstrecken, deren erste im königlichen Teil des dänischen Gesamtstaates im Jahre 1847 zwischen Kopenhagen und Roskilde eröffnet wurde. Bereits um 1890 war das Netz der Hauptstrecken fertiggestellt; danach erfolgte vor allem eine Verdichtung des Netzes durch Nebenbahnen, die meist von privater Hand gebaut wurden (AAGESEN 1949, 61). Die Bahnlinien verbesserten jedoch nicht nur den Abtransport landwirtschaftlicher Produkte erheblich, sondern sorgten auch für eine bessere Rohstoff- und Warenbelieferung der Landdistrikte. Zu einer verbesserten Kommunikation trug neben dem Eisenbahnbau auch der Ausbau des fahrplanmäßigen Dampfschiffverkehrs sowie des Post- und Telegraphenwesens bei. Hatte es über Jahrhunderte hinweg praktisch ein Nebeneinander von Städten und Landbezirken gegeben, wodurch wirtschaftliche und kulturelle Innovationen weitgehend auf die Städte beschränkt blieben, begannen die Landdistrikte nunmehr intensiv an den Umwälzungen der Gesellschaft zu partizipieren.

Diese Entwicklung war freilich nur zu einem Teil die Folge der verbesserten Kommunikationsmöglichkeiten - sie wäre sicherlich nicht möglich gewesen ohne die breiten volkstümlichen

Bewegungen, die im 19. Jahrhundert entstanden. Zu nennen sind insbesondere die liberale, bürgerliche Bewegung, die Bauernbewegung, die religiösen Erweckungsbewegungen und das nationale Erwachen im Herzogtum Schleswig, die für politische, soziale, religiöse und nationale Freiheit eintraten. Es war denn auch nicht zuletzt die Kraft dieser Bewegungen, die im März 1848 in einer unblutigen Revolution König Frederik VII. zum Verzicht auf die Alleinherrschaft und ein gutes Jahr später zur Unterschrift unter das Juni-Grundgesetz, eine der damals freiesten Verfassungen in Europa, veranlaßte. Diese Freiheit währte allerdings nicht sehr lange - nach der erschütternden Niederlage der Dänen gegen die preußisch-österreichischen Truppen im Jahr 1864, durch die der dänische Gesamtstaat fast ein Drittel seines Territoriums verlor, kam es im Jahr 1866 auch innenpolitisch zu einer reaktionären Veränderung der Verfassung. Es folgte, vor allem in der Regierungszeit des konservativen Gutsbesitzers ESTRUP (1875-1894), eine Periode der Unterdrückung bäuerlicher und volkstümlicher Bewegungen, die in die dänische Geschichte als "Estrup-Zeit" eingegangen ist. Charakteristisch für diese Periode ist, daß der König mit ESTRUP einen Politiker der konservativen Rechten (Højre) mit der Regierungsbildung betraut hatte, obwohl die Venstre, die nationalliberale Bauernpartei, bereits seit 1872 über die Mehrheit im Folketing verfügte.

Es ist allerdings wiederum kennzeichnend für die Kraft der volkstümlichen Bewegungen, daß sie trotz dieser politischen Unterdrückung nicht resignierten. Unter den Bewegungen, die in mehrerer Hinsicht ganz besondere Bedeutung für das kulturelle Leben auf dem Lande erhielten, stehen an erster Stelle die Innere Mission und der Grundtvigianismus. Während die Innere Mission ihren Charakter als religiöse Erweckungsbewegung beibehielt und sich vor allem auf Fischer und Kleinbauern mit regionalem Schwerpunkt im westlichen Jütland stützte, trat in der Bewegung des Dichters und Pastors Nikolaj Frederik Severin GRUNDTVIG der religiöse Gedanke zugunsten einer breiten Aufklärungs- und Bildungsarbeit in den Hintergrund. Seine Anhängerschaft hatte der Grundtvigianismus im Gegensatz zur Inneren Mission vor allem beim besser gestellten Bauernstand, was sich auch in einer engen Verbindung zur Venstre ausdrückte.

Nachdem 1867 in Starup bei Kolding das erste volkstümliche Versammlungshaus errichtet worden war, griff diese Idee auf das ganze Land über - die Innere Mission, die sich seit 1869 deutlich vom Grundtvigianismus distanzierte (EHLERS 1983, 6), errichtete ca. 800 Missionshäuser, die Grundtvigianer ca. 1.500 Versammlungshäuser, wobei der Bau in den Jahren 1885-1910 kulminierte. Diese Missions- und Versammlungshäuser wurden schnell zu Kristallisationspunkten des dörflichen Gemeinschaftslebens, von denen auch bedeutende gesellschaftliche Veränderungen ausgingen. Wie groß die lokale Unterstützung dieser Einrichtungen war, zeigt sich darin, daß die Versammlungshäuser häufig in der Form einer Aktiengesellschaft betrieben wurden, an der die Dorfbewohner sich beteiligten; meist konnte für die Häuser eine zentrale Lage mitten im Dorf gefunden werden (nach "Forsamlingshusrapporten", herausgegeben von Århus kommune 1975).

Symbol für die rege Erwachsenen-Bildungsarbeit in den ländlichen Gebieten Dänemarks ist auch im Ausland die Heimvolkshochschule geworden, deren Konzeption eines der großen Verdienste GRUNDTVIGs ist. Im Jahr 1844 entstand in Rødding/Südjütland die erste derartige Einrichtung in der Welt, der zahlreiche weitere folgten: Hatte es vor dem Krieg des Jahres 1864 nur ca. 15 Heimvolkshochschulen gegeben, so waren es im Winter 1872/73 bereits 52; 20 Jahre später hatte sich die Zahl sogar auf 75 erhöht (DYBDAHL 1965, 51). In den Heimvolkshochschulen versammelten sich in den Wintermonaten üblicherweise junge Männer und in den Sommermonaten junge Frauen aus dem Bauernstand, um gemeinsam zu lernen, wobei vor allem das Interesse für die gesellschaftlichen Verhältnisse und Probleme geweckt werden sollte. Insbesondere in der Estrup-Zeit waren die Volkshochschulen entscheidende Multiplikatoren demokratischen Gedankengutes; die Absolventen der Heimvolkshochschulen wurden in ihren Dörfern wichtige Motoren der politischen und sozialen Arbeit, die sich z.B. in der Gründung von Versammlungshäusern und den dort durchgeführten kulturellen und politischen Aktivitäten (Gründung von Vortrags-, Jugend- und Turnvereinen), aber auch in der Gründung von freien religiösen Gemeinden und Freischulen ausdrückte. Den entscheidenden Sieg konnte die Bauernbewegung im Jahre 1901 erringen, als ihre politische Vertretung, die Venstre nach zähem Ringen endlich mit der Regierungsbildung beauftragt wurde und die großbürgerliche Højre ablöste, was in Dänemark als Systemwechsel ("systemskifte") bezeichnet wird.

Durch die Umwälzungen im letzten Drittel des 19. Jahrhunderts wurde die Physiognomie der ländlichen Siedlungen wiederum tiefgreifend verändert. Im Zuge der Umstellung der Landwirtschaft auf die Viehwirtschaft wurden zahlreiche Um- und Neubaumaßnahmen erforderlich, weswegen viele landwirtschaftliche und genossenschaftliche Gebäude aus jener Periode zusammen mit den Missions- bzw. Versammlungshäusern das Bild der Dörfer und Einzelgehöfte bis in die Gegenwart prägen. Da die Mitarbeit der älteren Generation auf dem Hof nun nicht mehr erforderlich war, entstanden damals in den Dörfern zunehmend auch Wohngebäude für Altenteiler.

Bis zum Beginn des Eisenbahnzeitalters hatte sich das dänische Siedlungssystem neben den Dorf- und Einzelhofsiedlungen auf eine begrenzte Zahl von Städten beschränkt. Die meisten Städte waren von bescheidener Größe und lagen an der Küste. Städte im Binnenland waren selten und lagen im wesentlichen an den großen Landstraßenverbindungen. Die trotz der Schaffung von 25.000 neuer Hofstellen nach 1864 weiterhin sehr dünn besiedelten Gebiete Jütlands waren besonders städtearm. Vom Beginn einer echten Urbanisierung kann - im Unterschied etwa zur Entwicklung in England - in Dänemark frühestens in der Periode 1840-1870 die Rede sein. Erst danach ist ein beschleunigtes Wachstum der städtischen Bevölkerung festzustellen. Dieses beschränkte sich jedoch in erster Linie auf Kopenhagen und die größeren Provinzstädte, in deren Umland zusätzlich eine Anzahl von Vorstädten entstand. Die Urbanisierung der Landdistrikte hingegen begann im Prinzip erst gegen Ende des 19. Jahrhunderts und erhielt anfangs durch den Ausbau des Eisenbahnnetzes, später des Landstraßennetzes entscheidende Impulse. Da hierbei das traditionelle Siedlungsgefüge des ländlichen Raumes völlig verändert wurde, soll diese Entwicklung im nachfolgenden Kapitel ausführlicher dargestellt werden.

2.4 Die Veränderung der ländlichen Siedlungsstruktur im Eisenbahnzeitalter

Vor der im Jahr 1857 erfolgten Einführung der Gewerbefreiheit waren - von einigen Ausnahmen abgesehen - die Städte die einzigen Plätze, an denen der Handel offiziell erlaubt und möglich war. Wollte die Landbevölkerung ihre im Zuge der Spezialisierung erzielten Produktionsüberschüsse verkaufen oder über das Lebensnotwendige hinaus Waren einkaufen, so war sie alleine auf die Städte angewiesen, die allerdings wegen der großen Distanz häufig nur unter Mühen zu erreichen waren (vgl. HANSEN 1981, 65). Es ist unschwer nachzuvollziehen, daß die rasche Entwicklung und Industrialisierung der Landwirtschaft, die Spezialisierung der Erwerbstätigkeit und nicht zuletzt das Wachstum der Bevölkerung eine rege Nachfrage nach

Handelsmöglichkeiten auch auf dem Lande in vertretbarer Entfernung vom Wohnort schufen.

Oftmals waren es nach damaligen Verhältnissen größere Dörfer mit ca. 600 Einwohnern, die zuerst als relativ vielfältige lokale Handels- und Dienstleistungszentren in Erscheinung traten. Wirklich einschneidende Veränderungen des ländlichen Siedlungsmusters begannen sich jedoch erst mit dem Bau der Eisenbahnen abzuzeichnen. Für die Landbezirke und die Dörfer regelte es sich in der Bauphase des Haupt-Eisenbahnnetzes (bis 1894) weitgehend durch den Zufall, ob sie von einer der neuen Strecken berührt wurden - für die Netzplanungen war ausschließlich von Bedeutung, daß die aufblühenden Städte, d.h. außer Kopenhagen z.B. Århus und Ålborg und der neue Nordseehafen Esbjerg, möglichst geradlinig miteinander verbunden wurden. In dieser ersten Phase des Eisenbahnzeitalters waren es nur wenige Dörfer, für die der Bahnbau einen unmittelbaren Entwicklungsimpuls bedeutete - vor allem die erwähnten, nach damaligen Verhältnissen größeren Dörfer hatten bereits einige zentrale Funktionen übernommen und ihre Lagegunst durch den Bahnanschluß schlagartig verbessern können. Nach BALLE-PETERSEN (1980, 31) stellte jedoch derartiges sofortiges Wachstum "mit fliegendem Start" nicht die Regel, sondern lediglich die Ausnahme dar.

Die Bahnhöfe und Haltepunkte der Eisenbahnstrecken hatten von Anfang an große Bedeutung für die in deren Umkreis wohnende Landbevölkerung, ermöglichte doch erst die Bahn breiten Bevölkerungskreisen die Fahrt in die nächste Stadt, um dort die eigenen Produkte zu verkaufen oder aber selbst das reichhaltige Warenangebot in Anspruch zu nehmen. Allmählich ließen sich im Bereich der Bahnhöfe Gewerbetreibende nieder, schon bald wurden Kaufmannsläden, Gasthöfe und einzelne Handwerksbetriebe charakteristisch für die Umgebung von Landbahnhöfen. Diese Gebäude bildeten den Grundstock für eine Entwicklung, die ca. 15-30 Jahre nach Eröffnung der jeweiligen Bahnlinie in den städtearmen Regionen Dänemarks einsetzte, nämlich die Entstehung von rasch aufblühenden Bahnhofssiedlungen (stationsbyer), die schon bald städtische Funktionen übernahmen und zu einer Auffüllung des Siedlungssystems führten. Hatten diese (im Sinne von SCHWARZ (1959, 205) "zwischen Stadt und Land stehenden" bzw. "nicht-ländlichen, teilweise stadtähnlichen") Siedlungen im Bewußtsein der dänischen Öffentlichkeit, weitgehend aber auch in der Wissenschaft - abgesehen von den grundlegenden "Geographischen Studien über die Eisenbahnen in Dänemark" von AAGESEN (1949) - lange eine untergeordnete Rolle gespielt, so ist die "Stationsby-Forschung" in Dänemark in den letzten Jahren zu einem auch mit staatlichen Mitteln unterstütztem Forschungsschwerpunkt geworden. An neueren Arbeiten sind hier die Studien von RASMUSSEN (1981) und KAATMANN (1985) über Bahnhofssiedlungen in Nord- bzw. Südjütland sowie ganz besonders die umfassende Arbeit von STILLING (1987) zu erwähnen.

Auf die siedlungsgeographischen Besonderheiten der Bahnhofssiedlungen soll hier nur insoweit eingegangen werden, als die von AAGESEN (1949, 100 ff.) vorgenommene Unterscheidung von drei Grundtypen des "Stationsby" kurz referiert werden soll. Nach dieser groben Unterscheidung lassen sich die Bahnhofssiedlungen im allgemein einem der nachfolgenden Typen zuordnen, wobei jedoch AAGESEN selbst einräumt, daß die Übergänge zwischen den einzelnen Typen fließend sind:

Beim Typ A handelt es sich um Bahnhofssiedlungen, die ohne Zusammenhang mit bestehenden Siedlungen, meist an der Kreuzung einer Bahnlinie mit einer Landstraße, entstanden. Diese Siedlungen wurden oft nach einer in mehreren Kilometern Entfernung gelegenen (jedoch nicht immer nach der nächstgelegenen) Siedlung benannt, wobei dem Ortsnamen die Bezeichnung

"Stationsby" hinzugefügt wurde.

Beim Typ B hingegen wurde die Bahnlinie in unmittelbarer Nähe eines vorhandenen Dorfes vorbeigeführt - bereits nach kurzer Zeit richtete sich die bauliche Entwicklung des Ortes auf den Bahnhof aus, so daß die dörfliche Bebauung zentral in der neuen Bahnhofssiedlung aufging.

Der Typ AB schließlich ist eine Bahnhofssiedlung, die in der Nähe eines vorhandenen Dorfes entstand, so daß sich in der Regel eine Doppelsiedlung (z.B. alter Kirchort und neue Bahnhofssiedlung) herausbildete, deren Bestandteile im Laufe der Entwicklung meist zusammenwuchsen, jedoch weiterhin ihre physiognomische und/oder funktionale Individualität behielten. AAGESEN weist darauf hin, daß die meisten Bahnhofssiedlungen des AB-Typs ursprünglich aus dem A-Typ hervorgegangen sind.

Die Ursachen für die Entstehung dieser Bahnhofssiedlungen liegen nach STILLING (1987, 48) vor allem im starken Bevölkerungswachstum, in der Modernisierung der Landwirtschaft, dem Ausbau der Infrastruktur sowie der Streuung des produzierenden Gewerbes im Zuge der Industrialisierung nach der Aufhebung des städtischen Handwerksmonopols. Damit war ein Bedarf nach neuen Kraftzentren im ländlichen Raum entstanden, den die neuen Siedlungen befriedigten. Ihre Lage im Raum wurde wesentlich durch die Linienführung der Bahnstrecken und die durch technische Notwendigkeiten (Kohlen- und Wasserfassen der Lokomotiven) vorgegebenen Abstände der Stationen bestimmt, weswegen die Eisenbahn im Zeitraum zwischen 1880 und 1920 als der wichtigste Auslöser für Siedlungsgründungen zu sehen ist. In diesem Zusammenhang darf jedoch nicht unerwähnt bleiben, daß unmittelbar im Anschluß an die große Zeit der Eisenbahn deren Rolle bei der Verdichtung des Siedlungsnetzes durch die Landstraßen übernommen wurden - viele Siedlungen der späten Stationsby-Epoche verdanken ihre Entstehung nämlich einer günstigen Lage im Landstraßennetz, z.B. an der Kreuzung zweier wichtiger Verbindungen oder auf halber Strecke zwischen zwei Städten.

Ohne das Aufblühen dieser neuen Siedlungen wäre es sicherlich kaum möglich gewesen, die Landdistrikte relativ reibungslos an die neue Zeit heranzuführen. So wurde die laufende Modernisierung der Landwirtschaft entsprechend dem technischen Fortschritt durch die in vielen Bahnhofssiedlungen ansässig gewordenen Handwerks- und kleinen Industriebetriebe überhaupt erst möglich. Außerdem waren es diese Betriebe und die in ihrer Folge entstandenen Handels- und Dienstleistungseinrichtungen, die einen guten Teil der durch die Landwirtschaftskrise und die anschließende Industrialisierung der Landwirtschaft freigesetzten Arbeitskräfte aufnahmen. Dadurch konnte eine völlige Entleerung der Landdistrikte durch Abwanderung in die Städte oder durch Auswanderung (die z.B. in den anderen nordeuropäischen Staaten erheblich größere Ausmaße annahm) verhindert werden. So hat sich ab ungefähr 1880 eine Urbanisierung der Landdistrikte und ein Verdichtungsprozeß im Siedlungssystem vollzogen, wodurch schließlich der größte Teil der dänischen Landbevölkerung in höchstens 15 km Entfernung einen zentralen Marktort aufsuchen konnte.

Welche differenzierende Wirkung die Entstehung einer Bahnhofssiedlung für die Entwicklung der Landgemeinden hatte, wird aus der in Tab. 1 wiedergegebenen Gegenüberstellung von RASMUSSEN (1981, 115) deutlich. RASMUSSEN vergleicht die Beschäftigtenentwicklung in den Gemeinden Gørding, Vemb und Bur (Westjütland) zwischen 1870 und 1901 miteinander. Vemb avancierte zur Bahnhofssiedlung an der im Jahre 1875 eröffneten Bahnlinie Holstebro

- Ringkøbing, während Bur lediglich einen Haltepunkt an dieser Strecke erhielt und Gørding gänzlich ohne Bahnanschluß blieb. Wiesen diese drei Gemeinden vor dem Beginn des Eisenbahnzeitalters ungefähr die gleiche Größe und Erwerbsstruktur auf, so zeigt die Situation im Jahre 1901 deutlich, welchen Einfluß die Entstehung einer Bahnhofssiedlung auf die Bevölkerungs- und Beschäftigtenentwicklung haben konnte. Bezüglich weiterer, detaillierterer Fallstudien sei wiederum auf die Arbeit von STILLING (1987) verwiesen, der u.a. die Entwicklung von 10 Bahnhofssiedlungen bis zum Jahr 1940 nachvollzogen hat.

Tab. 1: Beschäftigtenentwicklung der Gemeinden Gørding, Vemb und Bur (Westjütland) 1870-1901

| | 1870 | | | 1901 | | |
	Gørding	Vemb	Bur	Gørding	Vemb	Bur
Landwirtschaft	216	196	104	222	228	115
Eisenbahn/Postwesen	0	0	0	0	80	27
Handel u. Handwerk	9	38	18	30	164	6
Arbeiter	0	10	0	3	51	0
Freie Berufe	10	0	0	0	14	1
Sonstige Berufe	1	17	5	12	15	26

Quelle: RASMUSSEN (1981, 115)

Betrachtet man die Auswirkungen des Eisenbahnzeitalters auf die Siedlungsstruktur im ländlichen Raum und speziell auf die Funktion der nicht vom Bahnbau betroffenen Dörfer, so wird deutlich, daß zum ersten Mal in der Geschichte der dänischen Dörfer ein Auswahl- und Konzentrationsprozeß stattgefunden hat, der die nach der Aussiedlung der Höfe und der Einführung der Gewerbefreiheit gerade erst entstandenen zentralen Funktionen vieler Dörfer deutlich aushöhlte. Auf der anderen Seite jedoch müssen die Bahnhofssiedlungen als Bindeglied zwischen Stadt und Land gesehen werden, durch die erst die Errungenschaften des Industriezeitalters in den ländlichen Raum diffundieren konnten und die gleichzeitig ein Ausbluten der Landdistrikte wirksam verhinderten. So warnt denn auch STILLING (1987, 489) in der Schlußbetrachtung seines Werkes davor, die Rolle der Bahnhofssiedlungen zu unterschätzen und hebt hervor, daß sie Dänemark - im Gegensatz vor allem zu England - auch im Zeitalter der Industrialisierung eine wirtschaftliche, soziale und kulturelle Streuung bewahrt haben. STILLING vermutet deswegen, "daß die Bahnhofssiedlungen die Zentralisierung hinausgezögert haben, die in anderen europäischen Ländern das Ergebnis des internationalen industriellen Wachstums nach 1890 war."

Für den Zusammenhang der vorliegenden Arbeit bleibt festzuhalten, daß mit dem Aufblühen der Bahnhofssiedlungen erstmals in der Geschichte des ländlichen Raumes in Dänemark der Konflikt auftritt zwischen einer dispersen Lage von Handels- und Dienstleistungseinrichtungen in der Fläche, wodurch dem Dorf zumindest in gewissem Umfang seine frühere "Autarkie" erhalten bleibt, und der marktwirtschaftlich bedingten dezentralen Konzentration in der Fläche, wodurch höherwertige Waren und Dienstleistungen auch für die Landbevölkerung in vertretbarer Entfernung zugänglich werden. Die nachfolgenden Kapitel werden dieses Spannungsverhältnis zwischen Konzentration und Dekonzentration in unterschiedlichen Variationen stets von neuem aufgreifen.

2.5 Dänemarks Wandel vom Agrar- zum Industrieland

Die Ausführungen der vorangegangenen Kapitel haben deutlich gemacht, daß die Landwirtschaftskrise im letzten Viertel des 19. Jahrhunderts den Anstoß zu einem einschneidenden Strukturwandel der dänischen Landwirtschaft gegeben hat, der sich in erster Linie in der Umstellung von der Pflanzen- auf die Tierproduktion ausdrückte. Ermöglicht wurde die Industrialisierung der Landwirtschaft bzw. der Veredelung landwirtschaftlicher Produkte vor allem durch die breite genossenschaftliche Organisation der Bauern (Genossenschaftsmeiereien und -schlachtereien). Seitdem die liberale Bauernpartei Venstre im Jahre 1901 die Regierungsverantwortung übernommen hatte, war auch der Einfluß der konservativen, städtisch ausgerichteten Partei Højre zurückgedrängt worden. So hatte sich nach FINK (1963, 53) im letzten Viertel des 19. Jahrhunderts neben der wirtschaftlichen auch eine gesellschaftliche Revolution vollzogen. Um die Jahrhundertwende war die Landwirtschaftskrise weitgehend überwunden und wurde von einer für die Landwirtschaft günstigen konjunkturellen Periode abgelöst, die fast zwei Jahrzehnte anhielt. In dieser Phase tätigte die Landwirtschaft erhebliche Investitionen in die Betriebsgebäude sowie in die Maschinenausstattung, wovon wiederum Industrie und Handwerk in den Kleinstädten und Bahnhofssiedlungen profitierten, die überwiegend für den lokalen Markt produzierten. Der Exportanteil im primären Sektor stieg nunmehr erneut an - hatte er Ende des 19. Jahrhunderts, bedingt durch das Fallen der Getreidepreise auf dem Weltmarkt, nur rd. 40 % betragen, erhöhte er sich bis zum Jahr 1914 auf rd. 60 %, um in den 20er Jahren auf die Rekordmarke von nahezu 80 % zu klettern.

Die 20er Jahre brachten erneut erhebliche Veränderungen der dänischen Gesellschaft mit sich, wobei namentlich das aufkommende Spannungsverhältnis zwischen den wirtschaftlichen Interessen von Stadt und Land sowie die Erstarkung des sekundären Sektors im Mittelpunkt standen. Obwohl der Beschäftigtenanteil des produzierenden Gewerbes während der 20er Jahre nahezu konstant bei 29 % verblieb, stieg der gesamte Wert der Industrieproduktion von 1921 bis 1930 - gemessen in festen Preisen - von 765 auf 1.324 Millionen Kronen, während sich der gesamte Wert der landwirtschaftlichen Produktion zwischen 1920 und 1930 von 813 auf "nur" 1.315 Millionen Kronen erhöhte (HAUE et al. 1985, 114). Obwohl in den 20er Jahren sowohl im primären als auch im sekundären Sektor eine steigende Produktivität zu verzeichnen war, lag diese im sekundären Sektor nunmehr höher. Die Landwirtschaft konnte jedoch trotzdem auf ihre unverzichtbare Rolle als Devisenbringer für die dänische Wirtschaft verweisen, da sie rd. 80 % der dänischen Exporte bestritt, und mit der These, die Interessen der Volkswirtschaft seien identisch mit denen der Landwirtschaft, konnte die Venstre ihren Einfluß weitgehend aufrechterhalten.

Eine völlig neue Situation entstand durch die weltweite Wirtschaftskrise, die durch den New Yorker Börsenkrach im Jahre 1929 ausgelöst wurde. In England, dem Hauptabnehmerland der dänischen Agrarprodukte, stürzte die Industrie in eine tiefe Krise. Nur mit Hilfe von Sondergesetzen und Subventionen konnte die dänische Regierung ihre Landwirtschaft stützen. Diese versuchte ihrerseits, die Situation zu meistern, indem sie die Mechanisierung vorantrieb und damit zusätzliche Arbeitskräfte freisetzte. Während also die Landwirtschaft in den 30er Jahren erneut in Schwierigkeiten geriet, gelang es der Industrie, ihren Exportanteil von 14 auf 23 % zu erhöhen. Als Folge dieser Entwicklung war in den 30er Jahren ein wachsendes Interesse der staatlichen Politik, in der nunmehr Sozialdemokraten und Radikalliberale tonangebend geworden waren, an den eher städtischen Wirtschaftszweigen festzustellen - und nach HAUE et al. (1985, 145) waren es die 30er Jahre, in denen Dänemark zum Industrieland wurde. Das industrielle Wachstum vollzog sich dabei in den Branchen, in denen die dänische Industrie durch Importbeschränkungen besonderen staatlichen Schutz genoß, so z.B. in der Textilindustrie, oder in Branchen, die vornehmlich einheimische Rohstoffe verarbeiteten, wofür HAUE et al. (1985, 145) als Beispiel die Produktion von LEGO-Holzspielzeug in Billund, inmitten eines Gebietes mit hoher Arbeitslosigkeit, anführen.

Trotz des Vordringens des sekundären Sektors und fortschreitender Mechanisierung der Landwirtschaft blieb in den 30er Jahren eine Massenabwanderung der Bevölkerung vom Lande aus - einerseits konnten angesichts der extrem hohen Arbeitslosigkeitsquote, die 1933 über 30 % betrug (LARSEN et al. 1976, 43) auch Industrie und Handwerk in den Städten nur begrenzt neue Arbeitskräfte aufnehmen, zum anderen waren in den 20er und 30er Jahren noch einmal gut 15.000 Kleinsiedlerstellen geschaffen worden (vgl. PEDERSEN 1986). Dadurch wurde erreicht, daß die landwirtschaftliche Nutzfläche im Jahr 1940 75 % der Gesamtfläche Dänemarks erreichte; seitdem ist ihr Anteil jedoch ständig rückläufig (KAMPP 1964, 484). Im selben Jahr konnte noch rund eine Million Dänen, d.h. rund ein Viertel der Gesamtbevölkerung, unmittelbar von der Landwirtschaft leben - nach BRYLD & HAUE (1982, 55) waren Dänemark und Italien in der Zwischenkriegszeit die einzigen europäischen Staaten, in denen die Zahl der in der Landwirtschaft Beschäftigten (in Dänemark rd. 600.000 Menschen) konstant blieb.

Nachdem im 2. Weltkrieg vor allem die großen und mittelgroßen landwirtschaftlichen Betriebe von der Kriegskonjunktur profitiert hatten (HANSEN & HENRIKSEN 1984, 31 f.), setzte nach Kriegsende in der dänischen Landwirtschaft nun auch mit Macht der Strukturwandel ein, der durch die Kriegsjahre im Grunde nur hinausgezögert worden war. Nicht zuletzt der Marshall-Plan ermöglichte es, daß die Mechanisierung in großem Stil, vor allem durch die Anschaffung von Traktoren, vorangetrieben werden konnte. Durch diese Rationalisierungsmaßnahmen und den Einsatz von Kunstdünger konnte die Produktivität pro Beschäftigten in der Landwirtschaft zwischen 1945 und 1950 um 40 % gesteigert werden (HAUE et al. 1985, 215) - dies hatte jedoch zur Folge, daß in diesem Zeitraum 50.000 Arbeitskräfte aus der Landwirtschaft ausscheiden mußten. Im verarbeitenden Gewerbe und im Handel, namentlich in den Städten, wurden diese Arbeitskräfte mit offenen Armen empfangen, so daß die Arbeitslosigkeit mit Werten zwischen 5 und 6 % relativ niedrig lag (HAUE et al. 1985, 215). Die Industrie, die vor dem Krieg nur zu 25 % für den Export produziert hatte, nutzte die guten Exportchancen in Länder, deren Produktionsanlagen zerstört waren, und erhöhte ihren Exportanteil bereits bis zum Jahr 1950 auf ein Drittel. Das industrielle Wachstum vollzog sich allerdings fast ausschließlich in den Städten und städtischen Siedlungen, die bereits über Industriebetriebe verfügten. Dies hatte in den Landdistrikten, vor allem in den kleineren Ortschaften, eine erste Konzentrationswelle zur Folge. Namentlich bei den genossenschaftlichen Unternehmungen, d.h. den Meiereien (vgl. hierzu Kapitel 3.4) und Schlachtereien, wurden kleinere Einheiten stillgelegt bzw. zu größeren Produktionseinheiten zusammengeschlossen. Allerdings wurden in diesen Jahren im ländlichen Raum nicht nur Arbeitsplätze vernichtet, sondern auch, zumindest in gewissem Umfang, durch das beginnende Wachstum des öffentlichen Sektors, neu geschaffen (betænkning Nr.910, 1980, 20).

In den 50er Jahren kam dann der Konflikt zwischen Landwirtschaft und Industrie und damit auch zwischen Land und Stadt in vollem Umfang zum Ausbruch. Nachdem die erste Wiederaufbauphase in den meisten europäischen Ländern abgeschlossen war, vergrößerte sich die Kaufkraft und damit die Nachfrage nach Industrieprodukten erheblich. Die dänische Industrie, die sich fortan mehr und mehr auf das Auslandsgeschäft konzentrierte, weitete ihre Produktionskapazitäten aus. Die Nachfrage nach Arbeitskräften stieg, was auch mit erheblichen Lohnsteigerungen im gewerblichen Sektor verbunden war.

Zwar erhöhte auch die Landwirtschaft in den Nachkriegsjahren ihre Produktion und konnte gute Preise für ihre Produkte erzielen, doch bereits Mitte der 50er Jahre hatte die Landwirtschaft auch in den übrigen europäischen Ländern ihre Produktion so stark ausgeweitet, daß eine Überproduktion drohte. Als daraufhin mehrere westeuropäische Länder zu protektionistischen Mitteln auf dem Agrarsektor griffen und es der dänischen Landwirtschaft nicht im notwendigen Umfang gelang, neue Märkte zu erschließen, gerieten die dänischen Landwirte unter erheblichen Preisdruck, der sich nach der Gründung der Europäischen Wirtschaftsgemeinschaft weiter verstärkte. Dänemark war der EWG nicht beigetreten, sondern hatte sich stattdessen der EFTA angeschlossen. Durch die Bildung von EWG und EFTA hatte sich in Europa eine handelspolitische Spaltung vollzogen. Die dänische Entscheidung zu Gunsten der EFTA war vor allem mit Rücksicht auf den wichtigen Handelspartner Großbritannien getroffen worden, dessen EWG-Beitritt vor allem durch Frankreich torpediert wurde. In den 60er Jahren wirkte sich dieser Entschluß allerdings gerade für die dänische Landwirtschaft ungünstig aus, weil der Agrarmarkt eine ständig steigende Bedeutung in der EWG-Politik gewann, während sich die Handelsabsprachen innerhalb der EFTA nicht auf landwirtschaftliche Produkte erstreckten. Neben den durch die EWG/EFTA-Blockbildung sowie fallende Weltmarktpreise bedingten Exportschwierigkeiten bekam die Landwirtschaft zusätzliche Probleme auf dem heimischen Markt, wo steigende Kosten für Maschinen und Löhne den Landwirten schwere Probleme bereiteten.

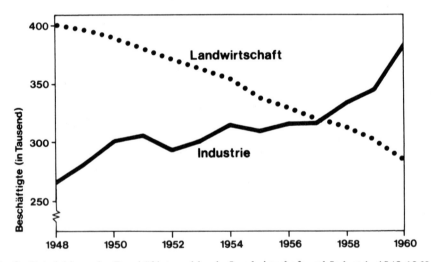

Abb. 3: Entwicklung der Beschäftigtenzahlen in Landwirtschaft und Industrie 1948-1960

Quelle: DANØ et al. 1982

Die genannten Schwierigkeiten zwangen die Bauern zu weiteren Rationalisierungsmaßnahmen vor allem bei den Beschäftigten, und bei gleichzeitig steigenden Industrielöhnen erlebte Dänemark in den 50er Jahren eine Landflucht von vorher nicht für möglich gehaltenem Ausmaß.

Wie Abb. 3 deutlich zeigt, war zwischen 1948 und 1960 ein Rückgang der Beschäftigtenzahl in der Landwirtschaft um rund 100.000 zu registrieren, während sich die Zahl der Industriebeschäftigten im gleichen Zeitraum ebenso deutlich erhöhte. Ein ohne Zweifel historisches Ereignis vollzog sich im Jahre 1957: In diesem Jahr arbeiteten erstmals mehr Menschen in der Industrie als in der Landwirtschaft, was in Dänemark, das im Selbstverständnis vieler seiner Bürger noch immer ein Agrarland war, für nicht geringe Aufmerksamkeit sorgte. In den kommenden Jahren lieferten sich die beiden "Kontrahenten" - d.h. nicht zuletzt auch deren Lobbies - einen erbitterten Zweikampf um die Vorrangstellung in der dänischen Volkswirtschaft. Noch war es die Landwirtschaft, die den größten Anteil am Bruttosozialprodukt erwirtschaftete, doch die Industrie setzte - so BIDSTRUP (1977, 18) - Mitte der 50er Jahre zu einem gewaltigen Spurt an, um die Landwirtschaft zu überholen. Innerhalb eines knappen Jahrzehnts konnte sie ihr Produktionsvolumen verdreifachen, die Zahl ihrer Arbeitsplätze um 25-30 % erhöhen und - was von besonderer Bedeutung war - ihren Export verdoppeln (vgl. Abb. 4). Mußte früher die Industrie durch Importbeschränkungen geschützt werden, während sich die Landwirtschaft auf dem Weltmarkt behauptete, hatten sich die Rollen nunmehr vertauscht - die dänische Industrie eroberte den Weltmarkt, während die kränkelnde Landwirtschaft staatliche Unterstützung in Anspruch nehmen mußte. Im Jahr 1963 schließlich stand es fest und war durch noch so spitzfindige Interpretationen (BIDSTRUP berichtet z.B. vom Streit der Lobbies darüber, ob die Produktion von Dosenschinken dem primären oder dem sekundären Sektor zuzuordnen sei) nicht mehr zu leugnen - der gesamte Wert der jährlichen dänischen Industrieproduktion liegt seit 1963 jeweils höher als derjenige der landwirtschaftlichen Produktion, wobei sich der Abstand bis heute ständig vergrößert hat.

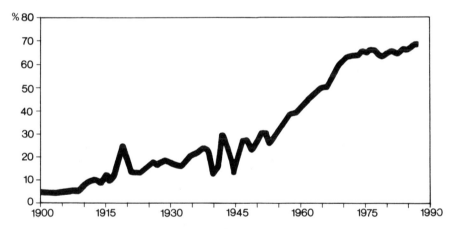

Abb. 4: Anteil des Industrieexports am gesamten Warenexport Dänemarks 1900-1987

Quelle: POLITIKEN 10.8.1988

Wenn es der dänischen Industrie innerhalb eines relativ kurzen Zeitraumes gelingen konnte, die Führungsposition in der dänischen Volkswirtschaft zu erringen (was in der Literatur häufig als Dänemarks "2. industrielle Revolution" bezeichnet wird) und sie maßgeblich das Tempo des Wirtschaftswachstums - in den Jahren 1957-1965 wurden im Durchschnitt jährliche Wachstumsraten von 5,3 % erzielt (HAUE et al. 1985, 226) - bestimmte, so ist dies nur zum Teil auf die strukturellen Probleme der Landwirtschaft zurückzuführen. Ausschlaggebend dürften vielmehr eine Reihe die Industrie unmittelbar begünstigende weltwirtschaftliche Rahmenbedingungen sowie eine gezielte Industrieförderungspolitik seit dem Ende der 50er Jahre gewesen sein. Im einzelnen sind nach BIDSTRUP (1977, 17 ff.) und HAUE et al. (1985, 226 ff.) folgende Faktoren anzuführen:

- In den 50er Jahren entwickelte sich eine internationale Hochkonjunktur, wodurch insbesondere der Handel mit spezialisierten Industrieprodukten zwischen den westlichen Industrieländern kräftige Impulse erhielt. Gestützt wurde diese Entwicklung durch die freie Konvertierbarkeit der europäischen Währungen mit dem US-Dollar seit 1958 sowie durch den Fall von Handelsrestriktionen als Folge von Vereinbarungen innerhalb der OECD. Gleichzeitig verbesserten sich die Möglichkeiten der Kreditaufnahme auf dem internationalen Kapitalmarkt.
- Für Dänemark als rohstoffarmes Land wirkte sich der kräftige Preisverfall auf den internationalen Rohstoffmärkten besonders günstig aus, da gleichzeitig der Preis der exportierten dänischen Industrieprodukte stabil blieb.
- Die erhöhte internationale Nachfrage führte zu einer starken Erhöhung der Beschäftigtenzahlen. Die Arbeitslosigkeit, die noch 1957/58 zwischen 9 und 10 % betragen hatte, sank auf Werte zwischen 2 und 4 % ab. Gleichzeitig erhöhte sich die Frauenerwerbstätigkeit sowie der Anteil der ins Erwerbsleben drängenden Jugendlichen und schließlich wurde in den 60er Jahren mit der Anwerbung von Gastarbeitern begonnen. Die erhöhte Beschäftigung wirkte sich ihrerseits stimulierend auf die Binnennachfrage aus.
- Parlament und Regierung unterstützten die Industrie durch eine gezielte Industriepolitik. So wurden im Jahr 1958 neue Abschreibungsregeln eingeführt, die besonders investitionsfördernd wirkten, sowie eine Reihe flankierender Maßnahmen zur Exportförderung ergriffen (Steuervergünstigungen, Exportprämien etc.). Ende der 60er Jahre schließlich wurde eine Serie von Gesetzen zur Industrieförderung verabschiedet.
- Über die eigentliche Industriepolitik hinaus wurden erhebliche Anstrengungen unternommen, die wirtschaftliche Entwicklung auf den verschiedensten Sektoren zu unterstützen, so z.B. durch systematische Verbesserung von Ausbildung und Forschung und durch den Ausbau der technischen Infrastruktur (Verkehrs- und Nachrichtenwesen, Energieversorgung).

2.6 Zusammenfassung zu Teil 2

Teil 2 dieser Arbeit sollte in einem knappen historischen Durchgang den gesellschaftlichen und politischen Hintergrund aufzeigen, vor dem sich die Entwicklung der ländlichen Siedlungen Dänemarks bis in die 50er Jahre dieses Jahrhunderts vollzog.

Nachdem die im 18. Jahrhundert begonnenen großen Agrarreformen in weiten Teilen Dänemarks zu einer völligen Veränderung der Agrarstruktur (Aufhebung des Flurzwangs, Flurbereinigung, Vereinödung) geführt hatten, wandelten sich auch das Bild und die Funktion des Dorfes. Wo zuvor eine weitgehende Autarkie vorgeherrscht hatte, setzte sich nun die Arbeitsteilung durch, was durch die Einführung der Gewerbefreiheit auch offiziell legitimiert wurde. Dem Dorf erwuchsen Mittelpunktsfunktionen im Handwerk und in der Versorgung; die kulturelle Bedeutung des Dorfes wurde in der ersten Hälfte des 19. Jahrhunderts durch die Einrichtung von Dorfschulen deutlich ausgeweitet. Mit dem Erlaß des ersten Landkommunalgesetzes wurde schließlich auch die politische Funktion des Dorfes und die Verantwortung der Dorfbewohner für ihr Gemeinwesen festgeschrieben. Industrialisierung und Eisenbahnbau, Genossenschaftswesen und die insbesondere durch GRUNDTVIG initiierte ländliche Bildungsarbeit sorgten für erneute Umbrüche.

Die Entstehung der Bahnhofssiedlungen sorgte für eine Verdichtung des ländlichen Siedlungssystems und eine Differenzierung der Wirtschafts- und Sozialstruktur. Obwohl die Bahnhofssiedlungen mit ihren "zentralörtlichen" Funktionen eine gewisse Konkurrenz für die Dörfer darstellten, verbesserten sie die Wettbewerbssituation des ländlichen Raumes insgesamt deutlich. In der Rückschau ist das Eisenbahnzeitalter denn auch für die Dörfer weitgehend eine Blütezeit gewesen, was durch eine breite Funktionsvielfalt dokumentiert wird.

In der politisch schwierigen Estrup-Zeit behaupteten sich die auf dem Lande entstandenen breiten volkstümlichen Bewegungen, wodurch die Dörfer - namentlich die zahlreichen dörflichen Versammlungshäuser - zu Kristallisationskernen einer aufgeklärten liberalen Gesellschaft wurden. Charakteristisch ist, daß sich in dieser Phase ein ausgeprägtes dörfliches Selbstbewußtsein entwickelte.

Seit den 30er Jahren unseres Jahrhunderts warfen wiederum tiefgreifende Strukturveränderungen der Landwirtschaft (Mechanisierung) ihre Schatten voraus. Nach dem 2. Weltkrieg setzte dann als Folge der mit Marshall-Geldern geförderten Rationalisierungsmaßnahmen in der Landwirtschaft eine Landflucht im vorher nicht gekannten Ausmaß ein. Als dann auch noch im Zuge der industriellen Hochkonjuktur, die Mitte der 50er Jahre einsetzte, die Vorherrschaft der Landwirtschaft als bedeutendster Wirtschaftssektor gebrochen wurde ("Dänemarks 2. industrielle Revolution"), war Dänemark endgültig vom Agrar- zum Industrieland geworden.

3. Die Veränderungen der Raumstruktur in der Zeit der Hochkonjunktur (Mitte der 50er bis Anfang der 70er Jahre)

3.1 Der Aufbruch in die Wohlstands- und Dienstleistungsgesellschaft

In den vorangegangenen Ausführungen wurde deutlich, wie sich die Industrie seit den 30er Jahren, insbesondere aber in den 50er Jahren, an der Landwirtschaft vorbei an die Spitze der dänischen Wirtschaft geschoben hat. Die "2. industrielle Revolution" brachte den Dänen einen bis dahin nicht gekannten Wohlstand. Durch eine entsprechende Steuergesetzgebung wurde dafür gesorgt, daß nicht nur die privaten Haushalte, sondern auch die Staatskasse an dem neuen Reichtum Anteil hatte, wodurch wiederum die öffentliche Hand in die Lage versetzt wurde, ihre Leistungen für die Bürger zu verbessern sowie ihre Investitionstätigkeit zu intensivieren. In einer bekannten Wahlrede aus dem Jahr 1960 hat einer der Chefstrategen dieser Politik, der damalige sozialdemokratische Ministerpräsident und vorherige Finanzminister Viggo KAMP-MANN, plakativ das "Credo" jener Aufbruchsphase umrissen (zit. nach HAUE et al. 1985, 241):

"Nun geht es aufwärts. Die automatische Einkommenssteigerung bedeutet, daß die Steuern hereinströmen. Wir werden diese historische Chance zu ergreifen wissen. Diese Gelder sollen nicht in Form von Steuererleichterungen zurückgezahlt werden, sondern werden gebraucht, um der Bevölkerung die Güter zu schaffen, die die Mehrheit wünscht. Wir werden Universitäten und Lehranstalten bauen. Wir werden soziale Institutionen bauen. Wir werden Kunst und Kultur fördern. Wir werden den Standard auf allen Gebieten erhöhen."

In den folgenden Ausführungen soll kurz skizziert werden, wie sich vor dem Hintergrund dieses Wohlstandsbooms die Entwicklung in den einzelnen Wirtschaftssektoren vom Ende der 50er bis zum Beginn der 70er Jahre dargestellt hat. Dabei wird deutlich werden, daß die dänische Gesellschaft in dieser Phase von tiefgreifenden wirtschafts- und sozialstrukturellen Veränderungen erfaßt worden ist. Diese wiederum haben erhebliche raumstrukturelle Probleme und Konsequenzen - nicht zuletzt für die Siedlungen im ländlichen Raum - gezeigt, worauf anhand einiger ausgewählter Problembereiche näher eingegangen werden soll.

Im primären Sektor - worunter hier ausschließlich die Landwirtschaft verstanden werden soll - ließen die in Kapitel 2.5 skizzierten Marktverhältnisse eine Ausweitung der Produktion nicht zu. Die zur Sicherung der landwirtschaftlichen Einkommen erforderliche Rationalisierung und Produktivitätssteigerung mußte sich mithin innerhalb des von den Absatzmöglichkeiten vorgegebenen Produktionsrahmens vollziehen. Da die alleinige Rationalisierung der Haustierproduktion wegen der erforderlichen Umbaumaßnahmen an den landwirtschaftlichen Betriebsgebäuden sehr zeit- und kostenaufwendig gewesen wäre, entschloß man sich zur verstärkten Mechanisierung der Pflanzenproduktion, was jedoch zuerst eine Veränderung der seit dem 19. Jahrhundert wegen gesetzlicher Restriktionen unangetastet gebliebenen Betriebsgrößen erforderte. Nach Lockerung dieser Vorschriften waren die 60er Jahre nicht nur von einem weiteren Rückgang der landwirtschaftlichen Arbeitskräfte (von ca. 300.000 auf 158.000), sondern erstmals auch von einer Reduzierung der Zahl landwirtschaftlicher Betriebe und damit auch der Zahl selbständiger Landwirte geprägt (vgl. Abb. 5). Zwischen 1960 und 1970 war ein Rückgang von 196.076 auf 140.197 landwirtschaftliche Betriebe zu verzeichnen (Danmarks Statistik, Statistisk Årbog 1970, Tab. 73). Dabei reduzierte sich der Anteil der Kleinbetriebe unter 10 ha von 46,8 % auf 31,4 %, während der Anteil der Betriebe zwischen 10 und 60 ha von 51,4 % auf

64,7 anstieg (HAUE et al. 1985, 233). Dieser durch die Zusammenlegung von Höfen in Gang gesetzte Strukturwandel wurde durch die fortgesetzten Mechanisierung (Mähdrescher, Maschinenstationen) weiter unterstrichen, wobei die in der ersten Hälfte der 60er Jahre steigenden Investitionen in erster Linie durch die Errichtung eines Realkreditfonds der dänischen Landwirtschaft im Jahre 1960 ermöglicht wurden. Der in den 60er Jahren erfolgte Strukturwandel verschleiert gleichwohl das wahre Ausmaß der Katastrophe, die nach der Bildung der EWG über die dänische Landwirtschaft hereingebrochen war. Hätte man von politischer Seite die Landwirtschaft den unnachgiebigen Gesetzen des Weltmarktes überlassen, d.h. eine drastische Reduzierung der Produktionsmengen bis zu dem Punkt zugelassen, an dem wieder rentable Preise zu erzielen gewesen wären, wäre der Schrumpfungsprozeß der Landwirtschaft ungleich intensiver gewesen (vgl. DANØ et al. 1982, 13). Die Regierung entschloß sich jedoch stattdessen, ein System von Schutz- und Subventionsmaßnahmen zu etablieren, das eine weitergehende Schrumpfung des primären Sektors verhindern und der dänischen Landwirtschaft bis zu einem EWG-Beitritt Dänemarks über die Runden helfen sollte. Zusammenfassend läßt sich also festhalten, daß die ansonsten in Dänemark als die "guten 60er" bezeichneten Jahre für die dänische Landwirtschaft eine krisenreiche und schwierige Zeit waren.

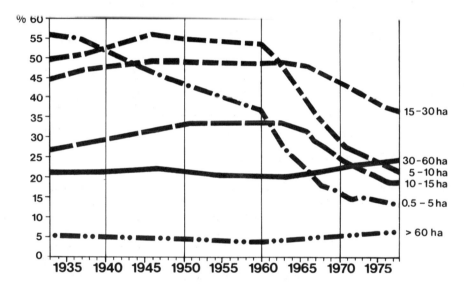

Abb. 5: Anteil landwirtschaftlicher Betriebsgrößen 1933-1978

Quelle: JENSEN & REENBERG 1981

Der sekundäre Sektor war, wie erwähnt, seit den 50er Jahren zur Triebkraft der dänischen Wirtschaft avanciert. Insbesondere zwischen 1956 und 1965 war der industrielle Aufschwung mit einem kräftigen zahlenmäßigen Wachstum der Industriearbeitsplätze verbunden, während in der zweiten Hälfte der 60er Jahre durch eine verstärkte Automatisierung der Produktionsabläufe ein Rückgang der Beschäftigtenzahl eintrat. Neben dem Bedeutungsrückgang der konventionellen Schwerindustrie und dem Vordringen der Konsumgüterindustrie sind insbesondere die Veränderungen des Musters von Unternehmensstandorten von Interesse, die mit dem Wachstum des sekundären Sektors einhergingen; hierauf wird in Kapitel 3.3 näher eingegangen.

Der tertiäre Sektor war der eigentliche Gewinner der "2. industriellen Revolution" - um auf dem Weltmarkt bestehen zu können, waren die aufblühenden Industrieunternehmen nämlich dringend angewiesen auf eine leistungsfähige Dienstleistungsinfrastruktur. Etwas vereinfachend können die 60er Jahre sogar als das "Jahrzehnt des Dienstleistungssektors" bezeichnet werden - Werbung, Finanzberatung, Consulting, Kreditwesen und andere Branchen, die die Leistungsfähigkeit des Devisenbringers Industrie garantierten, erlebten einen gewaltigen Boom. Aber auch der öffentliche Sektor, wo sich die Entwicklung angesichts des politischen Rückenwindes noch schwunghafter als in der Privatwirtschaft vollzog, leistete seinen wesentlichen Beitrag zum reibungslosen Funktionieren der dänischen Wirtschaft - so nicht zuletzt durch eine Verbesserung und Intensivierung der Ausbildung (u.a. wurden in den 60er Jahren 3 neue Universitäten gegründet!) sowie durch eine umfassende soziale und medizinische Versorgung seiner Bürger. Wie aus Tab. 2 im einzelnen hervorgeht, erhöhte sich im Zeitraum 1960-1972 die Zahl der öffentlichen Bediensteten jährlich deutlich, wobei die Bereiche Sozialwesen, Bibliotheken/Museen usw., Unterricht und Forschung, Allgemeine Verwaltung und Gesundheitswesen an der Spitze der Entwicklung lagen. HAUE et al.

Tab. 2: Ausweitung der Beschäftigung im öffentlichen Dienst zwischen 1960 und 1972

Zahl der Beschäftigten in	1960	1972	Zunahme p. a.
Unterricht und Forschung	51.792	130.800	+ 8,0 %
Bibliotheken, Museen etc.	3.392	10.400	+ 9,6 %
Gesundheitswesen	76.981	140.200	+ 5,1 %
Sozialwesen	25.094	119.100	+13,9 %
Allg. Verwaltung	33.780	73.200	+ 6,7 %
Öffentlicher Dienst insges.	332.984	650.200	+ 5,7 %

Quelle: HANSEN & HENRIKSEN (1984, 147)

(1985, 242) weisen darauf hin, daß die Expansion dieser Bereiche eng zusammenhing. So hatte man z.B. nunmehr die finanziellen Möglichkeiten, vielen Jugendlichen eine längere und bessere Ausbildung zu geben, wobei auf dem Unterrichtssektor und in anderen Tätigkeitsbereichen der Anteil der Frauenerwerbstätigkeit deutlich anstieg. Dadurch wiederum wurde z.B. der Bau einer größeren Zahl von Kindergärten und die Einstellung entsprechenden Personals erforderlich. Aber auch in anderen Bereichen änderte sich die traditionelle, aus der Zeit der Agrargesellschaft überkommene Familienstruktur (2- statt 3-Generationenhaushalt) mit der nicht unerheblichen Folge, daß Alters- und Pflegeheime in großer Anzahl gebaut werden mußten. Das Gesundheitswesen wiederum erfuhr eine starke Ausdehnung sowohl aufgrund des wissenschaftlichen und technischen Fortschritts als auch - sozusagen als Kehrseite der Entwicklung - aufgrund der erhöhten physischen und psychischen Anforderungen, die die Leistungsgesellschaft an ihre Mitglieder stellte.

Als Zwischenbilanz kann also festgehalten werden, daß Dänemark in den 60er Jahren unter der Führung des Devisenbringers Industrie den Durchbruch zur Wohlstands- und Dienstleistungsgesellschaft erlebte. Das Aufblühen des tertiären Sektors vollzog sich vor allem in den Städten, während die Landdistrikte von der Entwicklung der "guten 60er" tendenziell geringer profitieren. Näher wird auf einige Aspekte dieses Problems in den folgenden Kapiteln eingegangen.

3.2 Siedlungsstrukturelle Leitbilder

In Kapitel 3.1 wurde ausgeführt, wie es in der Nachkriegszeit zu einer für dänische Verhältnisse einzigartigen industriellen Hochkonjunktur gekommen war und wie diese zu einem gewaltigen Aufblühen des städtischen Wirtschaftslebens, vor allem im tertiären Sektor, geführt hat. Da man fest auf ein kontinuierliches Wirtschaftswachstum vertraute, stellte sich bald eine weitverbreitete Fortschrittsgläubigkeit ein, wobei außer Frage stand, daß das Tempo des Fortschritts allein durch die Industrie bestimmt wurde. "Gute Zeiten besser machen" - das Lebensmotto der "guten 60er" mit dem Vertrauen in die selbstverstärkenden Kräfte des Wirtschaftswachstums könnten kaum treffender ausgedrückt werden als durch diesen sozialdemokratischen Wahlspruch. Im materiellen Wachstum und seinen Möglichkeiten sieht denn auch GAARDMAND (1985, 17) die absolut dominierenden Themen in der gesellschaftlichen Diskussion sowie in der Planung Dänemarks nach dem 2. Weltkrieg. Dabei wurde nach GAARD-MAND nicht nur von den Politikern im ökonomischen Bereich auf Wachstum gesetzt, sondern auch den damaligen Planern erschien die Förderung des "natürlichen Wachstums" der Städte als das adäquate Mittel, eine Befriedigung der materiellen Bedürfnisse der Bürger zu erreichen. Dieses "natürliche Wachstum" der Städte müßte - so der Glaube der Planer - in einem selbstverstärkenden Prozeß zum Gewinn der gesamten Gesellschaft ausgenützt werden.

Im Jahre 1959 trat der Stadtplaner Erik KAUFMANN mit einer in der Zeitschrift BYPLAN veröffentlichten "Landesplanungshypothese" an die Öffentlichkeit, die erstmals auch in der räumlichen Planung den Glauben an die Kraft eines sich selbst verstärkenden Wachstums dokumentierte. In seinen Grundzügen stellte KAUFMANNs Hypothese ein landesweites Wachstumszentren-Konzept dar, in dem er den konzentrierten Ausbau von 10 Wachstumszentren in ganz Dänemark zu erstklassigen Verwaltungs-, Dienstleistungs- und Kulturzentren forderte. Diese sollten dann durch ihre Ausstrahlung auf ihr Umland eine gleichmäßige Entwicklung aller Landesteile initiieren. Unterhalb dieser Ebene des nationalen Städtesystems schlug KAUF-MANN ferner die Entwicklung sogenannter "Städte 2. Klasse" vor, die trabantenähnlich auf die Wachstumszentren hin ausgerichtet sein sollten - die zeichnerische Darstellung von KAUF-MANNs Konzept (vgl. Abb. 6) macht augenscheinlich, warum dieses in der weiteren Diskussion stets als "Sternstadt-Skizze" ("stjerneby-skitse") bezeichnet wurde. KAUFMANN selbst weist darauf hin, daß seine Konzeption die entscheidende Inspiration durch die von Gunnar MYRDAL - allerdings für die Verhältnisse unterentwickelter Länder - während des 2. Weltkrieges in den USA entwickelten Theorien erhalten habe, die im Jahre 1958 in dänischer Übersetzung erschienen war. Es ist jedoch zu erwähnen, daß nicht nur in Dänemark in jenen Jahren Wachstumszentren bzw. Wachstumspole als neue konzeptionelle Elemente in die Raumordnungspolitik einflossen; vielmehr sind diese - ausgehend von den Arbeiten von MYRDAL, PERROUX und HIRSCHMAN aus den 50er Jahren - in den 60er und 70er Jahren in die Raumordnungskonzepte fast aller Industriestaaten übernommen worden (vgl. hierzu SCHILLING-KALETSCH 1976).

KAUFMANNs Vorschlag erschien zu einem Zeitpunkt, zu dem Dänemark - im Gegensatz zu anderen europäischen Staaten - weder über offizielle landesplanerische Leitbilder noch über eine für die Landesplanung zuständige Behörde verfügte. Überfachliche räumliche Planung wurde lediglich in Gemeinden mit mindestens 1.000 Einwohnern auf der Grundlage des Stadtplanungsgesetzes von 1938 (lov om byplanlægning), betrieben. Darüberhinaus wurden in den verstädterten Räumen Kopenhagen und Århus schon früh auf freiwilliger Basis auch regionale

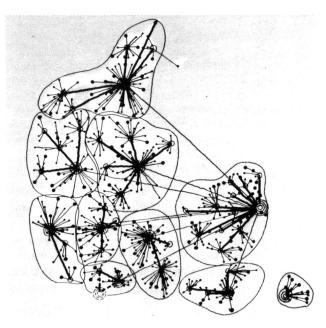

Abb. 6: "Stjernebyskitse" (KAUFMANN 1959)

Quelle: GAARDMAND 1985

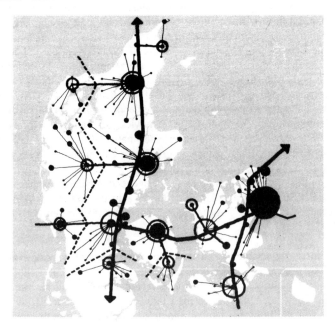

Abb. 7: "Großes H" (BYPLAN-Redaktion 1960)

Quelle: GAARDMAND 1985

Abb. 8: Dezentralisiertes Städtewachstum (HUMLUM 1960)

Quelle: GAARDMAND 1985

planerische Konzeptionen erarbeitet. Für die Steuerung des Flächenverbrauchs im gesamten Land wurde allerdings erst im Jahre 1949 das notwendige gesetzliche Instrumentarium mit dem im Jahre 1949 verabschiedeten "Gesetz zur Regulierung verdichteter Bebauung" (lov om regulering af bymæssig bebyggelse) geschaffen, während das Stadtplanungsgesetz von 1938 lediglich vorgegeben hat, welche Sachbereiche Gegenstand eines städtischen Entwicklungsplanes sein sollten oder könnten. Vorrangiges Ziel des neuen Gesetzes war es, ein unkontrolliertes Siedlungswachstum im Umland der Städte wirksam zu verhindern (vgl. CHRISTOFFERSEN & TOPSØE-JENSEN 1980, 174), was jedoch nicht darüber hinwegtäuschen darf, daß es eine echte landesplanerische Konzeption für ganz Dänemark nicht gab. Bis 1969 fand das Gesetz nur punktuell in 42 Stadtentwicklungsgebieten Anwendung und eröffnete auch nur dort entsprechende Eingriffsmöglichkeiten.

Bereits vor der Veröffentlichung von KAUFMANNs Vorschlag war etwa seit Mitte der 50er Jahre in der dänischen Öffentlichkeit verstärkt die Forderung erhoben und in der Presse nachhaltig unterstützt worden, einen Landesentwicklungsplan (landsplan) zu erarbeiten. Nach ILLERIS (1983, 82) war es in erster Linie eine von ANDREASEN im Jahre 1957 herausgegebene Schrift über die Zukunft Westjütlands, die eine breite Diskussion über die Gebietsentwicklung bzw. - was seinerzeit noch weitgehend synonym genannt wurde - die Landesplanung entfachte. Ursache für die damalige Sensibilität einer breiten Öffentlichkeit für landesplanerische Fragestellungen dürfte vor allem die atemberaubende Dynamik der Gesellschaftsentwicklung in der Zeit der industriellen Expansion gewesen sein, die immer mehr Menschen bewußt wurde. Industrialisierung, Massenflucht aus der Landwirtschaft, Städtewachstum, steigende private Motorisierung und andere Entwicklungen vermittelten das Gefühl, daß alles

31

gleichzeitig in Bewegung geraten war (Landsplanudvalgets sekretariat 1970, 58); von einem Landesentwicklungsplan versprach man sich in dieser Situation eine gewisse Orientierung sowie eine wirksame Steuerung der für viele unüberschaubar gewordenen Entwicklung. Dieses plötzliche Interesse für eine Landesplanung, das auch in der Politik positive Resonanz fand, rief verständlicherweise bei den meisten Planern Genugtuung hervor, doch gab es auch skeptische Stimmen. So warnte Peter BREDSDORFF, einer der renommiertesten dänischen Stadtplaner, auf einer Tagung im Jahr 1960 vor der übereilten Aufstellung landesplanerischer Leitbilder. Gerade angesichts der unüberschaubaren Dynamik der wirtschaftlichen und gesellschaftlichen Entwicklung hielt er es für problematisch, ohne die in anderen Ländern vorhandene Vorlaufzeit - gewissermaßen aus dem Stand - verbindliche Ziele zu formulieren, die dann im ganzen Land als Richtschnur für alle weiteren Dispositionen Verwendung finden sollten (Landsplanudvalgets sekretariat 1970, 59).

Auf jeden Fall hatte die Diskussion über Aufgaben und Ziele einer zukünftigen Landesplanung durch KAUFMANNs Vorschlag neue Nahrung erhalten und auch in der Fachwelt eine rege Diskussion ausgelöst. Ein halbes Jahr nach KAUFMANNs Veröffentlichung griff die Redaktion der Zeitschrift BYPLAN die Diskussionsbeiträge auf und unterbreitete der Fachwelt einen eigenen Vorschlag für die zukünftige Siedlungsstruktur des Landes. Mit deutlichen Vorbehalten gegenüber der ihrer Ansicht nach zu weit gehenden Dezentralisierung in KAUFMANNs "stjernebyskitse" rückte die Redaktion das bestehende Siedlungs- und Verkehrssystem in den Mittelpunkt ihres eigenen Vorschlages. Mit der Begründung, daß mehr als drei Viertel der Bevölkerung entlang der drei größten Hauptverkehrszüge (Nord-Süd-Verbindung durch Jütland, Vogelfluglinie sowie Ost-West-Verbindung über Fünen) lebten, schlug die Redaktion vor, diese Verkehrskorridore auch zum Rückgrat der zukünftigen Siedlungsentwicklung zu machen, weswegen dieses Konzept (vgl. Abb. 7) unter der Bezeichnung "Das große H" bekannt geworden ist. Die Verfasser argumentierten weiterhin, daß die auf dem "großen H" gelegenen Städte neun Zehntel des gesamten Städtewachstums auf sich vereinigten, daß keine Stadt über 25.000 Einwohner außerhalb dieses Bereiches läge und daß hier schließlich der Hauptteil der dänischen Industrie konzentriert sei.

In die Debatte um das zukünftige Siedlungssystem schaltete sich schon früh ein Mann ein, der mit seinen Vorstellungen in den kommenden Jahren Öffentlichkeit und Fachwelt - wie in einer landesplanerischen Frage kaum für möglich gehalten - in zwei Lager spalten sollte: die Rede ist von dem an der Universität Århus lehrenden Geographieprofessor Johannes HUMLUM, der in einem Diskussionsbeitrag für die Tageszeitung POLITIKEN im Februar 1960 erstmals seine Vorstellungen für die zukünftige Siedlungs- und Bevölkerungsverteilung in Dänemark veröffentlichte. Den Kern seines Diskussionsbeitrages (und gleichzeitig der späteren Kontroverse) bildete der Vorschlag, eine neue Nord-Süd-Autobahn nicht, wie von der staatlichen Fachplanung vorgesehen, an die von Städten gesäumte Ostküste zu legen, sondern auf den siedlungsarmen und strukturschwachen mitteljütischen Geestrücken. HUMLUM versprach sich hiervon eine Entzerrung des Siedlungswachstums und war davon überzeugt, daß damit in dieser benachteiligten Region eine gezielte industrielle Entwicklung in Gang gesetzt werden könnte (vgl. Abb. 8). In den folgenden Jahren hat HUMLUM seine Idee bzw. die Forderung nach einer Landesplanung außerordentlich pointiert und publikumswirksam vertreten, nicht zuletzt in einer ganzen Reihe von Zeitungsbeiträgen. Schon 1961 veröffentlichte er außerdem in einer populären Taschenbuchreihe das erste Buch über "Landesplanung in Dänemark", worin der "mitteljütischen Autobahn" ein eigenes Kapitel gewidmet ist (HUMLUM 1961, 56 ff.). In den folgenden Jahren lieferte sich HUMLUM mit seinen Widersachern, zu denen der größte Teil der Fachwelt, vor allem aber der Leiter des Straßendirektorates gehörte, eine hitzige Debatte - GAARD-MAND (1980, 34) spricht hier von der "Schlacht um die mitteljütische Autobahn". Die Öffentlichkeit nahm - nicht zuletzt aufgrund der ausführlichen Berichterstattung in den Medien - regen Anteil an dieser Debatte; so berichtet GAARDMAND (1980, 37) von einer Diskussionsveranstaltung in Herning im Jahre 1963 mit 1.200 Teilnehmern, die sogar vom Fernsehen übertragen wurde!

Angesichts der sich abzeichnenden Popularität landesplanerischer Fragen wurde im Jahr 1961 ein aus Wissenschaftlern und Vertretern verschiedener Ministerien zusammengesetzter, beim Wohnungsministerium ressortierender Landesplanungsausschuß (landsplanudvalg) ins Leben gerufen, der ein eigenes Sekretariat erhielt, dessen Leiter der Erfinder des dänischen Wachstumszentren-Konzepts, Erik KAUFMANN, wurde. Unter dem Erwartungsdruck der Öffentlichkeit legte der Landesplanungsausschuß bereits im August 1962 den "Zonenplan 1962 für Dänemark" ("Zoneplan 1962 for Danmark") vor. Kernstück dieses Dokuments war eine Karte im Maßstab 1:750.000, in der Dänemark flächendeckend in 4 Zonen untergliedert wurde (vgl. Abb. 9):
- Zone 1: Siedlungs- und Industrieentwicklungsgebiete
- Zone 2: Interessengebiete für Siedlungs- und Industrieentwicklung
- Zone 3: Interessengebiete für Sommerhausbebauung und Naturschutz
- Zone 4: Reine landwirtschaftliche Gebiete

Obwohl es sich bei diesem Zonenplan lediglich um den Entwurf eines - wie man es heute nennen würde - landesplanerischen Vorrangkonzeptes handelte, fand er in der Öffentlichkeit eine erstaunliche Resonanz und entwickelte sich zu einem wahren "Bestseller". Wichtigstes Anliegen des Zonenplanes war es, eine unkontrollierte Streuung des Siedlungswachstums zu verhindern. Nach GAARDMANDs (1985, 26) Auffassung ist durch diese Beschränkung des Planinhaltes eine aktive Unterstützung des Wachstumszentrenkonzeptes bzw. eines bestimmten Siedlungssystems nicht erfolgt. Dieser Einschätzung ist entgegenzuhalten, daß durch die Ausweisung von Siedlungsschwerpunkten in Zone 1 sowie die Möglichkeit (oder Unmöglichkeit) weiterer Siedlungs- und Industrieentwicklung durch Ausweisung (oder nicht erfolgte Ausweisung) von Zone 2 bereits eine deutliche Auswahl vorgenommen worden ist - so z.B. durch Festlegung von Zone-1-Siedlungen ohne umgebende Zone 2, d.h. ohne zukünftige Entwicklungsmöglichkeit, im nördlichen Teil der Hauptstadtregion oder aber durch teilweise sehr großzügige Ausweisung von Zone 2 im Umland von kleinen und mittleren Städten vor allem in Jütland. Eine vom Landesplanungsausschuß im Jahre 1964 herausgegebene Zusammenstellung (Landsplanudvalgets sekretariat: Zoneplankommentarer) zeigt, daß der Zonenplan überwiegend auf Zustimmung gestoßen ist; allerdings mußte der Landesplanungsausschuß aufgrund verschiedener Äußerungen doch klarstellen, daß mit der Zoneneinteilung auch in den Zonen 3 und 4 Industrieansiedlungen nicht grundsätzlich ausgeschlossen werden sollten. ILLERIS (1983, 84) berichtet, daß einige Dörfer und Landgemeinden dagegen protestierten, in die "grünen" Zonen (3 und 4) gefallen zu sein - doch "gab es niemanden, der auf sie hörte".

Während eventuelle Kritik am Zonenplan im allgemein recht moderat vorgebracht wurde, trat Johannes HUMLUM, der nicht dem Landesplanungsausschuß angehörte, mit einer scharfen, durchweg polemischen, deswegen aber auch mit Vergnügen zu lesenden Entgegnung an die Öffentlichkeit (In: Landsplanudvalgets sekretariat 1964, S. 91-94). HUMLUM fällt ein vernichtendes Urteil über diesen Plan, wobei er allerdings den von ihm geforderten übergreifenden Landesentwicklungsplan zum Maßstab nimmt. Nach HUMLUM läßt der Zonenplan ein fatales

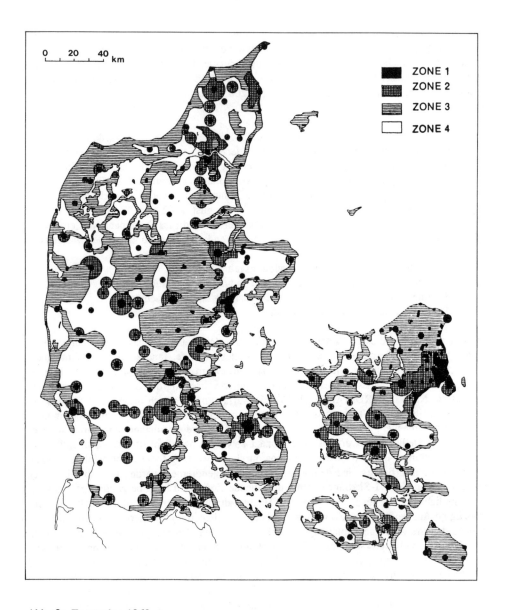

Abb. 9: Zonenplan 1962

Quelle: Landsplansekretariatet 1974

34

Unwissen über Dänemarks Geographie erkennen - er hält diesen Plan für einen sehr skizzenartigen, äußerst amateurhaften Versuch, einen Landnutzungsplan festzulegen. Daß HUMLUMs hartes Urteil auch bei Berücksichtigung des vorläufigen Charakters des Zonenplanes sicherlich nicht vollständig unberechtigt war, zeigt HUMLUMs Kritik an der Zusammenfassung von "Sommerhausbebauung" und "Naturschutz" in der Zone 3. In dieser Zone, die 43 % der Fläche Dänemarks ausmachen, werden diese von ihren Ansprüchen außerordentlich konträren Nutzungen ohne nähere Differenzierung pauschal zusammengefaßt. Ob HUMLUMs Kritik in allen anderen Punkten berechtigt ist, sei hier dahingestellt - etwas fragwürdig erscheint jedoch zumindest HUMLUMs Behauptung, im Zonenplan sei der oben erwähnte "H-Plan" wiederzuerkennen. Gerade den deutschen Leser wird zumindest am Rande interessieren, daß HUMLUM seinen Kommentar mit einem (deutschsprachigen) Zitat aus dem Gutachten des Sachverständigenausschusses für Raumordnung in der Bundesrepublik Deutschland aus dem Jahr 1961 abschließt, womit er seine Geringschätzung der offiziellen dänischen Planungspolitik deutlich zum Ausdruck bringt: "Vieles hängt davon ab, ob sich zur rechten Zeit Politiker einstellen, die im Sinne der Forderung der Stunde handeln. In der Luft liegende Entwicklungen werden oft nicht wahrgenommen, weil es an den geeigneten Persönlichkeiten fehlt."

Wenn auch der Zonenplan niemals formelle Rechtskraft erlangte, wurde er doch häufig als "Richtschnur" in Verhandlungen der Regierung mit einzelnen Gemeinden herangezogen. Im übrigen hatte jedoch der Landesplanungsausschuß den Zonenplan nur als Vorarbeit für einen eigentlichen Landesentwicklungsplan konzipiert (womit auch zumindest ein Teil der Kritik HUMLUMs zurückgewiesen werden konnte). Im Herbst 1963 lag dann der Entwurf des Ausschusses für einen solchen landesweiten Plan vor - politische Meinungsverschiedenheiten und interne Probleme verhinderten allerdings dessen Veröffentlichung. Mit Zitaten aus dem unveröffentlichten Manuskript belegt GAARDMAND (1985, 26), daß dieser Landesentwicklungsplan das Wachstumszentren-Konzept aus KAUFMANNs Landesplanungshypothese, u.a. durch Ausweisung einer 4-stufigen Zentrenhierarchie, zur offiziellen Poltik erheben sollte.

Nachdem landesplanerische Fragen einige Jahre lang im wahrsten Sinne des Wortes im Rampenlicht der Öffentlichkeit gestanden hatten, ebbte das öffentliche Interesse an diesem Thema im Jahre 1965 deutlich ab. Ein wichtiges Ereignis war hierbei die Beendigung der jahrelangen Kontroversen um die Autobahn durch Jütland - im Frühjahr 1965 beschloß das Folketing nämlich mit großer Mehrheit eine Trassenführung durch Ostjütland, d.h. entlang des Siedlungsbandes an der Küste. Aus heutiger Sicht kann nur darüber spekuliert werden, ob HUMLUMS Konzept im Falle seiner Realisierung Erfolg gehabt hätte. Obwohl HUMLUM nach Ansicht von ILLERIS (1983a, 82) selbst keinen originären Beitrag zur Siedlungssystempolitik geleistet hat, bleibt doch festzuhalten, daß er in einer Zeit, in der alle Signale auf "Konzentration" geschaltet waren, als einer von wenigen für eine gewisse Dezentralisierung der Siedlungs- bzw. Industrieentwicklung (und nicht zuletzt für eine Stärkung Jütlands gegenüber der Hauptstadtregion) eingetreten ist und sich kritisch zum Wachstumszentren-Konzept geäußert hat. Schließlich kann nicht in Abrede gestellt werden, daß HUMLUM, für den Planung schon damals ein politischer und kein technokratischer Prozeß war, mit der Öffentlichkeitswirksamkeit seines Auftretens entscheidend zur Popularität landesplanerischer Fragen beigetragen hat. Allerdings weist FRAMKE (1981, 132) auch darauf hin, daß HUMLUM nach der Ablehnung seines Konzepts im Folketing von den "Siegern" der Auseinandersetzung, den dänischen Fachplanern, zum Dilettanten gestempelt wurde, worin FRAMKE wiederum die mögliche Ursache für eine zeitweilige Diskriminierung von Geographen in der dänischen Planung sieht.

Auch in der Tätigkeit des Landesplanungsausschusses bedeutete das Jahr 1965 einen Einschnitt. Bedingt u.a. durch einen Wechsel in der Leitung des Sekretariats wurden die Arbeiten am Landesentwicklungsplan nicht weitergeführt. Im Gegensatz zum gedämpften Interesse der Öffentlichkeit an landesweiten Planungsfragen entwickelte sich allerdings Mitte der 60er Jahre allmählich auch außerhalb der erwähnten Ballungsgebiete ein verstärktes Engagement für Planung auf regionaler Ebene. ILLERIS (1983a, 84) und GAARDMAND (1985, 26 ff.) weisen darauf hin, daß der Wachstumszentren-Gedanken nunmehr im Zuge der Regionalplanung seine Implementation erfuhr - als wohl charakteristischstes Dokument hierfür wird die Regionalplanungsskizze für Nordjütland (Regionplanskitse for Nordjylland) angeführt, die im Jahr 1966 unter maßgeblicher Beteiligung des Planungbüros von Peter BREDSDORFF entstand. ILLERIS (1983a, 85) führt eine Reihe weiterer Beispiele aus Planung und Politik dafür an, daß das Wachstumszentren-Konzept in vereinfachter Form die allgemeine Haltung im weiteren Verlauf der 60er Jahre nachhaltig beeinflußt hat und weitgehend Übereinstimmung herrschte, daß das Wachstum in der Provinz auf eine gewisse Anzahl von Städten zu konzentrieren sei, wobei die internationale Konkurrenzfähigkeit der Hauptstadt jedoch nicht geschmälert werden sollte.

Zusammenfassend bleibt festzuhalten, daß die Diskussion um die zukünftige Raumstruktur in den 60er Jahren überwiegend beeinflußt war vom Wachstumszentren-Konzept, das vor allem auf die Entwicklung der größeren Städte setzte. Als treibende Kraft der gesellschaftlichen Entwicklung und des Wohlstandes wurde die Industrie angesehen. Die Bedeutung der Landwirtschaft und damit auch der Landdistrikte rückte zunehmend in den Hintergrund. Diese Einstellung prägte durchweg auch die Auffassung der politischen Parteien - nach ILLERIS (1983a, 85) vertrat lediglich die Partei Venstre, die traditionelle Bauernpartei, einen dezentralistischeren Kurs. Üblicherweise jedoch spielten die kleineren ländlichen Siedlungen und die Landdistrikte lediglich als "Einzugsbereich" der Handels- und Dienstleistungszentren eine Rolle, was sich später auch in der nach überwiegend funktionalistischen Gesichtspunkten vorgenommenen kommunalen Gebietsreform ausdrückte. Konnte in der Industrialisierungsphase seit der Mitte des 19. Jahrhunderts eine zu weit gehende Zentralisierung durch die Gründung neuer Siedlungen wirksam verhindert werden (vgl. Kap. 2.4), so war nunmehr ganz offiziell "Konzentration in der Fläche" zur Leitlinie der Siedlungsstrukturpolitik geworden; die große, leistungsfähige Siedlungseinheit wurde das organisatorische Leitbild für den Ausbau der Infrastruktur.

3.3 Die "Dezentralisierung" der Industrie

In Kapitel 3.1 wurde bereits auf den sekundären Sektor als Triebkraft der dänischen Wirtschaft seit den 50er Jahren hingewiesen. In diesem Abschnitt soll der Frage nachgegangen werden, wie sich die industrielle Entwicklung in Dänemark in der Zeit der Hochkonjunktur regional unterschiedlich vollzog und welche Veränderungen in der räumlichen Verteilung von Industriearbeitsplätzen sich vor allem in den 60er Jahren ergeben haben.

Wie in Kapitel 2.3 erwähnt wurde, setzte in Dänemark der Industrialisierungsprozeß Ende des 19. Jahrhunderts nicht allein in den Großstädten ein, sondern verlief, im Gegensatz zu den meisten anderen Ländern, außerordentlich dezentral. Dabei war es selbstverständlich, daß sich die Industrialisierung außerhalb der wenigen großen Städte fast ausschließlich in Abhängigkeit von den Erfordernissen der Landwirtschaft vollzog. Charakteristisch waren kleine Betriebe, die entweder mit industriellen Methoden die landwirtschaftlichen Rohprodukte veredelten (z.B. Meiereien, Schlachtereien, Margarinefabriken, Brauereien) oder aber Betriebe, die mit teils handwerklichen, teils industriellen Verfahren für den Bedarf der Landwirtschaft (Geräte, Maschinen usw.) produzierten. Lokalisiert waren diese Betriebe, wie erwähnt, vor allem in den vormals hauptsächlich vom Handel lebenden Kleinstädten, aber auch in den aufstrebenden Bahnhofssiedlungen. Diese dezentrale Standortstruktur ermöglichte es, eine weitgehende Streuung der Bevölkerung zu bewahren und einseitige Bevölkerungskonzentrationen nur in den größeren Städten zu verhindern.

Mit fortgesetzter Industrialisierung und technologischer Entwicklung wurde die dezentrale Standortstruktur der Industrie mehr und mehr ausgehöhlt. Die industrielle Produktion konzentrierte sich zunehmend im Bereich der größeren Städte, d.h. vor allem im Großraum Kopenhagen und im östlichen Jütland. Auch vor der Nahrungsmittelindustrie machte dieser Trend dank verbesserter Kühltechnik und Transportmöglichkeiten keinen Halt. Nicht wenige Kleinstädte und Bahnhofssiedlungen verloren damit ihre industrielle Basis, was zusammen mit dem Arbeitsplatzverlust in der Landwirtschaft für viele traditionell landwirtschaftliche Regionen, insbesondere an der Peripherie ("udkantsområderne"), erhebliche Arbeitsmarktprobleme mit sich führte. Vor allem in den 50er Jahren, als die Industrie zum großen Spurt ansetzte, hatte die Provinz eindeutig das Nachsehen, während die Hauptstadtregion ihre Dominanz ausbaute. Noch 1958 hatten 46,2 % der Industriearbeiter ihren Arbeitsplatz in der Hauptstadtregion, während es in Nord-, West- und Südjütland zusammen nur 16,2 % waren (HAUE et al. 1985, 238). Angesichts dieser Situation verwundert es nicht, daß eine heftige politische Debatte über das "schiefe Dänemark" entbrannte, die vor allem in Jütland geschürt wurde; in diesem Zusammenhang sei nochmals auf die bereits im vorangegangenen Abschnitt genannte Schrift von ANDREASEN (1957) über die Zukunft Westjütlands sowie die von HUMLUM zur Diskussion gestellte Autobahn durch Mitteljütland hingewiesen.

Was jedoch wirklich zu einer gewissen Trendumkehr führte, war die Tatsache, daß sich gerade inmitten des industriellen Aufschwungs, d.h. Ende der 50er und Anfang der 60er Jahre, im hauptstädtischen Ballungsraum ein Mangel an Arbeitskräften und verfügbaren gewerblichen Flächen bemerkbar machte. Im Gegensatz hierzu nämlich stand in der Provinz beides fast unbegrenzt zur Verfügung. Im Falle des Verfassers der genannten Denkschrift, des Industriellen Gunnar ANDREASEN, der als "Trendsetter" bereits 1954 seine chemische Fabrik von Kopenhagen in den Westküstenort Harboøe verlegte, waren darüberhinaus die besseren Möglichkeiten zur Lösung der Abfall- und Abwasserprobleme von Bedeutung.

Diese Rahmenbedingungen erklären, warum gerade damals der Anteil der industriellen Arbeitsplätze im Raum Kopenhagen zurückging (zwischen 1958 und 1969 von 46,2 % auf 32,2 %), während insbesondere West- und Südjütland ihren Anteil (von 9,5 % auf 15,4 %) erhöhen konnten. Als im Jahre 1958 das auf eine Förderung der Industrieansiedlung in strukturschwachen Gebieten ausgerichtete Gebietsentwicklungsgesetz (egnsudviklingsloven) verabschiedet wurde, war der Bedeutungsrückgang des Ballungsraumes Kopenhagen bezüglich der Industriebeschäftigten bereits in Gange, und es kann heute nur darüber spekuliert werden, ob und in welchem Umfang das Gesetz den Industrialisierungsprozeß in der dänischen Provinz überhaupt beeinflußt oder sogar beschleunigt hat.

Was hier jedoch einer näheren Betrachtung unterzogen werden soll, ist die Struktur der in den 50er und 60er Jahren in der Provinz geschaffenen industriellen Arbeitsplätze. Dabei ist auf der einen Seite festzustellen, daß diese einen beachtlichen Teil der aus dem primären Sektor ausgeschiedenen Arbeitskräfte aufnehmen konnten, daß generell eine Dekonzentration gewerblicher Arbeitsplätze zu Gunsten der Provinz stattgefunden hat und daß "das schiefe Dänemark" in gewissem Umfange gerichtet werden konnte. Kritisch muß jedoch auf der anderen Seite gesehen werden, daß sich das industrielle Wachstum außerhalb des Raumes Kopenhagen und des schon relativ früh industrialisierten Bereiches Ostjütland fast ausschließlich auf Branchen mit hohem Bedarf an ungelernten Arbeitskräften beschränkt hat (vgl. JENSEN 1971). So hat die Dekonzentration industrieller Arbeitsplätze die ökonomischen Disparitäten zwischen den Räumen Kopenhagen sowie Ostjütland einerseits und den übrigen Teilräumen des Landes andererseits sogar erheblich verstärkt, indem sich diejenigen Branchen, die auf spezialisierte Arbeitskräfte, moderne Technologie und die Zusammenarbeit mit Dienstleistungsbetrieben angewiesen waren, in den alten industriellen Hochburgen behauptet und entwickelt haben. In der Provinz hingegen siedelten sich vor allem Betriebe der Möbel-, Kunststoff- und Bekleidungsindustrie sowie in gewissem Umfang auch der Maschinenindustrie an, deren Lohnniveau oft deutlich unter dem der Industriezweige in den Ballungszentren lag und die außerdem konjunkturellen Schwankungen in besonderem Maße ausgesetzt waren.

Unter dem Druck der ausländischen Konkurrenz sahen sich die dänischen Industrieunternehmen zu einer immer engeren Zusammenarbeit gezwungen, was - seit 1967 mit ausdrücklicher Billigung des Gesetzgebers - zu deutlich steigenden Kapitalverflechtungen bis hin zu Unternehmensfusionen führte. Daß hierdurch die Zahl der Entscheidungszentralen drastisch reduziert wurde und deren Einfluß in gleichem Maße stieg, ist die eine Konsequenz dieser Entwicklung - aus regionalpolitischer Sicht wiegt jedoch ganz besonders schwer, daß sich dadurch auch der traditionelle Gegensatz zwischen der Hauptstadt als dem Standort der meisten Konzernzentralen und der Provinz weiter verschärfte und die Abhängigkeit der ländlichen Räume von den Städten verfestigt wurde.

3.4 Die Zentralisierung im Meiereisektor

Über die Krise und den damit verbundenen Bedeutungsrückgang der Landwirtschaft als traditionelle Erwerbsquelle des ländlichen Raumes wurde bereits in den vorangegangenen Ausführungen berichtet. Zu den Wirtschaftsbereichen, die durch diese Entwicklung ganz besonders stark berührt wurden, zählt in vorderster Reihe die Meiereiwirtschaft. Da durch den gewaltigen Umstrukturierungs- und Anpassungsprozeß dieses Wirtschaftsbereiches, der in den 50er Jahren einsetzte und seinen Höhepunkt in den 60er Jahren hatte, nahezu jedes dänische Dorf betroffen war, soll diese Problematik nachfolgend etwas näher beleuchtet und in ihren Konsequenzen aufgezeigt werden.

Der Nahrungsmittelmangel vieler Länder in den ersten Nachkriegsjahren hatte, wie in Kap. 2.5 erwähnt, für die dänische Landwirtschaft - bei hohem Preisniveau auf dem Weltmarkt - zu einem Exportboom geführt. So positiv sich diese Situation auf die Absatzmöglichkeiten und damit die Einkommenslage der Landwirte auswirkte, so drastisch waren die Folgen der Marktsättigung und des damit einhergehenden Preisverfalls für Agrarprodukte, der ab 1954 eintrat. In den folgenden Jahren verschärfte sich die wirtschaftliche Lage der Landwirtschaft und damit auch der Meiereiwirtschaft erheblich. Zur Verschlechterung der Absatzmöglichkeiten im Ausland gesellte sich eine erhebliche Verteuerung der Produktion - so setzte Mitte der 50er Jahre eine Kostenexplosion ein, die zwischen 1955 und 1972 zu einer Verdoppelung der Kosten für Betriebsmittel und zu einer Verfünffachung der Lohnkosten führte (BUKSTI 1982, 311).

Bei den Schwierigkeiten im Export landwirtschaftlicher Produkte machten auch die traditionellen Absatzmärkte keine Ausnahme, was sich sehr deutlich beim Butterexport nach Großbritannien zeigte. Gegen Ende der 50er Jahre wurde der dortige Markt, der üblicherweise zwischen 85 % und 95 % der dänischen Butterexporte aufnahm, von Butterexporten anderer europäischer Länder überschwemmt, was zu einem gewaltigen Preisverfall führte. Zwar wurden die traditionellen Butterlieferanten Großbritanniens, insbesondere Dänemark, durch eine Anfang der 60er Jahre von der britischen Regierung verfügte Quotenregelung weitgehend zufriedengestellt, doch konnte dies nicht über den Rückgang des dänischen Exportvolumens von 118.300 t auf 83.700 t Butter zwischen 1960 und 1970 (BUKSTI 1982, 319) sowie über die generelle Verschärfung des handelspolitischen Klimas in Europa hinwegtäuschen.

Der nächste Schlag, der dem traditionellen Absatzgefüge versetzt wurde, ging von den erschwerten Marktzutrittsbedingungen der EWG für Drittländer aus. Aus den bereits genannten Gründen hatte sich Dänemark nicht der EWG, sondern der EFTA angeschlossen. Der wichtigste Abnehmer für dänischen Käse war jedoch seinerzeit die Bundesrepublik Deutschland gewesen, die bis in die Mitte der 60er fast die Hälfte der dänischen Käseausfuhr abgenommen hatte. Nachdem die EWG im November 1964 ein Marktsystem für Meiereiprodukte etabliert hatte, wurden die bilateralen bzw. trilateralen Vereinbarungen (zwischen Dänemark, den Niederlanden und der Bundesrepublik) über Käselieferungen und -preise hinfällig. Die EWG-Importabgaben, die fortan von Dänemark beim Export in die Bundesrepublik zu entrichten waren, führten zu einem schmerzlichen Rückgang der dänischen Käselieferungen in die Bundesrepublik - gingen 1960 noch 49,9 % der dänischen Käseexporte, d.h. ca. 37.225 t, in die Bundesrepublik, waren es 1970 nur noch 28,9 %, d.h. ca. 19.536 t (BUKSTI 1982, 319). Bis zu einem gewissen Grad konnten die Verluste des Marktanteils in der Bundesrepublik allerdings durch die Erschließung neuer Märkte kompensiert werden; so gelang es Dänemark, die USA, Kanada, Japan und später auch den Mittleren Osten als Absatzgebiete für seinen Käse zu erschließen, so daß die Exportmenge - nach einem Rückgang zwischen 1960 und 1970 von 74.600 t auf 67.600 t - bis zum Jahr 1972 auf immerhin 76.000 t ansteigen konnte.

Die handelspolitischen Konstellationen sorgten somit seit Ende der 50er Jahre bis zum dänischen EG-Beitritt im Jahr 1973 für erhebliche Schwierigkeiten beim Butter- und Käseexport, die sich unmittelbar auf die Ertragslage der dänischen Meiereien auswirkten. Dies wiederum ließ Überlegungen laut werden, die Struktur der dänischen Meiereiproduktion grundsätzlich zu verändern und insbesondere die Käseproduktion drastisch zu drosseln. Um derartige einschneidende Maßnahmen erfolgreich durchführen zu können, hätte es allerdings einer starken Koordinationsinstanz in der zersplitterten Meiereiwirtschaft bedurft, die es freilich in den 50er und 60er Jahren nicht gab. Trotz vieler Schwierigkeiten, die z.B. aus - teilweise auch nur vermeintlich - unterschiedlichen Interessenlagen der Verbände und Organisationen der Landwirte und der Meiereien resultierten, wurden vor allem in den 60er Jahren eine Reihe entscheidender Entwicklungen eingeleitet, welche die Stellung der dänischen Meiereiwirtschaft nach BUKSTI (1982, 319) politisch, organisatorisch, ökonomisch, produktionsmäßig und strukturell entscheidend verändert haben; im wesentlichen handelte es sich um folgende Maßnahmen:
- Schaffung einer effektiven Absatzorganisation,
- Preisgarantien für Agrarprodukte auf dem Binnenmarkt,
- Staatliche Ausgleichszahlungen für steigende Lohnkosten,
- Änderungen der Produktionsstruktur,
- durchgreifende Rationalisierung in der Betriebsstruktur durch Konzentration der Produktion auf wenige Standorte.

Gerade der letztgenannte Punkt war es, der in weniger als zwei Jahrzehnten für über 1.200 vorrangig ländliche Orte den Verlust der Meierei bedeutete - bestanden 1955 in ganz Dänemark noch 1.571 Meiereien, waren es 1972 nur noch 348 (BUKSTI 1982, 361). Nachfolgend sollen einige Aspekte dieser Entwicklung näher beleuchtet werden.

Das Standortmuster der Meiereien hatte sich Ende des 19. Jahrhunderts innerhalb des recht kurzen Zeitraumes von rund 20 Jahren herausgebildet - wie in Kapitel 2.3 ausgeführt wurde, hatte sich der Genossenschaftsgedanke in der Milchverarbeitung seit Gründung der ersten Genossenschaftsmeierei in Hjedding (1882) lauffeuerartig im ganzen Land verbreitet und zur Entstehung von rund 1.000 Genossenschaftsmeiereien bis zur Jahrhundertwende geführt. Es liegt auf der Hand, daß das Standortmuster dieser Meiereien keiner rationalen Planung entsprang - vielmehr bildete es sich, so BUKSTI (1982, 361), nach den Gesetzen des Zufalls heraus. Entscheidend war die lokale Initiative - sie allein entschied darüber, ob in diesem oder jenem Ort eine Meierei errichtet wurde. Das zufallsbedingte Standortmuster der Meiereien war allerdings schon frühzeitig der Kritik unterworfen. BUKSTI (1982, 361) weist darauf hin, daß bereits im Jahre 1890, also mitten im Gründungsboom der Genossenschaftsmeiereien, in der MÆLKETIDENDE ein kritischer Kommentar zur Betriebsstruktur erschien. Nach Ansicht des Redakteurs hätten ungeheure Summen, sowohl beim Bau wie beim Betrieb der Anlagen, gespart werden können, hätte man anstelle der damals bereits vorhandenen 700 Meiereien weniger und dafür größere Meiereien errichtet.

Trotz solcher frühzeitig geäußerten Bedenken wurde die kleine lokale Meierei, die wie selbstverständlich der wirtschaftliche Mittelpunkt des Dorfes wurde, der Regelfall, so daß noch bis in die Mitte der 30er Jahre ein Anstieg der Zahl von Meiereien zu verzeichnen war. Mit 1.711 Meiereien (darunter 1.404 Genossenschaftsmeiereien) erreichte diese Zahl im Jahr 1935 ihren Höhepunkt; die durchschnittliche jährliche Verarbeitungsmenge betrug damals 3,2 Mio. kg bei den Genossenschaftsmeiereien und ca. 1,9 Mio. kg bei den Privatmeiereien. Wie RASMUSSEN (1982, 220) zeigt, gab es allerdings bezüglich der Meiereigrößen erhebliche regionale Unterschiede. Obwohl bereits in den 20er Jahren anhand der Betriebsstatistiken nachgewiesen werden konnte, daß kleine Meiereien geringere Erträge erwirtschafteten als große, wurden aus diesen Erkenntnissen vor dem Ausbruch der Landwirtschaftskrise in den 30er Jahren (vgl. Kap. 2.5) keine praktischen Konsequenzen gezogen. Erst unter den Bedingungen der Krise erwachte das Interesse für die Frage, wo man in der Landwirtschaft an Betriebskosten sparen und damit die Ertragslage verbessern könnte.

Als Mitte der 30er Jahre offensichtlich wurde, daß die Krise nicht nur vorübergehender Natur war, begannen auch in der Meiereiwirtschaft führende Persönlichkeiten, die Rationalisierungsfrage in breiterer Öffentlichkeit zur Diskussion zu stellen. 1935 - also im Jahr mit der höchsten Meiereidichte - forderte ein Hof- und Meiereibesitzer, der gleichzeitig Abgeordneter im Folketing war, in einem Rundfunkbeitrag die Landwirte zur Stillegung der kleinen Meiereien und zur Bildung großer Produktionseinheiten auf (RASMUSSSEN 1982, 221). Während sich dieser Aufforderung andere Experten, z.B. der Leiter der staatlichen Versuchsmeierei, N. KJÆRS-GÅRD-JENSEN, anschlossen, übte der Landesverband der Meiereien (Mejeriers Fællesorganisation), der zum damaligen Zeitpunkt vor allem die von derartigen Vorschlägen potentiell ganz besonders betroffenen kleineren Landmeiereien repräsentierte, in der Diskussion deutliche Zurückhaltung. Bezüglich des Umfanges der erforderlichen Rationalisierung bestand allerdings bei den Experten unterschiedliche Ansicht. Die weitestgehende Konzeption wurde in der Diskussion von N.KJÆRSGÅRD-JENSEN entwickelt, nach dessen Berechnungen eine Meierei pro Jahr mindestens 6 Mio. kg Milch verarbeiten mußte, um wirtschaftlich zu arbeiten. Die Konsequenz daraus wäre gewesen, daß ca. 1.000 Genossenschaftsmeiereien hätten stillgelegt werden und die verbliebenen 400 Betriebe erheblich hätten vergrößert werden müssen. Diese Forderung nach einer durchgreifenden Konzentration im Meiereisektor wurde wenig später von einer weiteren Expertise bekräftigt und ausgeweitet. Eine von der Regierung eingesetzte Produktions- und Rohstoffkommission kam im April 1938 in einer Denkschrift zu dem Ergebnis, daß die Vorteile großer Meiereien so gravierend seien, daß sämtliche kleinen Meiereien entweder bestehenden größeren Betrieben anzuschließen oder aber zu neuen großen Einheiten zusammenzuschließen seien. Die nach Ansicht der Kommission anzustrebende jährliche Verarbeitungskapazität betrug 10 Mio.kg, d.h. fast das Dreifache des damaligen Durchschnittswerts.

Bereits ein halbes Jahr vor der Veröffentlichung der erwähnten Denkschrift war in Sønderjylland (Nordschleswig) die erste geplante Meiereifusion vollzogen worden. Zum 1.12.1937 nahm die Zentralmeierei in Gildebro, hervorgegangen aus drei kleinen Genossenschaften, ihren Betrieb auf. Das hervorragende Betriebsergebnis, das bereits nach 10 Monaten die Prognose übertraf, stärkte das Interesse für weitere Meiereifusionen bei den Landwirten in Sønderjylland erheblich. Allerdings muß hier angemerkt werden, daß die Standortstruktur der Meiereien in Sønderjylland erheblich vom übrigen Dänemark abwich, da die Entstehungszeit der Meiereien in die Zeit der Zugehörigkeit dieses Landesteils zum Deutschen Reich fiel und die seinerzeit zuständige Landwirtschaftskammer in Kiel darauf hingewirkt hatte, daß möglichst jedes Dorf über eine eigene Meierei verfügte. Entsprechend waren die Meiereien in Nordschleswig sehr klein - im Jahr 1913 wurden in den 145 Meiereien dieser Region durchschnittlich 1,23 Mio. kg Milch jährlich verarbeitet, während der dänische Durchschnitt damals bereits bei 2,6 Mio. kg gelegen hatte. Der Wille zur Rationalisierung war im Jahr 1940 bereits so ausgeprägt, daß eigens zu diesem Zweck ein Gremium gebildet wurde, das allerdings wegen der Kriegsereignisse seine Arbeit nicht mehr aufnehmen konnte (RASMUSSEN 1982, 223).

Im Gegensatz zu der besonderen Situation in Sønderjylland stießen die Vorschläge der diversen Experten bei den Landwirten in Dänemark ansonsten auf Skepsis bzw. offene Ablehnung. War es schon der drohende Verlust der Meierei im eigenen Dorf an sich, der den Widerstand vieler hervorrief, so spielten zusätzlich praktische Überlegungen eine Rolle, z.B. die Frage, ob sich der erhöhte Transportaufwand angesichts der damaligen schlechten Straßenverhältnisse überhaupt würde kompensieren lassen. Nicht unbedeutend war es auch, daß man hinter den Konzentrationsbestrebungen staatliche Bevormundung witterte, der man sich schon aus prinzipiellen Erwägungen heraus glaubte widersetzen zu müssen. Die latente Ablehnung der Landbevölkerung wurde nach RASMUSSEN (1982, 223) nicht unwesentlich geschürt durch die örtlichen Meiereiverwalter, deren Schicksal nach einer Meiereifusion völlig offen war, da sie nur in Sønderjylland, nicht aber im übrigen Dänemark, durch eine Pensionsregelung sozial abgesichert waren.

War die Frage der Rationalisierung nach der Besetzung Dänemarks durch deutsche Truppen im April 1940 vorerst in den Hintergrund gerückt, wurde sie nach der Befreiung des Landes im Mai 1945 bald von neuem aktuell. Die Positionen waren auch in der Kriegszeit unverändert geblieben: Während ein Kreis von Experten auf Fusionen im Meiereiwesen drängte, waren die Landwirte überwiegend negativ eingestellt. Auch der Landesverband der Meiereien lehnte ein Engagement in der Rationalisierungsfrage weiterhin ab - obwohl zum Beispiel der entsprechende Verband in Schweden durch eine aktive Rationalisierungspolitik dafür gesorgt hatte, daß dort zwischen 1933 und 1945 die Zahl der Meiereien von 1.672 auf 817 zurückgegangen war.

Die einzige Maßnahme, zu der sich der dänische Landesverband damals durchringen konnte, war die Einrichtung eines verbandseigenen Architekturbüros im Jahre 1946, das vor allem bei baulichen Veränderungen im Zuge von freiwilligen Meiereifusionen beratend tätig werden konnte.

Auch als der Rationalisierungsausschuß des regionalen Meiereiverbandes in Sønderjylland den Landesverband zur Erarbeitung einer landesweiten Konzeption zur Rationalisierung im Meiereiwesen einschließlich einer für das ganze Land geltenden Pensionsregelung für freizusetzende Meiereiverwalter aufforderte, sah der Landesverband keinen Grund, von seiner bisherigen zurückhaltenden Haltung abzuweichen. Als bedrohend empfand man jedoch weiterhin die Möglichkeit, daß die Regierung ihrerseits die Rationalisierungsfrage (wie bereits Ende der 30er Jahre) aufgreifen würde und auf eine Konzentration drängen würde. Deswegen entschloß man sich, zum Jahresbeginn 1949 einen Konsulenten einzustellen, der die Meiereien auf Anfrage in praktischen Rationalisierungsfragen beraten sollte. Nach RASMUSSEN (1982, 236) war der Sinn dieser Regelung hauptsächlich, mögliche staatliche Eingriffe mit dem Hinweis abwehren zu können, man habe sich bereits selbst der Sache angenommen.

Auch die folgenden Jahre waren durch weitgehende Zurückhaltung des Meiereiverbandes, aber auch der Regierung in der Rationalisierungsfrage geprägt. Zwar wurde im Zeitraum 1940-1958 die Stillegung von 339 (meist sehr kleinen) Betrieben registriert, doch verlief dieser Prozeß weitgehend planlos. Allerdings verdienen dabei einige Besonderheiten Beachtung, die auch für die spätere Entwicklung von Bedeutung waren:
- Der zahlenmäßige Rückgang der Meiereien war am größten auf Seeland, vor allem in Sorø Amt, und am niedrigsten in Jütland. Die Begründung hierfür liegt in der "Westwanderung" der Kühe, d.h. der Reduzierung des Milchviehbestandes im Osten Dänemarks und der Aufstockung des Bestandes im Westen.
- Bemerkenswert war, daß 73,8 % der aufgegebenen Meiereien Stadtmeiereien waren - in den Städten waren die Rationalisierungsbestrebungen nämlich, im Gegensatz zu den Landbezirken, bereits auf eine wesentlich stärkere Akzeptanz gestoßen. Hierdurch drohte ein Auseinanderdriften der Meiereistruktur von Stadt und Land.
- Obwohl Meiereifusionen auf dem Lande überwiegend auf Ablehnung stießen, wurde erstaunlicherweise auf freiwilliger Basis eine ganze Reihe gemeinschaftlicher Käsereien und Kondensierungsfabriken errichtet, wozu die einzelnen kleinen Meiereien alleine nicht in der Lage gewesen wären. Durch diese Gemeinschaftsanlagen wurden die Landwirte schrittweise an eine Zusammenarbeit in größeren Einheiten gewöhnt.

Der entscheidende Durchbruch bezüglich der Rationalisierung der Meiereiwirtschaft durch Fusionen größeren Stils vollzog sich im Jahre 1958, als die erwähnte Absatzkrise der dänischen Landwirtschaft zu einschneidenden Organisations- und Strukturveränderungen führte. Langsam hatte auch innerhalb des Landesverbandes der Meiereien ein Umdenkungsprozeß begonnen, der im Jahre 1958 die Einsetzung eines Planungsausschusses für die Meiereiwirtschaft ermöglichte. Gleichzeitig wurde die Diskussion um die Rationalisierung in eine neue Richtung gelenkt: War man bislang stets davon ausgegangen, daß (nach dem Prinzip "eine Genossenschaft = ein Betrieb") die Fusion mehrerer Genossenschaften stets zu einem neuen, größeren Betrieb führen mußte, legte man nun das Gewicht auf die Bildung größerer Gesellschaften, die jedoch durchaus über mehrere Produktionsstätten verfügen konnten. Hierdurch wurde rein lokalpatriotisch motivierten Argumentationen weitgehend der Boden entzogen; gleichzeitig konnte die Auslastung der einzelnen Betriebsstätten unter der Regie einer Dachgesellschaft wesentlich flexibler als vorher gehandhabt werden. Die Diskussion um optimale Betriebsgrößen brauchte nunmehr nicht mehr auf theoretischer Basis für alle Meiereien im Lande geführt werden, sondern konnte innerhalb der neuen Gesellschaften individuell für die vorhandenen Kapazitäten entschieden werden. Nachdem im Jahre 1960 eine befriedigende Lösung gefunden worden war, die den Verwaltern stillgelegter Meiereien eine angemessene Abfindung garantierte, schwand auch der Widerstand dieses einflußreichen Personenkreises gegen die Rationalisierungsmaßnahmen dahin - nach BUKSTI (1982, 366) waren die Verwalter in vielen Fällen nunmehr sogar positiv gegenüber geplanten Fusionen eingestellt.

Diese veränderten Rahmenbedingungen sorgten dafür, daß auch in der Landbevölkerung allmählich der Widerstand gegen die Meiereifusionen abnahm. Da der Planungsausschuß nicht auf einer schnellen Strukturreform bestand, sondern auf Überzeugung und Freiwilligkeit baute, begannen die Fusionen zuerst recht langsam. Ab 1963 jedoch nahm das Tempo des Strukturwandels rapide zu, was vor allem markiert wird durch die Bildung von nur noch zwei großen Meiereigesellschaften in Sønderjylland, durch die Errichtung einer großen Gesellschaft auf Bornholm (zu der mit einer einzigen Ausnahme alle Meiereien der Insel zusammengefaßt wurden) sowie durch den Zusammenschluß der Meiereien auf Lolland und Falster zu 5-6 großen Gesellschaften (BUKSTI 1982, 366). Daß die öffentliche, zumindest städtische Meinung sich zu diesem Zeitpunkt längst mit der Zentralisierung des Meiereisektors abgefunden hatte, dokumentiert ein Bericht in der auflagenstarken Boulevardzeitung B.T. vom 4.8.1962. Auf der Titelseite prangt das Foto einer Meierei mit der für die Gründungszeit der Meiereigenossenschaften typischen Inschrift "Gemeinsame Hoffnung", darunter die Schlagzeile "- oder gemeinsames Unglück". Im zugehörigen Text ist zu lesen: "Hier ist eine Meierei mit einem Namen, der von den schönen Idealen erzählt, die dem Einsatz der Genossenschafts-Pioniere zugrundelagen. Es gibt viele Meiereien in Dänemark. Viel zu viele. Und die viel zu weit gestreute Produktion ist zu teuer. Deswegen sollen die kleinen Meiereien stillgelegt werden - um Platz zu machen für große, zeitgemäße Produktionszentralen. So denkt der moderne Landwirt."

Wie tiefgreifend sich die Einstellung zur Frage der Fusionen im Landesverband der Meiereien gewandelt hatte, zeigt sich besonders deutlich in der Tatsache, daß dieser die neuen Fusionen trotz erheblich vergrößerter Gesellschaften als nicht ausreichend bewertete. Mehr und mehr setzte sich die Überzeugung durch, daß die produktions- und absatztechnischen Probleme der dänischen Meiereiwirtschaft nur durch eine landesweite Meiereigenossenschaft gelöst werden könnten. Bereits im gleichen Jahr, als eine Reihe recht großer Gesellschaften gebildet wurde, ersuchte der Landesverband die Regierung um staatliche Unterstützung bei der Bildung einer einheitlichen "Meiereigesellschaft Dänemark". Daß freilich nicht alle Repräsentanten der Meiereiwirtschaft so schnell ihre Skepsis gegenüber derartigen Konzentrationsbestrebungen aufgegeben hatten, zeigt die Tatsache, daß 1964 der Vorschlag zur Schaffung einer solchen landesweiten Meiereigesellschaft in der Vertreterversammlung des Meiereiverbandes - bei 65 Ja-Stimmen - immerhin 39 Gegenstimmen erhielt (BUKSTI 1982, 368). Nachdem diese Grundsatzentscheidung gefällt worden war, waren die nächsten Jahre gekennzeichnet durch einen schweren Weg zur tatsächlichen Bildung von "Mejeriselskab Danmark" (MD). Bereits um 1965 zeichnete es sich ab, daß das Interesse zur Bildung von MD am größten in Jütland war. Da sich der Schwerpunkt der Milchwirtschaft jedoch, wie erwähnt, ohnehin ständig nach Westen verlagerte, wurde diese Einschränkung hingenommen. Nach zähen, sich über 6 Jahre hinziehden Verhandlungen konnte am 12.6.1970 der Vertrag zur Bildung dieser Gesellschaft unterzeichnet werden, der zum 1.10.1970 in Kraft trat. Die neue MD war zwar weit davon entfernt, eine Vereinigung aller dänischen Meiereien zu sein, konnte jedoch mit einer beachtlichen jährlichen Verarbeitungsmenge von ca. 350 Mio. kg Milch beginnen; die angeschlossenen Gesellschaften verfügten über 40 Betriebsstätten, von denen 9 unmittelbar stillgelegt wurden. Bereits ein Jahr nach ihrem Start konnte MD durch Anschluß bzw. Übernahme weiterer Gesellschaften die Verarbeitungsmenge auf ca. 570 Mio. kg Milch pro Jahr erhöhen.

Die Bildung der MD markierte nach BUKSTI (1982, 373) einen vorläufigen Höhepunkt der Strukturrationalisierung im dänischen Genossenschafts-Meiereiwesen. Abbildung 10 zeigt deutlich, daß die 60er Jahre geprägt waren von einem drastischen Rückgang der Meiereigesellschaften von 1.339 im Jahr 1960 auf 524 im Jahr 1970. Wie die Abbildung auch erkennen läßt, verlangsamte sich seit 1971 das Tempo der Stillegungen und Fusionen im Meiereisektor erheblich, da im ganzen Land nunmehr leistungsfähige Regionalgesellschaften bestanden.

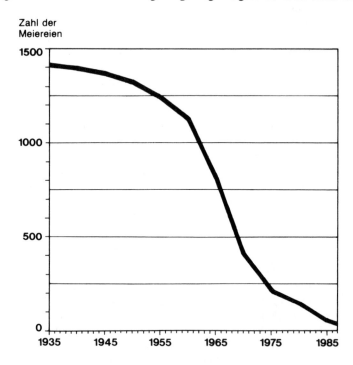

Abb. 10: Zahl der Genossenschaftsmeiereien 1935-1987

Quelle: Danske Mejeriers Fællesorganisation

Es ist erstaunlich, in welch kurzer Zeit sich bezüglich der Struktur des dänischen Meiereiwesens ein breiter Umdenkungsprozeß vollzogen hat. Herrschten bezüglich der Bildung großer Meiereigesellschaften bis in die 60er Jahre skeptische bis ablehnende Stimmen vor, war die ökonomische Notwendigkeit großer Produktionsverbünde um 1970 kaum noch umstritten, auch wenn zu diesem Zeitpunkt neben MD noch zahlreiche andere Regionalgesellschaften und auch kleinere Genossenschaftsmeiereien weiterbestanden. Neben den oben beschriebenen wirtschaftlichen Problemen der Landwirtschaft seit Ende der 60er Jahre, der Beilegung des Konflikts mit den Meiereiverwaltern sowie der Preisgabe des Prinzips, wonach jede Fusion

44

gleichzeitig die Konzentration auf einen einzigen Produktionsstandort bedeutete, dürften die oben skizzierten allgemeinen gesellschaftlichen Rahmenbedingungen, d.h. die Aufbruchstimmung mit ungebrochener Wachstumsgläubigkeit in breiten Kreisen der Bevölkerung, wichtige Erklärungsansätze für dieses Phänomen liefern. Zudem waren es stets ökonomische Größen, die in der Diskussion eine Rolle spielten - die überwiegend immateriellen Gegenargumente hingegen, die sich auf die Rolle der Meiereien im wirtschaftlichen und sozialen Gefüge der Dörfer bezogen, wurden kaum ernsthaft diskutiert.

3.5 Die Zentralisierung des ländlichen Volksschulwesens

Seit dem erwähnten Schulgesetz des Jahres 1814 hatte sich die Struktur des ländlichen Schulwesens nur unwesentlich verändert. Nach HAUE et al. (1985, 163) bestanden noch in den 50er Jahren zwischen Stadt- und Dorfschulen erhebliche Unterschiede in der Unterrichtsqualität. Die typische Volksschule in den Dörfern hatte weniger als 100 Schüler, deren 7 Jahrgänge auf 2 bis 4 Klassen verteilt wurden. Insgesamt orientierte sich der Unterrichtsbetrieb in den Dorfschulen traditionell stark an den Interessen der Landwirtschaft, d.h. die Mitarbeit der Jugendlichen auf den Höfen hatte oft Vorrang vor einer gründlichen Schulausbildung. Ein besonderer Nachteil der Dorfschulen bestand weiterhin darin, daß dort - im Gegensatz zu den Schulen in Städten und Bahnhofssiedlungen - keine Fremdsprachen unterrichtet wurden, weswegen Dorfschüler ohne Zusatzunterricht nicht an weiterbildenden Schulen aufgenommen werden konnten. Eine Ausnahme bot sich durch den Besuch einer Mittelschule (mellemskole) an - nach Abschluß der 5. Volksschulklasse und erfolgreicher Aufnahmeprüfung konnte auch ein Dorfkind eine 4-jährige Mittelschulausbildung erhalten, die mit einer Prüfung abgeschlossen wurde. Nach dieser Prüfung wiederum konnte das Kind eine einjährige Realschul-Ausbildung durchlaufen oder auf das Gymnasium überwechseln. Der Unterricht in Mittel- und Realschule war kostenlos, doch mußten die Eltern die entstehenden Fahrkosten aufbringen, so daß sehr wenig Gebrauch von dieser Möglichkeit gemacht wurde. Mit noch weitergehendem finanziellem Engagement der Eltern war der Besuch eines Internats oder einer privaten Realschule im nächsten größeren Ort verbunden, so daß auch diese Alternative für viele ländliche Familien nicht in Frage kam. Welche immensen Nachteile sich aus dieser Bildungsdisparität für das Humanpotential der Landbezirke ergaben, heben BRØCHER & ENGELHARDT (1974, 328) hervor - sie weisen z.B. darauf hin, daß dadurch gerade die aufgeschlossensten Familien in die Städte abwanderten, damit die Kinder dort eine gute Schulausbildung erhalten konnten.

Im Jahre 1937 hatte die Regierung erstmals versucht, durch ein Volksschulgesetz eine qualitative Verbesserung der ländlichen Schulausbildung zu erreichen. Zwar schrieb auch dieses Gesetz Unterschiede zwischen städtischer und ländlicher Schulorganisation fest, doch sollten die qualitativen Unterschiede und die damit verbundenen Nachteile der Landbevölkerung gelindert werden. Eine der Möglichkeiten, die das Gesetz in diesem Sinne den Schulträgern eröffnete, war die Bildung von Schulzweckverbänden für mehrere Dörfer, deren Tätigkeit sich sowohl auf das gesamte Unterrichtsangebot als auch auf die Zusammenarbeit lediglich in einzelnen Fächern erstrecken konnte. Eine der wichtigsten Intentionen des Gesetzes war es jedoch, für jeden Jahrgang eine eigene Klasse einzurichten, d.h. das Gesetz zielte auf die Abschaffung der einklassigen Dorfschule ab, um an deren Stelle eine mindestens einzügige, 7-klassige Schule zu setzen. Die Durchführung des Gesetzes kam allerdings nur zögernd in Gang - bis Anfang der 40er Jahre war sogar noch ein zahlenmäßiges Anwachsen von kleinen Schulen mit höchstens 50 Schülern zu verzeichnen. Erst danach setzte ein Schrumpfungsprozeß bei allen Schulen unter 100 Schülern ein, der die Geamtzahl der Schulen drastisch reduzierte (vgl. Abb. 11). Hatte bis dahin praktisch jedes Dorf über eine eigene Schule verfügt, wurden in dieser ersten Zentralisierungsphase die Schulen in zahlreichen kleinen Landgemeinden aufgegeben - häufig zugunsten von sehr hastig errichteten Dörfergemeinschaftsschulen. Dieses Schulsterben vollzog sich parallel zu der gewaltigen Mechanisierung der Landwirtschaft und unterstrich damit den Auflösungsprozeß der traditionellen dörflichen Strukturen im Zuge der aufkommenden Wohlstandsgesellschaft in den 50er und 60er Jahren.

Das anhaltende Stadt-Land-Gefälle und die - abgesehen vom Bau der ersten Generation von Zentralschulen - nur unzureichende Verwirklichung der pädagogischen Intentionen des Volksschulgesetzes von 1937 führte in den 50er Jahren zu einer intensiven bildungspolitischen Debatte, an deren Ende das neue Volksschulgesetz des Jahres 1958 stand. Mit diesem Gesetz wurde erstmals eine einheitliche Schulstruktur in Stadt und Land gesetzlich festgeschrieben: Die Regel war fortan eine 7- oder 8-jährige Hauptschule, die durch eine 9. (und seit 1962 auch durch eine 10.) Klasse ergänzt werden konnte; im Anschluß an die 7.Klasse konnte außerdem ein 3-jähriger Realschulzweig eingerichtet werden. Mit Beginn des 6.Schuljahres wurden in Schulen mit mindestens zwei parallelen Zügen in der Regel ein "allgemeiner Zug" ("almen linie") und ein "theoretischer Zug" ("boglig linie") eingerichtet, in denen die Schüler auf die 8.-10. Volksschulklassen bzw. die Realabteilung vorbereitet wurden.

Die Verwirklichung dieser einheitlichen Schulstruktur in Stadt und Land war natürlich verbunden mit einem erheblich größeren Raumbedarf für den ausgeweiteten Fachunterricht in den oberen Klassen sowie gestiegenen Anforderungen an die Zusammensetzung des Lehrerkollegiums, was naturgemäß in den kleineren Schulen zu wesentlich schwierigeren Problemen als in den größeren führte. So erhöhte sich das Tempo der bereits in den 40er Jahren begonnenen Zentralisierung des ländlichen Schulwesens deutlich - weswegen sich die Anzahl der in kommunaler Trägerschaft befindlichen Volksschulen zwischen 1955 und 1966 von 3.010 auf 1.747 reduzierte. Nicht überraschen dürfte, daß der Schwund besonders drastisch bei den einklassigen Volksschulen war (in denen die Schüler von der 1. bis zur 7. Klasse gemeinsam unterrichtet wurden), deren Zahl von 2.419 auf 269 zurückging (vgl. Tab. 3). Vorübergehend wurden nach der Schließung dieser "Zwergschulen" auch sogenannte "Teilschulen" (delskoler) eingerichtet, d.h. Schulen mit voller Jahrgangsteilung, jedoch nur für einen bestimmten Abschnitt der Schulausbildung, z.B. für die Klassen 1-6. Wie aus Tab. 3 hervorgeht, war dieser Schulform allerdings nur eine sehr begrenzte Lebensdauer beschieden (vgl. KOED 1979, 44).

Als "Kulminationspunkt" der staatlichen Bemühungen, die Zentralisierung des Schulwesens voranzutreiben, charakterisiert SØHOLT (1982, 8) einen Erlaß des Unterrichtsministeriums aus dem Jahr 1970. Nach dem Wortlaut dieses Erlasses sollte fortan keine Schule mehr eingerichtet oder aufrechterhalten werden, ohne daß ausreichende Schülerzahlen gewährleistet waren - für die 8.bis 10. Klassenstufe, den sogenannten Überbau (overbygning) der Volksschule, bedeutete dies, daß auf jeden Jahrgang mindestens ca. 70 Schüler kommen sollten, wodurch die Einrichtung von 3 Parallelzügen ermöglicht werden sollte. Schulen ohne volle Jahrgangsteilung sollten im Normalfall nicht aufrechterhalten werden; von Investitionen in einzügige 7-klassige Schulen, d.h. Modernisierung, Erweiterungen riet das Unterrichtsministerium den Schulträgern sogar grundsätzlich ab.

Ohne Zweifel war das Volksschulgesetz von 1958 und der sehr weitgehende staatliche Einfluß auf die Gestaltung des ländlichen Schulwesens, der im wesentlichen bis zur erneuten Änderung

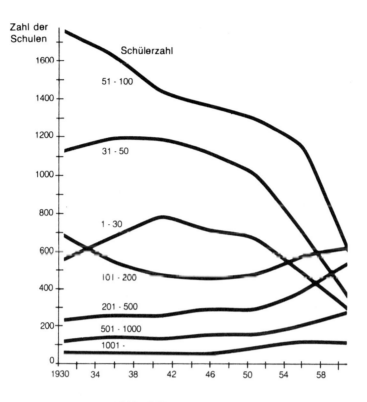

Abb. 11: Zahl der Volksschulen 1930-1962 (untergliedert nach der Zahl der Schüler)

Quelle: SØHOLT 1982

Tab. 3: Der Strukturwandel im ländlichen Volksschulwesen zwischen 1955 und 1976

Jahr	Teilschulen	7-klassig, jahrgangs-geteilt	Schulen mit "Überbau" (8.-10. Klasse)	Volksschulen insgesamt
1955	301	2.419	108[*]	3.010
1966	608	269	493	1.747
1976	160	71	424	1.199

[*] nur in Städten

Quelle: DANNESKJOLD-SAMSØE (1979, 5)

des Volksschulgesetzes im Jahr 1975 anhielt, von der guten Absicht geprägt, das Stadt-Land-Bildungsgefälle zu nivellieren und - im Sinne des politischen Mottos "Gute Zeiten besser machen" - das öffentliche Angebot an die Bürger zu verbessern. Da die meisten Lehrer von ihrer Ausbildung her auf die neuen Anforderungen, z.B. den Fremdsprachenunterricht, gar nicht vorbereitet waren und die Schulgebäude nur über ein sehr begrenztes Raumangebot verfügten, wären die traditionellen Dorfschulen überfordert gewesen, hätten sie ein gleichwertiges Bildungsangebot wie in den städtischen Bereichen zur Verfügung stellen sollen. Vor allem aber hätte nach Überzeugung der Verantwortlichen eine Ausstattung mit Fachlehrern für kleine und kleinste Jahrgangsgruppen mit entsprechend hoher Lehrerstundenzahl pro Schüler die finanzielle Leistungsfähigkeit der Schulträger überstiegen. Festzuhalten bleibt, daß die Kinder im ländlichen Raum nun endlich ein zeitgemäßes Bildungsangebot in Anspruch nehmen konnten, das ihre Chancengleichheit gegenüber den Stadtkindern sicherte, da ihnen gerade die Möglichkeit, weiterführende Ausbildungen zu besuchen, vor Durchführung der Reformen weitgehend verwehrt gewesen war. Da nach dem 2. Weltkrieg auch die Bedeutung der landwirtschaftlichen Erwerbsmöglichkeiten drastisch zurückging (bzw. auch hier mehr und mehr Fachwissen benötigt wurde), war die Notwendigkeit unumstritten, den geistigen Horizont der Kinder aus den Landdistrikten zu erweitern und sie an die industriell-technische Entwicklung heranzuführen, was nur durch ein leistungsfähiges und eben auch spezialisiertes Unterrichtswesen zu erreichen war.

Bezüglich der Frage der optimalen Schulgröße bemängeln BRØCHER & ENGELHARDT (1974, 336) daß diese in den Jahren nach 1958 nur unzureichend diskutiert worden sei. Der Kampf um den Erhalt einer Schule sei in erster Linie ein Kampf um den Erhalt der lokalen Schule, nicht unbedingt jedoch einer kleinen Schule gewesen. Abgesehen von den Orten, wo der Kampf um den Erhalt der Schule eben automatisch auch ein Kampf für die kleine Schule gewesen sei, habe man im Grunde stillschweigend die großen Schulen als notwendig und gut anerkannt. Insbesondere sah man den größten Fortschritt, den das Gesetz von 1958 für die Ausbildung der Schüler brachte, im Sinne einer an der Wirtschaft ausgerichteten Schulausbildung in den Wahlmöglichkeiten für den sogenannten "Überbau" der Volksschule - und ohne daß es zu diesem Zeitpunkt bereits entsprechende offizielle Vorschriften gegeben hätte, bildete sich schnell das Dogma heraus, daß der "Überbau" dreizügig sein müsse, um genügend Wahlmöglichkeiten zu bieten. Schon 1960 setzte sich der dänische Lehrerverband (Danmarks Lærerforening) in einer Resolution dagegen zur Wehr, den "Überbau" der Volksschulen - unabhängig von den Klassen 1-7 - separat zu zentralisieren, um die Einheit der Volksschule - also der Klassen 1-7 und des "Überbaus" - zu bewahren.

Auch wenn es als geradezu folgerichtig erschien, daß in einer Phase gesellschaftlichen Aufbruchs, in der ein modernes Ausbildungssystem mit vielfältigen Wahlmöglichkeiten geschaffen wurde, eine starke Konzentration der Schulstandorte erfolgte, verlief die Entwicklung in den Landbezirken selbst keineswegs ohne Diskussionen. BRØCHER & ENGELHARDT (1974, 334) berichten darüber, daß gerade in den kleinen Landgemeinden der drohende Verlust der Schule, die als Mittelpunkt des Gemeinschaftslebens einen festen Platz hatte, als "unheilbare Katastrophe" gewertet wurde, die über kurz oder lang den Tod des Dorfes selbst nach sich ziehen müßte. Als man erkannte, daß man auch mit guten Argumenten die kleine Dorfschule nicht retten konnte, setzte ein erbitterter Kampf zwischen den einzelnen Landgemeinden um den Standort der neuen Zentralschulen ein. Nach BRØCHER & ENGELHARDT ist noch zu Beginn der 60er Jahre der Widerstand gegen eine konsequente Zentralisierung so stark gewesen, daß vielerorts Kompromisse zwischen dem Logischen und dem Möglichen geschlossen werden mußten. So seien in den Fällen, wo zwei benachbarte Dörfer erbittert um den Erhalt ihrer Schule kämpften, häufig in beiden Orten die Schulen erweitert worden oder aber beide geschlossen worden und stattdessen sei auf offenem Gelände zwischen den Orten eine neue Zentralschule errichtet worden.

Erstaunlich ist, daß die Zentralisierung des Volksschulwesens in den 50er und 60er Jahren von einer breiten politischen Mehrheit getragen worden ist - und das, obwohl, wie RASBORG 1976 belegt, bezüglich der Frage einer eher zentralistisch oder dezentral organisierten Gesellschaft zwischen den großen Parteien erhebliche programmatische Unterschiede bestanden. Unter Hinweis auf die jeweiligen Parteiprogramme stellt RASBORG (1976, 530) bis zum Ende der 60er Jahre bei den Sozialdemokraten eine klare reformistische, sozialistische Zentralisierungstendenz fest, für die Venstre hingegen den Wunsch nach einer Dezentralisierung im liberalistischen Sinne (RASBORG 1976, 93). Ungeachtet dieser Gegensätze ging es jedoch in der großen politischen Debatte im Jahre 1955, in der das Volksschulgesetz des Jahres 1958 vorbereitet wurde, bezüglich der Zentralisierung des ländlichen Schulwesens nur um Nuancen - und nicht nur die regierenden Sozialdemokraten, sondern auch die oppositionelle Venstre traten für eine Zentralisierung ein (RASBORG 1976, 77 ff.).

Wie RASBORG bezüglich der großen Parteien bereits eine breite Übereinstimmung bezüglich der Zentralisierung der Volksschulen feststellt, kann er auch bei den einschlägigen Interessenorganisationen in den 50er und 60er Jahren kaum Widerstand dagegen erkennen. Während Schüler und Eltern ebensowenig wie die Gemeinden Einfluß auf die Entwicklung gehabt hätten (RASBORG 1976, 107 f.), sei der einflußreiche Lehrerverband (Danmarks Lærerforening) stets klar für die Zentralisierungsprinzipien eingetreten (RASBORG 1976, 113 ff). Bereits 1934 und 1937 habe sich der Verband zu den Zentralisierungsansätzen des Volksschulgesetzes von 1937 bekannt und bis in die 70er Jahre hinein konsequent an einer Zentralisierung des Schulwesens festgehalten. Auch BRØCHER & ENGELHARDT stellen sich 1974 in einer Festschrift des Lehrerverbandes grundsätzlich hinter die Zentralisierung, auch wenn sie die drastischen Folgen für die kleinen ländlichen Ortschaften durchaus erkennen. Sie sehen die Schulzentralisierung, noch 1974, allerdings in einem größeren Zusammenhang: "Es muß in jedem Fall festgehalten werden, daß die Zentralisierungsbewegung weiterbesteht, auch nachdem die Schulstruktur geregelt worden ist. Mit der Kommunalreform und dem Gesetz über Siedlungs- und Landzonen hat die Zentralisierungsidee politische Anerkennung gefunden. Die Gesellschaftsentwicklung hat ihren Preis - nicht nur auf Grönland sind die kleinen Siedlungen bedroht."

Was die Durchsetzung der Zentralisierung im Schulwesen betrifft, kritisiert SØHOLT (1982, 9) die Darstellung bei RASBORG 1976, wonach diese einseitig durch staatliche Maßnahmen erfolgt sei. SØHOLT gesteht zwar zu, daß die Schulschließungen sehr häufig auf den Widerstand der lokalen Bevölkerung gestoßen sind - nach seiner Einschätzung sind es jedoch vielerorts die Gemeinden gewesen, die selbst die Schließung von Schulen gewünscht haben. Im übrigen sieht SØHOLT in der Auseinandersetzung um die Zentralisierung des Schulwesens vor allem einen "Kulturkampf". Auf der einen Seite standen demnach die "progressiven Kräfte", nach deren Ansicht die geänderten Ansprüche von Gesellschaft und Wirtschaft an die schulische Grundausbildung eine Anpassung der Schulstrukturen erforderten. Sie wollten deswegen in der Regel die kleinen Schulen durch "zeitgemäße" größere Schulen wie in den Städten ersetzt sehen. Als Gegner der Schulstruktur sieht SØHOLT auf der anderen Seite in erster Linie "konservative Kräfte", welche die Schule - auch bezüglich der pädagogischen Inhalte - unverändert erhalten wollten. Diese konservativen Kreise seien allerdings während der gesamten Diskussion auf dem Rückzug gewesen, wobei es nach SØHOLT von Bedeutung war, daß die Staatsmacht während dieses "Kulturkampfes" durchgängig die "progressiven Kräfte" unterstützt hätte.

3.6 Rückzug der Eisenbahn aus der Fläche

Zu den in der dänischen Öffentlichkeit nur wenig beachteten Veränderungen der Raumstruktur, die sich seit Mitte der 50er Jahre in den ländlichen Gebieten vollzogen, gehört die Reduzierung des Nebenbahnnetzes, vor allem der Privatbahnen. Wurde noch 1950 von den Dänischen Staatsbahnen (DSB) und den sogenannten Privatbahnen ein Streckennetz mit einer Länge von 4.815 km betrieben (darunter 2161 km Privatbahnen), so war das Streckennetz bis zum Jahr 1974 auf eine Länge von 2.485 km zusammengeschrumpft, die Privatbahnen betrieben nicht einmal mehr ein Viertel ihres ursprünglichen Netzes, nämlich nur noch 494 km (Danmarks Statistik: Statistiske Årbøger 1951/1976, vgl. Abb. 13). Nachfolgend soll kurz die Klärung der Frage versucht werden, wie es zu dieser Entwicklung kam; bezüglich einer detaillierten Darstellung zur verkehrspolitischen Stellung der Privatbahnen in Dänemark zwischen 1920 und 1970 sei auf die jüngst erschienene Arbeit von OUSAGER 1988 verwiesen.

Nachdem das Netz der dänischen Haupteisenbahnlinien um 1890 im wesentlichen fertiggestellt worden war, erwachte bei regionalen und lokalen Interessengruppen der Wunsch nach einer Verdichtung des Netzes durch Stich- und Nebenbahnen. Hatte sich die Regierung vor 1890 auch im Bau von Nebenbahnen engagiert, ging sie nun dazu über, Bau und Betrieb von Bahnen mit nur regionaler oder lokaler Bedeutung den regionalen Interessenten zu überlassen, weswegen nunmehr - vor allem in kommunaler Regie - "Privatbahnen" entstanden. Es waren ganz besonders diese Bahnlinien, welche die abgelegenen Heideflächen Jütlands an die allgemeine Wirtschaftsentwicklung heranführten - zu einem Zeitpunkt freilich, als die dichter bevölkerten Gebiete Dänemarks längst von den Vorteilen des neuen Verkehrsmittels profitiert hatten. Als das klassische Beispiel für eine durch den Bahnbau ausgelösten "Initialzündung" wird häufig Grindsted in Mitteljütland angeführt. Erst in den Jahren 1914-1919 wurde dieser Ort durch die Anlage von Bahnstrecken in 6 Richtungen zu einem der größten Eisenbahnknotenpunkte Dänemarks. Zwar hatte sich hier bereits um die Jahrhundertwende eine gewisse Entwicklung abgezeichnet, erst der Bahnbau jedoch führte zu einem sprunghaften Anstieg der Einwohnerzahl und zum Aufblühen der örtlichen Wirtschaft (vgl. HANSEN 1972, 17).

Bereits in der "Verdichtungsphase" des Eisenbahnnetzes machte sich die Konkurrenz des Straßenverkehrs mit zunehmender Deutlichkeit bemerkbar - wie schon in Kap. 2.4 erwähnt, gingen die von den Eisenbahnlinien ausgehenden Standortvorteile nun auf die Landstraßen über, deren Netz zielstrebig ausgebaut wurde und die nun ebenfalls erhebliche Impulse auf die Siedlungsentwicklung auslösten. Diese Konkurrenz wurde so stark, daß bereits in den 30er Jahren, also nur relativ kurze Zeit nach Abschluß des Ausbaues des Bahnnetzes, erste Stillegungen erfolgten. Besonders betroffen von dieser ersten Stillegungswelle war die Region Sønderjylland, wo in preußischer Zeit ein dichtes Netz von schmalspurigen Kreisbahnen entstanden war (vgl. PAULSEN 1971, JENSEN 1975). Wenn auch die Privatbahnen in anderen Teilen Dänemarks vorerst weiterbestehen konnten, so sorgte doch ihr Zuschußbedarf schon in den 30er Jahren für politische Diskussionen. Auch wenn ein Gesetz vom 14.3.1931 (Statsstøtteloven) die staatlichen Zuschüsse für die Privatbahnen durchaus großzügig regelte (vgl. OUSAGER 1988, 40), wurden doch die ersten Kommissionen und Ausschüsse eingesetzt, um das Für und Wider von Stillegungen einzelner Privatbahnen zu erörtern. In diesem Zusammenhang muß auch die stark gewachsene Zahl von Kraftfahrzeugen gesehen werden, die bereits Mitte der 30er Jahre nach Auffassung des Ministers für Öffentliche Arbeiten zu einer schädlichen Konkurrenz für Staats- und Privatbahnen geworden war.

Um die Grundlagen für einen das ganze Land umfassenden Verkehrsplan zu erarbeiten, setzte der Minister am 30.12.1936 eine Verkehrskommission (Trafikkommission) ein. Besonderes Gewicht sollte die Kommission auf eine optimale Arbeitsteilung zwischen den Verkehrsträgern legen, gleichzeitig sollte die volkswirtschaftlich günstigste Verkehrsbedienung des Landes und seiner Teilräume untersucht werden. Ihre nach OUSAGER (1988, 51) im ganzen Land mit Spannung erwartete Denkschrift legte die Kommission im Herbst 1939 vor (Trafikkommission 1939: Betænkkning afgivet af dem af Ministeren for offentlige Arbejder under 30. December 1936 nedsatte Trafikkommissionen). So hoch die Erwartung gewesen war, so tief war die Enttäuschung über die Empfehlungen der Kommission an den Gesetzgeber - u.a. hatte man den gesamten Problemkomplex des Straßenverkehrs ausgespart und das Ziel einer umfassenden Zusammenarbeit zwischen den Verkehrsträgern war weitgehend aufgegeben. Nach OUSAGER (1988, 52) war die Thematik offenbar zu empfindlich gewesen, als daß sich jemand zu etwas verpflichten wollte. Innerhalb der Kommission hatte es außerdem erhebliche Meinungsunterschiede gegeben, wovon zahlreiche Minderheitsvoten zeugen. Konkret wurde die Kommission jedoch bezüglich der Klassifizierung der damaligen Privatbahnstrecken. Diese wurden nach ihrer wirtschaftlichen Lage und ihrer Verkehrsbedeutung in 4 Gruppen eingeteilt, wobei die Kommission bei gut einem Viertel des Privatbahnnetzes von staatlichen Zuschüssen gänzlich abriet.

Bedingt durch die Kriegsereignisse führten die Ergebnisse der Kommission vorerst nicht zu weiterreichenden Konsequenzen - im Gegenteil, seit 1943 wurde sogar an einem umfassenden Modernisierungsplan für die Privatbahnen gearbeitet. 1948 wurde dann tatsächlich ein Gesetz erlassen, mit dem eine durchgreifende Modernisierung der Privatbahnen sowie eine Verbesserung der Betriebsergebnisse erreicht werden sollte. Zwar gelang es, durch die Umstellung vom Dampf- auf Dieselbetrieb wirksame Einsparungen der Betriebskosten zu erreichen, doch wurden diese durch gestiegene Personalkosten (Löhne und Pensionen) ganz oder teilweise konterkariert. Vom Minister für Öffentliche Arbeiten wurde deswegen im Jahr 1954 die Frage, in welchem Umfange der Betrieb auf den Privatbahnen aufrecht erhalten werden sollte, erneut aufgeworfen. Zu ihrer Klärung setzte er im April 1954 wiederum eine Kommission ein, die 1956 eine erneute Denkschrift (Betænkning nr. 144, afgivet af dem af ministeren for offentlige arbejder under 23. april 1954 nedsatte Privatbanekommission) vorlegte. Entscheidender Anlaß für die Einsetzung dieser Kommission war das Auslaufen einer Frist, innerhalb derer sich die am Betrieb einer Privatbahn interessierten Kommunen zum Ausgleich der Betriebsfehlbeträge verpflichtet hatten. Eine Reihe von Kommunen hatte angekündigt, zukünftig nicht weiter für diese Defizite aufkommen zu wollen, und deswegen entweder eine Stillegung dieser Bahnen oder aber eine Übernahme durch die Staatsbahn vorgeschlagen.

Auftragsgemäß untersuchte die Privatbahn-Kommission die betrieblichen und wirtschaftlichen Verhältnisse sämtlicher Privatbahnen in Dänemark, die seinerzeit ein Streckennetz von 1.990 km betrieben. Die Privatbahn-Kommission führte eine Einteilung der Bahnen in 3 Kategorien durch und kam zu folgendem Ergebnis:
- 943,7 km Privatbahnstrecken erschienen der Kommission lebensfähig genug, so daß eine Stillegung in den kommenden 10 Jahren voraussichtlich nicht zur Diskussion stehen würde.
- 733,9 km Privatbahnstrecken hatten nach Auffassung der Kommission weiterhin eine Existenzberechtigung, zumindest für die nächsten 10 Jahre.
- 312,4 km Bahnstrecken sollten nach Auffassung der Kommission nach dem Ablauf der erwähnten kommunalen Garantieperiode, also in der Regel schon ein Jahr später, stillgelegt werden.

Diese Beurteilung des Privatbahnnetzes wird von OUSAGER (1988, 76) als "verblüffend positiv" bezeichnet. Zwar kam die Einstufung in die 3. Kategorie einem Todesurteil für die betreffende Bahn gleich, doch hatte die Kommission für die Definition der 2. Kategorie eine vergleichsweise zurückhaltende Formulierung gefunden. Wenn es trotzdem innerhalb der folgenden 15 Jahre zu einer Stillegung von drei Vierteln der dänischen Privatbahnstrecken kam, so ist dies auf eine Wende in der politischen und ökonomischen Bewertung des Verkehrsmittels Eisenbahn zurückzuführen. Auch in dieser verkehrspolitischen Frage war dabei eine deutliche Übereinstimmung der großen Parteien festzustellen. OUSAGER (1988, 80) zitiert den seinerzeitigen Verkehrsexperten der Bauernpartei Venstre, Gustav HOLMBERG, der im Jahr 1956 lautstark gegen das Verkehrsmittel Eisenbahn schlechthin polemisierte: "In einigen Jahren wird es vielleicht aktuell werden, einen Gesetzesvorschlag einzubringen, der den Begriff "Eisenbahn" abschafft". Zwar stimmten die seinerzeit die Regierung stellenden Sozialdemokraten im Jahr 1959 gegen einen Gesetzesvorschlag der Oppositionsparteien Venstre und Konservative Volkspartei, der auf die Stillegung von 14 DSB-Nebenstrecken abzielte, doch OUSAGER (1988, 80 f.) belegt, daß der sozialdemokratische Verkehrsminister Svend HORN im Grunde die Haltung der Opposition teilte, wonach die Zeit der Lokalbahnen, zumindest im Personenverkehr, vorbei war.

Wenn der Widerstand gegen den Rückzug der Eisenbahnen aus der Fläche, der 1959 mit der Stillegung des ersten Teilstückes der Himmerlandbahn begann, gering war, so liegt dies daran, daß nur wenige betroffene Kommunen (OUSAGER nennt als Beispiele die Gemeinden Bogense und Kerteminde im Norden Fünens) aktiv für einen Erhalt der Bahnen, insbesondere der Privatbahnen, eintraten. Vielmehr waren es gerade die Kommunen, die - nachdem sich der Staat weder zu einer Übernahme der Bahnen noch zu einer Erhöhung seiner Zuschüsse bereit fand - ja als Hauptaktionäre das zu erwartende Betriebsdefizit abzudecken hatten und deswegen eine Stillegung der Bahnen vorantrieben. So berichtet die Privatbahnkommission etwa bezüglich der Langelandsbahn, die sie der Kategorie 2 zugeordnet hatte (und die noch im Kommissionsbericht von 1939 als erhaltenswürdig beurteilt worden war), daß ihrer Ansicht nach für diese Bahn, die bis einschließlich zum Betriebsjahr 1951/52 Gewinne erwirtschaftet hatte, eine sofortige Stillegung nicht in Frage käme, während die beteiligten Kommunen auf eine Stillegung des Bahnbetriebes und eine Verlagerung des Verkehrs auf die Straße drängten (Privatbanekommission 1955, 29). So scheint es nicht abwegig, wenn JENSEN (1979, 95) für die Stillegung einer anderen Bahnstrecke in Jütland mit Bitterkeit neben einer schlechten Betriebsführung und den auf eine Reduzierung der Zuschüsse abzielenden staatlichen Drohungen "kommunale Gleichgültigkeit" verantwortlich macht - auch OUSAGER (1988, 183) kommt zu einer ähnlichen Einschätzung der kommunalen Grundhaltung. Noch deutlicher wird JENSEN bei der Schuldzuweisung im Falle des erwähnten Eisenbahnknotenpunktes Grindsted. Dieser Ort, Symbol des "Eisenbahnzeitalters", ist heute nur noch im Güterverkehr über eine einzige DSB-Stichbahn an das Eisenbahnnetz angeschlossen; für Reisende ist der Mittelpunkt einer 17.000-Einwohner-Gemeinde nur noch mit dem Omnibus erreichbar. Diese Situation ist nach Ansicht JENSENs (1979, 54) das "Verdienst" des Stadtrates, den er für die sinkende Bedeutung des Ortes als Verkehrsknoten und Wirtschaftszentrum verantwortlich macht; als Beleg für eine seiner Ansicht nach verfehlte Politik führt JENSEN u.a. den Bau einer Umgehungsstraße über das ehemals ausgedehnte Bahngelände an.

In einem Bildband über die dänischen Eisenbahnen in den Jahren 1960-1969 kommt LAURITSEN (1971, 4) zu der Einschätzung, daß niemals zuvor innerhalb so kurzer Zeit eine so entscheidende Änderung der Struktur im dänischen Eisenbahnwesen stattgefunden habe wie in diesem Zeitraum. LAURITSEN listet 1.285,5 km Bahnstrecken (einschl. 83,5 km DSB-Strecken) auf, auf denen in diesem Zeitraum der Gesamtbetrieb eingestellt worden ist, sowie weitere 139,9 km Bahnstrecken, auf denen die Einstellung des Reisezugverkehrs erfolgt ist. Als Erklärung für diesen rigorosen Rückzug der Bahnen aus der Fläche nennt JENSEN (1979, 107) das in den "goldenen 60ern" in der dänischen Überflußgesellschaft auf den Nullpunkt gesunkene Interesse für den Öffentlichen Verkehr - eine Einschätzung, die OUSAGER auch aus wissenschaftlicher Sicht teilt. Nach OUSAGER (1988, 84) lauteten die verkehrspolitischen Schlüsselbegriffe der 60er Jahre "Autobahn", "Transportökonomie", "Investitionsplanung" und "Rentabilität" - für die Nebenbahnen jedoch, so OUSAGER, war in einer Zeit des Konjunkturaufschwungs sowie des generellen Fortschrittsglaubens kaum noch Platz. Die Eisenbahnen, namentlich die kleinen Privatbahnen mit ihrer vereinfachten Betriebsführung, entsprachen nicht den Vorstellungen von einem zukunftsorientierten Verkehrsmittel - dies konnte nach damaliger Auffassung nur das Kraftfahrzeug sein. Bestätigt wird dieser Trend durch die Zunahme des Kraftfahrzeug-Bestandes in den 60er Jahren - rollten 1960 nur 577.977 Fahrzeuge auf dänischen Straßen (darunter 166.415 LKW), so waren es 1969 bereits 1.285.822 (darunter 257.319 LKW), d.h. es war eine Verdoppelung des Fahrzeugbestandes zu verzeichnen! So kann kein Zweifel bestehen, daß auch die Eisenbahnpolitik von Staat und Kommunen in den 50er und 60er Jahren eine Facette der allgemeinen Wachstums- und Konzentrationstendenzen war, auf die in den Kapiteln 3.1 und 3.2 eingegangen wurde.

Der Rückzug der Eisenbahnen aus der Fläche blieb allerdings nicht auf die Privatbahnen beschränkt. Waren die Dänischen Staatsbahnen in den beiden ersten Jahrzehnten nach dem 2. Weltkrieg mit Stillegungen noch recht zurückhaltend gewesen, so begann man Ende der 60er Jahre auch hier mit gezielten Untersuchungen zur Ausdünnung des Streckennetzes. Nachdem bereits ein Unterausschuß des im Jahr 1961 etablierten Landesplanungsausschusses Anfang 1968 in einer Denkschrift eine drastische Netzreduzierung vorgeschlagen hatte (langfristig sollten nur 38 % des Netzes weiterbetrieben werden), setzte der DSB-Generaldirektor einen internen Nebenbahnausschuß (sidebaneudvalg) ein, der die wirtschaftlichen Konsequenzen einer Stillegung schwach frequentierter Bahnstrecken untersuchen sollte. Am 30.9.1969 veröffentlichte dieser Ausschuß seinen Bericht. Rund 12 Millionen Kronen jährlich sollten die DSB demnach einsparen können, wenn sie auf 13 Nebenbahnen mit einer Gesamtlänge von ca. 400 km teils den Gesamtbetrieb, teils nur den Reisezugverkehr einstellen würden. Dabei sollte es aber nach Ansicht des Vorsitzenden dieser Kommission nicht bleiben - in einem Zeitungsbeitrag stellte er wenige Monate später auch die Schließung von rund 100 unrentablen Landbahnhöfen in Aussicht (BERLINGSKE TIDENDE 12.2.1970)

Das Folketing folgte den Vorschlägen der DSB weitgehend und ermächtigte diese durch Gesetz vom 3.3.1971 zur Einschränkung und eventuellen späteren Einstellung des Betriebes auf einer Reihe von DSB-Strecken, wovon die DSB bereits zum Fahrplanwechsel am 23.5.1971 Gebrauch machten - auf 350 km Strecken wurde der Reisezugverkehr eingestellt, auf 97 km Strecken auch der Güterverkehr (Nordens Järnvägar 1971, S. 54). Die Schließung kleinerer Bahnhöfe, vor allem im östlichen Jütland, wurde vor allem mit Einführung des Sommerfahrplanes 1974 ("K-74") vollzogen, als die erste dänische Intercity-Verbindung zwischen den Städten Kopenhagen und Århus im Stundentakt aufgenommen wurde. Wenn auch die Verbesserungen des Fernverkehrs in der Öffentlichkeit durchaus begrüßt wurden, mangelte es doch nicht an Kritik an den vollzogenen und geplanten Streckenstillegungen. So verurteilte der bereits in Kap. 3.2 erwähnte Geographieprofessor HUMLUM im Mai 1975 in einem Zeitungsinterview die "Amputation an Dänemarks Verkehrsstruktur" (BØRSEN 14.5.75) und stellte dabei die

These auf, daß die regionalpolitischen Förderungsmittel, die zur Entwicklung Westjütlands aufgewendet würden, besser zum Ausgleich des DSB-Defizits in dieser Region verwandt worden wären.

Nachdem weitere Streckenstillegungen über mehrere Jahre diskutiert worden waren, holten die DSB im Oktober 1975 zum großen Schlag gegen das Bahnnetz vor allem in den dünner besiedelten Gebieten aus. Mit dem "Plan 90" stellten die DSB ihre Zukunftsplanungen zur Diskussion - neben einer Ausweitung und Verbesserung des Intercity-Systems umfaßten diese auch eine kräftige Reduzierung des Streckennetzes. Für zahlreiche Bahnen in Jütland wurde anstelle des Bahnbetriebes eine Busbedienung zur Diskussion gestellt; auf den wohl erbittertsten Widerstand vor allem regionaler Wirtschaftskreise (vgl. Vestjyllands udviklingsråd 1982, 103) stieß der Vorschlag, die Nord-Süd-Bahn entlang der Westküste Jütlands einzustellen.

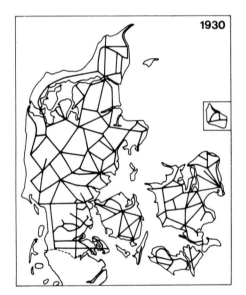

Abb. 12: Bahnstrecken mit Reisezugverkehr 1930 und 1970

Quelle: BUCH-HANSEN et al. 1979, verändert

Zwar blieben viele Vorschläge des "Plan 90" zur Reduzierung des Streckennetzes in Gedankenspiel, doch verfolgten die DSB ihre Konzentrationspläne auch in der zweiten Hälfte der 70er Jahre weiter, als überall im Lande bereits wieder über dezentralisierte Strukturen diskutiert wurde (vgl. Kap. 4.2 und 4.3). Deutlich wurde dies z.B. in der Stellungnahme der DSB zu den alternativen Regionalplanvorschlägen in Vestsjællands amtskommune vom 15.3.77, wo man eine Eisenbahnbedienung in einem dezentralisierten Siedlungssystem ausschloß, oder durch die Schließung von 20 Bahnhöfen anläßlich der Ausweitung des Taktverkehrs zum Sommerfahrplan 1979.

Es bleibt festzuhalten, daß seit den 50er Jahren bis in die 80er Jahre eine erhebliche Ausdünnung des privaten sowie des staatlichen Nebenbahnnetzes zu verzeichnen war (vgl. Abb. 12). Dadurch wurden namentlich kleine ländliche Ortschaften vom Eisenbahnnetz abgeschnitten, was zwar nicht immer unmittelbar gravierende Auswirkungen auf diese Orte gehabt haben dürfte, jedoch in der Zusammenschau mit anderen Konzentrationstendenzen die Vernachlässigung ländlicher Ortschaften in dieser Periode deutlich macht. Da ein großer Teil der Betriebsstillegungen sich in Jütland und auf Fünen vollzog, muß angesichts des in jenen Jahren forcierten Ausbaus des Kopenhagener S-Bahn-Netzes darin auch ein Beleg für das "schiefe Dänemark", d.h. die häufig kritisierten und diskutierten Ost-West-Disparitäten, gesehen werden.

3.7 Die territoriale Neugliederung

Noch im Jahre 1952 gab es in Dänemark 1.389 Gemeinden, darunter 1.301 Landgemeinden und 88 Stadtgemeinden. Die Landgemeinden gehörten zu insgesamt 22 Ämtern bzw. 25 Amtskommunen, die Städte hingegen waren "amtsfrei", d.h. unmittelbar der Kommunalaufsicht des Innenministeriums unterstellt. Diese kommunale Verwaltungseinteilung, die in der Mitte des 19. Jahrhunderts festgelegt worden war und ihrerseits auf der mittelalterlichen Einteilung der Kirchspiele aufbaute, war trotz tiefgreifender raumstruktureller Veränderungen seitdem nahezu unverändert geblieben. Nicht zuletzt der immer umfangreicher werdende Aufgabenkatalog der öffentlichen Hand hatte eine ständig wachsende Ungleichheit zwischen den Gemeinden des Landes nach sich gezogen. Mehr und mehr hatte sich gezeigt, daß gerade die kleinen Landgemeinden, deren Personal häufig nur aus dem Bürgermeister und dem Ratsschreiber bestand, überfordert waren, sollten sie ihren Bürgern die gleichen öffentlichen Dienstleistungen anbieten wie die größeren Gemeinden. Als Ausweg hatte deswegen eine Reihe kleinerer Landgemeinden schon dazu übergehen müssen, bestimmte Aufgaben von einer größeren Gemeinde gegen Kostenerstattung erledigen zu lassen. Weit verbreitet waren auch kommunale Zweckverbände, z.B. die schon erwähnten, zur Durchführung des Volksschulgesetzes von 1937 gebildeten Schulzweckverbände oder Verbände zur gemeinsamen Trägerschaft von Altersheimen.

Die unbefriedigende kommunale Struktur des Landes veranlaßte den Innenminister, am 18.12.1958 eine Kommission für die kommunale Gesetzgebung (kommunallovskommissionen) einzusetzen. Aufgabe der Kommission war es, die geltenden gesetzlichen Regelungen für die Stadt- und Landgemeinden zu analysieren und, soweit sie es für erforderlich hielt, Änderungsvorschläge zu unterbreiten. Dabei sollte die Kommission insbesondere die Zweckmäßigkeit eines einheitlichen Kommunalgesetzes für alle Gemeindetypen sowie die Möglichkeiten einer territorialen Neuordnung der Kommunen überprüfen. Mitglieder der Kommission waren Vertreter der politischen Parteien, des Innenministeriums, der kommunalen Spitzenverbände sowie der Oberbürgermeister von Kopenhagen. Es zeigte sich bald, daß sich die anstehende Territorialreform zum Schwerpunkt der Kommissionsarbeit entwickelte. Hauptprobleme waren die Zusammenlegung von Landgemeinden zu tragfähigen Einheiten, die Eingemeindungen im Umland der Städte und schließlich die Neugliederung der Ämter, die ja durch die ins Auge gefaßte Eingemeindung von Landgemeinden in die Städte fundamental betroffen waren. Die Kommission entschloß sich, zuerst das Problem der rein ländlichen Gemeinden aufzugreifen und für ihre weiteren Überlegungen detailliertes empirisches Material erarbeiten zu lassen. Begonnen wurde mit Untersuchungen zur territorialen Gliederung der Landgemeinden in den Ämtern Præstø, Randers und Ribe. Es folgten Untersuchungen zur Klärung der Gliederungsproblematik im Umland der Städte im Raum Vejle sowie schließlich zu den Problemen der Ämter bzw. der gemeinsamen Probleme von Ämtern und Städten auf Fünen. Parallel hierzu unterstützte die Kommission in den übrigen Ämtern eine Reihe auf eigene Initiative der kommunalen Interessenverbände veranlaßter Untersuchungen.

Die auf lokaler bzw. regionaler Initiative beruhenden Untersuchungen zeigten, daß die Politiker im ganzen Lande auf die Tätigkeit der Kommission aufmerksam geworden waren und man vielerorts angesichts einer zu erwartenden territorialen Neuordnung die "Flucht nach vorn" antrat. Auch entschlossen sich zahlreiche Gemeinden auf der Grundlage des geltenden Landkommunalgesetzes von 1933 zu freiwilligen Gemeindezusammenschlüssen, wodurch sich die Zahl der Gemeinden bereits in den 60er Jahren sichtbar reduzierte (vgl. Abb. 14). Ein besonders kräftiger "Schub" von freiwilligen Gemeindezusammenlegungen wurde zum 1.4.1966 wirksam, als sich 332 Gemeinden zu nur noch 95 neuen Gemeinden zusammenschlossen. Probleme entstanden im Bereich der Städte, da dort die Eingemeindung von Landgemeinden die umliegenden Ämter, vor allem deren Steuerkraft, erheblich geschwächt hätte. Deswegen entschloß man sich als Übergangslösung zur Schaffung von Landgemeinden mit einem Sonderstatus nach dem Vorbild der Gemeinde Marstal. Diese insgesamt 10 zum 1.4.1966 gebildeten "Marstal-Gemeinden" blieben zwar weiterhin der Kommunalaufsicht des Innenministeriums und nicht des Amtes unterstellt, konnten jedoch kostspielige Aufgaben (v.a. das Straßen- und Krankenhauswesen) an das Amt abgeben. Bezüglich der finanziellen Regelungen wurden die Marstal-Gemeinden wie die anderen amtsangehörigen Gemeinden behandelt, weswegen die Steuerkraft der Ämter durch diese Regelung nicht geschmälert wurde.

War die Problematik der Territorialreform schon diffizil genug, wurden die Arbeiten der Kommission durch offene Interessenkollisionen zwischen ihren Mitgliedern (CHRISTOFFERSEN & TOPSØE-JENSEN 1980, 197) erheblich verzögert - so dauerte es 8 Jahre, bis die Kommission ihre Tätigkeit im Jahre 1966 mit der Vorlage einer Denkschrift (Betænkning Nr. 420: Kommuner og kommunestyre) abschließen konnte. Diese enthielt auch Entwürfe für ein einheitliches Kommunalverwaltungsgesetz und für ein Gesetz zur Vorbereitung der Gebietsreform, die nach Ansicht der Kommission von folgenden Prinzipien ausgehen sollte:
1. Es sollten neue Amtskommunen gebildet werden, die sowohl die Land- als auch die Stadtgemeinden umfassen sollten.
2. Die kommunalen Grenzen im Umland der Städte sollten so gezogen werden, daß bezüglich der Bevölkerungs- und der Wirtschaftsstruktur zusammengehörige Siedlungskörper eine einzige Gemeinde bildeten und dieser gleichzeitig aus reichende Entwicklungsmöglichkeiten offenstanden.
3. Es sollten größere und tragfähigere Gemeinden mit mindestens 5.000-6.000 Einwohnern gebildet werden, die bevölkerungsmäßig, ökonomisch und geographisch zur selbständigen Wahrnehmung der kommunalen Aufgaben in der Lage sein sollten.

Als Hauptprinzip, das später immer mehr zum Schlagwort wurde, galt das Begriffspaar "én kommune - ét bysamfund", was (in freier Übersetzung) ausdrücken sollte, daß eine Gemeinde auch gleichzeitig eine Siedlungseinheit darstellen sollte; auf die Interpretation dieses Begriffes wird unten noch einmal zurückgekommen.

Die wesentlichen Vorschläge der Kommission zur Kommunalreform wurden am 3.6.1967 als Gesetz verabschiedet. Durch dieses Gesetz wurde auch eine neue Kommunalreformkommission eingesetzt, die nunmehr die Prinzipien zur Kommunalreform bis zum 1.4.1969 in konkreten Neugliederungsvorschläge umsetzen sollte, so daß die Gebietsreform zum 1.4.1970 in Kraft treten konnte. Auf das Vorgehen der Kommission und die im Zuge der ihrer Tätigkeit auftretenden Probleme soll hier nur insoweit eingegangen werden als es um die Gebietsneuordnung der Landkommunen geht.

Bei der Gebietsneugliederung der Landgemeinden, d.h. der Gemeinden, die außerhalb des Großraumes Kopenhagen und nicht in direkter Nachbarschaft zu einer der amtsfreien Städte lagen, hatte die Kommission für die kommunale Gesetzgebung in ihrer Denkschrift aus dem Jahr 1966 vorrangig auf freiwillige Gemeindezusammenschlüsse gesetzt. Während CHRISTOF-FERSEN (1978, 60) die nach 1966 nur noch geringen Fortschritte der Zusammenschlüsse auf freiwilliger Basis dafür verantwortlich macht, daß im Jahre 1969 dann doch die gesetzliche Grundlage für zwangsweise Neugliederungen geschaffen wurde, ist nach HARDER (1972, 136) die veränderte Einstellung der Landgemeinden zur Eingliederung in Stadtgemeinden verantwortlich für die schnellere Durchführung von zwangsweisen Zusammenlegungen in den städtischen Randgebieten gewesen. Auch viele weiter abgelegene Landgemeinden hätten versucht, eine Eingliederung in die nächstgelegene Stadtgemeinde zu erreichen, selbst wenn dies für deren Entwicklung nicht notwendig gewesen wäre. Diese Tendenz hätte die Befürchtung genährt, daß am Ende kleine und abgelegene Gemeinden aus einem zweckmäßigen Einteilungsmuster herausfallen würden und die Neueinteilung der restlichen Landgemeinden erschwert würde, weswegen es auf Antrag der Landgemeindeverbände zu der genannten Gesetzesänderung gekommen sei.

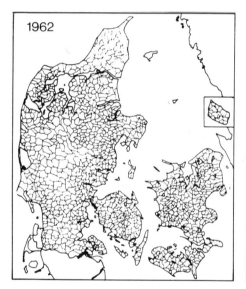

Abb. 13: Gemeindegrenzen 1962 und 1970

Quelle: KIIB 1984

Durch die Möglichkeit zur zwangsweisen Neuordnung der kommunalen Gebietseinteilung wurde das entscheidende Instrumentarium geschaffen, die Territorialreform, d.h. die Neugliederung von Ämtern sowie Stadt- und Landgemeinden, termingerecht durchzuführen, was allerdings nicht heißt, daß die Neugliederung ohne intensive Beteiligung der Kommunen und ihrer Verbände erfolgte. Insbesondere bemühte sich die Kommunalreformkommission, durch Verhandlungen vor Ort einen Interessenausgleich dort zu schaffen, wo lokale Interessen hart aufeinanderstießen (JØRGENSEN 1985, 528).

Ohne Verzögerung konnte die Gebietsneuordnung, die ganz Dänemark mit Ausnahme der Region Kopenhagen umfaßte, zum 1.4.1970 in Kraft treten. Die Zahl der Gemeinden wurde

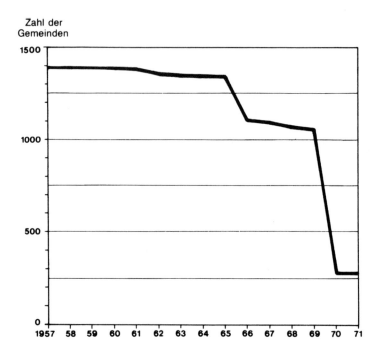

Zahl der
Gemeinden

Abb. 14: Zahl der Gemeinden 1957-1971 (Stand jeweils zum 1. April)

Quelle: Danmarks Statistik, Statistisk Årbog, div. Jahrgänge

drastisch auf 277 reduziert (vgl. Abb. 13 und 14), während aus vormals 22 Ämtern (bzw. 25 Amtskommunen) 14 neue Amtskommunen gebildet wurden. Mit Ausnahme der Gemeinde Kopenhagen und der geographisch von ihr umschlossenen Gemeinde Frederiksberg, die weiterhin besondere Rechte besitzen, wurden sämtliche vormals amtsfreie Städte in die erheblich vergrößerten Amtskommunen eingegliedert; gleichzeitig erhielten alle Gemeinden, auch die vormaligen Städte, die einheitliche Bezeichnung "Kommune". Schließlich trat zum 1.4.1970 auch ein neues Kommunalverwaltungsgesetz in Kraft, das für alle Gemeinden und Amtskommunen - mit Ausnahme wiederum von Kopenhagen - gültig ist.

Wenn auch bislang hauptsächlich auf die Gebietsneuordnung eingegangen worden ist, so war diese jedoch nur ein Aspekt der großen Kommunalreform des Jahres 1970, die ferner eine Funktionalreform sowie eine Neuordnung der staatlichen Finanzzuweisungen an die Kommunen umfaßte. Es ist nur auf den ersten Blick überraschend, daß diese Reform, die zumindest für die ländlichen Gebiete den Höhepunkt einer langen Reihe von Zentralisierungstendenzen bedeutete, unter dem Leitbild der "Dezentralisierung" durchgeführt wurde. Das Reformvorhaben wurde nämlich ganz wesentlich damit begründet, daß tragfähige, d.h. erheblich größere kommunale Einheiten geschaffen werden müßten, die dann in der Lage wären, bislang staatliche Aufgaben zu übernehmen. In diesem Sinne erfolgte im Zuge der Funktionalreform auch tatsächlich eine Verlagerung administrativer Aufgaben vom Staat auf Amtskommunen und Gemeinden. Dabei sollten die Gemeinden für die Bürger ein möglichst umfassendes Dienstleistungsangebot bereitstellen, während die Amtskommunen vor allem die Zuständigkeit für

58

regionale Planungs- und Koordinierungsaufgaben erhielten und nur in begrenztem Umfange selbst Träger von Einrichtungen sein sollten - z.B. in den Fällen, wo eine Einrichtung eine höhere als in den einzelnen Gemeinden vorhandene Bevölkerungsgrundlage erforderte (OLSEN & ENGELSTOFT 1980, 4). Diese Aufgabenumverteilung "nach unten" veranschaulicht Gert GAMMELGÅRD in einem Schaubild des Institut for Grænseregionsforskning in Åbenrå mit dem Anteil öffentlicher Ausgaben, der von den Kommunen, d.h. den Gemeinden und Amtskommunen, vor und nach der Reform verwaltet wurde - dieser stieg von 57 % (1969) auf 68 % (1977/78); außerdem wurden fast 70 % der amtskommunalen Ausgaben 1977 durch Aufgaben verursacht, die erst nach 1970 übernommen wurden. Was die Bereitstellung der kommunalen Finanzmittel betrifft, ist seit 1970 das vorher übliche System von staatlichen Zweckzuweisungen weitgehend ersetzt worden durch staatliche Blockzuschüsse, d.h. über die Verwendung der Gelder und die Prioritätensetzung soll mehr als früher in den gewählten Organen der Gemeinden und Amtskommunen entschieden werden.

Gerade die letztgenannten Überlegungen lassen die Behauptung gerechtfertigt erscheinen, die Kommunalreform habe eine weitgehende Dezentralisierung von Kompetenzen gebracht und sei aus administrativ-planerischer Sicht "wohlgeglückt" (OLSEN & ENGELSTOFT 1980, 15). Es darf aber nicht übersehen werden, daß sich die Reform aus dem Blickwinkel vieler Bürger im ländlichen Raum anders darstellte - für sie nämlich war dies der Höhepunkt einer Folge existenzbedrohender Zentralisierungsmaßnahmen, durch den auch die alltäglichen kommunalen Dienstleistungen räumlich stark konzentriert wurden und über 1.000 Gemeinden völlig von der politischen Landkarte gelöscht wurden (vgl. Kap. 4.2).

3.8 Das Gesetz über Siedlungs- und Landzonen (Zonengesetz)

In unmittelbarem zeitlichen und inhaltlichen Zusammenhang mit der Kommunalreform wurde mit dem Aufbau eines umfassenden Planungssystems begonnen. Obwohl in den 60er Jahren, nicht zuletzt durch die mit großer Publikumswirksamkeit veranstaltete "Schlacht um die mitteljütische Autobahn" (vgl. Kap. 3.2), ein breites Interesse für landesplanerische Fragen entfacht worden war, stand diesbezüglich ein nur mangelhaftes gesetzliches Instrumentarium zur Verfügung. Zwar hatte es Anfang der 60er Jahre eine Gesetzesinitiative für ein Landesplanungsgesetz gegeben, doch war dieses im Jahre 1963 einem Volksentscheid zum Opfer gefallen, wobei die Ursache für die Ablehnung weniger in den Intentionen des Landesplanungsgesetzes als vielmehr in der öffentlichen Empörung über parallel eingebrachte Gesetzesinitiativen zur Reform des Bodenrechts ("jordlove") gelegen hatte, die erhebliche öffentliche Eingriffsmöglichkeiten in das private Grundeigentum vorsahen (vgl. CHRISTOFFERSEN & TOPSØE-JENSEN 1979, 184 ff.).

Dringender Handlungsbedarf war vor allem deswegen gegeben, weil der gewaltige Bauboom während der Hochkonjunktur, wozu nicht zuletzt die Verlagerung bestimmter Industriezweige in die Provinz beitrug, einen weitgehend unkontrollierten Landschaftsverbrauch mit sich gebracht hatte. Einhellige Auffassung bestand bei maßgeblichen Politikern und Planern darin, daß dieses Problem "nur durch bessere, wirksamere, schnellere Instrumente in den Griff zu bekommen sei" (FRAMKE 1981, 129). Insbesondere aber dürfte es einer vehementen Forderung des Naturschutzrates aus dem Jahr 1967 zu verdanken sein, daß 1969 mit dem Gesetz über Siedlungs-und Landzonen (by-og landzonelov), kurz Zonengesetz (zonelov) genannt, erstmals eine Rechtsnorm geschaffen wurde, die auf eine Eindämmung des Landschaftsverbrauchs durch Neubautätigkeit abzielte. Praktisch sah dies so aus, daß mit Wirkung zum 1.1.1970 die gesamte Fläche Dänemarks drei Gebietstypen bzw. Zonen zugeordnet wurde. Als Siedlungszonen und Sommerhauszonen wurden diejenigen Flächen übernommen, die von den Gemeinden in deren bisheriger städtebaulicher Planung mit dieser Zweckbestimmung ausgewiesen worden waren; alle übrigen Flächen galten automatisch als Landzonen. Die Überführung zusätzlicher Flächen aus der Landzone in die Siedlungs- oder Sommerhauszone konnte nur im Rahmen der konkreten kommunalen Planung erfolgen. Die Ausweisung von Siedlungszonen sollte nach dem Willen des Gesetzes so reichlich sein, daß sie dem voraussichtlichen Bedarf der kommenden 12 Jahre entsprachen; alle 4 Jahre sollten die Planungen revidiert werden.

Vorrangiges Ziel des Gesetzes war also die Verhinderung einer Streusiedlung, wobei neben dem landschaftspflegerischen auch der volkswirtschaftliche Aspekt eine Rolle spielte - durch die Konzentration der Siedlungtätigkeit sollte die Versorgung mit öffentlichen und privaten Dienstleistungen sowie die Anlage der technischen Infrastruktur optimiert werden (vgl. Landsplansekretariat 1974, 61). Entsprechend dieser Zielsetzung eröffnete das Gesetz Möglichkeiten zur Siedlungsentwicklung im Grundsatz nur in der Siedlungszone - in der Landzone hingegen war jegliche Parzellierung, Bebauung und Gebäudenutzung, sofern sie nicht der Landwirtschaft, der Forstwirtschaft oder der Fischerei diente, untersagt; lediglich in Ausnahmefällen konnte die Amtskommune eine Dispensation von dieser Bestimmung erteilen.

Bei der Betrachtung dieser Zielsetzungen des Zonengesetzes wird auf den ersten Blick nur schwer verständlich, warum gerade dieses Gesetz bis in die Gegenwart als eine der entscheidenden Facetten der Zentralisierungsbestrebungen gilt, wie sie insbesondere in den 60er Jahren in der dänischen Gesellschaft zu erkennen waren, und warum es das wohl meistdiskutierte Planungsgesetz Dänemarks und nach BIDSTRUP (1977, 94) sogar der Tropfen wurde, der das Faß zum Überlaufen brachte und in einem Dorf nach dem anderen Protestbewegungen entstehen ließ.

Die Lösung dieser Frage liegt in der Praxis der Abgrenzung von Siedlungs- und Landzonen. Siedlungszonen waren hauptsächlich im Bereich der Städte und größeren ländlichen Zentralorte vorzufinden - und zwar entsprechend der genannten Vorgaben recht großzügig, so daß hier Neubautätigkeit in beachtlichem Umfang möglich war. Gleichzeitig wurden die Dörfer mit wenigen Ausnahmen automatisch zur Landzone gerechnet (BIDSTRUP 1977, 94) - viele der neugebildeten Großgemeinden interpretierten den erwähnten Grundsatz "én kommune - ét bysamfund" sogar dahingehend, daß Siedlungszonen nur im Bereich eines einzigen Ortes ausgewiesen wurden, das heißt, daß für alle anderen Siedlungen der Gemeinde eine weitere Entwicklung ausgeschlossen wurde. Dort war es nicht nur verboten, neue Wohngebäude zu errichten, sondern auch die Erweiterung von Handwerksbetrieben war so gut wie unmöglich - nach BIDSTRUP wurde z.B. ein Handwerksbetrieb, der sich zu einem kleinen Industriebetrieb erweitern wollte, auf das Gewerbegebiet in der nächsten Stadt verwiesen - ein Fall, der in ähnlicher Form sehr lebensnah und mit viel Einfühlungsvermögen in das dörfliche Milieu auch von dem Schriftsteller und vehementen Fürsprecher der Dörfer, Knud SØRENSEN in seiner Erzählung "En landsbyhistorie" (1986) geschildert wird.

Als Beispiel für eine extrem auf den Zentralort orientierte Politik soll die Gemeinde Otterup (Fyns amt) erwähnt werden, die im Jahr 1966 im "ersten Schwung" der Territorialreform aus vormals 9 Kirchspielen gebildet worden war. Nach Auskunft des Dorfverbands-Funktionärs Carsten ABILD (vgl. Kap. 4.5) wurden nach dem Zusammenschluß nur in 2 der 9 alten Kirch-

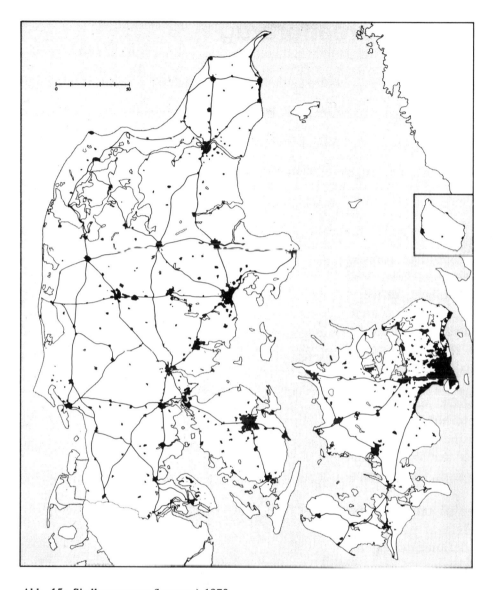

Abb. 15: Siedlungszonen (byzoner) 1970

Quelle: Landsplansekretariatet 1974

spiele Siedlungszonen ausgewiesen, wobei sich der größte Teil der Entwicklung, nämlich 95 %, im Gemeindezentrum Otterup vollziehen sollte. In den 7 übrigen Kirchspielen war fortan jede Neubautätigkeit und Gewerbeansiedlung ausgeschlossen. Betrachtet man die Bevölkerungsentwicklung in der gesamten Gemeinde Otterup und im eigentlichen Ort Otterup zwischen 1965 und 1983, so wird besonders deutlich, wie das Gemeindezentrum - zu Lasten der Umlanddörfer - auf seine Kosten kam: Während die Gesamtbevölkerung der Gemeinde nur geringfügig von 10.256 auf 10.953 anwuchs, konnte der Ort Otterup fast eine Verdoppelung der Einwohnerzahl (von 2.035 auf 3.973) verbuchen (Danmarks Statistik: Statistisk Årbog, Jg. 1970 und 1985).

Die restriktive Auslegung des Zonengesetzes nicht nur in Otterup führte dazu, daß dieses Gesetz, wie unten noch näher gezeigt wird, in vielen ländlichen Ortschaften zum Auslöser für lokale Proteste und Initiativen wurde. Dabei darf allerdings nicht unerwähnt bleiben, daß die Dörfer in den einzelnen Gemeinden recht unterschiedlich behandelt wurden - einerseits, was die Einbeziehung auch kleinerer Dörfer in die Siedlungszone, andererseits, was die Dispensationspraxis für Bauvorhaben in der Landzone betrifft (Landsplansekretariat 1974, 61). Generell jedoch muß die Praxis der Ausweisung von Landzonen zumindest in den ersten Jahren des Gesetzesvollzugs zweifellos als sehr restriktiv bezeichnet werden (vgl. hierzu Abb. 15). Es dauerte auch nicht lange, bis diese Probleme erstmals im Folketing behandelt wurden, wodurch am 25.4.1973 der ursprüngliche Ausführungserlaß des damals zuständigen Wohnungsministeriums zum Zonengesetz vom 27.12.1969 revidiert wurde. In diesem Erlaß wurde u.a. klargestellt, daß innerhalb einer Kommune durchaus an mehreren Stellen Siedlungszonen ausgewiesen werden dürfen. Auf die wesentlichen späteren Änderungen des Zonengesetzes wird unten hingewiesen.

Es würde an dieser Stelle zu weit führen, die einzelnen Bestimmungen und praktischen Konsequenzen des Zonengesetzes (z.B. die im Sinne der Landwirtschaft niedrigere Besteuerung von Immobilien in der Landzone) detailliert aufzuführen. Es wird jedoch in den weiteren Kapiteln noch verschiedentlich auf die Diskussionen um die Lockerung des Zonengesetzes zurückgekommen; insbesondere sei diesbezüglich auf die Kapitel 4.5, 4.7 und 5.2 verwiesen.

3.9 Zusammenfassung zu Teil 3

In Teil 3 sollten die Veränderungen der Raumstruktur Dänemarks dargestellt werden, wie sie sich in der Zeit der von der Mitte der 50er Jahre bis zum Anfang der 70er Jahre anhaltenden industriellen Hochkonjunktur als Folge der allgemeinen Wachstums- und Konzentrationstendenzen ergaben. Es galt zu belegen, daß der in Teil 2 beschriebene Sieg der Industrie über die Landwirtschaft in weiten Bereichen auch einem Sieg der Städte über die Dörfer gleichkam. Obwohl der Arbeitsmarkt im ländlichen Raum von einer gewissen Auslagerung industrieller Produktionskapazitäten aus den Städten, namentlich aus dem Großraum Kopenhagen, profitierte, war es doch eindeutig, daß sich die hochqualifizierten Arbeitsplätze und die im Schlepptau der Industrie aufblühenden Dienstleistungsbranchen in den städtischen Entscheidungszentren konzentrierten - das flache Land und die Dörfer gerieten mehr und mehr ins Abseits.

Es ist nur ein Ausdruck der vorherrschenden Wachstumsgläubigkeit jener Zeit, daß diese Tendenzen durch die Propagierung des Wachstumszentren-Konzepts in der Raumordnungspolitik durch einflußreiche Planer zusätzlich gefördert wurden. Am konkretesten zeigen sich die Auswirkungen des damaligen "Zeitgeistes" jedoch bei der Betrachtung der einzelnen Fachpolitiken. Beispielhaft wurden die Rationalisierung im Meiereiwesen, die Schließung kleiner Dorf-schulen, der Rückzug der Eisenbahn aus der Fläche, die Konzentration der hochqualifizierten Arbeitsplätze in Kopenhagen und einigen anderen Zentren und schließlich die tiefgreifende Territorialreform des Jahres 1970 dargestellt.

Im Bereich der kommunalen Planung schließlich besiegelte eine äußerst restriktive Siedlungspo-litik auf der Grundlage des "Zonengesetzes" eine Entwicklung, wie sie negativer für die im Zuge der Kommunalreform eingemeindeten Ortschaften kaum hätte sein können. Eines guten Teils ihrer Funktionen, ihres Arbeitsplatzangebots und ihrer Entwicklungsmöglichkeiten be-raubt, wurden die Dörfer mehr und mehr zu Pendler-Wohnorten oder mußten in bedrohlichem Umfang die Abwanderung ihrer Bürger hinnehmen.

4. Die "Wiederentdeckung" des Dorfes

4.1 Gesellschaftliche Aufbruchstimmung und Polarisierung

Während die Zentralisierungstendenzen der Wachstums- und Wohlfahrtsgesellschaft noch auf ihren Höhepunkt zusteuerten, zeichneten sich bereits tiefgreifende Umwälzungen der gesellschaftlichen Situation ab. Insbesondere der jüngere Teil der Bevölkerung äußerte mit zunehmender Intensität seinen Unmut über die politischen Verhältnisse. Innenpolitisch war es die häufig mit dem Stichwort "Fernsehgesellschaft" etikettierte Lebensweise der Elterngeneration, die zum Gegenstand der Kritik wurde, außenpolitisch waren es die politischen Ideologien der Industrienationen, wobei der Vietnamkrieg der USA zum Symbol einer menschenverachtenden Politik schlechthin wurde. Protestmärsche und -demonstrationen gegen die USA waren fortan in den 60er Jahren an der Tagesordnung. In dem Maße, wie sich die Jugendlichen von der Politik der Weltmacht USA abgestoßen fühlten, wuchs das Interesse am Marxismus in seinen unterschiedlichen Ausrichtungen. Nachdem 1960 aus der dogmatisch moskautreuen Kommunistischen Partei die Sozialistische Volkspartei (SF) hervorgegangen war, spaltete sich aus der SF wiederum im Jahr 1967 ein maoistischer Flügel (Venstresocialisterne, VS) ab, der in den folgenden Jahren für viele Aktive der Studentenbewegung zur politischen Heimat werden sollte.

Als im Jahr 1968 die Welle des Studentenaufruhrs, von Frankreich ausgehend, die Länder Westeuropas überrollte, kam es auch an dänischen Hochschulen zu Streiks, Institutsbesetzungen und anderen Aktionen, die freilich nicht nur auf die Veränderung der Machtstrukturen in den Gremien der Universitäten, sondern auf die Veränderung der gesamtgesellschaftlichen Verhältnisse schlechthin abzielten. An den Pranger gestellt wurden so gut wie alle Normen und Tabus der "Elterngeneration" - die Kinder der Wohlstandsgesellschaft rüsteten sich zum Kampf gegen die am materiellen Wohlstand orientierte Wachstumsideologie der spätkapitalistischen Gesellschaft. Zum Vordenker dieses Aufruhrs war der neomarxistische Philosoph Herbert MARCUSE geworden. Dieser hatte sich in seinem Buch "Der eindimensionale Mensch" insbesondere gegen die Anwendung von Technologie und Wissenschaft in der modernen kapitalistischen Gesellschaft gewandt, die seiner Auffassung nach mehr und mehr die Menschen beherrschten. Den Studenten hatte MARCUSE in seiner Gesellschaftstheorie eine zentrale Rolle zur Überwindung dieses Systems zugedacht (CHRISTENSEN 1981, 3). Während der ideologische Hintergrund und die Aktionsformen der Bewegung in allen europäischen Ländern deutliche Parallelen aufwies, muß doch für die Situation in Dänemark hervorgehoben werden, daß es - im Gegensatz zu anderen Ländern - kaum zu gewalttätigen Auseinandersetzungen zwischen Polizei und Demonstranten kam, was HAUE et al. (1985, 268) vor allem darauf zurückführen, daß die Bürokratisierung an den dänischen Hochschulen nicht so stark fortgeschritten war wie in anderen Ländern und daß man versuchte, den Forderungen der Studenten bezüglich ihres Einflusses in der akademischen Selbstverwaltung entgegenzukommen - fast schon legendär ist hierbei die Haltung des damaligen Rektors der Universität Kopenhagen (LINDGREN 1987, 56-61).

In der Folge der eigentlichen Studentenbewegung entstand eine Vielzahl neuer sozialer Bewegungen, von der auch nicht-akademische Kreise erfaßt wurden. Experimentiert wurde mit neuen Formen des Zusammenlebens, namentlich in kollektiven Wohn- und Lebensgemeinschaften verschiedener Größenordnung. Große Resonanz fanden kollektive Lagerexperimente auf dem Lande, so das Fröstrup-Lager der "Neuen Gesellschaft" in Thy, in dem im Sommer 1970 25.000 meist junge Teilnehmer und 100.000 spontane Gäste (HAMMERICH 1980, 577) das

64

Zusammenleben in bewußter Opposition zur "etablierten" Gesellschaft unter einfachsten äußeren Bedingungen erprobten. Nach dem Vorbild dieses großen Lagers drängten in den folgenden Jahren auch andere der aufblühenden Bewegungen aufs Land, so die Umwelt- und Frauenbewegungen. Insbesondere die Lager der Frauenbewegung auf der Insel Femö, entstanden als Protest gegen das von Männern dominierte Fröstrup-Lager, fanden große Beachtung (LINDGREN 1987, 72).

Etwas andere Wege ging der Jugendaufruhr in der Hauptstadt Kopenhagen. Hier führte die vorübergehende Schließung des Begegnungszentrums "Projekt Hus" im Herbst 1971 zur Besetzung verlassener Kasernen auf Christianshavn und schließlich zur Gründung der "Freien Stadt Christiania". Nach heftigen politischen Auseinandersetzungen wurde Christiania im März 1973 zumindest für einen 3-jährigen Zeitraum vom Folketing ganz offiziell als "soziales Experiment" anerkannt (vgl. RASMUSSEN 1976, HALLER 1983). Zwar kam es auch nach Ablauf dieser Frist nicht zu der von vielen konservativen Bürgern und Politikern geforderten Räumung des Geländes, doch ist Christiania bis in die Gegenwart nicht aus der politischen Diskussion und den Schlagzeilen der Presse verschwunden. Auch wenn es sich bei Christiania um ein "großstädtisches" Projekt handelt, ist auch hier eine ausgeprägte Tendenz zu natürlicher, ländlicher Lebensform charakteristisch, die sich u.a. in dem Versuch einer weitgehenden Selbstversorgung auf ökologischer Grundlage sowie der Verbannung von Kraftfahrzeugen aus der Freistadt ausdrückt; HALLER (1983) bezeichnet sogar das ganze Projekt als "Dorf in der Stadt".

Da der Funken des Jugend- bzw. Studentenaufruhrs schnell auf andere Bevölkerungsgruppen übergesprungen war, kann für die 70er Jahre das Entstehen einer Vielzahl von außerparlamentarischen Bewegungen als charakteristisch gelten. Meist bildeten sich diese als Gegenbewegungen zu aktuell als Bedrohungen empfundenen Projekten der etablierten Politik - so entstanden z.B. außer den schon erwähnten Umwelt- und Frauenbewegungen im April 1972 im Vorfeld der Volksabstimmung über den geplanten EG-Beitritt Dänemarks die "Volksbewegung gegen die EG" und im Januar 1974 als Reaktion auf Pläne eines Stromkonzerns zum Bau des ersten dänischen Atomkraftwerkes die "Organisation zur Aufklärung über Atomkraft" (OAA). Besonders bedeutsam war auch das Entstehen einer Vielzahl dezentraler, auf lokaler Ebene arbeitender Bewohnerinitiativen bzw. Graswurzelbewegungen (græsrodsbevægelser) in Stadt und Land. In den 70er Jahren ist eine Vielzahl solcher Graswurzelbewegungen entstanden, die eine erstaunliche Resonanz in der Bevölkerung gefunden haben (vgl. GUNDELACH 1980).

Die 70er Jahre sind allerdings bei weitem nicht nur gekennzeichnet durch das Entstehen sozialer Bewegungen und Experimente, die zum großen Teil dem linken politischen Spektrum zuzuordnen sind. Auch im Spektrum der bürgerlichen Parteien vollzogen sich tiefgreifende Veränderungen. So bildete sich aus Protest gegen die Expansion des öffentlichen Sektors (vgl Kap. 3.1) und die Steuerlasten des Sozial- und Wohlfahrtsstaates die "Fortschrittspartei" (FRP) des international bekanntgewordenen "Steuerrebellen" Mogens GLISTRUP, während die Bildung der Christlichen Volkspartei (KrF) auf den Unmut konservativer Kreise über die ihrer Meinung nach zu weitgehende Liberalisierung der Gesellschaft zurückzuführen sein dürfte. Ganz besonders hart getroffen von diesen Entwicklungen wurden die Sozialdemokraten (S), die in der gesamten Nachkriegsgeschichte Dänemarks stets die stärkste Parlamentsfraktion und überwiegend auch den Regierungschef gestellt hatten. Während die Sozialdemokraten auf der einen Seite Mitglieder und Wähler an die aufstrebenden Parteien des linken Spektrums, SF und VS, abgeben mußten, spalteten sich am rechten Flügel die Zentrumsdemokraten (CD) ab, die mit der Öffnung der Partei nach links nicht einverstanden waren.

Zum Ausdruck kamen diese Veränderungen in der Folketingswahl 1973, die wegen ihrer erdrutschartigen Umschichtungen im Parteienspektrum häufig als "Katastrophenwahl" bezeichnet wird. Auf Anhieb gelang es den neuen Parteien CD, KrF und FRP sowie der DKP und dem Rechtsverband, in das Parlament einzuziehen und 60 der 179 Mandate zu erringen. Während die Sozialdemokraten einen Rückgang um 11,7 Prozentpunkte und die Konservative Volkspartei um 7,5 Prozentpunkte hinnehmen mußten, wurde die FRP mit 15,9 % Stimmenanteil auf Anhieb zweitstärkste Parlamentsfraktion - deutlicher konnte sich der Unmut des bürgerlichen Wählerlagers an der Politik der "alten" Parteien gar nicht ausdrücken.

Für ANDERSEN (1976, 86) sind diese Ereignisse, die sich ähnlich auch in den anderen skandinavischen Staaten darstellten, Ausdruck einer starken populistischen Strömung. Seiner Ansicht nach läßt sich hierunter der Protest gegen die hohe Besteuerung, die mächtige staatliche Bürokratie, den staatlichen Dirigismus und die Umweltbelastung durch die Industrie zusammenfassen, hinzu kamen der Zweifel an der Notwendigkeit der Kommunalreform und am Bau von Atomkraftwerken sowie schließlich die Forderung nach mehr Demokratie auf lokaler Ebene ("nærdemokrati") und nach einem Nullwachstum der Industrie. Zu den Anhängern dieses Protestes des "Durchschnittsbürgers" gegen die Industriegesellschaft sind nach ANDERSEN vor allem kleine Selbständige, Landwirte und andere Bürger zu zählen, denen die schnellen Veränderungen der Gesellschaft suspekt erschienen. Es bleibt also festzuhalten, daß der atemberaubende Umbau der dänischen Gesellschaft, wie er in den 50er Jahren mit dem Übergang vom Agrar- zum Industrieland vollzogen wurde, seit Ende der 60er Jahre auf breiten Unmut sowohl bei den jüngeren Bürgern als auch beim bürgerlichen Mittelstand gestoßen ist. Nun zeigte sich, daß weite Teile der Bevölkerung die Entwicklung nicht verarbeitet hatten und gegen die Folgen dieser Entwicklung mobil machten - die dänische Gesellschaft befand sich in einer tiefen Identitätskrise.

Die Krise bedeutete jedoch auch einen Wendepunkt der gesellschaftlichen Entwicklung. So sorgte im Februar 1978, als die Verunsicherung über die gesellschaftspolitische Entwicklung vielen Dänen tief in den Knochen saß, ein Buch für Schlagzeilen, das unter dem Titel "Aufruhr aus der Mitte" von drei prominenten Autoren, einem Wissenschaftler, einem Politiker und einem Schriftsteller, verfaßt worden war (MEYER et al. 1978). Das Buch entwarf eine "konkrete Utopie", wie die gesellschaftlichen Probleme des Landes mit mehr Demokratie, sozialer Gerechtigkeit, gesunderer Umwelt, ohne Arbeitslosigkeit und einer stabilen Wirtschaft gelöst werden könnten. Daß das Buch (das im übrigen auch ins Deutsche übersetzt wurde!) ein Bestseller wurde, ist sicherlich zu einem guten Teil darauf zurückzuführen, daß die Autoren mit ihrer Vision einer breiten politischen Koalition der Vernunft dem Bedürfnis vieler Zeitgenossen in der zweiten Hälfte der 70er Jahre entgegenkamen; eine wichtige Voraussetzung dafür, daß die Autoren auf eine so breite Resonanz stießen (innerhalb kurzer Zeit waren 100.000 Exemplare verkauft) sieht jedoch einer der Autoren in einem Rückblick 10 Jahre nach Erscheinen des Buches vor allem in der Begeisterungsfähigkeit der Bürger in jenen Jahren für idealistische Visionen und Utopien (MORGENPOSTEN, 14.2.88).

So können die 70er Jahre als eine Zeit des Auf- und Umbruchs in der dänischen Gesellschaft charakterisiert werden. Bürger aller politischen Richtungen empfanden zunehmende Unzufriedenheit mit dem politischen System und der Politik der etablierten Parteien, die durch die einsetzende wirtschaftliche Krise noch vergrößert wurde, und waren zunehmend bereit, ihre Angelegenheiten selbst in die Hand zu nehmen. Die Folge war das Aufkommen einer Reihe neuer politischer Parteien, insbesondere aber auch außerparlamentarischer, in das Parteien-

66

spektrum kaum einzuordnender Bürgerinitiativen mit idealistischem Anspruch. Die weiteren Ausführungen sollen nun der Frage nachgehen, wie die Zeit des Auf- und Umbruchs in den Dörfern erlebt wurde und zu welchen Konsequenzen, aber auch zu welchen spezifischen Ausprägungen die skizzierten gesamtgesellschaftlichen Entwicklungen dort geführt haben.

4.2 Das "Erwachen" auf dem Lande

Während sich in den Universitätsstädten der Protest der Studenten artikulierte und die dänische Gesellschaft in eine tiefe Verunsicherung stürzte, wurden die Landdistrikte mit der Territorialreform und deren Folgen konfrontiert. Obwohl es bereits in der Vorbereitungsphase der Reform Proteste aus den Landgemeinden gegen die bevorstehende Bildung von Großgemeinden gegeben hatte, überwog doch schließlich die teils zähneknirschende, teils fortschrittsgläubige Einsicht, daß man sich den "Forderungen der Zeit" nicht verschließen könne; wie in Kapitel 3.7 ausgeführt wurde, trat man vielerorts sogar die Flucht nach vorn an und versuchte, in eine möglichst große bzw. finanzkräftige Stadt eingegliedert zu werden.

Nachdem zum 1.Januar 1970 die Zahl der Gemeinden von ursprünglich fast 1.400 auf 277 reduziert worden war (vgl. Kap. 3.7), brachte die erste Kommunalwahl nach dieser kommunalen Neugliederung auch eine deutliche Veränderung in der Zusammensetzung der Kommunalvertretungen. Hatten vor allem in den kleinen Landgemeinden bis dahin Listenverbindungen außerhalb der politischen Parteien über 43,0 % der Mandate verfügt, fiel dieser Anteil drastisch auf 17,2 % (Quelle: Danmarks Statistik, Statistisk Årbog 1971, Tab. 299). Mit einem Schlag hatten die politischen Parteien so etwas wie ein Monopol für die Aufstellung und Wahl von Kommunalvertretern erlangt. Die Erklärung für dieses angesichts der zu gleicher Zeit zu beobachtenden Krise der Parteien an sich paradoxe Phänomen sieht BENTZON (1985, 7) unmittelbar in der Kommunalreform selbst, und zwar in zweifacher Hinsicht. Einerseits waren die Gemeinden nunmehr so groß geworden, daß in allen Gemeinden eine ausreichende Mantelbevölkerung für den Aufbau von Ortsverbänden der Parteien gegeben war, zum anderen begannen sich die bestehenden, in erster Linie an lokalen Interessen orientierten Wählergemeinschaften aufzulösen.

Während es anfangs so schien, als wolle die Bevölkerung sich in das Unabänderliche fügen, führten die Folgen der Reform schon bald in vielen Orten zu einem heftigen Erwachen. Eine Reihe von Dörfern war in den Räten der Großgemeinden überhaupt nicht, viele nur mit einem einzigen Vertreter repräsentiert. Sowohl der Informationsfluß in die einzelnen Dörfer als auch der Einfluß der Dörfer auf die Entscheidungen in den neuen Großgemeinden verringerten sich schlagartig; die Mitwirkungsmöglichkeiten interessierter Bürger hatten sich durch die zahlenmäßige Reduzierung der kommunalen Mandate von landesweit rd. 12.000 vor der Reform auf rd. 4.000 (Zahlenangabe nach ABILD in: MORSØ FOLKEBLAD 27.1.1974) nach der Reform erheblich verschlechtert. Am Beispiel der 1970 gebildeten Gemeinde Løgstør (Nordjyllands amt) zeigt Abbildung 16, wie sich die Reduzierung der kommunalen Mandate deutlich zum Nachteil der eingemeindeten Orte auswirkte.

Das Erwachen der Bürger in den nunmehr politisch unselbständigen Dörfern war jedoch nicht nur bedingt durch das subjektive Gefühl, von den Entscheidungsprozessen abgeschnitten zu sein, sondern die neuen Großgemeinden selbst setzten nach 1970 eine Reihe von Planungen in Gang, die unmittelbare, oft sogar tiefgreifende Auswirkungen auf die Verhältnisse in den

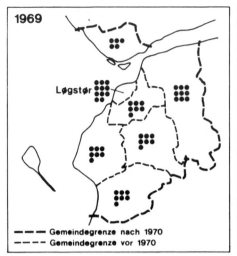
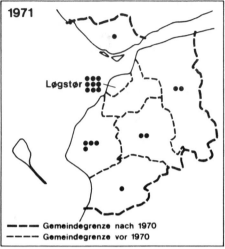

Abb. 16: Kommunalpolitische Repräsentation der Kirchspiele vor und nach der Kommunalreform (Gemeinde Løgstør)

Quelle: RASMUSSEN & JAKOBSEN 1983

Dörfern hatten. Da zur gleichen Zeit landesweit versucht wurde, ein hierarchisches Siedlungssystem festzulegen (vgl. Kap. 4.4), begann ein erbitterter Wettkampf der Gemeinden um eine möglichst günstige Plazierung in diesem System, wovon man sich einen möglichst großen Anteil bei der Verteilung von Industriearbeitsplätzen, Steuerzahlern und öffentlichen Einrichtungen erhoffte (KIIB 1984, 59). Mit dem Argument, daß die Leistungsfähigkeit der neuen Gemeinde entscheidend von der Struktur des jeweiligen Gemeindezentrums abhängig wäre, setzte man - in Übertragung des Wachstumszentren-Konzeptes der 60er Jahre (vgl. Kap. 3.2) - auf eine gezielte Zentralisierung aller öffentlichen Einrichtungen. Mit der ersten Serie von kommunalen Entwicklungsplänen nach der Reform, den sogenannten Dispositionsplänen (dispositionsplaner), wollte man diese Absicht in die Tat umsetzen. Während die allgemeine Kommunalverwaltung ohnehin schon in den Zentralorten der neuen Ge-..einden konzentriert worden war, ging es nun vorrangig um die sozialen Einrichtungen und die kleinen Schulen. Dabei wurde letzteren häufig mit Hilfe des in Kapitel 3.5 erwähnten (auf eine drastische Zentralisierung des Schulwesens abzielenden) Erlasses des Unterrichtsministeriums aus dem Jahr 1970 der Todesstoß versetzt.

Aber nicht nur bezüglich der öffentlichen Einrichtungen setzte man ausschließlich auf die Zentralorte, auch die Baulandausweisung sollte sich nach dem Willen vieler Gemeinden fortan nur auf diese beschränken - ein Vorhaben, für das mit dem in Kapitel 3.8 vorgestellten Zonengesetz auch die notwendige gesetzliche Grundlage vorlag. Auch die Lokalisierung neuer Einrichtungen, z.B. von neuen Straßen oder von Sommerhausgebieten, erfolgte nun weitgehend aus Sicht des Zentralortes, während die Einflußmöglichkeiten der betroffenen, nun zu "Ortsteilen" degradierten Dörfer gering waren. Nach KIIB (1984, 61) wurde durch diese Entwicklung offenkundig, daß die Dörfer in der Hierarchie des Siedlungssystems am unteren Ende gelandet und damit in die Abhängigkeit vom Entwicklungsbedarf größerer Orte oder dem Erholungsbedürfnis der städtischen Bevölkerung geraten waren.

Es fällt nicht schwer, die Verbitterung der dörflichen Bevölkerung angesichts dieser Entwicklung nachzuvollziehen. Ein Teil der Landbevölkerung resignierte, wofür eine Wahlbeteiligung von nur wenig über 60 % bei der Kommunalwahl 1974 als deutlicher Beleg gewertet werden kann. Auf der anderen Seite forderten die meist über die Köpfe der Lokalbevölkerung hinweggehenden Planungen der Großgemeinden eine nicht unerhebliche Zahl von Dorfbewohnern zum Widerstand heraus. In neu gegründeten Bürgerinitiativen, zum Teil aber auch in reaktivierten Bürgervereinigungen aus der Zeit vor der Kommunalreform, organisierte man sich gegen die Planungsbürokratie, wobei neben konkreten Einzelprojekten (Abzug örtlicher Einrichtungen oder Planung überörtlicher Infrastruktureinrichtungen) häufig die restriktive Auslegung des Zonengesetzes den Anstoß gaben.

Eine der "Kraftquellen", aus welchen die aufblühenden dorfpolitischen Initiativen gespeist wurden, war die Rückbesinnung auf die Traditionen des 19.Jahrhunderts, als die ländliche Bevölkerung, wie in Kap. 2.3 dargestellt, in der Regierungszeit ESTRUPs schon einmal vor einer gewaltigen Herausforderung gestanden und ihr Schicksal erfolgreich in die Hand genommen hatte. Die Besinnung auf diesen erfolgreichen Kampf der Landbevölkerung am Ende des vorigen Jahrhunderts hat für die Motivation der Dorfbewegung in den 70er Jahre eine nicht zu unterschätzende Rolle gespielt. Äußerlich wird dies daran sichtbar, daß den Rahmen für die Aktivitäten der neu- oder wiedergegründeten dörflichen Vereinigungen häufig die Versammlungshäuser abgaben, die in der Zwischenzeit fast in Vergessenheit geraten waren. Inhaltlich wurde der erfolgreiche Kampf in der ESTRUP-Zeit von den Funktionären der neuen Dorfbewegung als Beispiel für die Kraft einer "Bewegung von unten" genommen - eine Argumentation, deren Auswirkungen nicht zu unterschätzen sind.

Als Beispiel eines Bürgerprotestes, der sich ab 1974 zu organisieren begann, schildert KIIB (1984, 93-130) ausführlich den Fall des ca. 25 km südlich von Århus an der Ostseeküste gelegenen Dorfes Hou, das heute ca. 800 Einwohner hat. Kern des Protestes waren die Pläne der Großgemeinde Odder, ihren Ortsteil Hou zu einem Verkehrsknoten für die Fährverbindung zur Insel Samsø umzugestalten. Nach den Vorstellungen der Gemeinde sollte zur Verwirklichung dieses Projektes die Privatbahn Odder-Hou stillgelegt und auf der Bahntrasse eine neue Hauptverkehrsstraße gebaut werden, was ferner den Abriß einer Reihe von Häusern erforderlich machte. Im eigentlichen Hafenbereich sollte eine Möbelfabrik abgerissen werden, um einen Aufstellplatz für die auf die Fähre wartenden Kraftfahrzeuge anlegen zu können, außerdem war eine neue Marina für Sportboote neben dem alten Hafen geplant. Es war abzusehen, daß durch diese Planungen der Charakter des Dorfes und die Lebensbedingungen der Bewohner erhebliche Veränderungen erfahren würden. Dies gab den Ausschlag zur Gründung eines Bürgervereins für Hou und Umgebung (Hou- og Omegns Beboerforening), der im Oktober 1974 von ca. 25 meist jüngeren Bürgern, darunter sowohl "Alteingesessene" als auch "Neubürger", aus der Taufe gehoben wurde. Eine bereits zuvor entstandene "Verkehrsgruppe", die sich in erster Linie gegen die drohende Stillegung der Bahnstrecke sowie den Bau einer Hauptverkehrsstraße quer durch den Ort wehrte, wurde als Arbeitsgruppe in den Bürgerverein integriert.

KIIB (1984, 98) räumt ein, daß es zu Beginn der Aktivitäten eine gewisse Konfrontation zwischen den Initiatoren der Verkehrsgruppe und den Alteingesessenen gegeben hat, da letztere die Straßen- und Hafenplanung vielfach unterstützten. Einen Wendepunkt bedeutete jedoch die im Mai 1977 tatsächlich erfolgte Stillegung der Bahnstrecke (die übrigens von der Privatbahnkommission im Jahr 1954 in die Kategorie 1 eingestuft worden war, d.h.als eine von wenigen Bahnen als erhaltenswürdig angesehen worden war; vgl. Kap. 3.6). Dieses Ereignis führte auch denjenigen Dorfbewohnern den Ernst der Lage vor Augen, die den Aktivitäten der "Verkehrs-gruppe" bislang skeptisch gegenübergestanden hatten. In den folgenden Jahren erhielt die Gruppe eine breite Unterstützung aus allen Bevölkerungskreisen. In einem verzweifelten Kampf versuchte man, die Behörden umzustimmen, doch im Jahr 1980 mußten sich die Bürger von Hou ihre Niederlage eingestehen.

Zu den "Opfern" der Territorialreform gehörte auch das Kirchspiel Nr. Nærå-Bederslev (vgl. hierzu: "Sognet der ikke ville dø", in: LANDSBYEN Nr. 1, Februar 1977, S. 12-15) im Norden Fünens, das bereits im Jahr 1966 in die neue Großgemeinde Otterup eingemeindet worden war. Hier waren die Folgen der Zentralisierung ganz besonders deutlich zu erkennen. Durch die Einbeziehung des gesamten ehemaligen Gemeindegebietes in die Landzone war der Neubau von Wohngebäuden nur in Ausnahmefällen möglich, wodurch vor allem bauwillige jüngere Bürger zum Fortzug gezwungen wurden. In der Folge verringerte sich die Mantelbe-völkerung der lokalen Infrastruktureinrichtungen. Nicht nur die örtlichen Geschäfte mußten aufgeben - auch die bereits einmal verschobene Schließung der Schule drohte nunmehr endgül-tig für das Jahr 1977. Außerdem plante das Kirchenministerium, das Pastorat nicht wiederzube-setzen, weil die Bevölkerungszahl bereits wesentlich unter die Richtwerte für selbständige Landpastorate gefallen war.

Etwa 50 Bürger, die sich nicht mit dieser Entwicklung abfinden wollten, entschlossen sich zur Bildung einer Bürgergruppe, die es sich zum Ziel setzte, eine Verbesserung ihrer Situation nicht in Konfrontation, sondern in der Zusammenarbeit mit Politikern und Behörden zu errei-chen. Zu ihren bemerkenswertesten Aktionen zählt die Durchführung der wohl ersten Frageb-genuntersuchung über die Lebensbedingungen in einem dänischen Dorf nach der Kommunal-form. Fragebögen wurden an alle 286 Haushalte des Kirchspiels verteilt; durch die persönliche Abgabe und Abholung der Fragebögen durch die Mitglieder der Bürgergruppe konnte eine Rücklaufquote von 88 % erreicht werden. Aus den Antworten, die von der Bürgergruppe ausgewertet und in einem Bericht zusammengefaßt wurden (Trivselsrapport for Nr. Nærå-Bederslev området, 1976), ging deutlich hervor, daß die Bürger neben der Erhaltung von Schule und Pastorat ein lebendigeres Gemeinschaftsleben innerhalb der alten Gemeindegrenzen wünschten. Beklagt wurden der durch die Kommunalreform erheblich vergrößerte Abstand zwischen Bürgern und Behörden sowie die verringerte Möglichkeit zur Einflußnahme und zur Übernahme von Verantwortung.

Mit der Vorlage des Berichtes über die Befragung lud die Bürgergruppe in Nr. Nærå-Bederslev zu einer Bürgerversammlung am 14.6.1976 in das Versammlungshaus von Roerslev ein. Diese Versammlung sollte zu einem besonderen Erfolg werden. 300 der 800 Bürger des Kirchspiels folgten der Einladung - ebenso sämtliche Gemeinderatsmitglieder. Die Versammlung, auf der die Bürgergruppe ihre Wünsche vortrug, fand ein großes Presseecho weit über die Region hinaus, und in den Monaten nach dieser Versammlung überschlugen sich die guten Nachrichten förmlich. Ein Besuch des Bischofs führte dazu, daß dieser eine Ausnahmegenehmigung erteilte und das Pastorat zum 1.1.1976 neu besetzt wurde. Der Gemeinderat gab bekannt, daß im Laufe der kommenden 8 Jahre 26 neue Wohngebäude errichtet werden dürften, und bewilligte gleich-zeitig 20.000 Kronen zur Renovierung der Schule, so daß auch die diesbezüglichen Schlie-ßungsabsichten erst einmal abgewendet waren. Auch bezüglich der Dorfanger, deren Zustand von den Bürgern heftig kritisiert worden war, zeigte sich die Gemeinde entgegenkommend - diese wurden für 40.000 Kronen in den früheren Zustand zurückversetzt und anschließend wurde deren Pflege, wie von der Bürgergruppe gewünscht, an die örtliche Gemeinschaft zurückgegeben. Es dürfte nicht überraschen, daß sich angesichts dieser Resultate ein starker Optimismus bei den Bürgern ausbreitete, was wiederum zu neuen lokalen Initiativen führte - der Teufelskreis des Verfalls war durch eine entgegengesetzte Entwicklung durchbrochen worden.

4.3 Steigende Attraktivität von Dörfern als Wohnstandorte

Ähnlich wie bei den im vorangegangenen Kapitel vorgestellten Beispielen war es in den 70er Jahren in vielen ländlichen Ortschaften Dänemarks zu erleben, daß die Bürger in den vorher eigenständigen Ortsteilen ländlicher Gemeinden versuchten, ihr Schicksal in die Hand zu nehmen. Allerdings wurde insbesondere am Beispiel Hou deutlich, daß bei der Bildung von Bürgerinitiativen oder bei anderen Aktionen, mit denen sich die Dörfer zur Wehr setzten, sehr häufig auch Neubürger eine entscheidende Rolle spielten. Denn nach 1970 hatte sich bezüglich der Wohnortwahl der Bevölkerung eine entscheidende Trendwende vollzogen - im Gegensatz zu dem seit Beginn der Industrialisierung vorherrschenden Trend waren erstmals erhebliche Wanderungsbewegungen aus den Städten in kleinere Ortschaften festzustellen, wobei freilich wegen der in vielen Gemeinden sehr restriktiven Auslegung des Zonengesetzes nicht alle Dörfer gleichmäßig von dieser Entwicklung profitieren konnten.

Anhand der Periode 1965-70 charakterisiert ILLERIS (1979b, 13) die vorherrschende Tendenz in den Wanderungsbewegungen der Jahrzehnte vor 1970. Abgesehen von der Hauptstadtregion, dem Umland von Århus, Odense und Ålborg sowie den Gemeinden mit einem über 10.000 Einwohner zählenden Siedlungskern konnte das Bevölkerungswachstum in den Siedlungen mit 200-2.000 Einwohnern den Bevölkerungsrückgang in den reinen Landdistrikten nicht aufwiegen - das heißt, daß sich das Bevölkerungswachstum auf die Städte konzentrierte, davon wiederum über die Hälfte auf die Hauptstadtregion. Nach 1970 hingegen ist ein starkes Bevölkerungswachstum in den zwischen 200 und 2.000 Einwohner zählenden Siedlungen festzustellen, das den Bevölkerungsrückgang in den reinen Landdistrikten deutlich übertrifft. ILLERIS (a.a.O.) weist darauf hin, daß dieser Trend natürlich am deutlichsten im Umland der großen Städte hervortritt, daß er jedoch auch in großer Entfernung außerhalb des großstädtischen Arbeitsmarktbereiches durchgeschlagen hat. Entsprechend ist das Bevölkerungswachstum in den Städten stark zurückgegangen, die Hauptstadtregion mußte sogar in der 2.Hälfte der 70er Jahre einen leichten Bevölkerungsrückgang hinnehmen (vgl. Tab. 4).

Eine eindeutige Erklärung für diese überraschende, entscheidend von den Wanderungsbewegungen bestimmten Wende in der Siedlungsentwicklung läßt sich nach ILLERIS nicht geben. Allerdings handelt es sich bei diesem Phänomen um eine Entwicklung, die in ähnlicher Form auch in anderen Industriestaaten beobachtet worden ist - als Beispiel sei hier auf entsprechende Ausführungen von LINDEMANN (1986, 21) zur Entwicklung in Norwegen hingewiesen. Nach BÄHR (1983, 92) wird diese Entwicklung von verschiedenen Autoren als "Beginn einer neuen Phase in der städtischen Entwicklung" interpretiert, für die der kaum ins Deutsche zu übersetzende englische Begriff "counterurbanization" geprägt worden ist, der jedoch mehr als eine reine Bevölkerungsumverteilung umfasse, da parallel hierzu auch eine Verlagerung von Arbeitsplätzen und eine - durch die Fortschritte bei den Kommunikationssystemen begünstigte - Substitution von "transportation" durch "communication" zu beobachten sei (BÄHR 1983, 94). BÄHR weist jedoch auch darauf hin, daß durch diese Komponenten allein das Phänomen der "rural renaissance" nicht ausreichend zu erklären sei. Zunehmende Bedeutung für das Wanderungsverhalten habe vielmehr die Umweltqualität; hinzu komme, "daß viele Menschen sich bewußt von städtisch-industriellen Lebensformen lösen möchten und den ländlichen Raum in einer Art nostalgischen Verklärung im Gegensatz zu den großen Städten als "offen", "rein" und "sicher" ansehen und glauben, hier ihren bisherigen Lebensstil grundsätzlich ändern zu können."

Tab. 4: Bevölkerungsverteilung 1965, 1970 und 1976

Siedlungsgröße 1970	27.9.65	9.11.70	1.7.76	Veränd. 65-70	Veränd. 70-76
A. Siedl. über 2.000 Ew.	3.148.300	3.301.000	3.338.600	5 %	1 %
B. Siedl. mit 1.000 - 2.000 Ew.	63.600	91.500	134.000	44 %	46 %
500 - 1.000 Ew.	58.200	76.700	105.300	31 %	37 %
200 - 500 Ew.	59.100	70.900	93.200	20 %	32 %
Reine Landgebiete	340.600	326.500	308.100	-4 %	-6 %
C. Siedl. mit 1.000 - 2.000 Ew.	70.400	78.200	93.500	11 %	20 %
500 - 1.000 Ew.	62.600	69.700	88.100	11 %	26 %
200 - 500 Ew.	75.500	81.000	96.700	7 %	19 %
Reine Landgebiete	390.800	365.100	336.200	-7 %	-8 %
D. Siedl. mit 1.000 - 2.000 Ew.	51.100	56.700	66.200	11 %	17 %
500 - 1.000 Ew.	47.100	51.200	59.000	9 %	15 %
200 - 500 Ew.	56.200	59.400	66.900	6 %	13 %
Reine Landgebiete	334.100	309.700	286.700	-10 %	-7 %
Dänemark insgesamt	4.767.600	4.937.600	5.072.500	4 %	3 %

Erläuterung: B = Siedlungen in der Hauptstadtregion, in den Nachbargemeinden von Århus, Odense und Ålborg sowie in Gemeinden mit über 10.000 Ew. zählenden Siedlungen
C = Siedlungen in anderen Gemeinden mit hohem Auspendlerüberschuß
D = Siedlungen in sonstigen Gemeinden

Quelle: ILLERIS 1979b

ILLERIS (1979b) hat den Prozeß der "counterurbanization" in Dänemark eingehend analysiert. Bei den Wanderungen über kurze Distanz sieht er eine Veränderung des "klassischen" Wanderungsmusters. War zuvor für junge Familien der Umzug aus dem Stadtkern an den Stadtrand die Regel, so erhöhte sich die Wanderungsdistanz nach 1970 erheblich; Wanderungsziele wurden nunmehr auch und vor allem kleinere Siedlungen im entfernteren ländlichen Umland. ILLERIS ist nicht der Ansicht, daß die private Motorisierung als Ursache für die Wanderungen zu sehen ist, vielmehr sei der Besitz eines PKW notwendige Voraussetzung, wenn man sich aus anderen Gründen in einer ländlichen Siedlung in gewisser Entfernung von der Stadt, meist mit schlechter ÖPNV-Anbindung, niederlassen wolle. Dagegen teilt er die verbreitete Ansicht, daß wirtschaftliche Gründe eine bedeutende Rolle spielten. So waren die Bodenpreise in kleinen Orten so niedrig, daß sie die erhöhten Transportkosten aufwogen; ILLERIS (1979b, 15) zitiert in diesem Zusammenhang eine Berechnung der Landesplanungsbehörde, wonach eine typische Arbeitnehmerfamilie im Jahre 1975 eine jährliche Netto-Ersparnis von 7.000 Kronen dadurch erreichen konnte, daß sie in einem Ort mit weniger als 5.000 Einwohner anstelle einer größeren Stadt wohnte. ILLERIS gibt sich trotz dieses Rechenexempels jedoch nicht mit dem ökonomischen Erklärungsansatz allein zufrieden. Vielmehr habe gerade die öffentliche Debatte um die Regionalplanung (vgl. Kap. 4.3) gezeigt, daß sich die Einstellung der Bürger zum Wohnen geändert habe. Während für die Städte Lärm, Streß und andere Umwelteinflüsse negativ zu Buche schlugen, versprachen die kleinen Siedlungen ein naturnahes Wohnen in überschaubaren Gemeinwesen - ein psychologisches Moment, auf das ja auch BÄHR in seinem oben zitierten Erklärungsansatz besonders hinweist.

Fast wie ein empirischer Beleg für die Ausführungen BÄHRs lesen sich auch die Analysen von ILLERIS (1979b, 16) zum Fernwanderungsverhalten, das nach seiner Einschätzung häufig durch einen Wechsel des Arbeits- oder Ausbildungsplatzes motiviert ist. ILLERIS stellt auch hier Veränderungen des traditionellen Wanderungsmusters fest - waren die Wanderungen vor der Trendwende vor allem vom Land auf die Stadt ausgerichtet, so ist für die 70er Jahre ein gleich großes Wanderungsvolumen in entgegengesetzter Richtung charakteristisch. Auch die klassische Regel, wonach die Arbeitskräfte zu den Arbeitsplätzen wandern, traf in dieser Eindimensionalität nicht mehr zu. Wie schon in Kapitel 3.3 ausgeführt wurde, hatte in den 60er Jahren eine - wenn auch selektive - Dekonzentration industrieller Arbeitsplätze zugunsten der ländlichen Regionen stattgefunden, wofür die Arbeitsplatzreserven in den traditionell landwirtschaftlich geprägten Regionen, vor allem im Westen Jütlands, wichtiges Kriterium waren. Hierin ist eine Umkehrung des ursprünglichen Wanderungsschemas zu sehen, da die Arbeitsplätze begannen, zur Arbeitskraft zu wandern, wobei in den 70er Jahren erstmals auch eine Verschiebung der Beschäftigten in der graphischen und chemischen Industrie weg von den Großstädten zu beobachten war ("Det fremtidige bymönster - et debatoplæg fra planstyrelsen", 1978, 7). Positiv wirkte sich weiterhin in den 70er Jahren für das Arbeitsplatzangebot in den ländlichen Regionen - wenn auch nicht der kleinsten Dörfer - die Ausweitung des öffentlichen Dienstleistungsangebots und die im Anschluß an die Territorialreform erfolgte Dezentralisierung von Kompetenzen von der staatlichen auf die kommunale Ebene aus. Bemerkenswert findet ILLERIS, daß sich die Dezentralisierung sowohl während der Hochkonjunktur als auch während der im Jahr 1974 einsetzenden Rezessionsphase vollzog. Daß Arbeitnehmer nicht mehr wie früher gezwungen waren, bei Verlust des Arbeitsplatzes wegen eines neuen Arbeitsplatzes in eine andere Region abzuwandern, führt ILLERIS (1979b, 17) auf das dichte soziale Netz sowie die in Dänemark sehr häufige Berufstätigkeit beider Ehepartner zurück. Als Folge ist nach ILLERIS (1979b, 18) anzusehen, daß es zu einer Angleichung der Arbeitslosenraten in Stadt und Land gekommen ist.

Die Tendenz der 70er Jahre bewirkte also, daß in erheblichem Umfange vor allem junge Familien in kleine Orte (im weiteren Stadtumland oder sogar im ländlichen Raum) zogen. Es ist sicherlich nicht abwegig, eine direkte Linie zwischen dieser Entdeckung der Werte ländlicher Lebensweise und dem Ausbruch der Studenten- und Alternativbewegung aus den Städten auf das Land, über den oben berichtet wurde, zu ziehen. Die Zweifel an der Wachstumseuphorie der 50er und 60er Jahre hatten bei vielen, nachdem das Dorf in diesen Jahrzehnten fast schon zum Anachronismus geworden war, zu einer Ablehnung städtischer Lebensform mit ihrer tatsächlichen oder auch nur vermeintlichen Anonymität und den wachsenden Umweltproblemen geführt. Auf der anderen Seite übten nun die überschaubaren Strukturen ländlicher Ortschaften eine gewaltige Anziehungskraft aus, wofür man, wenn man nicht sogar einen Arbeitsplatz in der Nähe des neuen Wohnortes fand, sogar größere Pendeldistanzen in Kauf nahm.

Es liegt auf der Hand, daß die Neubürger trotz des Wunsches nach "ländlicher" Lebensweise städtische Lebensformen und Ansichten an ihren neuen Wohnort transferierten. Dies äußerte sich insbesondere in den Aktionsformen des Widerstandes gegen behördliche Planungen, dem sich Neubürger, wie erwähnt, in großer Zahl anschlossen, wenn sie nicht sogar als erste dazu aufriefen. Darin lag sicherlich einerseits das Bedürfnis, die neue Lebensumwelt möglichst bald als Heimat zu erfahren, zum anderen gehörten die Neubürger häufig jener Generation an, die bereits in der Studentenbewegung oder den neuen sozialen Bewegungen der beginnenden 70er Jahre aktiv gewesen war. Bei den "Alteingesessenen" stieß das Verhalten der Neubürger - wie im oben dargestellten Fall des Dorfes Hou - nicht selten auf Skepsis und Abwehr, was die Kluft zwischen diesen beiden Gruppen (die zudem häufig in räumlicher Segregation lebten) noch weiter aufriß. Im Laufe der Jahre kam es unter dem Druck der von außen an die Dörfer herangetragenen Probleme und angesichts der zunehmenden Verbitterung vieler älterer Bürger gegenüber der behördlichen Bevormundung jedoch zu einer Annäherung beider Gruppen, so daß in den lokalen Bürgerinitiativen zunehmend eine Integration beider Bevölkerungsgruppen stattfand.

Der Zuzug von Neubürgern hat somit häufig auch zu einer Erweiterung des Problembewußtseins bei der Dorfbevölkerung sowie zu innovativen Prozessen im traditionellen politischen Aktionsmuster geführt. Dies ist allerdings nicht dahingehend mißzuverstehen, daß vorrangig exogene Kräfte als Aufwiegler aufgetreten sind. Vielmehr erkannte die angestammte Bevölkerung, daß ihre eigene Form des Protestes ungehört verhallte und sie sich, trotz anfänglicher Vorbehalte, gezwungen sah, die städtischen Aktionsformen, die von den Neubürgern vorgeschlagen wurden, anzuwenden. Vielerorts erkannte man nun, daß eine Zusammenarbeit von Neu- und Altbürgern sehr fruchtbar war. Außerdem haben Untersuchungen des dänischen Sozialforschungsinstituts ergeben, daß immerhin rund zwei Drittel der Neubürger gar keine "echten" Städter waren, sondern ursprünglich auf dem Lande aufgewachsen waren und dann zur Ausbildung in die Stadt abgewandert waren (vgl. MOGENSEN et al. 1979).

Im Zusammenhang mit dem "Zug auf das Land", wie er in den 70er Jahren einsetzte, soll zumindest kurz auf ein spezielles Phänomen hingewiesen werden, nämlich die Gründung von neuen "Wohndörfern" als alternative Wohnprojekten. Motivation für das Zusammenleben von mehreren Familien (die sich häufig über Zeitungsannoncen zusammenfanden) in dorfähnlichen Gemeinschaften war auch hier der Überdruß am Stadtleben, wobei jedoch meist nicht bestehende Häuser in den Dörfern übernommen, sondern neue Häuser nach eigenen Plänen und Vorstellungen gebaut wurden. ALLMER & ALLMER (1982) vermitteln einen guten Eindruck von den Idealen und Vorstellungen dieser alternativen Dorf- bzw. Wohngemeinschaften; eine weitergehende wissenschaftliche Analyse hat SKIFTER ANDERSEN (1985) vorgelegt. Bis in die Gegenwart sind sehr viele derartiger Projekte entstanden; heute steht - noch stärker vielleicht als in den 70er Jahren - das Konzept des "ökologischen Dorfes" im Vordergrund. So interessant diese Projekte auch sind, kann im Rahmen der vorliegenden Arbeit jedoch nicht vertieft auf diese Projekte eingegangen werden.

4.4 Die Debatte um die Regionalplan-Alternativen und das zukünftige Siedlungssystem

Der Trend zum Wohnen in kleinen, überschaubaren Siedlungseinheiten, wie er sich in den 70er Jahren herausgebildet hatte, wurde in einer vorher nicht erwarteten Deutlichkeit auch in der Debatte um die Regionalplan-Alternativen deutlich, die in den Amtskommunen in den Jahren

1977 und 1978, meist im Winterhalbjahr 1977/78, stattfand. Um den politischen und gesetzlichen Hintergrund dieser interessanten Phase etwas näher herauszuarbeiten, soll eingangs der Aufbau des dänischen Planungssystems kurz dargestellt werden. Damit wird an die Ausführungen in Kapitel 3.7 zum Zonengesetz angeknüpft, welches lediglich den ersten Schritt zum Aufbau eines umfassenden Systems der räumlichen Planung dargestellt hatte. Nachdem die territoriale Neugliederung zu einem erheblich vereinfachten Verwaltungsaufbau mit 14 Amtskommunen und 277 (heute 275) Gemeinden geführt hatte, wurden mit dem am 1.4.1974 in Kraft getretene Gesetz über Landes- und Regionalplanung (lov om lands- og regionplanlægning), dem gleichzeitig in Kraft getretene Regionalplanungsgesetz für den Großraum Kopenhagen (lov om regionplanlægning i hovedstadsområdet) sowie dem am 1.1.1977 in Kraft getretenen Gemeindeplanungsgesetz (kommuneplanlov) die notwendigen Rechtsnormen für die räumliche Planung geschaffen. Während es in diesem Kapitel vorrangig um die Regionalplanung geht, wird auf die Planung der Gemeinden ausführlich in Kap. 5.2 eingegangen.

Für den Großraum Kopenhagen, der die Amtskommunen Kopenhagen, Roskilde und Frederiksborg sowie die Gemeinden Kopenhagen und Frederiksberg umfaßt, liegt die Regionalplanungskompetenz bei einem besonderen Großraumverband, dem Hauptstadtrat (hovedstadsrådet). Dieser Verband stellt u.a. für den gesamten Großraum Kopenhagen einen zusammenhängenden Regionalplan auf, wobei die gesetzlichen Vorgaben hierfür in einigen Bereichen von denjenigen für die übrigen Regionen des Landes abweichen. In den 11 Amtskommunen außerhalb des Großraums Kopenhagen liegt die Zuständigkeit für die Regionalplanung bei den jeweiligen Amtsräten, den Vertretungskörperschaften der Amtskommunen. Nur am Rande sei erwähnt, daß der Hauptstadtrat nach einem entsprechenden Regierungsbeschluß zum 31.12.1989 aufgelöst werden soll.

Auf Landesebene ist gesetzlich kein landesweiter Raumordnungsplan vorgesehen, obwohl der Umweltminister bzw. die ihm unterstellte Landesplanungsbehörde (planstyrelsen) für die zusammenfassende Planung auf Staatsebene zuständig ist. Die aus gesamtstaatlicher Sicht erforderlichen Planungsvorgaben müssen auf dem Erlaßwege oder über Auflagen bei der Genehmigung der Regionalpläne eingebracht werden, viel Wert wird allerdings auf eine frühzeitige Beratung der regionalen Planungsträger sowie der Kommunen gelegt. Schließlich hat der Umweltminister jährlich einen Raumordnungsbericht (redegørelse om landsplanlægning) vorzulegen, in dem er thematisch wechselnde Schwerpunkte aus dem Bereich der Planungsarbeit und Raumentwicklung setzen kann. An diesem System wird deutlich, daß in der Tat versucht wurde, nach der territorialen Neugliederung eine Reihe von Kompetenzen auf die regionalen und örtlichen Instanzen zu delegieren - insbesondere den Regionalplänen kommt im dänischen Planungssystem wegen des Fehlens eines landesweiten Planes besondere Bedeutung zu.

Eine entscheidende Besonderheit der dänischen Regionalplanung liegt darin, daß zu Beginn des Planungsprozesses von der Planungsbehörde "alternative Skizzen" zum Planentwurf zu erarbeiten sind, die anschließend der Öffentlichkeit vorzustellen und mit dieser in einem 6-monatigen Zeitraum zu diskutieren sind. Nach FRAMKE (1981, 129) handelte es sich bei der Einführung der verbindlichen Bürgerbeteiligung nicht nur in der kommunalen, sondern auch in der regionalen Planung einerseits um eine Rezeption von in England und in den USA erhobenen Mitbestimmungsforderungen, auf der anderen Seite sieht FRAMKE hierin den Einfluß der Studentenbewegung auf das Selbst- und Demokratieverständnis der akademisch ausgebildeten Planer.

Im Laufe des Jahres 1974 wurde bei den meisten Amtskommunen mit der Regionalplanung begonnen. Im Anschluß an eine erste Phase, in der die Vorstellungen der Gemeinden sowie die Planungsabsichten aller in Frage kommenden Behörden und Planungsträger eingeholt wurde, wurden die alternativen Skizzen entworfen, über deren wesentliche Charakteristika OSTENFELD (1977) einen Überblick gibt. Vorherrschendes Thema bei den meisten Amtskommunen waren die unterschiedlichen Möglichkeiten zur Verteilung des zukünftig erwarteten Siedlungswachstums, d.h. die räumliche Zuordnung der Bevölkerung, der Wohnungen und der Arbeitsplätze; als Zeithorizont für die den Szenarien zugrunde liegenden Prognosen dienten je nach Amtskommune die Jahre 1990, 1995 oder 2000.

Angesichts der geschilderten öffentlichen Interessenlage wurde von den Amtskommunen in den Mittelpunkt der alternativen Skizzen und damit auch der Bürgerbeteiligung die Frage gestellt, ob das Siedlungssystem zukünftig eher konzentriert oder dezentralisiert ausgebaut werden sollte, daraus abgeleitet wurde dann die Zusatzfrage, auf welcher Hierarchieebene im Siedlungssystem öffentliche und private Dienstleistungen erhalten bzw. auszubauen seien. Entsprechend legten die Amtskommunen zwischen 3 und 10 Skizzen vor, in denen unterschiedliche Szenarien der zukünftigen Raumstruktur dargestellt waren. Recht anschaulich läßt sich das Prinzip dieser alternativen Szenarien am Beispiel der drei von Sønderjyllands amtskommune vorgelegten Planskizzen (vgl. Abb. 17) zur künftigen Siedlungsstrukturentwicklung demonstrieren (vgl. Sønderjyllands amtsråd 1977 sowie ALSTED et al. 1977):
- Die Alternative I setzte auf ein dezentrales Wachstum von Bevölkerung und Arbeitsplätzen. Schwerpunktmäßig sollten zukünftig die kleinsten Orte in der Zentrenhierarchie, die 93 ländlichen Zentralorte (lokalbyer), berücksichtigt werden, 40 % des erwarteten Bevölkerungszuwachses sollte auf diese Orte entfallen. Auf die 19 Unterzentren (kommunebyer) der Region sollten 47 % des Wachstums entfallen, auf die 4 größten Orte der Region, die Mittelzentren (egnscentre) Haderslev, Sønderborg, Tønder und Åbenrå hingegen sollten nur 13 % des Wachstums entfallen. Dieses Szenario erforderte sowohl von der Amtskommune (z.B. im Bereich der sozialen und schulischen Infrastruktur) als auch vom Staat (z.B. bei den Güterabfertigungen und Postämtern) eine deutliche Unterstützung der Planungskonzeption. Auf diese Weise sollte erreicht werden, daß die ländlichen Zentralorte doppelt so stark wuchsen wie im Zeitraum 1970-75, um im Zentralort und in deren Nahbereichen auf eine Mantelbevölkerung von ca. 1.200 Einwohnern für die Aufrechterhaltung von Schulen, Nahversorgung usw. zu kommen.
- Die Alternative II zielte auf eine Fortsetzung der bisherigen Entwicklung ab. 25 % des Wachstums sollten auf die Mittelzentren und 53 % auf die Unterzentren entfallen, während die ländlichen Zentralorte sich mit 22 % begnügen sollten. Besonderer Einsatz sollte also den Unterzentren zuteil werden, in denen öffentliche und private Dienstleistungen weiterhin konzentriert und erhalten werden sollten, so z.B. Postämter, Polizeistationen und Arbeitsvermittlungsstellen. Die ländlichen Zentralorte hatten sich auf eine weitgehende Reduzierung ihrer Funktionen auf das Wohnen mit weiter verringertem Serviceniveau einzustellen.
- Die Alternative III schließlich setzte auf konzentriertes Wachstum fast ausschließlich in den Unter- und Mittelzentren. Während die Mittelzentren einen Anteil von 39 % und die Unterzentren von 56 % des Bevölkerungszuwachses erhalten sollten, war für die ländlichen Zentralorte lediglich ein bescheidenes Wachstum von 5 % vorgesehen. Nur in den ländlichen Zentralorten entlang der Hauptverkehrsachsen sollte eine gewisse Zunahme der Bevölkerung erfolgen, während alle anderen ländlichen Zentralorte mit einem Bevölkerungsrückgang sowie dem Verlust der Nahversorgung und der Schulen zu rechnen hatten. Die Zunahme von Arbeitsplätzen sollte sich im wesentlichen auf die Mittelzentren sowie eine beschränkte Zahl

anderer Orte konzentrieren.

In den anderen Regionen Dänemarks wurden in ähnlicher Weise die Schwerpunkte der Siedlungsentwicklung in den Mittelpunkt der verschiedenen Planungsalternativen gestellt, wobei eine Reihe weitergehender Überlegungen (z.B. Gesichtspunkte der Verkehrsinfrastruktur, der Energieversorgung und des Freiraumschutzes) in unterschiedlichem Umfang in die Konzeptionen einfloß, wie am Beispiel von Fyns amtskommune und Vestsjællands amtskommune gezeigt werden soll.

Auf der Insel Fünen (Fyns amtskommune) wurden wie in Sønderjylland 3 alternative Skizzen entworfen (vgl. Abb. 18). Einer Skizze mit Schwerpunkt auf den größeren Küstenorten standen hier eine (stark dezentralisierte) "Dorfskizze" sowie eine (stark zentralisierte) "T-Skizze" gegenüber. Dabei macht gerade die "T-Skizze", die das Siedlungswachstum auf einen Korridor entlang der beiden wichtigsten Bahnlinien Fünens konzentrieren will, die möglichen Zielkonflikte einer bewußten Siedlungssystempolitik deutlich: Diese Skizze zielt in erster Linie auf den Schutz natürlicher Ressourcen, sparsamen Energieverbrauch sowie eine optimale öffentliche Verkehrsbedienung ab, begrenzt andererseits jedoch das Siedlungswachstum auf eine kleine Anzahl von größeren Orten.

Für Vestsjællands amtskommune, die sich westlich an den Großraum Kopenhagen anschließt, wurden 4 alternative Skizzen vorgelegt (vgl. Abb. 19). Einer auf starke Dezentralisierung ausgerichteten Skizze stehen hier drei unter verschiedenen Aspekten auf Konzentration ausgerichtete Skizzen gegenüber. So wird in der "Zwei-Bänder-Skizze" versucht, das Siedlungswachstum auf die beiden Ost-West-Hauptbahnen zu konzentrieren. In einer anderen Skizze soll sich das Siedlungswachstum im wesentlichen auf die in den 4 "Ecken" der Region liegenden Mittelzentren konzentrieren. In der letzten Skizze schließlich soll durch die Konzentration der Siedlungsentwicklung auf den Westteil der Region ein bewußtes Gegengewicht zu dem Einfluß des Großraumes Kopenhagen gebildet werden (vgl. KRUSE 1977).

Diese Beispiele, die um weitere aus allen Regionen des Landes ergänzt werden könnten, sollen zeigen, welche komplexen Themen im Mittelpunkt der von den Amtskommunen vorgelegten Diskussionsgrundlagen für die Bürgerbeteiligung standen. Ohne Zweifel wurden hier weitreichende gesellschafts- und raumordnungspolitische Fragen angeschnitten, die an den Kenntnisstand und das Interesse der Bürger hohe Anforderungen stellten. Hier nun liegt das eigentlich Faszinierende an dem dänischen Regionalplanungsmodell: In den Jahren 1977 und 1978, als in allen Regionen die zukünftige Entwicklung von Raum und Gesellschaft zur Diskussion gestellt wurde, wurde von den Amtskommunen mit einem geradezu atemberaubenden Engagement versucht, die Bürger zur Teilnahme an der Diskussion und zur Entwicklung eigener Ideen zu animieren.

Beachtlichen Ideenreichtum und hohes inhaltliches Niveau demonstrierten bereits die Unterlagen, die von den Amtskommunen zur Information der Bürger erarbeitet wurden. So wurde z.B. von Sønderjyllands amtskommune (Sønderjyllands amtsråd 1977) ein 125-seitiges Buch mit dem Titel "Sønderjyllands fremtid" (Südjütlands Zukunft) herausgegeben, dessen Untertitel "Ein Basisbuch über Regionalplanung" keineswegs eine Übertreibung darstellt. Mit gutem Recht kann dieses Buch als didaktisch hervorragend aufbereitetes Lehr- und Arbeitsbuch zur Regionalplanung gelten, das in allgemeinverständlicher Form, jedoch fachlich qualifiziert, die Problemstellung und Arbeitsweise der Regionalplanung, aber auch die Vielschichtigkeit diesbe-

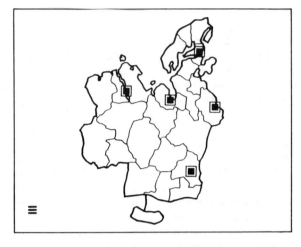

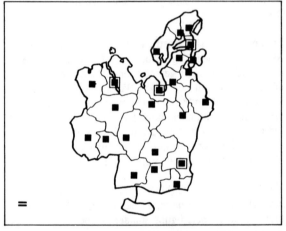

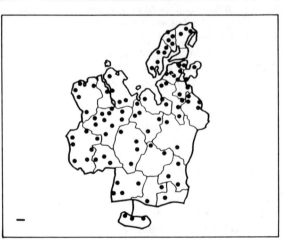

Abb. 17: Alternative Regionalplanskizzen für Sønderjyllands amtskommune

Quelle: BYPLAN 5/1977

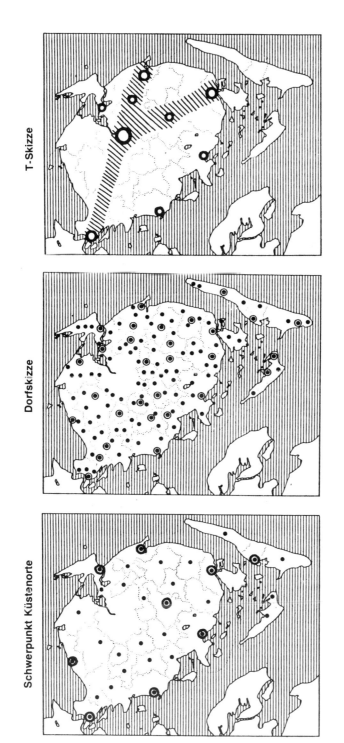

Abb. 18: Alternative Regionalplanskizzen für Fyns amtskommune

Quelle: BYPLAN 5/1977

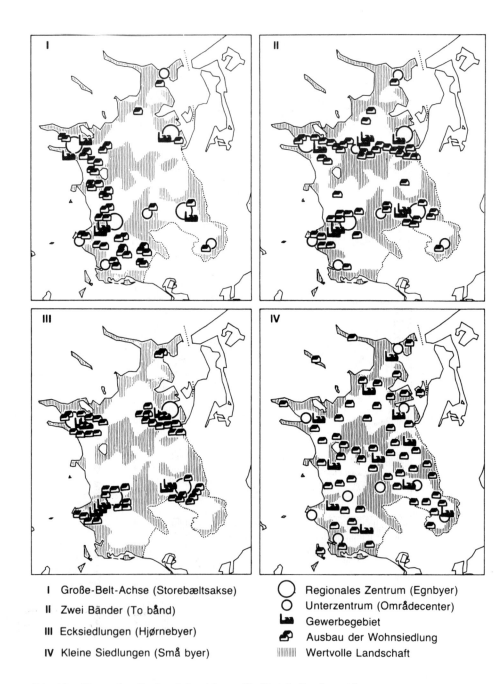

I	Große-Belt-Achse (Storebæltsakse)	○	Regionales Zentrum (Egnbyer)
II	Zwei Bänder (To bånd)	○	Unterzentrum (Områdecenter)
III	Ecksiedlungen (Hjørnebyer)		Gewerbegebiet
			Ausbau der Wohnsiedlung
IV	Kleine Siedlungen (Små byer)		Wertvolle Landschaft

Abb. 19: Alternative Regionalplanskizzen für Vestsjællands amtskommune

Quelle: Vestsjællands amtskommune

züglicher politischer Entscheidungsprozesse in einer Region darstellt.

Es würde an dieser Stelle zu weit führen, die individuelle Ausgestaltung der Bürgerbeteiligung in allen Amtskommunen im einzelnen darzustellen; hierzu sei auf die ausführlichen Darstellungen bei BIDSTED (1979) verwiesen. Da sich jedoch die Grundstrukturen der amtskommunalen Öffentlichkeitsarbeit in den einzelnen Regionen ähnelten, soll hier exemplarisch die Arbeit in Vestsjællands amtskommune (276.000 Einwohner) vorgestellt werden. In dieser Region wurde die 6-monatige Öffentlichkeitsphase am 4.1.1977 mit einer Pressekonferenz begonnen, auf der die oben erwähnten alternativen Skizzen für die zukünftige Raumstruktur der Region vorgestellt wurden. Im folgenden Halbjahr wurde die amtskommunale Öffentlichkeitsarbeit zur Regionalplanung im wesentlichen mit drei Haupttypen der Bürgeransprache durchgeführt:
- In der Tagespresse wurde eine breit angelegte Anzeigenkampagne gestartet, in der über Zweck und Inhalt der Planungsarbeit informiert wurde, die 4 alternativen Planskizzen vorgestellt wurden sowie mittels eines Kupons die Möglichkeit geboten wurde, vertieftes Informationsmaterial bei der Amtskommune zu bestellen.
- Nachdem die Bevölkerung durch die Anzeigenkampagne in der Presse bereits sensibilisiert worden war, wurde an alle Haushalte der Region eine Diskussionszeitung (debatavis) verschickt, in der über die regionalplanerische Tätigkeit von Politik und Verwaltung, die gesetzlichen Grundlagen der Regionalplanung sowie die Mitwirkungsmöglichkeiten der Bürger informiert wurde. Als Anreiz zur Mitwirkung der Bürger an der Regionalplanung enthielt die Zeitung auch einige Wettbewerbe, in denen bis zu 500 Kronen gewonnen werden konnten.
- Auf öffentlichen Informationsveranstaltungen in der ganzen Region wurden die Konzepte zur Regionalplanung von Mitarbeitern der Amtskommune in zwei vierwöchigen Durchgängen vorgestellt, wobei in der Regel im ersten Durchgang die Information und im zweiten Durchgang die Diskussion im Vordergrund stand. Insgesamt wurden 47 Veranstaltungen durchgeführt, mit denen knapp 4.800 Bürger erreicht werden konnten.

Ergänzend hierzu wurde die Öffentlichkeit mit Ausstellungen und Plakatserien informiert. Besondere Erwähnung verdienen auch die Bürger-Arbeitsgruppen, die sich überall in der Region bildeten und für deren Leiter von der Amtskommune besondere Schulungskurse durchgeführt wurden. Von den Bürger-Arbeitsgruppen wurden insgesamt 63 Berichte mit Stellungnahmen und Anregungen zur Regionalplanung eingesandt. Die Kosten für die Durchführung der gesamten Öffentlichkeitsphase werden von Vestsjællands amtskommune mit 782.000 Kronen beziffert, wobei insbesondere die Druckkosten für das Informationsmaterial zu Buche schlugen. Nicht nur die Verwaltung selbst beurteilte den Erfolg der Öffentlichkeitsarbeit positiv, vielmehr wurde dieser auch durch zwei Untersuchungen des Marktforschungsunternehmens A.I.M. bestätigt, deren Hauptresultate in einem Bericht von Vestsjællands amtskommune aus dem Jahr 1977 ("Offentlighedsfasen om de alternative skitser, 1. halvår 1977") wiedergegeben sind. So konnten beispielsweise bei einer Befragung vor Beginn der Bürgerbeteiligung nur 13 % der Befragten einige Arbeitsbereiche der Regionalplanung nennen, während es nach Abschluß der Öffentlichkeitsphase immerhin 37 % der Befragten waren.

Nach ILLERIS (1981, 65) haben im Landesdurchschnitt 4 % der Erwachsenen aktiv an den Bürgerversammlungen bzw. den landesweit rund 1.000 Arbeitsgemeinschaften teilgenommen. Die Beteiligung auf dem Lande und in den Kleinstädten sei verhältnismäßig stärker gewesen als in größeren Städten. ILLERIS räumt zwar ein, daß diese Bürgerbeteiligung erheblich unter der Wahlbeteiligung liege, daß sie jedoch - verglichen mit den Erwartungen der Politiker und Planer - ein großer Erfolg gewesen sei. Zu dieser relativ zurückhaltenden Einschätzung durch

ILLERIS muß angemerkt werden, daß die Aktivierung von ungefähr 100.000 Bürgern für eine ansonsten als relativ trocken geltende Thematik wie die Regionalplanung durchaus Beachtung verdient.

Ganz besonders interessant ist es, die inhaltlichen Schwerpunkte der Bürgerbeteiligung sowie der Bürgerbeiträge näher zu betrachten. Angesichts der in den vorangegangenen Kapiteln geschilderten gesellschaftspolitischen Entwicklung dürfte es nicht verwundern, daß die landesweite Bürgerbeteiligung für viele Bürger eine willkommene Möglichkeit war, ihre Kritik an dem scheinbar unaufhaltsamen Trend zu größeren und "effektiveren" Einheiten in Verwaltung und Privatwirtschaft zum Ausdruck zu bringen. Entsprechend wurde nach ILLERIS (1981, 67) in der großen Mehrzahl der mündlichen und schriftlichen Äußerungen aus allen Landesteilen mit erstaunlicher Übereinstimmung eine weitgehend dezentralisierte Entwicklung gefordert. Neubau und Bevölkerungsentwicklung sollten sich auf kleinere Siedlungen konzentrieren - auch wenn dies mit höheren Kosten, Preisen oder Steuern verbunden war. Auch wenn die Teilnehmer an der Debatte nach ILLERIS (1983a, 86) keinen repräsentativen Ausschnitt der Bevölkerung dargestellt hatte, haben repräsentative Untersuchungen in 5 Amtskommunen gezeigt, daß die übrige Bevölkerung die Einstellung der "Aktiven" teilte. In diesem Sinne sei noch einmal die A.I.M.-Untersuchung für Vestsjællands amtskommune bestätigt, die folgende Einstellungen zu Tage brachte:
- 62 % der Befragten meinten, daß die Tendenz hin zu größeren Einheiten sowohl im öffentlichen wie im privaten Bereich eine negative Entwicklung sei,
- 54 % der Befragten meinten, daß neue Wohnungen nicht vorzugsweise in größeren Orten entstehen sollten,
- 80 % der Befragten meinten, daß es sich in kleineren Orten besser wohnen ließe als in großen, wobei jedoch konkrete Größenordnungen nicht genannt wurden, und
- 85 % der Befragten sprachen sich dafür aus, Dienstleistungsfunktionen auf die kleineren Orte zu verteilen oder höchstens auf die mittelgroßen Orte zu streuen - abgelehnt wurde jedoch eine Konzentration auf größere Städte.

Es läßt sich sicherlich über die tatsächliche Aussagekraft derartiger Statements diskutieren, zumal zwischen der verbalen Äußerung und dem praktischen Verhalten - zum Beispiel bezüglich des Einkaufs in großen Märkten oder dem lokalen Geschäft - erhebliche Unterschiede auftreten dürften. Auf der anderen Seite kann es - gerade aus ausländischer Sicht - gar nicht eindringlich genug gewürdigt werden, in welchem Umfange sich die dänischen Bürger mit Fragen der Raumentwicklung beschäftigt haben und wie klar sie sich hier gegen den herrschenden Zeitgeist der Nachkriegsjahrzehnte ausgesprochen haben.

So eindeutig das Votum der dänischen Bürger eine Dezentralisierung der Siedlungsstruktur befürwortete, so deutlich zeigte sich, daß dieser Wunsch, vor allem in der staatlichen Administration, auf deutlichen Widerstand stieß. Zwar war es nicht mehr unbedingt die in den 60er Jahren vorherrschende Wachstumszentren-Philosophie (vgl. Kap. 3.2), doch hatte man sich in den zentralen staatlichen Behörden auf eine Forcierung der mittleren Zentren ("egnscentre") geeinigt, weil man hoffte, mit deren Stärkung in allen Landesteilen am ehesten dem nun immerhin als unerwünscht geltenden weiteren Wachstum der Verdichtungsräume Kopenhagen, Århus und Odense entgegenwirken zu können. Auch die Landesplanungsbehörde setzte sich für diese "dezentrale Konzentration" des Siedlungswachstums ein, so z.B. in einer Stellungnahme zu den alternativen Planskizzen für Bornholms amtskommune im Jahr 1976 (ILLERIS 1983a, 86). Allerdings hat es nach ILLERIS (a.a.O.) gerade innerhalb der Landesplanungsbehörde während der öffentlichen Diskussionsphase um die Regionalpläne erhebliche Meinungsunterschiede bezüglich der aus der Sicht der übergeordneten Landesplanung zu verfolgenden Siedlungssystempolitik gegeben. Diese internen "Richtungskämpfe" sind nach ILLERIS (a.a.O.) auch dafür verantwortlich gewesen, daß die erwähnte Diskussionsgrundlage der Landesplanungsbehörde ("Det fremtidige bymønster - et debatoplæg fra planstyrelsen") erst im Juli 1978, also nach Abschluß der öffentlichen Diskussionsphase in den Amtskommunen, fertiggestellt wurde; der offizielle Bericht über das zukünftige Siedlungssystem wurde (übrigens unter Leitung von Sven ILLERIS) sogar erst im Jahr 1979 vorgelegt ("Rapport om det fremtidige bymønster").

Die Meinungsverschiedenheiten in der Landesplanungsbehörde betrafen ganz besonders die zu erwartenden Folgen einer den Wünschen der Bürger entsprechenden weitreichenden Dezentralisierung des Siedlungssystems. Eine Gruppe von Planern vertrat die Ansicht, die mit Hilfe des Gesetzes über Siedlungs- und Landzonen verhinderte Zersiedelung der dänischen Landdistrikte solle man nicht leichtfertig durch ein bewußtes Wachstum in kleinen ländlichen Siedlungen aufs Spiel setzen. Eine andere Gruppe hingegen vertrat die Ansicht, daß man mit der Einräumung von Entwicklungsmöglichkeiten auch für kleine ländliche Ortschaften nicht notwendigerweise die Freihaltung des Außenbereichs von unerwünschter Zersiedelung preisgeben müsse. Wie das Beispiel der Stellungnahme im Fall von Bornholm zeigt, hat nach außen hin recht lange die "Konzentrationslinie" die Oberhand gewonnen.

Auch in den genannten Veröffentlichungen der Landesplanungsbehörde aus den Jahren 1978 und 1979 zum zukünftigen Siedlungssystem ist die restriktive, auf Konzentration des Siedlungssystems abzielende Linie noch erkennbar, doch werden hier durchaus Alternativen diskutiert und eine Dezentralisierung wird nicht mehr als unmöglich bezeichnet. Außerdem wird das Siedlungssystem am unteren Ende der Hierarchie um eine zusätzliche Ebene, nämlich die Lokalzentren, erweitert. Wie die Landesplanungsbehörde in ihrer Diskussionsgrundlage 1978 zu den Lokalzentren deutlich hervorhob, bedeutete dies jedoch nicht, daß sie damit einem Ausbau der Lokalzentren generell zugestimmt hätte. Vielmehr wird darauf hingewiesen, daß das Dienstleistungsangebot der Lokalzentren durch Ausdünnungstendenzen geprägt sei. Die Ausweisung zum Lokalzentrum sollte nur dann erfolgen, wenn der betreffende Ort über einen Lebensmittelladen und eine Schule verfügt und wenn belegt werden kann, daß diese Funktionen während der ersten Regionalplanungsperiode, d.h. etwa bis zum Jahr 1992, aufrechterhalten werden können ("Det fremtidige bymønster...", S. 38). In den kurzen Bewertungen der Diskussionsgrundlage durch den Großstadt-Bürgermeister HYLLESTED und den Dorffunktionär ABILD im Heft 5/1978 der Zeitschrift BYPLAN sind die kritischen Töne von beiden Seiten zwar unüberhörbar, doch sieht ABILD in der Veröffentlichung der Landesplanungsbehörde immerhin einen Schritt in die richtige Richtung in dem Sinne, daß Politiker und Planer durch die ausgelöste Diskussion "die notwendigen Kurskorrekturen im Sinne einer dorffreundlicheren Planung vornehmen könnten" (ABILD 1978, 160).

Die Darstellung der Vor- und Nachteile einer Konzentration sowie einer Dezentralisierung des Siedlungswachstums wird im Siedlungsstrukturbericht 1979 mit dem deutlichen Hinweis versehen, daß die Bewertung und Gewichtung der Argumente eine politische Frage sei ("Rapport...", S. 88). Diese politische Bewertung von "höchster Stelle" ließ denn auch nicht lange auf sich warten, wie die Überlegungen des damaligen Umweltministers Ivar NØRGAARD im Landesentwicklungsbericht 1979 zeigen. Unter Berufung vor allem auf Gesichtspunkte einer rationellen Verkehrsbedienung, aber auch einer umweltfreundlichen Energieversorgung, befürwortete NØRGAARD in seinem dem Parlament vorgelegten Bericht eine Konzentration auf Orte mit mindestens 5.000 Einwohner bzw. dem Status eines Mittel- oder Unterzentrums (egnscenter/kommunecenter). Auf die kritische Resonanz, die NØRGAARD hiermit erntete, wird in Kapitel 4.7 näher eingegangen.

Während also die Amtskommunen als Träger der Regionalplanung "vor Ort" den vehementen Bürgerwünschen für eine Stärkung der kleineren Siedlungen ausgesetzt waren, gab es seitens der Landesplanungsbehörde nur wenig Hilfestellung bei der Auseinandersetzung mit der Problematik - Politiker und Planer in den Amtskommunen standen also "zwischen den Fronten", d.h. den Forderungen der Bürger auf der einen und den auf Konzentration des Siedlungswachstums ausgerichteten Forderungen der Kopenhagener Ministerien. In dieser Situation haben fast alle Amtskommunen in ihren Regionalplänen eine Zentralisierung des Siedlungssystems als Ziel aufgenommen, allerdings wurde dessen Umsetzung in konkrete Zielaussagen, insbesondere bei der Verteilung der Neubauquoten, unterschiedlich deutlich. ILLERIS (1983a, 87) weist anhand einer Gegenüberstellung der Bevölkerungsverteilung im Jahr 1980 und der in den Regionalplänen festgelegten Neubauquoten für die Periode 1980-91 nach, daß die Amtskommunen nur in geringem Umfang auch tatsächlich eine Veränderung der gegebenen Bevölkerungsverteilung in konkreten Zahlen festschrieben - einzelne Amtskommunen tendierten zu einer leichten Dezentralisierung, andere sogar zu einer leichten Dezentralisierung. In den übrigen Amtskommunen hielt man sich weitgehend an den Status quo. Entsprechend dieser wenig brisanten Zielaussagen sah die Landesplanungsbehörde bei der Genehmigung der Regionalpläne keinen Grund zur Beanstandung der Quoten der zukünftigen Bevölkerungsverteilung - zwar wurden die Wohnungsbauquoten generell reduziert, doch die Verteilung innerhalb der Hierarchie selbst wurde nicht angetastet (ILLERIS a.a.O.).

Wenn auch die Verteilung der Neubauquoten nicht auf eine radikale Änderung der Siedlungsstruktur abzielte, verdient doch die Absicht einiger Amtskommunen Beachtung, durch die Festlegung einer relativ großen Zahl von niedrigrangigen Zentren Signale für ein differenziertes Siedlungssystem zu geben. Zu den Amtskommunen, die bei der Festlegung des Zentrensystems das Ziel einer dezentralisierten Entwicklung besonders klar zum Ausdruck brachten, gehörte auch Sønderjyllands amtskommune. Es wurde ein dreistufiges Zentrensystem festgelegt, wobei für die einzelnen Stufen jeweils wünschenswerte Mindestausstattungsstandards festgelegt wurden. Die Verteilung der Siedlungen auf das Siedlungssystem geschah in Sønderjylland wie folgt (Einwohnerzahlen jeweils am 1.7.1976):
- 4 Orte (nicht Gemeinden!) wurden als <u>Mittelzentren</u> (egnscentre) ausgewiesen, deren Einwohnerzahl zwischen 7.491 und 27.275 lag. Zusätzlich wurde drei auf einer dünnbesiedelten Geestfläche gelegenen Unterzentren (kommunebyer) mit zusammen 7.039 Einwohnern gemeinsam die Funktion eines Mittelzentrums zugesprochen.
- 16 Orte wurden als <u>Unterzentren</u> (kommunebyer) eingestuft; unter Einbeziehung der genannten 3 Unterzentren mit der gemeinsamen Funktion eines Mittelzentrums ergibt sich eine durchschnittliche Einwohnerzahl von 2.929 Einwohner.
- 57 Orte erhielten das Prädikat "<u>Lokalzentrum</u>" (lokalby). 3 dieser Orte hatten sogar weniger als 200 Einwohner, während die Einwohnerzahl der anderen Orte durchschnittlich bei 723 lag.

Bemühungen der Art, wie sie z.B. in Sønderjyllands Amtskommune unternommen wurden, werden von LINDGAARD (1979a, 8) zwar generell begrüßt, doch ist nach seiner Ansicht mit derartigen Ansätzen keine Garantie dafür gegeben, daß damit eine umfassendere Rettungsaktion für alle Dörfer, wie er sie als Wunsch der Bürger versteht, verbunden ist. In seiner Aufsatz-serie für die Zeitschrift der Dorfbewegung, LANDSBYEN, kommt LINDGAARD (1979a-c) deshalb zu einer überwiegend pessimistischen Beurteilung der Regionalplanung als "Rettungsan-ker" für die Dörfer insgesamt, da seiner Ansicht nach die Dezentralisierung auf der Ebene der ländlichen Zentralorte zu hoch angesiedelt ist. Ähnliche Vorwürfe erhob nach Vorliegen der endgültigen Regionalpläne auch eine Reihe von Bürgern, denen die "Ausbeute" aus der inten-siven Regionalplanungsdebatte im Verhältnis zu den von den Amtskommunen geweckten Erwartungen als sehr mager erschien.

Es dürfte also verständlich werden, warum die Diskussion um die Regionalpläne ein wesentli-ches Element in der Kursbestimmung für die zukünftige Siedlungsstrukturpolitik darstellte; die zögernde Haltung einiger Amtskommunen und die nur mühsam kaschierte Ablehnung einer zu dezentralen Siedlungsstruktur durch die Landesplanungsbehörde liefern aber auch die Begrün-dung für die aufkeimende Unzufriedenheit kritischer Bürger und Planer am Gang der Diskus-sion.

4.5 Die Dorfbewegung als landesweite Organisation

Wie in den vorangegangenen Kapiteln berichtet wurde, waren es in der ersten Hälfte der 70er Jahre vor allem die Auswirkungen der Kommunalreform, die restriktive Anwendung des Zonengesetzes sowie die mangelnde Berücksichtigung dörflicher Belange in Politik und Planung der neugebildeten Großgemeinden, die in einer beachtlichen Zahl nunmehr politisch unselbstän-diger Dörfer Widerstand gegen diese als "Entmündigung der lokalen Gemeinschaften" empfun-dene Entwicklung hervorriefen. Ausdruck dieses Widerstandes war vor allem die Gründung oder Wiederbelebung lokaler Bürgergruppen und -vereine.

Mitte der 70er Jahre setzte sich in diesen lokalen Gruppen zunehmend die Auffassung durch, daß eine generelle Änderung der als dorffeindlich empfundenen Politik von Staat und Kommu-nen nur durch ein gemeinsames Engagement auf Landesebene zu erreichen sein würde. Dies führte zur Gründung einer landesweiten Interessengemeinschaft der Dörfer, die am 27.12.1976 durch die Vertreter von ca.10 Bürgergruppen aus verschiedenen Teilen Dänemarks unter dem Namen "Landssammenslutningen af Landsbysamfund" (L.A.L.) aus der Taufe gehoben wurde. Gemäß Satzung war das Hauptanliegen des Verbandes die Wiederherstellung, Bewahrung und Weiterentwicklung der Dorfgemeinschaften. Weiterhin wollte der L.A.L. alle Bestrebungen unterstützen, die den Bürgern lokale Einflußnahme, Mitverantwortung und Zusammenarbeit ermöglichten. Nach KIIB (1984, 69) lag in der Vermittlung lokaler Erfahrungen an andere lokale Initiativen die wichtigste Aufgabe des Verbandes. Die starke Beitrittswelle zum Verband - innerhalb des ersten Jahres seines Bestehens erhöhte sich die Zahl der Mitgliedsorganisationen auf rund 100 - zeigte, daß diese Konzeption auf fruchtbaren Boden fiel. Nach THYGESEN (1978, 45) ist kaum zu bezweifeln, daß der L.A.L. unter den Graswurzelbewegungen und sozialen Bewegungen, die in jenen Jahren entstanden waren, diejenige war, die in der kürzesten Zeit den größten Zuwachs und Erfolg zu verbuchen hatte.

Der L.A.L. entfaltete gleich von Anfang an beachtliche verbandspolitische Aktivitäten. Bereits im Februar 1977 erschien die erste Nummer der Zeitschrift LANDSBYEN (Das Dorf) in einer Auflage von 500 Exemplaren. Wenig später konnte eine 40-seitige Denkschrift über die Proble-me der Dörfer fertiggestellt werden, die am 18.5.1977 dem für die Landesplanung zuständigen

Umweltminister Niels MATTHIASSEN in einem offiziellen Gespräch überreicht wurde. Dieser Bericht enthielt u.a. auch die wesentlichen Ziele für die weitere Arbeit des Verbandes, nämlich:
- Gleichstellung der Dörfer mit anderen Siedlungen bezüglich öffentlicher Zuschüsse, Dienstleistungen, Ansiedlungsmöglichkeiten für Gewerbebetriebe usw.,
- Genehmigung für die Schaffung neuen Wohnraumes in den Dörfern,
- Möglichkeit der Lokalplanung für einzelne Dörfer; Lockerung der Vorschriften des Zonengesetzes etwa durch die Einführung gesonderter "Dorfzonen",
- Schaffung lokaler politischer Repräsentationen der Dörfer, vor allem durch die Zulassung von Lokalräten,
- Aufrechterhaltung lokaler Handels- und Dienstleistungseinrichtungen, wobei besondere Aufmerksamkeit den Schulen sowie der Grundversorgung - eventuell durch Kombination von Funktionen (Kaufmann, Poststelle, Bibliothek) - galt.

Eine der konkreten Hauptforderungen jedoch, die der Verband dem Minister vortrug, war die Einsetzung einer Expertenkommission für die Dorfproblematik - und es dauerte kein Jahr, bis es die Dorfbewegung - nach ILLERIS (1985a, 86) unterstützt durch die linksradikale Partei Radikale Venstre - erreicht hatte, daß der Umweltminister tatsächlich eine Dorfkommission einsetzte (vgl. hierzu Kap. 4.6).

In seinem Jahresbericht für das Jahr 1978 konnte der Vorsitzende des L.A.L., Carsten ABILD, der bereits in der Bürgerinitiative von Nr. Nærå-Bederslev (vgl. Kap. 4.2) eine entscheidende Rolle gespielt hatte und auf dessen Initiative die Gründung des L.A.L. in erster Linie zurückging, eine ganze Reihe weiterer Anliegen aufzählen, die der L.A.L. unterstützt hatte - vor allem den Einsatz der Bürger von Solbjerg auf der Insel Mors für den Erhalt ihrer Schule und der Bürger von Hjadstrup auf Fünen, die sich gegen einen Straßenausbau in ihrem Dorf wehrten. Da sich viele der Aktivisten im L.A.L. stark der Tradition der Genossenschafts- und Erweckungsbewegung des ausgehenden 19. Jahrhunderts verbunden fühlten, setzte sich der Verband intensiv für die Wiederbelebung der Versammlungshäuser in den Dörfern ein. Ganz besondere Aufmerksamkeit jedoch galt den Problemen, die aufgrund der restriktiven Anwendung des Zonengesetzes für Landwirte und Handwerksbetriebe auf dem Lande entstanden waren.

Die ersten Erfolge der Verbandsarbeit müssen ABILD in eine so optimistische Stimmung versetzt haben, daß er am 8.1.1979 gegenüber der Tageszeitung JYLLANDS-POSTEN die Hoffnung äußerte, der Verein könne sich in spätestens 2 Jahren auflösen, da dann sein Ziel, die Rettung der Dörfer, erreicht sei. Eine Woche später, auf der 2. Ordentlichen Generalversammlung des Verbandes, zeigte sich jedoch, daß dieser Optimismus von einem großen Teil der Verbandsmitglieder nicht geteilt wurde. Nicht unwesentlich gefördert durch persönliche Differenzen im Vorstand wurde die Versammlung zu einer stürmischen Generalabrechnung mit der vom Vorsitzenden verfolgten Linie des Verbandes. Insbesondere waren es wohl einige von seinen Gegnern als eigenmächtig betrachtete Aktionen, die ABILD das Vertrauen eines Teiles der Mitglieder gekostet hatte - so wurde ihm vorgeworfen, den Jahresbericht des Verbandes zweimal an die Presse versandt zu haben, ohne daß dieser zuvor vom Vorstand verabschiedet worden war, und ebenfalls ohne Abstimmung mit dem Vorstand öffentlich im Namen des Verbandes Stellung bezogen zu haben (KALUNDBORG FOLKEBLAD 13.1.1979). Kritisiert wurde auch das Engagement ABILDs für die Partei Venstre, da der überwiegende Teil der Delegierten hierdurch die parteipolitische Neutralität des L.A.L. nicht mehr gewährleistet sah; einige Gegner warfen ABILD sogar vor, die Arbeit für den Verband zur eigenen politischen

Profilierung zu mißbrauchen.

Die Diskussion auf der Generalversammlung endete damit, daß der Vorsitzende in einer (schriftlichen) Kampfabstimmung nur 5 Stimmen erhielt und sein Amt an seinen bisherigen Stellvertreter, Ole GLAHN, abgeben mußte, der 23 Stimmen auf sich vereinigen konnte. ABILD weigerte sich daraufhin, für einen anderen Posten im Vorstand zu kandidieren - er und einige Mitstreiter sprachen vielmehr von einem gut vorbereiteten "Handstreich" und kehrten dem L.A.L. den Rücken. Knapp zwei Monate später gründete ABILD einen zweiten Verband mit der Bezeichnung "Landsbyerne i Danmark" (LID) - seitdem ist die dänische Dorfbewegung organisatorisch auf zwei Vereinigungen aufgesplittert.

Ob die turbulenten Ereignisse auf der Generalversammlung und die daraufhin erfolgte Spaltung der Dorfbewegung mehr als verbandsinterne Auseinandersetzungen und persönliche Abrechnungen waren, ist schwer zu beurteilen. In der Öffentlichkeit, namentlich in der Presse, stieß das Thema allerdings auf ein beachtliches Echo, wobei auch versucht wurde, charakteristische Auffassungsunterschiede der beiden Kontrahenten, Carsten ABILD und Ole GLAHN, bezüglich der sinnvollsten Form der Vertretung dörflicher Belange herauszufinden - der Wochenzeitung WEEKENDAVISEN/BERLINSKE AFTEN war das Thema in ihrer Ausgabe vom 2.3.1979 sogar einen ganzseitigen Bericht wert. Der dort vorgenommenen Charakterisierung, wonach Carsten ABILD die "weichere" Linie der Kooperation mit Politikern und Behörden vertritt, während Ole GLAHN als Befürworter einer "härteren" Linie gezeichnet wird (Dorfbewegung als "pressure group"), wird vom L.A.L. allerdings energisch als einseitige Darstellung des LID widersprochen.

In Kap. 4.2 wurde betont, daß die Rückbesinnung auf die Traditionen des 19. Jahrhunderts für die Motivation der ländlichen Bevölkerung eine wichtige Rolle gespielt hat. Auffällig ist, daß sich Carsten ABILD besonders häufig auf diese Traditionen beruft und ganz eindeutige Parallelen zwischen der Unterdrückung des Lebens auf dem Lande in der ESTRUP-Zeit (vgl. Kap. 2.3) und der mit der Wachstumseuphorie nach dem 2. Weltkrieg einhergehenden "Dorffeindlichkeit" (vgl. Teil 3) sieht.

Sieht man einmal von graduellen Unterschieden in der Haltung der beiden Verbände zu bestimmten Einzelfragen ab, z.B. zum erwähnten Zonengesetz oder zur Frage gewählter Lokalräte für eingemeindete Dörfer, so sind echte inhaltliche Alternativen ebensowenig wie markante Unterschiede in der Mitgliedsstruktur zu erkennen. Erschwerend wirkt sich aus, daß es keine soziologischen Daten über beide Vereinigungen gibt, da die Dorfbewegung erstaunlicherweise bislang noch nicht Gegenstand einer detaillierten wissenschaftlichen Untersuchung gewesen ist. Einige Unterschiede zwischen den Verbänden lassen sich jedoch mit aller Vorsicht trotzdem nennen:
- Der LID ist in weitaus höherem Maße als der L.A.L. auf eine einzige Person, nämlich seinen Gründer sowie langjährigen Vorsitzenden und Sprecher, Carsten ABILD, zugeschnitten; fast alle Aktivitäten des Verbandes gehen auf dessen Initiative und persönliches Engagement zurück. Der L.A.L. hingegen, der außerdem über eine deutlich höhere Mitgliederzahl verfügen dürfte, scheint in breiterem Umfang von lokalen Gruppen getragen zu werden.
- Während die LID eine sehr intensive und erfolgreiche Pressearbeit betreibt und Carsten ABILD im Namen des LID regelmäßig zu dörflichen Belangen in der Presse Stellung bezieht, scheint sich ein gewichtiger Teil der Tätigkeit des L.A.L. auf die weniger publicityträchtige Mitarbeit in Gremien und Kommissionen (z.B. in der Dorfkommission) konzentriert zu

haben.

- Eines der Kernprobleme bereits bei der Spaltung der Dorfbewegung war die Frage des parteipolitischen Engagements von Vereinsfunktionären gewesen. Hier hat ABILD eindeutig Position bezogen - als aktiver Venstre-Politiker ist er Gemeinderats- und Amtsratsmitglied sowie Folketingskandidat dieser Partei. Auch wenn der LID offiziell parteipolitische Neutralität übt, ist die Affinität des LID zur Venstre durch die Aktivitäten ABILDs und anderer LID-Funktionäre unübersehbar. Im Gegensatz hierzu wird beim L.A.L. die aktive Tätigkeit von Vorstandsmitgliedern für eine bestimmte politische Partei als unvereinbar mit den überparteilichen Zielsetzungen des Verbandes angesehen. Außerdem dürften beim L.A.L. (trotz der wahrscheinlich heute überwiegenden "Zuneigung" der Mitglieder zu den Parteien des bürgerlichen Lagers) in größerem Umfang als beim LID auch Mitglieder mit Präferenzen für die Parteien des linken bzw. alternativen Flügels vertreten sein.

Der parteipolitisch neutrale Kurs des L.A.L. liegt sicherlich darin begründet, daß sich die Dorfbevölkerung nach 1970 mit ihren Anliegen von keiner der etablierten Parteien vertreten fühlte - wie oben erwähnt wurde, war die Zentralisierungspolitik seit den 50er Jahren ja stets durch einen breiten politischen Konsens getragen worden. Die Venstre hatte zwar schon in ihrem Parteiprogramm von 1970 den (nur unzureichend mit "direkter Demokratie" ins Deutsche zu übersetzenden) Begriff "nærdemokrati" auf ihre Fahnen geschrieben und 1973 ein Diskussionspapier über "Det nære samfund" (HOVMAND 1973) herausgegeben, doch in der praktischen Politik stellte sie - bezogen auf die Politik für die Dörfer - keine echte Alternative dar. Auch wenn die Venstre bis in die Gegenwart den größten Teil der Landbürgermeister stellt, zeigt gerade das Entstehen der Dorfbewegung, daß sich nicht alle Bürger im ländlichen Raum von dieser Partei repräsentiert fühlten. Daß die Bürger nicht nur in Form "unpolitischer" Bürgervereinigungen gegen die praktizierte Venstre-Politik aufbegehrten, sondern auch politische Alternativen suchten, zeigen die Beispiele der lokalen Listenverbindungen, die gegen Ende der 70er Jahre wieder verstärkt an Einfluß gewannen (vgl. Kap. 5.1).

In diesem Zusammenhang muß allerdings auch hervorgehoben werden, daß sich die politische Linke äußerst schwer tat, die Probleme der Landbevölkerung aufzugreifen - ein Phänomen, das THYGESEN 1978 mit völligem Unverständnis registriert, da ja nach seiner Meinung ein wesentliches Anliegen des Protestes auf dem Lande die Durchsetzung demokratischer Grundprinzipien ist (THYGESEN 1978, 46). Über die Gründe dieser Zurückhaltung bei den Linksparteien kann weitgehend nur spekuliert werden - möglicherweise war es die zu heterogene Struktur der Dorfbewegung, der ja zu einem guten Teil Menschen mit einer durchweg bürgerlichen Grundhaltung angehörten, die eine Solidarisierung der Linken mit dem Anliegen der Dorfbewegung verhinderte. Außerdem ist davon auszugehen, daß bei den Sozialdemokraten zumindest damals noch eine im Grunde eher zentralistische Philosophie vorherrschte und die anderen Linksparteien SF und VS bezüglich ihrer Mitglieder und ihrer Interessenschwerpunkte generell als "städtische" Parteien anzusehen sind.

4.6 Die Arbeit der Dorfkommission (landsbykommission)

Daß die Regierung bereits im Jahr 1978 eine Expertenkommission einsetzte, welche sich ausgiebig mit den Problemen und Zukunftsaussichten der Dörfer beschäftigen sollte, kann zweifelsohne als eines der herausragenden Verdienste der Dorfbewegung gezählt werden. Freilich dürften die Bemühungen der Dorfbewegung dadurch erleichtert worden sein, daß der damalige sozialdemokratische Umweltminister Niels MATTHIASSEN dem Anliegen der Dorfbewegung persönlich durchaus positiv gegenüberstand.

Zum Vorsitzenden der Kommission ernannte der Minister den sozialdemokratischen Amtsbürgermeister von Nordjyllands amtskommune, Henning MADSEN. Zahlreiche Ministerien sowie eine Reihe von Verbänden und gemeinnützigen Organisationen erhielten die Möglichkeit, jeweils einen Vertreter in die Kommission zu entsenden, so z.B. die kommunalen Spitzenverbände, die Bauernverbände, Verbraucher- und Naturschutzorganisationen sowie der L.A.L. als Vertreter der Dorfbewegung. Die Geschäftsführung des Ausschusses wurde in die Hände der Landesplanungsbehörde gelegt.

In seinem Schreiben vom 3.3.1978 an die zukünftigen Mitglieder der "Dorfkommission" (landsbykommission) stellte der Minister fest, daß angesichts der Mechanisierung in der Landwirtschaft sowie der Konzentrationstendenzen öffentlicher und privater Dienstleistungsbetriebe die traditionelle Erwerbsgrundlage der Dörfer geschwächt worden sei, und gestand zu, daß dies in einigen Bereichen für einen Teil der Bevölkerung, insbesondere die älteren Bürger und die Kinder, zu einer Verringerung des Dienstleistungsangebots geführt habe. Gleichzeitig verwies der Minister jedoch auch auf die (in Kap. 4.3 erwähnten) Zuwanderungstendenzen in Siedlungen der Größenordnung von 200 bis 1.000 Einwohner seit Beginn der 70er Jahre. Die Kommission sollte nun zur Versachlichung der Debatte beitragen, indem sie die bisherige demographische und erwerbsmäßige Entwicklung in den Dörfern analysierte, die wahrscheinliche Entwicklung der Dörfer bis zum Jahr 2000 prognostizierte und für die Politik Handlungsalternativen mit ihren jeweiligen Konsequenzen aufzeigte.

Bereits am 2.5.1978 fand die erste Sitzung der Kommission statt. Für die besonders brennende Frage der Einzelhandelsversorgung im ländlichen Raum und in den Dörfern sowie zur Beratung der kulturellen Aktivitäten in den Dörfern wurden gesonderte Arbeitsgruppen gebildet. Eine wesentliche Aufgabe zu Beginn ihrer Tätigkeit sah die Dorfkommission darin, vorhandene Forschungsergebnisse über die zu behandelnde Problematik zu sichten, Forschungsbedarf festzustellen und gegebenenfalls selbst Forschungsaufträge zu erteilen. Als erste Untersuchung wurde in diesem Sinne im September 1978 eine kulturwissenschaftliche Untersuchung über die Lebensbedingungen in vier ausgewählten Dörfern in Auftrag gegeben, die zwei Jahre später veröffentlicht wurde (CHRISTIANSEN 1980). Da die amtliche Statistik auch in Dänemark keine gemeindeteilbezogenen Daten über die Entwicklung von Dienstleistungs- und Erwerbsstruktur liefert, hat das Statistische Landesamt (Danmarks statistik) der Kommission eine entsprechende Sonderaufbereitung für 93 Dörfer in 11 Gemeinden für den Zeitraum 1973-1978 zur Verfügung gestellt. Was das kulturelle Leben in den Dörfern betrifft, sind die Ergebnisse einer hierzu im Juni 1980 durchgeführten Konferenz in einem eigenen Bericht zusammengefaßt worden. Ganz besonders intensiv wurde die Frage der Einzelhandelsversorgung im ländlichen Raum und in den Dörfern untersucht. Hier wurde das Institut for Centerplanlægning mit einer Reihe von Untersuchungen beauftragt, so z.B. mit einer Struktur- und Preisanalyse für Dorfgeschäfte und einer Untersuchung über das Versorgungsverhalten der Landbevölkerung.

Die Ergebnisse ihrer dreijährigen Arbeit einschließlich der von ihr in Auftrag gegebenen Detailuntersuchungen hat die Dorfkommission 1980/1981 in einer sechsbändigen Denkschrift vorgelegt; die einzelnen Bände (delbetænkninger 1-6) behandeln folgende Aspekte:
- Band 1 (Betænkning Nr. 910) enthält eine Analyse und Bewertung der bisherigen Entwicklung der Dörfer, eine kommentierte Übersicht über neuere dänische Forschungsergebnisse

zur Dorfproblematik sowie eine Kurzfassung der genannten Studie von CHRISTIANSEN 1980.

- Band 2 (Betænkning Nr. 927) widmet sich der Bevölkerungsentwicklung und den Problemen öffentlicher Dienstleistungen im ländlichen Raum (Schulen, Bibliotheken, soziale Dienste, Kinder- und Jugendfürsorge, Erwachsenenarbeit, Versorgung der Senioren, ÖPNV, Energie, medizinische Versorgung, Kirche, Polizei und Post).
- Band 3 (Betænkning Nr. 928) beschäftigt sich mit den Erwerbsgrundlagen des ländlichen Raumes, vor allem im primären und sekundären Sektor.
- Band 4 (Betænkning Nr. 929) widmet sich dem privaten Dienstleistungs- und Einzelhandelsangebot, wobei die Frage der Sicherung von Einkaufsmöglichkeiten in den Dörfern im Mittelpunkt steht.
- Band 5 (Betænkning Nr. 930) umfaßt eine Reihe verschiedener Aspekte, nämlich das kulturelle Angebot im ländlichen Raum, die Möglichkeiten der lokalen politischen Mitwirkung, die Baupflege und schließlich die Stellung der Dörfer in der Kommunal-, Regional- und Landesplanung.
- Band 6 (Betænkning Nr. 931) enthält die Vorschläge der Kommission für zukünftige Formen und Möglichkeiten einer Dorfpolitik; die Kommission betrachtet diese Vorschläge ausdrücklich als Grundlagenmaterial für eine breite öffentliche Diskussion.

Es liegt auf der Hand, daß die Analysen und Ergebnisse der Kommission hier nicht in ihrer ganzen Breite vorgestellt werden können, sondern daß nur einige ihrer Überlegungen kurz referiert werden können.

Interessant ist, daß sich die Kommission nicht auf eine eindeutige Definition des Begriffes "landsby" (Dorf) festlegen wollte, sondern je nach Fragestellung unterschiedliche Kriterien heranzog - so z.B. die Einwohnerzahl, die Siedlungsstruktur oder eine historische Definition. So lagen der Kommission bezüglich der Sicherung der Grundversorgung die Dörfer mit einer Einwohnerzahl zwischen 150 und 600 besonders am Herzen, in denen eine Reihe von Versorgungsfunktionen bereits verschwunden waren und wo sie ohne gezielte Eingriffe weitere Funktionen gefährdet sah (Betænkning Nr. 931, S. 12).

Die Kommission hebt hervor, daß es gerade die letztgenannte Gruppe von Dörfern ist, denen ihre besondere Aufmerksamkeit galt und auf die ihre Vorschläge in erster Linie abzielen. Im Band 6 ihrer Denkschrift formuliert die Landsbykommission als Konsequenz aus ihrer Bestandsaufnahme eine Reihe von Zielen, die nach ihrer Ansicht der zukünftigen Diskussion zugrundegelegt werden sollten (Betænkning Nr. 931, S. 17-26) und die hier in verkürzter Form wiedergegeben werden:
- Es ist ein Gleichgewicht zwischen den Arbeitswünschen der Erwerbspersonen und einem wohnungsnahen Arbeitsplatzangebot zu schaffen.
- Die Dorfbewohner sollen in zumutbarer Entfernung ein Geschäft zur Deckung des täglichen Bedarfs aufsuchen können.
- Die Erreichbarkeit der Schule soll so kindgerecht sein, daß die Kinder ihre Schule zu Fuß, mit dem Rad oder mit dem Schulbus selbst erreichen können. Die Schulen sollen den Kindern gute soziale und pädagogische Entwicklungsmöglichkeiten geben.
- Freizeitangebote für Kinder und Jugendliche sollen von diesen problemlos erreichbar sein; außerdem sollen diese Angebote so beschaffen sein, daß die Kinder auf dem Lande nicht schlechter gestellt sind als die entsprechenden Altersgruppen in der Stadt.
- Die älteren Dorfbewohner sollen die Möglichkeit haben, so lange wie möglich am lokalen

Leben teilzunehmen.
- Den Dorfbewohnern ist eine Bibliotheksbedienung zu sichern, die - bei Abwägung von Qualität und Erreichbarkeit - dem städtischen Standard nahekommt.
- Für Dorfbewohner, denen kein Auto zur Verfügung steht, soll eine ÖPNV-Bedienung für die gängigen Verbindungen vorgehalten werden.
- Den Dorfbewohnern soll auch zukünftig eine lokale Poststelle zur Verfügung stehen.
- Die Entwicklung lokaler Energieversorgungseinrichtungen in Dörfern und Landbezirken ist zu unterstützen.
- Die Entwicklung eigener kultureller Aktivitäten durch die Dorfbewohner ist zu unterstützen.
- Das Dorf als historisch wertvolles Element in der Kulturlandschaft ist zu sichern; gleiches gilt für wertvolle natürliche Lebensräume in den Dörfern.
- Den Dorfbewohnern ist der Einfluß auf ihre eigenen Verhältnisse zu sichern.

Über diese Ziele hinaus nennt die Kommission eine Reihe konkreter Instrumente zur Beeinflussung der Dorfentwicklung, wobei sie besonders detaillierte Vorschläge zur Sicherung der Grundversorgung in den Dörfern und Landbezirken unterbreitet. Als konkretes Instrument wird hier z.B. die Etablierung von öffentlichen Zusatzfunktionen genannt, wie sie einige Jahre später auch tatsächlich erfolgte (vgl. Kap. 5.3). Im übrigen hält sich die Kommission jedoch angesichts der Vielschichtigkeit der Problematik und der jeweils unterschiedlichen Sachlage in den einzelnen Dörfern mit "Patentrezepten" zurück und hebt die Verantwortung der Gemeindevertretungen in der Kommunalplanung hervor.

Recht eindeutig bezieht die Dorfkommission Stellung zur künftigen Gewerbeansiedlung und zum Wohnungsneubau in den Dörfern: Als typische Betriebsformen für das Dorf sieht die Kommission landwirtschaftliche Betriebe sowie Kleinbetriebe mit einem Selbständigen und wenigen Angestellten an; die Ansiedlung größerer Betriebe in den Dörfern wird von der Kommission nicht befürwortet, da das Anforderungsprofil an die Arbeitskräfte zu spezialisiert sei. Außerdem hebt die Kommission hervor, daß die Streuung von Arbeitsstätten Schwierigkeiten bei der ÖPNV-Bedienung mit sich brächten. Auch bezüglich der Neubautätigkeit in den Dörfern äußert sich die Kommission zurückhaltend - ihrer Ansicht nach löst diese allein nicht die Probleme der Dörfer. Die Gemeinden sollten allerdings überlegen, ob nicht durch eine Vergrößerung des Wohnungsbestandes in mittelgroßen Dörfern die Bevölkerungsgrundlage für öffentliche und private Dienstleistungen vergrößert werden kann.

Diese zurückhaltenden, in einigen Bereichen sogar restriktiven Empfehlungen der Kommission zur Dorfentwicklung stehen in einem deutlichen Widerspruch zu dem Umfang der Analysen und Untersuchungen wie auch zu den Erwartungen, die vor allem der L.A.L. mit der Tätigkeit der Kommission verknüpft hatte; auf der anderen Seite hatte sich THYGESEN (1978, 49) von Anfang an skeptisch zu den Erfolgsaussichten der Kommissionsarbeit geäußert. Eine Erklärung für die offensichtliche Zurückhaltung der Kommission liegt zweifelsohne in ihrer Besetzung mit Behördenvertretern und Lobbyisten, die häufig an einer gewissen Konservierung des status-quo und nicht an einer bewußten Dezentralisierung interessiert gewesen sein dürften; möglicherweise hat auch die Landesplanungsbehörde in dieser Richtung Einfluß genommen. Zur Bewertung der Kommissionsarbeit durch deren Vorsitzenden sowie den L.A.L.-Vorsitzenden sei auf die Beiträge von MADSEN (1981) und GLAHN (1981) in der Zeitschrift BYPLAN verwiesen.

Nur folgerichtig ist es deswegen, daß der Denkschrift ein recht ausführliches Minderheitsvotum beigefügt ist (Betænkning Nr. 931, S. 95-105), das von Ole GLAHN für den L.A.L., vom Direktor des Handwerksrates, zwei im Naturschutz tätigen Professoren sowie einem Schriftsteller unterzeichnet ist. Dieser Gruppe waren die Empfehlungen der Mehrheitsgruppe zu vage und unpräzise formuliert, weswegen sie ausführlich ihr Verständnis von den Besonderheiten des Lebens im Dorf und ihre Ansprüche an eine "echte Dorfpolitik" darlegen.

Einleitend hebt die Minderheitsgruppe den gesellschaftlichen Wert hervor, den eine differenzierte Siedlungsstruktur und damit unterschiedliche Lebensformen für die Gesellschaft insgesamt hätten, der freilich nicht in konkreten Geldsummen zu beziffern sei. Sie weist darauf hin, daß die Institutionen, die den Rahmen für die gemeinschaftlichen Aktivitäten der Dorfbewohner bilden, unbedingt aufrechterhalten werden müßten - wären diese erst einmal verschwunden, sei es schwierig oder gar unmöglich, diese wieder einzurichten. Im übrigen komme es nicht nur darauf an, ein zufriedenstellendes Dienstleistungsangebot aufrechtzuerhalten - ausschlaggebend sei vielmehr, daß sich die dörfliche Lebensform entsprechend ihren eigenen Gesetzen entfalten könne. Wolle man gezielte Instrumente zur Sicherung der Dörfer einsetzen, dürfe dies selbstverständlich nur auf ausdrücklichen Wunsch der Dorfbewohner selbst geschehen.

Im Gegensatz zu den übrigen Kommissionsmitgliedern bezeichnet die Minderheitsgruppe die Neubautätigkeit als ein brauchbares Instrument zur Stärkung der Dörfer; allerdings könne es nur wirksam werden, wenn gleichzeitig das Wachstum der größeren Ort gebremst werde. In diesem Sinne seien die Regionalpläne bei der Genehmigung mit entsprechenden restriktiven Auflagen zu versehen. Die Gruppe bezweifelt im übrigen mit Hinweis auf zahlreiche, allerdings nicht näher benannte Untersuchungen, daß eine fortgesetzte Konzentration der Siedlungsentwicklung wesentliche volkswirtschaftliche Einsparungen erbringen würde. Als ausschlaggebend für die Konkurrenzfähigkeit der Dörfer mit den Städten wird außerdem eine neue Energiepolitik angeführt, um die Unabhängigkeit der Dörfer vom Erdöl als einziger Energiequelle zu sichern - geeignet erscheinen der Gruppe hierbei vor allem alternative Energiequellen (vor allem Biogasanlagen, Strohfeuerung, Windenergie; vgl. hierzu Abschnitt 5.4.2). Schließlich kommt aus Sicht der Minderheitsgruppe der Frage der Schaffung neuer, lokaler Arbeitsplätze entscheidende Bedeutung zu, wobei die Neuansiedlung von Betrieben nicht ausgeschlossen werden dürfe. Charakteristisch für das Dorf sei - im Gegensatz zur Stadt - eine enge räumliche Nachbarschaft von Arbeit und Wohnen; durch den Zwang zum Pendeln werde mithin eine der wesentlichen Eigenarten der dörflichen Lebensweise zerstört. Die Gruppe räumt zwar ein, daß die Neuansiedlung großer Betriebe für erhebliche Umwälzungen in einem Dorf sorgen und dazu führen kann, daß dieses seinen individuellen Charakter verliert. Häufiger jedoch sei es die durch Vorgaben des Zonengesetzes bzw.der Kommunalplanung fehlende Möglichkeit, einen kleinen Betrieb anzusiedeln, die zu lokalen Problemen führe. Deswegen müsse die Planung die Voraussetzungen schaffen, daß die Dörfer, die sich eine gewerbliche Entwicklung wünschen, auch die entsprechende Möglichkeit bekämen. Zusammenfassend stellt die Gruppe einen Forderungskatalog auf, der Bestandteil einer zukünftigen Dorfpolitik sein müsse:
- Besondere Berücksichtigung der Dörfer bei der Verteilung des zukünftigen Wohnungszuganges.
- Die Energiepreise in den Dörfern sind niedrig zu halten; alternative Energieanlagen sind zu unterstützen.
- Unterstützung einer Wirtschaftsentwicklung, die Arbeitsplätze im Dorf und seiner nächsten Umgebung sichert, u.a. in der Landwirtschaft.
- Flächenausweisung für Handwerk und Kleinindustrie in dem Umfang, wie er von den Bewoh-

nern gewünscht wird.
- Förderung von Hilfsprogrammen und Beratungstätigkeit für das Handwerk und die kleineren Gewerbebetriebe im Dorf.
- Bestimmte Änderungen im Zonengesetz sowie im Kommunalverwaltungsgesetz.
- Ende der Schulschließungen.
- Sicherung eines zufriedenstellenden öffentlichen Dienstleistungsangebots auf anderen Gebieten.
- Einschränkung des Ladensterbens.
- Förderung des ÖPNV.
- Sicherung der dörflichen Atmosphäre durch Schutz des Ortsbildes.
- Unterstützung von Bürgervereinen und ähnlichen lokalen Initiativen.

Eine zusammenfassende Beurteilung der Denkschrift gab Ole GLAHN auf der Generalversammlung des L.A.L. Ende 1981 (vgl. LANDSBYEN Nr. 2, Februar 1982, S. 3). Er würdigte sie als gute Diskussionsgrundlage, die erstmals autorisierte Argumente für eine veränderte Planung, vor allem im Schul-, Energie- und Einzelhandelsbereich, bereitstellte. Allerdings äußert er nochmals sein Bedauern darüber, daß die Kommission die Antwort auf die Frage schuldig geblieben sei, wie die Dörfer zu selbsttragenden Lebensräumen entwickelt werden könnten, was letztendlich zu dem zitierten Minderheitsvotum geführt habe. Nach GLAHNs Ansicht litt die Denkschrift darunter, daß die Kommission nicht zu einer eigentlichen Analyse des Zusammenhanges von Erwerbsmöglichkeiten und Lebensqualität vorgestoßen sei - eine geplante Untersuchung hierzu sei leider von der Ministerialbürokratie abgewürgt worden. GLAHN forderte so bald wie möglich eine generelle Parlamentsdebatte über die Situation der Dörfer auf der Grundlage des umfangreichen, von der Dorfkommission erarbeiteten Materials, damit die Debatte vom Januar 1980 (vgl. hierzu Kap. 4.7) nicht als leere Absichtserklärung im Raum stehen bliebe.

Mit der Abgabe ihrer sechsbändigen Denkschrift hatte die Dorfkommission ihren Auftrag erfüllt und löste sich auf. Die Denkschrift selbst wurde von der Regierung breit unter Behörden, Interessenorganisationen und Bürgern gestreut und wird seitdem gerne als Kompendium zur Dorfproblematik herangezogen. Es ist allerdings nur schwer abzuschätzen, welches konkrete Verdienst die Kommissionsarbeit bei den in den Jahren nach 1981 erfolgten administrativen und legislativen Initiativen hatte, auf die im folgenden Kapitel eingegangen wird. In jedem Fall bleibt festzuhalten, daß der Abschlußbericht der Dorfkommission - trotz der Enttäuschung mancher Hoffnungen - eine gründliche und umfassende Analyse der Dorfproblematik bietet, die in dieser Form recht selten sein dürfte.

4.7 Das Dorf und seine Probleme im Blickfeld der Öffentlichkeit

Nachdem in den vorangegangenen Ausführungen über das Erwachen auf dem Lande, die Debatte um eine dezentrale Siedlungsstruktur und die Entstehung der Dorfbewegung berichtet wurde, soll in diesem Kapitel gezeigt werden, wie seit Mitte der 70er Jahre die Probleme der Dörfer von der Politik aufgegriffen wurden und in das Blickfeld der Öffentlichkeit gerieten.

Als vielzitierter Trendsetter für die Thematisierung dörflicher Probleme als eigenständiges Politikfeld ist an erster Stelle der stark sozialpsychologisch interessierte Architekt Poul BJERRE zu nennen, nach KIIB (1984, 75) einer der schärfsten Kritiker der zentralisierungsbedingten sozialen und politischen Verarmung der Peripherie. Die Diskussionen um die günstigste Siedlungsstruktur in der Gemeinde Spøttrup (vgl. Abschnitt 5.2.5) hatten BJERRE im Herbst 1973 zu einer Reihe von Zeitungsbeiträgen inspiriert. In diesen Beiträgen setzte er sich vehement für eine "Entballung" der Bevölkerungsverteilung in Dänemark ein und hob die positiven Werte des Lebens in kleinen, überschaubaren Einheiten hervor. Darüberhinaus vertrat er die Ansicht, daß die Planung von Siedlungen immer eine gesellschaftspolitische Frage sei. Im August 1974 wurden BJERREs Thesen von Dansk Byplanlaboratorium unter dem Titel "Landsbypolitik - Samfundspolitik" ("Dorfpolitik - Gesellschaftspolitik") in Buchform veröffentlicht. Im selben Jahr startete BJERRE auch den Versuch, seinen Wohnort Krejbjerg in der Gemeinde Spøttrup zu einem genossenschaftlich organisierten Dorf umzuwandeln. Zwar mußten BJERRE und seine Mitstreiter zwei Jahre später einsehen, daß dieses Ziel wegen der Skepsis vieler Dorfbewohner nicht zu verwirklichen war, doch hat er seine Überlegungen, warum und wie die dänische Gesellschaft in eine genossenschaftlich organisierte Gesellschaft umzuwandeln sei, in den darauffolgenden Jahren weiter präzisiert, was seinen Niederschlag u.a. im Jahr 1979 in seinem Buch "Andelssamfundet" ("Die Genossenschaftsgesellschaft") fand.

Ein wichtiges "feedback" aus der planerischen Fachwelt erhielt die aufblühende Dorfbewegung im Oktober 1977 durch eine Veröffentlichung in der Reihe "Dansk Byplanlaboratoriums skriftserie": In einer populärwissenschaftlichen Darstellung über aktuelle geographische und planerische Probleme Dänemarks am Ende der 70er Jahre widmet BIDSTRUP (1977) der Dorfbewegung einen eigenen Abschnitt. Ausführlich analysiert er die Gründe, die zum Aufruhr auf dem Lande und zur Bildung einer "Unzahl verschiedenartiger lokaler Initiativen" geführt haben und attestiert der Dorfbewegung, "konstruktiv und nicht nur eine Protestbewegung" zu sein (BIDSTRUP 1977, 94). Letzteres belegt BIDSTRUP unter anderem damit, daß man in den Dörfern für die Erhaltung kleiner Schulen kämpft - und wenn man dieses Ziel nicht erreicht, statt Resignation selbst eine Schule gründet (vgl. zu den Aktionsfeldern der Dorfbewegung Teil 5 der vorliegenden Arbeit). Nach BIDSTRUPs Überzeugung hat sich die Bewegung inzwischen so stark ausgebreitet und manifestiert, "daß nicht länger bezweifelt werden kann, daß diese ein Ausdruck für ein bestehendes Bedürfnis bei vielen Menschen nach einer anderen Lebensform als der ist, welche die Stadt anbieten kann, und namentlich nach einer Wiederbelebung der menschlichen Gemeinschaft, welche das Dorf traditionell symbolisiert" (BIDSTRUP 1977, 95 f.).

Wenn auch die Dorfbewegung durch einige engagierte Zeitgenossen eine nachhaltige praktische und publizistische Unterstützung erfuhr, lag Mitte der 70er Jahre vor den Aktivisten der Dorfbewegung noch ein langer und dornenreicher Weg, bis ihr Anliegen, eine echte Existenzsicherung der Dörfer, tatsächlich auch von der "großen Politik" aufgegriffen wurde. Zwar hatte der Landesverband der Dörfer (L.A.L.) mit der Bildung der Dorfkommission (vgl. Kap. 4.6) schon im Jahr 1978 einen wichtigen Achtungserfolg verbuchen können, wie jedoch gezeigt wurde, konnte auch die Dorfkommission sich nicht zu einer wesentlich von den geltenden politischen Leitbildern abweichenden Einstellung gegenüber den Dörfern und ihren Entwicklungsmöglichkeiten durchringen. Daß sich auch die prinzipielle Haltung der staatlichen Administration noch nicht geändert hatte, zeigen deutlich die Veröffentlichungen des Umweltministeriums und der Landesplanungsbehörde aus den Jahren 1978/79 zum Siedlungssystem sowie zum Zonengesetz. Es waren aber nicht diese, eher an "Insider" gerichteten Veröffentlichungen, die die Probleme der Dörfer um die Jahreswende 1979/80 mit einem Schlag in das Rampenlicht der Medien rückten, sondern der obligatorische jährliche Landesplanungsbericht des sozialdemokratischen Umweltministers Ivar NØRGAARD.

In seinem Bericht vom 15.12.1979 erörtert der Minister eingehend den Zusammenhang zwischen einzelnen Fachplanungen und zukünftigem Siedlungssystem. Dabei weist er darauf hin, daß durch eine zweckmäßige Lokalisierung künftiger Neubautätigkeit der Verkehrsaufwand und damit die Investitionen für Verkehrsanlagen erheblich gesenkt werden könnten (landsplanredegørelse 1979, S.3). Insbesondere die Verteilung der Bevölkerung auf die Siedlungsgrößen sei ein ausschlaggebender Faktor für das gesamte Verkehrsaufkommen. Mit Hinweis auf eine landesweite Untersuchung aus dem Jahre 1975 kommt der Minister zu dem Schluß, daß aus der Sicht der Verkehrsplanung die Siedlungen mit mindestens 5.000 Einwohner besondere Vorteile aufwiesen, da hier der gesamte Transportaufwand pro Person erheblich niedriger läge als in den kleineren Siedlungen. Unter diesem Aspekt sei also Zurückhaltung bei der Errichtung von Wohnungen in den kleineren und ganz kleinen Siedlungen zu üben; entsprechendes gelte für die Ansiedlung von Arbeitsplätzen und Dienstleistungseinrichtungen, die nicht ausschließlich lokalen Charakter hätten (landsplanredegørelse 1979, S. 4). Auch unter dem Gesichtswinkel einer rationellen Energieversorgung mit Naturgas oder durch Kraft-Wärme-Kopplung führt der Minister aus, daß eine Konzentration der Siedlungsentwicklung auf Siedlungen mit einer gewissen Mindestgröße vorteilhaft sei. Zusammenfassend kommt der Minister deswegen zu dem Schluß, daß sich das zukünftige Siedlungswachstum als Hauptregel auf die Mittel- und Unterzentren zu konzentrieren habe (landsplanredegørelse 1979, S. 7).

Daß diese Linie in klarem Gegensatz zu den Wünschen der Bevölkerung nach dezentralisiertem Siedlungswachstum stand, wie sie in der Debatte um die Regionalpläne (vgl. Kap. 4.4) zum Ausdruck kamen, war dem Umweltminister bei seinen Ausführungen bewußt. Er geht in seinem Bericht auf dieses Problem sogar ausdrücklich ein und betont, daß die Regierung trotz dieses "verbreiteten Wunsches nach einer gestreuten Siedlungstätigkeit" aus den genannten verkehrs- und energiepolitischen Gründen an ihrer auf Konzentration des Siedlungswachstums ausgerichteten Politik festhalte (landsplanredegørelse 1979, S. 6).

Daß sich in den 70er Jahren in breiten Teilen der Öffentlichkeit tatsächlich eine grundsätzliche Haltungsänderung gegenüber den Entwicklungsmöglichkeiten der Dörfer vollzogen hatte, kann kaum deutlicher gezeigt werden als anhand der Reaktionen auf den Landesplanungsbericht des Umweltministers. In einem breiten Presseecho wurde der Bericht dahingehend kommentiert, daß die Regierung nun offenbar tatsächlich Abschied vom Dorf nehmen wolle. Eine Gruppe von Parlamentariern unter Führung des Venstre-Abgeordneten Svend Erik HOVMAND setzte sich an die Spitze des Protests und stellte zu den im Landesplanungsbericht angestellten Überlegungen zur Siedlungssystempolitik eine parlamentarische Anfrage. Daraufhin entwickelte sich am 29.1.1980 eine ausführliche Folketingsdebatte um das Problem der Dörfer und um den Grad der Zentralisierung im Siedlungssystem, in deren Verlauf HOVMAND den folgenden Beschlußvorschlag einbrachte:

"Indem sich das Folketing gegen die Zentralisierung wendet, die im Landesplanungsbericht vom 15.Dezember 1979 zum Ausdruck kommt, fordert die Versammlung die Regierung auf, die verbreiteten Wünsche zur Sicherung der Zukunftsmöglichkeiten der Dörfer und kleinen Städte zu respektieren. Das Folketing geht hiermit über zum nächsten Punkt der Tagesordnung."

Durch diesen Antrag, für den HOVMAND die Unterstützung aller anderen Parteien außer den Sozialdemokraten hatte gewinnen können, kam eine besondere Dramatik in die Debatte. Die Sozialdemokraten vertraten den Standpunkt, daß sich der Beschlußvorschlag HOVMANDs direkt gegen einen von der Regierung abgegebenen Bericht wandte, und daß die Regierung natürlich nicht damit leben könne, daß eine Mehrheit im Parlament diesen Beschlußvorschlag unterstützte. Sie brachten ihrerseits durch den Abgeordneten WESTH den folgenden eigenen Beschlußvorschlag ein:

"Indem das Parlament die Regierung auffordert, bei der Genehmigung der Regionalpläne zu sichern, daß das Bevölkerungswachstum so verteilt werden kann, daß man die verbreiteten Wünsche zur Sicherung der Zukunftsmöglichkeiten der Dörfer und kleinen Städte respektiert, geht die Versammlung über zum nächsten Punkt der Tagesordnung."

Wenn mit diesem Wortlaut auch nicht alles abgedeckt wurde, was der Venstre-Beschlußvorschlag enthielt, gelang es den Sozialdemokraten mit diesem Schachzug doch, die um HOVMAND gescharte Front aufzubrechen und eine eigene Mehrheit zu sammeln - die plötzlich aufgetauchte Gefahr, die gesamte Regierung könnte über einen Beschlußantrag zur Siedlungsstrukturpolitik stolpern, war gebannt.

In der Zeitschrift LANDSBYEN (Nr. 1-2/1980, S. 4) wurde der Verlauf der Debatte mit Unmut zur Kenntnis genommen. Kritisiert wurde vor allem, daß die sachbezogene Debatte nach dem alternativen Beschlußvorschlag der Sozialdemokraten zu einer parteipolitischen Auseinandersetzung geworden sei, in der das eigentliche Anliegen nur noch eine untergeordnete Rolle gespielt hätte. Dies beklagte der L.A.L. sicherlich mit einem gewissen Recht, doch darf nicht die fast schon historisch zu nennende Tatsache übersehen werden, daß sich in dieser Debatte erstmals alle Parteien des Folketing - wenn auch mit inhaltlichen Nuancen - für den Fortbestand der Dörfer aussprachen. Dies gilt auch für die Sozialdemokraten, die sich vehement dagegen wehrten, als diejenige Partei angeprangert zu werden, die die kleinen Dörfer zerstören und die Gesellschaft so weit wie möglich zentralisieren wolle. Ihrer Ansicht nach waren die Aussagen des Landesplanungsberichtes hochgespielt worden, wobei WESTH speziell der Venstre Scheinheiligkeit vorwarf, da diese die vorangegangenen Landesplanungsberichte, die bezüglich des Siedlungssystems tendenziell eine ähnliche Linie verfolgt hätten, seinerzeit als Regierungspartei selbst mitgetragen hätte.

Zusammenfassend bleibt festzuhalten, daß die Parlamentsdebatte um den Landesplanungsbericht des Umweltministers trotz des Abgleitens in parteipolitische Scharmützel doch einen wesentlichen Erfolg der Dorfbewegung symbolisiert, die hiermit eine Premiere ihres Anliegens auf der landespolitischen Bühne feiern konnte. Die folgenden Jahre, insbesondere aber die Jahre 1982/1983, müssen dann als die entscheidenden Jahre gesehen werden, in denen Dorfpolitik als eigenes Politikfeld etabliert wurde. Daß die Berücksichtigung dörflicher Belange in jenen Jahren tatsächlich in das Denken und Handeln von Politik und Verwaltung einsickerte, mögen die folgenden Beispiele belegen:
- 1982 wurde eine Anregung aus der Denkschrift der Dorfkommission aufgegriffen, indem man mit erheblicher staatlicher Unterstützung einen Versuch zur Sicherung der kleinen Einzelhandelsbetriebe in den Dörfern in Gang setzte, der 1985 sogar zu einem Programm für das ganze Land erweitert wurde (vgl. Kap. 5.3).
- Im April 1983 legte eine Arbeitsgruppe der Venstre, der u.a. der Wortführer dieser Partei in der großen Parlamentsdebatte, HOVMAND, angehörte, eine Diskussionsgrundlage mit dem Titel "Lad de små enheder blomstre - et opgør med vanetænkningen" ("Laß die kleinen Einheiten blühen - eine Abrechnung mit dem Gewohnheitsdenken") vor. In diesem Papier wurde freilich nicht nur mit der Zentralisierung im engeren Sinne ins Gericht gegangen,

sondern auch mit der aus dem Blickwinkel einer liberalen Partei unerträglichen Überreglementierung der Gesellschaft; gefordert wurden vor allem mehr Verantwortung und Mitwirkungsmöglichkeiten der Bürger in allen Fragen des näheren Lebensumfeldes.

- Als Beispiel für die intensive Berichterstattung der Medien über die Probleme der Dörfer sei eine mehrteilige Serie der Lokalzeitung MORSØ FOLKEBLAD genannt, die im März 1983 im Zusammenhang mit der Bürgerbeteiligung bei der Aufstellung des Kommunalplanes für die Gemeinde Morsø unter der Überschrift "Landsbyen i offensiven" ("Das Dorf in der Offensive") erschien.

- Am 8.6.1983 wurde das Zonengesetz dahingehend geändert, daß die sogenannte "Zonengesetzkompetenz" für die im Kommunalplan eindeutig abgegrenzten Dörfern seit dem 1.1.1984 nicht mehr bei den Amtsräten, d.h. den regionalen Instanzen, sondern bei den Gemeinden liegt.

- Es wurden zwei wichtige Gremien installiert, die den Anliegen der Dörfer in der Regierungspolitik zu ihrem Recht verhelfen sollten - es waren dies im September das vor allem von landwirtschaftlichen Verbänden getragene "Komité for landsbyer og landdistrikter" (Komitee für Dörfer und Landdistrikte) und am 21.11. der offizielle "Landsbykontaktudvalg" (Dorf-Kontaktausschuß), dessen Geschäftsführung in den Händen der Landesplanungsbehörde liegt.

Nicht unerwähnt bleiben darf in diesem Zusammenhang, daß der Beginn des "Durchbruchs" dorfpolitischer Belange im politischen Raum noch in die Regierungszeit des sozialdemokratischen Ministerpräsidenten Anker JØRGENSEN fiel, auch wenn nach dem Rücktritt JØRGENSENS am 3.9.1982 und der Bildung einer bürgerlichen Minderheitsregierung durch den konservativen Politiker Poul SCHLÜTER das Interesse der Regierung an einer Politik für die Dörfer deutlich an Gewicht gewann. Insbesondere der Umweltminister Christian CHRISTENSEN (Christliche Volkspartei) machte das Anliegen der Dörfer und der Dorfbewegung zu seinem persönlichen Anliegen. Bereits in seinem ersten Landesplanungsbericht vom 14.12.1982 setzte CHRISTENSEN neue Akzente in der Dorfpolitik, indem er die Lebensqualität gerade in den kleinsten Siedlungseinheiten besonders hervorhob. CHRISTENSEN bekannte sich zur Bewahrung dieser Siedlungen und betonte, daß es zur Erreichung dieses Zieles auch untraditioneller Versuche, etwa zur Verbesserung des Dienstleistungsangebots in den Dörfern, bedürfe.

Nachdem die Minderheitsregierung SCHLÜTERS im Januar 1984 im Amt bestätigt worden war, kündigte CHRISTENSEN ein konzentriertes Rettungsprogramm für die Dörfer des Landes an. Diese Ankündigung brachte CHRISTENSEN umgehend den Beifall des LID-Vorsitzenden Carsten ABILD ein, der in Beiträgen für mehrere Zeitungen überschwenglich den Einsatz des Ministers lobte: "Die Dörfer werden gerettet - wir sind gehört worden" lautete etwa die Überschrift zu ABILDS Beitrag im MORSØ FOLKEBLAD vom 27.1.1984. Diese Zeitungsbeiträge sind charakteristisch für die Aktionsform ABILDS bzw. des LID, da sie das Bemühen ABILDS um eine enge Tuchfühlung und gutes Einvernehmen mit Politikern einschließlich der Regierungsmitglieder erkennen lassen. Gerade diese Form der Ansprache von Politikern und die offensive Pressearbeit ABILDS waren und sind es, die bei seinen Gegnern für Kritik sorgten und sorgen. Dabei darf freilich nicht übersehen werden, daß ABILD mit seiner Aktionsform durchaus Erfolge aufzuweisen hat, wie etwa das Beispiel der Bewahrung traditioneller Ortsnamen im postalischen und sonstigem administrativen Bereich zeigt: Anfang der 80er Jahre hatte die dänische Post bereits einen Teil ihrer kleinen Poststellen wegrationalisiert. Die zum 1.5.1984 erfolgte Schließung der Poststellen in Mesinge und Dalby bei Kerteminde auf Fünen, womit diese Orte gleichzeitig ihre eigene Postleitzahl verloren und als postalische Ortsbestimmung verschwanden, nahm ABILD zum Anlaß, in einer Presseerklärung den protestierenden

Bürgern dieser Dörfer im Namen des LID die volle Unterstützung zuzusagen. ABILD wandte sich unmittelbar an den auch für das Postwesen zuständigen Verkehrsminister Arne MEL-CHIOR. Dadurch gelang es, die Postverwaltung zur Rücknahme der Rationalisierungsmaßnahmen in Mesinge und Dalby zu bewegen; darüberhinaus verfügte MELCHIOR sogar, daß lokale Wünsche nach Aufrechterhaltung eigenständiger Postleitzahlen und damit der Bewahrung von Ortsnamen, die durch die Gebietsreform ansonsten offiziell aus der Amtssprache verschwunden waren, entgegenkommend zu behandeln seien. Es ist bezeichnend für ABILDS politische Kontakte, daß er kurz nach seinem Erfolg bei Verkehrsminister MELCHIOR einen weiteren Erfolg bei der Innenministerin Britta SCHALL HOLBERG verbuchen konnte - kurz nachdem ABILD seine Parteifreundin um Unterstützung gebeten hatte, wandte sich die Ministerin in einem Runderlaß vom 21.9.1984 an alle Gemeinden und empfahl diesen, die Namen von Dörfern und Gehöften in die offiziellen Anschriften bei den zentralen Personenregistern aufzunehmen, wobei sie sich auf kulturhistorische und praktische Gründe gleichermaßen berief.

Zu einer besonderen Herzensangelegenheit hatte die Dorfbewegung den Kampf gegen das Zonengesetz erkoren; da sich an diesem Beispiel die allmähliche Durchsetzung dorfpolitischer Belange in der Regierungspolitik besonders gut darstellen läßt, soll es nachfolgend etwas eingehender dargestellt werden. Sowohl L.A.L. als auch LID hatten nicht locker gelassen, auf die negativen Folgen des Zonengesetzes für die Dörfer hinzuweisen. Unter den zahlreichen Anläufen und Vorschlägen ist seitens des L.A.L. etwa der Vorschlag des Vorsitzenden Ole GLAHN an den Umweltminister zu nennen, zusätzlich zu den bisherigen Land-, Siedlungs- und Sommerhauszonen auch eigene "Dorfzonen" mit besonderen Regelungen zu etablieren (INFOR-MATION 8.3.1982). Seitens des LID forderte Carsten ABILD in zahllosen Pressebeiträgen und Briefen an Politiker immer wieder die völlige Aufhebung des Gesetzes. Nachdem viele Gemeinden privates Bauen in den Dörfern ermöglicht hatten, ging es ihm nun vor allem um die Schaffung von Möglichkeiten für kleine Handwerks- und Gewerbebetriebe, sich auf dem Lande niederzulassen oder einen bestehenden Betrieb zu erweitern. Bereits der sozialdemokratische Umweltminister Niels MATTHIASSEN hatte im Jahr 1977 Verständnis für diese Probleme geäußert, doch hatte sich seitdem eine grundsätzliche Verbesserung der Situation nicht ergeben.

Nachdem bereits im Dezember 1983 ein erstes Gespräch zwischen Vertretern des LID und Umweltminister CHRISTENSEN zu dieser Problematik stattgefunden hatte, und - wie oben erwähnt - die Gemeinden zum 1.1.1984 einen Teil der Zonengesetzkompetenz erhalten hatten, war im Januar 1985 der erste weitergehende Versuch der Regierung zu erkennen, hier zu einer Lösung zu kommen. Bei der Einbringung eines Entwurfs zur Änderung des Zonengesetzes beklagte Umweltminister CHRISTENSEN denn auch die Entvölkerung der Dörfer, weswegen die Regierung nunmehr die Ansiedlung von kleinen Gewerbebetrieben auf dem Lande ermöglichen wolle. Die Minderheitsregierung konnte für diesen Änderungsentwurf jedoch nicht die Zustimmung ihres innenpolitischen Mehrheitsbeschaffers, der Radikalen Venstre (RV), erreichen, weswegen die Regierungsinitiative scheiterte. Allerdings zeigte auch die RV in der Debatte Verständnis für die ernste Situation der Dörfer und kündigte an, eine baldige grundsätzliche parlamentarische Behandlung der Zonengesetzesproblematik zu unterstützen.

Während Carsten ABILD das Problem des Zonengesetzes zuerst im Namen des LID stets erneut auf die Tagesordnung brachte, initiierte er am 6.3.1985 die Gründung eines Vereins für ländliches Gewerbe (Forening for Landerhverv), der nun die Unzufriedenheit des Mittelstandes an diesem Gesetz noch gezielter und öffentlichkeitswirksamer zum Ausdruck bringen sollte. Am 22.3.1985 wurden ABILD sowie Vertreter des ländlichen Handwerks von Ministerpräsident SCHLÜTER und Umweltminister CHRISTENSEN empfangen. ABILD und die anderen Funktionäre hatten um dieses Treffen gebeten, indem sie sich auf die Neujahrsrede des Ministerpräsidenten bezogen, in der dieser Initiativen zur Schaffung neuer Arbeitsplätze angekündigt hatte. Nach Auffassung ABILDS war die Aufhebung des Zonengesetzes das adäquate Mittel, namentlich auf dem Lande die Etablierung neuer Betriebe und Arbeitsplätze zu ermöglichen. In dem Gespräch zeigten SCHLÜTER und CHRISTENSEN zwar volles Verständnis für das Anliegen ihrer Gäste, konnten aber angesichts der Mehrheitsverhältnisse im Folketing keine kurzfristige Änderung zusagen.

Am 19.6.1985 beschäftigte sich der Dorfkontaktausschuß mit dem Thema "Zonengesetz". Dieser Ausschuß sprach sich - angesichts der damals noch sehr restriktiven Haltung der geschäftsführenden Landesplanungsbehörde zur Neubautätigkeit auf dem Lande nicht überraschend - gegen eine Änderung des Zonengesetzes aus und vertrat vielmehr die Ansicht, daß das Problem in einer mangelnden Information der Öffentlichkeit über die Intentionen und Inhalte des Zonengesetzes liege. Kurz darauf gab der Ausschuß ein Faltblatt mit dem Titel "Zoneloven og byggeri på landet" ("Das Zonengesetz und Bautätigkeit auf dem Lande") heraus. Darin wurde betont, daß die Hauptprinzipien des Gesetzes richtig seien und daß immerhin 80% der Ausnahmeanträge für die Landzone positiv beschieden würden. Umweltminister CHRISTENSEN nahm die Herausgabe des Faltblattes zum Anlaß, die Einsetzung eines Ausschusses zur Überprüfung des Zonengesetzes vorerst zurückzustellen.

Inzwischen hatte ABILD jedoch neue Bundesgenossen für seine Forderungen gefunden, Handwerks- und Gewerbebetrieben die Etablierung und Erweiterung in der Landzone zu ermöglichen. Es waren dies einerseits der Landwirtschaftsminister Niels Anker KOFOED, der an der Folgenutzung in den Gebäuden von mindestens 20.000 in den kommenden Jahren aufzugebenden landwirtschaftlichen Betrieben interessiert war, sowie die RV-Politikerin Dagmar MØRK JENSEN, die sich ebenfalls dafür einsetzte, emissionsfreien Gewerbebetrieben die Etablierung in ehemaligen landwirtschaftlichen Betriebsgebäuden zu ermöglichen.

Im Frühjahr 1986 kam es noch einmal zu einem öffentlichen Disput zwischen Carsten ABILD und dem Direktor der Landesplanungsbehörde, Henning HUMMELMOSE. Nachdem ABILD in FYNS AMTS AVIS vom 12.3.1986 das Zonengesetz nicht nur dafür verantwortlich gemacht hatte, daß nach 1970 viele neue Arbeitsplätze und hoffnungsvolle Initiativen zunichte gemacht worden seien, sondern auch dafür, daß die Dörfer keine Chance mehr hätten, als funktionierende und lebende Gemeinschaften zu überleben, sprach HUMMELMOSE in seiner Erwiderung in der gleichen Zeitung am 20.3.1986 von einem Märchen, das aufgrund einiger, seiner Ansicht nach untypischer Vorfälle entstanden sei und das ABILD wider besseres Wissen verbreite. HUMMELMOSE wies auf das Faltblatt des Dorfkontaktausschusses vom vorangegangenen Jahr hin, an dessen Zustandekommen auch der LID beteiligt gewesen sei, und in dem auf zahlreiche Möglichkeiten für eine großzügige Auslegung des Zonengesetzes hingewiesen worden sei. Wie schon in früheren Veröffentlichungen der Landesplanungsbehörde stellte HUMMELMOSE erneut das eigentliche Anliegen des Zonengesetzes, nämlich die Freihaltung der offenen Landschaft von Streusiedlungen, heraus, und verteidigte dieses auch im Sinne des Naturschutzes.

Die vehemente Entgegnung HUMMELMOSES seitens der Landesplanungsbehörde konnte nicht verhindern, daß sich auf politischer Ebene mehr und mehr der Wille zur Änderung des häufig als "ärgster Feind der Dörfer" titulierten Zonengesetzes im Sinne der Dorfbewegung durchsetzte, nachdem sich die Radikale Venstre deren Forderungen angeschlossen hatte. So konnte

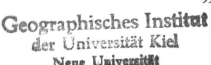

Umweltminister CHRISTENSEN in seinem Ende 1986 vorgelegten Landesplanungsbericht (landsplanredegørelse 1986, S. 14) endlich die von der Dorfbewegung langersehnte Änderung des Zonengesetzes ankündigen, die eine Nutzungsänderung landwirtschaftlicher Betriebsgebäude grundsätzlich ermöglichen sollte.

Am 23.10.1986 fand auf Wunsch des Dorf-Kontaktausschusses eine Folketings-Konferenz über die Zukunft der Dörfer statt. Alle Parteien bekräftigten auf dieser Veranstaltung nachdrücklich, daß sie sich aktiv für die Zukunftssicherung der Dörfer einsetzen wollten.

Am 14.1.1987 war es dann so weit, daß Umweltminister CHRISTENSEN einen Entwurf zur Änderung des Zonengesetzes im Folketing einbrachte, den er vor allem mit der Notwendigkeit zur Schaffung neuer Arbeitsplätze auf dem Lande sowie dem prognostizierten Rückgang der selbständigen landwirtschaftlichen Betriebe von ca. 98.000 auf 70.000 bis zum Jahr 1987 und dem sich dadurch rapide verschärfenden Problem leerstehender Hofgebäude begründete. Am 5.5.1987 wurde der Gesetzesentwurf - gegen die Stimmen von Sozialdemokraten und Sozialistischer Volkspartei - vom Parlament beschlossen und trat am 1.10.1987 in Kraft. Die geänderte Fassung des Zonengesetzes eröffnete nunmehr kleinen Handwerks- und Gewerbebetrieben die Möglichkeit, nicht mehr als solche genutzte landwirtschaftliche Betriebsgebäude als Produktionsstätten, Lagerflächen oder Büroräume zu nutzen, ohne daß hierfür noch eine förmliche Genehmigung der Gemeinde erforderlich ist. Zwar hat die Gemeinde die Möglichkeit, innerhalb von 2 Wochen nach Anzeige des Vorhabens zu widersprechen, doch kann sie das Vorhaben nicht verhindern, sofern die folgenden Bedingungen erfüllt sind:
1. die bestehenden Gebäude müssen ohne wesentliche Umbaumaßnahmen übernommen werden,
2. die Gebäude müssen älter als 5 Jahre sein und
3. es dürfen nicht mehr als 5 Personen im Betrieb beschäftigt sein.

Daß es sich bei der Änderung des Zonengesetzes keineswegs nur um eine "Pflichtübung" des Umweltministers handelte, zeigt der parallel in die parlamentarische Beratung eingebrachte Entwurf zur Änderung des Gemeindeplanungsgesetzes. Diese Gesetzesänderung, die auf eine breite Mehrheit im Folketing stieß und bereits zum 1.7.1987 in Kraft trat, zielt in erster Linie auf eine Stimulierung lokaler Initiativen in den Dörfern und anderen kleinen Gemeinschaften (z.B. Stadtquartieren) ab. Interessant ist die neue Bestimmung im Gemeindeplanungsgesetz insbesondere deswegen, weil das Folketing gleichzeitig bis zum Ende des Jahres 1989 eine Summe von 7 Millionen Kronen bewilligte. Diese Gelder sind zur Unterstützung von Experimenten und Projekten örtlicher Bürgerinitiativen vorgesehen, die der Verbesserung der Lebensverhältnisse sowie einer größeren Mitwirkungsmöglichkeit der Bürger bei der gemeindlichen Planung dienen; für die Behandlung von Förderungsanträgen ist die Landesplanungsbehörde zuständig. Die Aufstellung im Anhang gibt eine Übersicht über die bis zum September 1988 in die Förderung einbezogenen Projekte; auf einzelne geförderte Vorhaben wird auch in Kapitel 5 eingegangen.

Die Aufnahme des "Experimentierparagraphen" in das Gemeindeplanungsgesetz sowie die Vielzahl und Vielfalt der bereits jetzt in die Förderung einbezogenen Projekte machen die Selbstverständlichkeit deutlich, mit der in Dänemark seit Mitte der 80er Jahre Dorfpolitik betrieben wird; erkennbar wird bei der Durchsicht der Projekte aber auch, daß es sich nicht um "staatlich verordnete" Initiativen, sondern um eine "Bewegung von unten" handelt. Daß die Probleme der Dörfer bzw. der kleinen lokalen Gemeinschaften jedoch auch unabhängig von den Zuschußmöglichkeiten des "Experimentierparagraphen" in den letzten Jahren zu einer

Vielzahl von Diskussionsbeiträgen, Initiativen und Aktionen geführt haben, sollen die folgenden Beispiele zeigen.

Auch wenn sich der Direktor der Landesplanungsbehörde bis zum Schluß einer Lockerung des Zonengesetzes widersetzte, ist doch in den 80er Jahren eine deutliche Änderung der bis dahin eher reservierten Haltung der Landesplanungsbehörde zur Dorfproblematik erfolgt. So wurde die landesweite Aktion zur Rettung des letzten Einzelhandelsbetriebes in den Dörfern, die am 24.4.1985 gestartet wurde (vgl. Abschnitt 5.3.1) im Auftrag des Umweltministers von der Landesplanungsbehörde koordiniert und gesteuert. Im Jahr 1985 begann die Behörde auch mit einer gründlichen Analyse der voraussichtlichen Auswirkungen der Landwirtschaftskrise auf die Entwicklung in den Landdistrikten; vor allem wurde eine repräsentative Stichprobe von 635 aufgegebenen landwirtschaftlichen Hofstellen einer eingehenden Analyse unterzogen. Die Resultate dieser Untersuchung wurden im September 1986 unter dem Titel "Landdistriktet - udvikling eller afvikling?" ("Der ländliche Raum - Entwicklung oder Abwicklung?") veröffentlicht. Auch das Periodikum der Landesplanungsbehörde, NYT FRA PLANSTYRELSEN, intensivierte seine Berichterstattung über die Probleme des ländlichen Raumes und der Dörfer. Nachdem bereits im März 1985 ein Beitrag über "Levende lokalsamfund" ("Lebendige lokale Gemeinschaften") veröffentlicht worden war, erschien im Oktober 1986 eine Themenausgabe "De små samfunds fremtid" ("Die Zukunft der kleinen Gemeinschaften"), in der über laufende Initiativen zur Existenzsicherung der Dörfer sowie der kleinen Inseln berichtet wurde.

In der Wissenschaft hatte sich vor allem seit dem Ende der 70er Jahre ein gestiegenes Interesse für die kleinen Siedlungen auf dem Lande abgezeichnet. Das Staatliche Sozialforschungsinstitut legte 1979 eine gründliche Analyse über die kleinen Siedlungen im ländlichen Raum mit besonderer Berücksichtigung der Bevölkerungsentwicklung und der Lebensverhältnisse vor (vgl. MOGENSEN et al. 1979). Diese Untersuchung baut auf Vorstudien auf, die im Sozialforschungsinstitut bereits sehr früh, nämlich zu Beginn der 70er Jahre initiiert worden waren (vgl. LAUNSØ & MOGENSEN 1973). Das Dänische Stadtplanungsinstitut (Dansk Byplanlaboratorium) veröffentlichte ebenfalls 1979 einen von Benedicte WEBER redigierten Reader "Landsbyer - mennesker og planlægning" ("Dörfer - Menschen und Planung"), in dem die Dorfproblematik von Wissenschaftlern und Praktikern interdisziplinär aufgearbeitet wird. Aus der Reihe der von der Dorfkommission in Auftrag gegebenen Untersuchungen sind hier vor allem die erwähnte kulturwissenschaftliche Untersuchung über die Lebensbedingungen in 4 Dörfern (CHRISTIANSEN 1980) sowie die Analysen des Institut for Center-Planlägning über die Einzelhandelsversorgung im ländlichen Raum hervorzuheben. Im Juni 1983 wurden an der Architektenschule in Århus gleich zwei Projektberichte veröffentlicht, die als wichtige Bestandsaufnahme lokaler Initiativen in den Dörfern gelten können (PEDERSEN 1983, RASMUSSEN & JAKOBSEN 1983). Am Geographischen Institut der Universität Århus, wo bereits in den 70er Jahren mit einer umfassenden Bestandsaufnahme der zur Gemeinde Århus gehörenden Dörfer begonnen worden war (vgl. Abschnitt 5.2.3), wurden Anfang der 80er Jahre die Lebensbedingungen im Dorf (MADSEN 1983) erforscht; darüber hinaus wurden - auf einer eher theoretischen Ebene - "Lokalsamfundsstudier og livsformbeskrivelser" kritisch hinterfragt (OLESEN 1984), wobei sich die letztgenannte Arbeit besonders auf die von HØJRUP 1983 beim Staatlichen Bauforschungsinstitut vorgelegte Studie über die Probleme von Fischerdörfern am Limfjord und ihre Bewohner bezieht. Mit dem Problem der lokalen Gemeinschaft hat sich eingehend auch JENSEN in mehreren Veröffentlichungen auseinandergesetzt (1985, 1986, 1987), wobei die letztgenannte Arbeit in einem Sammelband mit einer Reihe weiterer interessanter Beiträge über genossenschaftliche Initiativen in der lokalen Gemeinschaft (vgl. FOG 1987, BRØGGER et al. 1987, JUHLER HANSEN 1987), herausgegeben vom Verein für Studien über Genossenschaftsbewegung und Kooperation, erschienen ist. Als jüngstes Forschungsprojekt ist eine Untersuchung des Instituts für Grenzregionsforschung in Åbenrå zu nennen, die den peripheren Landgemeinden in Jütland galt (CORNETT & RATZER 1986, CORNETT 1987).

Von besonderer Bedeutung dürfte sein, daß nicht nur Planungs- und Forschungseinrichtungen verstärkt über die Probleme der lokalen Gemeinschaften und insbesondere der Dörfer publizierten, sondern auch eine Reihe anderer Institutionen. Im Jahr 1978 war es die Dorfbewegung selbst, die mit ihrem von THOMSEN redigierten "Landsbybog" (Dorfbuch) ein lesenswertes Kompendium über das Leben im Dorf vorlegte. Eine erste populäre Veröffentlichung über Dorfbevölkerung und Dorfbewegung legte ein Jahr später THYGESEN vor. 1984 erschien mit dem "Lesebuch" von KIIB eine populäre und engagierte Schrift über die Dorfbewegung, ihre Geschichte und ihre Ziele. Auf politischer Ebene versuchte die Venstre, im ländlichen Raum verlorenes Terrain zurückzuerobern. Nachdem 1981 ein von drei liberalen Politikern, unter ihnen Carsten ABILD, herausgegebenes Büchlein über die "Schlacht ums Dorf" und im April 1983 das erwähnte Diskussionspapier "Lad de små enheder blomstre - et opgør med vanetænkningen" erschienen waren, folgte schließlich 1987 eine erneute Schrift, diesmal mit der deutlichen Aufforderung "Landsbyen - længe leve!" ("Lange lebe das Dorf!"). Auch die Weiterbildungsinstitution der Landwirtschaft (LOK) widmete den Lebensbedingungen im ländlichen Raum im Jahr 1985 ein Studienbuch unter dem Titel "Mellem land og by" ("Zwischen Stadt und Land"), in dem u.a. der Vorsitzende des L.A.L., Ole GLAHN, und der schon erwähnte Schriftsteller Knud SØRENSEN zu Wort kommen. Auf den ersten Blick erstaunlich ist die Initiative des Arbeitgeberverbandes der Kunststoffindustrie, der anläßlich seines 25jährigen Jubiläums eine Schrift unter dem Titel "Genbrug og genbefolkning af landsbyerne" ("Recycling und Wiederbesiedlung der Dörfer") herausgab, zu der eine Reihe namhafter Autoren beigetragen hat.

Die genannten Veröffentlichungen, die als Beleg für das breite öffentliche Interesse für das Thema "Dorf" dienen mögen, werden ergänzt durch eine Fülle von Zeitungsbeiträgen. Auch wenn man zugesteht, daß die öffentliche Diskussion über dieses Medium in Dänemark und anderen nordeuropäischen Ländern eine erheblich größere Rolle spielt als z.B. in der Bundesrepublik, überrascht doch die Fülle von Kommentaren, Berichten und Leserbriefen zu diesem Thema.

Als ein anderes Beispiel für die gestiegene Popularität des Dorfes mag die vom Komitee für Dörfer und Landdistrikte geförderte Filmdokumentation über die Lebensbedingungen im dänischen Dorf der Gegenwart (FYENS STIFTSTIDENDE 13.12.1987) gelten, die von dem Architekten Egon FRUELUND, dem früheren Ortsplaner der Gemeinde Ringe (vgl. Abschnitt 5.3.2), produziert wird.

Im Zusammenhang mit diesen und anderen Projekten der letzten beiden Jahre darf allerdings nicht unerwähnt bleiben, daß die Diskussion um den ländlichen Raum in Dänemark erhebliche zusätzliche Impulse durch das mit großem Aufwand sowohl auf nationaler als auf lokaler Ebene begangene 200-jährige Jubiläum der Aufhebung des Schollenbandes (Stavnsbåndsjubilæum; vgl. Kap. 2.2) erhalten hat, wodurch nicht zuletzt die bis in die Gegenwart vorhandene Verbundenheit der dänischen Industriegesellschaft mit den Traditionen der Agrargesellschaft dokumentiert wird.

Trotz seines Scheiterns (vgl. hierzu Teil 6) ist der Versuch der Dorfbewegung, die Zeitschrift LANDSBYEN in Form einer Zeitung erneut zum Leben zu erwecken, als besondere Leistung zu werten. Daß die Zeitung in einer sehr professionellen Aufmachung erscheinen konnte, ist sowohl der finanziellen Unterstützung durch den Umweltminister als auch dem Einsatz einer Gruppe angehender Journalisten zu verdanken - diese günstige Konstellation ermöglichte es, daß zwischen Oktober 1987 und März 1989 immerhin 5 Ausgaben der Zeitung mit einem breiten Spektrum von Themen "rund ums Dorf" erscheinen konnten. Berichtet wurde über politische Entscheidungen, die für Dorfbewohner relevant waren, aber auch über lokale Initiativen, konkrete Probleme sowie aus der Organisation der Dorfbewegung. Federführend war der L.A.L., doch kam auch der LID zu Wort, wobei in jüngster Zeit - wie ebenfalls in Teil 6 noch ausgeführt wird - ohnehin eine Wiedervereinigung beider Vereine in greifbare Nähe gerückt ist.

4.8 Zusammenfassung zu Teil 4

In Teil 4 dieser Arbeit wurde dargestellt, wie es vor dem Hintergrund der am Ende der 60er Jahre erwachenden Auf- und Umbruchstimmung in der dänischen Gesellschaft auch zu einer "Wiederentdeckung" des Dorfes kam.

Auf dem Lande waren es in der ersten Hälfte der 70er Jahre vor allem die Auswirkungen der Kommunalreform, die restriktive Anwendung des Zonengesetzes sowie die mangelnde Berücksichtigung dörflicher Belange in Politik und Planung der neugebildeten Großgemeinden, die in einer beachtlichen Zahl nunmehr politisch unselbständiger Dörfer Widerstand gegen diese als "Entmündigung der lokalen Gemeinschaften" empfundene Entwicklung hervorriefen. Ausdruck dieses Widerstandes war vor allem die Gründung oder Wiederbelebung lokaler Bürgergruppen und -vereine.

Im Zuge der in den 70er Jahren nicht nur in Dänemark beobachteten "Counterurbanization" gewannen die Dörfer eine beachtliche Attraktivität als Wohnstandorte. Vor allem jüngere Familien verließen die großen Städte - Gewinner dieser neuen Wanderungsbewegung, die im krassen Gegensatz zur klassischen Land-Stadt-Wanderung der vorangegangenen Jahrhunderte stand, waren kleinere Orte nicht nur im weiteren Stadtumland, sondern auch im eigentlichen ländlichen Raum. Diese Entwicklung ist als deutliche Gegenbewegung zur vorherrschenden Wachstums- und Zentralisierungsphilosophie der 50er und 60er Jahre zu sehen.

Die Neubürger mit ihren "städtischen" Erfahrungen in der politischen Auseinandersetzung transferierten auch neue Formen des politischen Protests in die Dörfer; unter dem äußeren Druck einer allgemein als dorffeindlich erachteten Politik kam es vergleichsweise schnell zu einer weitgehenden Integration der Neubürger in die Dorfgemeinschaft und häufig auch zu gemeinsamen Aktionen. Eine nicht unwichtige Rolle für die Motivation der in den 70er Jahren auf dem Lande aufblühenden lokalen Graswurzelbewegungen hat die Rückbesinnung auf die Traditionen des 19. Jahrhunderts (Genossenschafts- und Versammlungshausbewegung) eingenommen; Teile der Dorfbewegung sahen sogar direkte Parallelen zwischen der Unterdrückung volkstümlicher Bewegungen auf dem Lande in der ESTRUP-Zeit und der Zurückdrängung der Dörfer nach dem 2. Weltkrieg.

Was die Wünsche der Bevölkerung nach einer stärkeren Dezentralisierung des Siedlungssystems betrifft, so wurden diese besonders nachhaltig in den öffentlichen Debatten um die Regionalplanung in den einzelnen Amtskommunen in der 2. Hälfte der 70er Jahre artikuliert. Trotz eines erstaunlichen Engagements der Bürger flossen diese Vorstellungen nur begrenzt in konkrete regionalplanerische Richtwerte zur künftigen Siedlungsenwticklung ein. Die zögernde Haltung vieler Amtsratspolitiker und die nur mühsam kaschierte Ablehnung einer zu dezentralen Siedlungsstruktur durch die Landesplanungsbehörde liefern die Begründung für die aufkeimende Unzufriedenheit kritischer Bürger und Planer an der Handhabung der Regionalplanung.

Mitte der 70er Jahre setzte sich bei der engagierten Dorfbevölkerung die Überzeugung durch, daß der Widerstand gegend die fortwährenden Zentralisierungstendenzen nicht allein auf lokaler Ebene zu leisten sei, sondern auch auf Landesebene anzusetzen habe. Ende 1976 wurde deswegen ein landesweiter Dorfverband gegründet, der sich 1979 in zwei Organisationen mit nur graduell unterschiedlicher Zielsetzung teilte. Festzustellen ist, daß diese landesweite Dorfbewegung auf Landesebene schnell eine beachtliche Katalysatorfunktion im politischen Raum erlangte, wie nicht zuletzt die Einsetzung einer Expertengruppe für die Probleme und Zukunftsaussichten der Dörfer durch die Regierung im Frühjahr 1978 zeigt. In die Schlagzeilen gerieten die Probleme der Dörfer dann durch den dramatischen Verlauf einer Parlamentsdebatte Anfang 1980, in der die Regierung zur Revision ihrer zentralistischen Vorstellungen in der Siedlungsstrukturpolitik gezwungen wurde. In den 80er Jahren wurde dann die Dorfpolitik als eigenes Politikfeld etabliert. Insbesondere nach dem Amtsantritt einer bürgerlichen Regierungskoalition im Jahr 1982 wurde eine Reihe konkreter Schritte zur Sicherung der Dörfer eingeleitet; besonders hervorzuheben ist das 1987 verabschiedete Paket von Gesetzesänderungen, mit denen u.a. die Bestimmungen des umstrittenen Zonengesetzes im Sinne der Dorfbewegung nachhaltig gelockert wurden.

Nachdem in Teil 4 dieser Arbeit der in den 70er und 80er Jahren erfolgte Stimmungsumschwung zugunsten einer dezentralen Siedlungsstruktur und zum Leben im Dorf herausgearbeitet wurde, sollen im folgenden Kapitel 5 praktische Beispiele dafür vorgestellt werden, wie sich das geänderte Bewußtsein in konkreten politischen und planerischen Handlungsansätzen niedergeschlagen hat.

5. Praktische Beispiele dorfbezogener Politik und Planung

5.1 Lokale Organisationsformen der Dorfbevölkerung zur Stärkung des Einflusses auf die Kommunalpolitik

In Dänemark hat die Organisation der Bürger in lokalen Bürger- und Bewohnervereinen eine lange Tradition. Wie in Kapitel 4.1 ausgeführt wurde, hatte das gesellschaftliche Engagement der dänischen Bürger allerdings in der Zeit der industriellen Hochkonjunktur, d.h. von der Mitte der 50er bis zum Anfang der 70er Jahre, einen einzigartigen Tiefststand erreicht, weswegen das Bild, das die dänische Gesellschaft in jenen Jahren bot, häufig mit den Begriffen "Konsumgesellschaft", "Wohlstandsgesellschaft" oder "Fernsehgesellschaft" charakterisiert wird.

Es waren in den Landdistrikten und insbesondere in den einzelnen Dörfern sowohl die unmittelbaren wie die allmählich sichtbar werdenden Folgen der Kommunalreform, die - wie in Kapitel 4.2 beschrieben - zur Reaktivierung alter oder sogar zur Gründung neuer Bürger- und Bewohnervereine führte. Räumliche Organisationseinheit waren dabei in der Regel die "alten" Gemeinden, die sich meist an den überkommenen Grenzen der Kirchspiele (sogne) orientiert und deswegen die Bezeichnung "sognekommuner" getragen hatten. Auch nach der Kommunalreform ist der Begriff "sogn" nicht aus dem offiziellen Sprachgebrauch verschwunden, u.a. wird er von der amtlichen Statistik verwandt. Wenn in der vorliegenden Arbeit der Begriff "Kirchspiel" verwendet wird, handelt es sich also um die Übersetzung des Begriffs "sogn" im Sinne der "alten" Gemeinden und nicht im Sinne der heutigen kirchlichen Gemeindegliederung.

Obwohl eine offizielle Statistik der auf Kirchspielsebene tätigen Bürger- und Bewohnervereine nicht geführt wird, ist doch davon auszugehen, daß es derartige Organisationen heute in einem großen Teil der vor der Gemeindereform bestehenden Landgemeinden gibt, z.T. haben die lokalen Vereine auch auf der Ebene der neuen Gemeinden Dachorganisationen geschaffen. Darüber hinaus hat man jedoch auf lokaler bzw. kommunaler Ebene verschiedene Formen der weitergehenden Einflußnahme seitens der Dörfer auf die kommunale Politik gefunden. Neben der Bildung überparteilicher Dorflisten für ein einzelnes Kirchspiel oder für die gesamte Gemeinde geht es dabei vor allem um die Bildung von Lokalräten mit großen Unterschieden bezüglich der Organisation und der Kompetenzen; erprobt wird auch die Einrichtung eines vom Gemeinderat eingesetzten beratenden Gremiums (Beirates) für die Probleme der Dörfer. Über diese Organisationsformen soll nachfolgend anhand von Beispielen berichtet werden.

5.1.1 Der lokale Bürger- und Bewohnerverein

Durch die Kommunalreform, die 1970 abgeschlossen war und die insgesamt gut 1.000 Gemeinden die politische Autonomie gekostet hatte (vgl. Kap. 3.7), hatten vor allem die ländlichen Siedlungen ihre traditionelle Vertretung, den Gemeinderat, verloren. Wie auch schon in Kap. 4.2 ausgeführt wurde, waren viele Kirchspiele im Gemeinderat der neugebildeten Großgemeinden lediglich mit einem Vertreter, andere überhaupt nicht vertreten. Durch diese Entwicklung erhielten die lokalen Vereine plötzlich einen starken Bedeutungszuwachs. Wo es keinen örtlichen Bürger- oder Bewohnerverein gab, wurde - zum Teil allerdings erst einige Jahre nach der Kommunalreform - häufig ein solcher gebildet, um ein Diskussionsforum für die örtlichen Probleme zu schaffen.

Gegenüber einer nicht formalisierten Arbeit hat die Organisation in Vereinsform den Vorteil, daß eine "Institution" besteht, die im Zweifelsfalle erst einmal für alle auf lokaler Ebene auftauchenden Probleme ansprechbar ist. Die Bürger- und Bewohnervereine bzw. deren Vorstände übernahmen damit nach der Kommunalreform in vielen Dörfern die Funktion, die vorher der Bürgermeister und die Mitglieder des Gemeinderates hatten; in manchen Fällen waren auch die Personen identisch, die vor und nach der Reform aktiv waren. Auch wenn ein Verein natürlich nicht dieselbe Kompetenz hat wie ein offizielles kommunales Gremium, haben die Dörfer auf diese Weise doch ein Sprachrohr, mit dem sie ihre Anliegen gegenüber den Behörden, insbesondere der eigenen Gemeinde, artikulieren können: "Wenn eine Angelegenheit auftaucht, kann man die Leute schneller mobilisieren, wenn es einen Verein gibt. Ohne Verein wäre es schwerer, sich bemerkbar zu machen und mit Autorität zu sprechen", bringt Kurt THINGGAARD, der Vorsitzende des Bewohnervereins von Ejerslev in der Gemeinde Morsø (Viborg amt) den Sachverhalt auf den Punkt (MORSØ FOLKEBLAD vom 18.3.1982).

Im Lauf der Zeit hat sich die Existenz derartiger Vereine auch für die Verwaltungen der Großgemeinden als äußerst vorteilhaft erwiesen, da sie häufig auf Ansprechpartner auf lokaler Ebene angewiesen sind. Einen weiteren Vorteil der Organisation in Vereinsform sehen RAS-MUSSEN & JACOBSEN (1983, 118) darin, daß die Bevölkerung alle lokalen Angelegenheiten in eigener Initiative aufgreifen kann. Daraus ergibt sich natürlich auch, daß Art und Umfang des Engagements der Vereine je nach örtlicher Problemlage, Aktivität des Vorstandes und Unterstützung der Bürger außerordentlich unterschiedlich sind - das Spektrum reicht von Vereinen, die sich hauptsächlich auf eine örtliche Kulturarbeit mit der Organisation von Theateraufführungen und Dorffesten beschränken bis hin zu solchen Vereinen, die eine breite kommunalpolitische Aufgabenstellung übernommen haben.

Typisch für die Bürger- und Bewohnervereine ist, daß sie sich ziemlich aller praktischen Angelegenheiten der örtlichen Gemeinschaft annehmen. Ausgangspunkt ist jedoch stets - und dies kann als typisch für die dänische Mentalität gelten - die Geselligkeit und das örtliche Gemeinschaftsgefühl. So sollten die kulturellen Arrangements in der Arbeit der Bürger- und Bewohnervereine nicht unterbewertet werden, auch wenn vielerorts erkannt worden ist, daß das Engagement sich nicht hierauf beschränken darf. "Unser primäres Ziel ist es weiterhin, Feste und andere Veranstaltungen für unsere Mitglieder zu organisieren. Aber mit der Zeit ist es notwendiger geworden, darüberhinaus Engagement zu zeigen", formulierte es der Vorsitzende des Bürgervereins von Ry (Århus amt) gegenüber ÅRHUS STIFTSTIDENDE vom 28.2.1987. Als Beispiele für die Tätigkeit dieses Vereins werden eine Unterschriftensammlung gegen die anstehende Ausdünnung der Busbedienung, der erfolgreiche Widerstand gegen die Schließung der lokalen Poststelle, die Beschäftigung mit dem Schicksal örtlicher Baudenkmäler sowie die Diskussion um einen Freizeitclub für die 10-14jährigen Kinder genannt.

Die Auslöser für die Gründung neuer Bürger- oder Bewohnervereine können vielgestaltig sein. So war es im Falle des erwähnten Bewohnervereins von Ejerslev nach der Stillegung der Schule und dem Schließen des Ladens in erster Linie diese doppelte Verlusterfahrung, die im Sommer 1980 zur Vereinsgründung führte. Im Falle des Dorfes Andebølle (Vissenberg kommune, Fyns amt) war es die von einigen Bürgern erkannte Gefahr, daß das Dorfleben durch den Zuzug neuer Bürger zu anonym werden und dadurch seine Qualität verlieren könnte, die zusammen mit der drohenden Schließung einer Schule im Februar 1988 zur Gründung eines Bürgervereins geführt hat (FYENS STIFTSTIDENDE 2.2.1988; MORGENPOSTEN SØNDAG 24.1.1988 und 14.2.1988).

Daß es, wie bereits erwähnt, bei Art und Umfang lokaler Aktivitäten durchaus auf die jeweiligen Verhältnisse ankommt, zeigt das Beispiel des Bewohnervereins für Tråsbøl-Tumbøl und Umgebung (Lundtoft kommune, Sønderjyllands amt), dessen Auflösung nach einer Meldung von JYDSKE TIDENDE vom 5.8.1987 unmittelbar bevorstand - nach Auskunft des Vorsitzenden sei es zum Schluß nur noch das Lottospiel gewesen, an dem die rund 380 Vereinsmitglieder teilgenommen hätten.

In vielen aktiven Vereinen haben sich, häufig in Verbindung mit konkreten Infrastrukturmaßnahmen oder kommunalen Planungsvorhaben, als Studienkreise bezeichnete "ad-hoc-Arbeitskreise" gebildet, in denen sich interessierte Bürger, nicht selten unter Hinzuziehung von Experten, auch mit komplexen technischen Problemen beschäftigen. Als Beispiel sei hier der Studienkreis in Rens (Tinglev kommune, Sønderjyllands amt) genannt, wo ein besonders drängendes und zwischen Dorfbevölkerung und Gemeinde heftig diskutiertes Problem die Abwasserentsorgung darstellte. Im Januar 1980 hatte der Bewohnerverein "Sydvest" mit der Aufforderung "Wenn du nicht meinst, daß die Dinge weiterhin über deinen Kopf hinweg geschehen sollen, so komm zum Treffen in der Schule von Rens" zu einer ersten Veranstaltung eingeladen. Die Arbeit des Studienkreises, die schließlich alle Bereiche der lokalen Entwicklung umfaßte, ist ausführlich in einem Bericht ("Rens-rapporten" 1981) dokumentiert.

Die aktive Stellungnahme örtlicher Bürger- und Bewohnervereine zu Fragen der kommunalen Planung ist durchaus keine Seltenheit. Wie in Kapitel 5.2 gezeigt wird, gibt es sogar etliche Beispiele dafür, daß Bürgervereine oder Studienkreise eigene Entwürfe für Lokalpläne erarbeiten und/oder ausführliche Stellungnahmen zu Kommunal- und Lokalplanentwürfen der Gemeinden abgeben.

Unter den Beispielen für aktive lokale Bürger- und Bewohnervereine, die PEDERSEN 1983 aufgearbeitet hat, befindet sich auch der im Jahr 1976 gegründete Kirchspielsverein für die im Norden der Gemeinde Haderslev (Sønderjyllands amt) gelegenen Dörfer Moltrup, Bramdrup und Rovstrup, in denen ca. 500 Einwohner leben. Nach PEDERSEN (1983, 164) war der Hintergrund für die Vereinsgründung auch hier gewesen, daß sich die Bürger mit einigen lokalen Anliegen auf kommunaler Ebene kein Gehör verschaffen konnten und hofften, sich mit einem Verein besser durchsetzen zu können. Insbesondere war es die im Raume stehende Schließung der örtlichen Schule, die den Vorsitzenden des Schulausschusses alle Vorstände der verschiedensten örtlichen Vereine einladen ließ. Aus diesem Treffen ging dann der Kirchspielsverein (sogneforening) hervor, der sich schnell zu einem koordinierenden Organ für alle Vereine des Kirchspiels entwickelte. Sowohl einzelne Bürger als auch alle Vereine können sich an den Kirchspielsverein wenden, damit dieser sich einer bestimmten Angelegenheit annimmt. Allerdings wird Wert darauf gelegt, daß sich der Kirchspielverein nicht mit Fragen beschäftigt, die einer der örtlichen Vereine selbst klären kann. Aus dem Spektrum der Aktivitäten des Kirchspielsvereins erscheinen insbesondere die folgenden interessant (nach PEDERSEN 1983, 164 f.):
- Der Kirchspielsverein gibt viermal jährlich ein Mitteilungsblatt heraus, in dem die Bewohner über laufende Angelegenheiten und andere lokale Neuigkeiten informiert werden
- Jedes Jahr werden die Mitglieder des Gemeinderates in das Kirchspiel eingeladen. Den Politikern werden die Fragen bereits vor der Sitzung mitgeteilt, so daß sie auf der Veranstaltung auch konkrete Auskünfte geben können.
- Der Verein setzt sich aktiv für die Verbesserung der örtlichen Infrastruktur ein, z.B. für die Sicherheit auf den Schulwegen, die Einrichtung einer Spielstube und die soziale Fürsorge.

- Der Verein hat sich aktiv an der Aufstellung des Kommunalplanes beteiligt, u.a.durch Ausarbeitung eines Vorschlags zur Gemeindeentwicklung.

Bei der Kommunalwahl 1981 wurde ein Mitglied des Kirchspielvereins in den Gemeinderat gewählt, wodurch der Informationsfluß über kommunalpolitische Angelegenheiten in das Kirchspiel deutlich verbessert werden konnte.

Wesentliche Aufgaben, die ansonsten einem Gemeinderat zukämen, hat in der zur Gemeinde Give (Vejle amt) gehörenden, ca. 500 Einwohner zählenden Ortschaft Kollemorten der Bürgerverein (Borgerforeningen for Kollemorten og omegn) übernommen. Nicht nur Sommerfeste, Aufstellen von Bänken und Fahnenmasten, sondern auch handfeste Initiativen zur Ortsentwicklung gehen auf das Konto dieses Vereins. So waren es in diesem Ort nach einem Aufruf des Bürgervereins die Bürger selbst, die den schließungsbedrohten örtlichen Kaufmannsladen aufkauften und weiterverpachteten (vgl. Abschnitt 5.3.3). Am Rande des Dorfes stehen bereits 3 Windmühlen, die durch örtliche Gilden betrieben werden (vgl. Abschnitt 5.4.2). Ein Dorfgemeinschaftshaus wird ebenfalls mit dem gemeinsamen Kapital der Bürger betrieben. Großer Einsatz gilt auch der schließungsbedrohten örtlichen Schule sowie der Betreuung der Kinder.

Auch wenn der Aktivitätsgrad der lokalen Bürger- und Bewohnervereine und die Ergebnisse ihrer Arbeit natürlich in hohem Grad von personellen Konstellationen abhängen, kann doch zusammenfassend festgestellt werden, daß diese mittlerweile einen festen Platz im politischen Leben vieler ländlicher Großgemeinden innehaben. Als Bindeglied zwischen örtlicher Bevölkerung und Gemeinde haben sie eine wichtige Funktion für die Information in beiden Richtungen. Möglicherweise ist es zu einem guten Teil die Existenz dieser Vereine, die vielerorts ein gutes Funktionieren der Gemeinden erst ermöglicht und manche Wunde der Kommunalreform geheilt hat.

5.1.2 Die überörtliche Zusammenarbeit von Bürgervereinen

Wie mit Hilfe der Bürger- und Bewohnervereine auf lokaler Ebene mit einfachen Mitteln und ohne offizielle Legitimation ein kommunalpolitisches Leben gestaltet werden kann, wurde im vorangegangenen Abschnitt dargestellt. Nachfolgend geht es um die effektivere Vertretung gemeinsamer dörflicher Anliegen sowohl gegenüber den politischen Gremien der Gemeinde als auch gegenüber den häufig dominierenden größeren Siedlungen in derselben Gemeinde. Grundsätzlich sind hier zwei Möglichkeiten zu unterscheiden, nämlich die Bildung eines Dachverbandes für sämtliche Bürger- und Bewohnervereine einer Gemeinde und die Gründung eines gemeindeweiten Dorfvereins. Auf die erste Möglichkeit soll hier anhand von Beispielen eingegangen werden, während die zweite Möglichkeit erst im folgenden Abschnitt (5.1.3) ausgeführt wird.

PEDERSEN (1983) nennt als Beispiel für den Zusammenschluß einzelner Bürger- und Bewohnervereine auf Gemeindeebene u.a. die Zusammenarbeit der Kirchspielsvereine in der Gemeinde Dronninglund (Nordjyllands amt). Hierbei handelt es sich um einen Zusammenschluß der planungsmäßig in der Landzone gelegenen Dörfer. In diesem Zusammenschluß sind alle neun Landzone-Dörfer durch Abgesandte der lokalen Bewohnervereine repräsentiert. Einmal im Quartal oder nach Bedarf treffen die Delegierten zu einer Sitzung zusammen. Jedes Dorf leistet einen Mitgliedsbeitrag von 150 Kronen im Jahr, durch den z.B. die Portoausgaben

gedeckt werden. Die Erfahrungen, die man mit dem Zusammenschluß gemacht hat, sind nach PEDERSEN (1983, 174) positiv. Nach anfänglicher Zurückhaltung sei inzwischen auch die Bereitschaft der Gemeinde gewachsen, die Argumente der Dörfer zu hören. Unter den Beispielen für die Tätigkeit des Zusammenschlusses, der insgesamt rund 1.000 Dorfbewohner repräsentiert, erscheinen vor allem die folgenden erwähnenswert (nach PEDERSEN 1983, 174):
- Es wird gemeinsam versucht, Neubürger für die Dörfer zu gewinnen. Ferner wird angestrebt, Mietwohnungen speziell für ältere Dorfbewohner zu schaffen, um deren Wegzug aus den Dörfern zu verhindern.
- Der Zusammenschluß hat sich mit der Situation der leerstehenden landwirtschaftlichen Gebäude in der Gemeinde beschäftigt und versucht mit Unterstützung der Gemeinde, Kleinindustrie in die Landzone zu ziehen.
- Da die Gemeinde bezüglich der ÖPNV-Anbindung der Dörfer nur wenig Engagement zeigte, hat der Dorf-Zusammenschluß energisch gegen die schlechten Busverbindungen protestiert und schließlich die Unterstützung der regionalen Verkehrsgesellschaft gewinnen können.
- Die alten Schulgebäude in den Dörfern werden nun als Gemeinschaftshäuser genutzt. Der Dorf-Zusammenschluß hat sich erfolgreich gegen die Pläne der Gemeinde zur Wehr gesetzt, diese Gebäude zu verkaufen.
- Der Dorf-Zusammenschluß unterstützt auch einzelne Dörfer bei der Durchsetzung konkreter Projekte gegenüber der Gemeinde. Ferner fördert er die grundsätzliche Diskussion über die Situation der Dörfer, u.a. hat er hierzu (mit finanzieller Unterstützung durch die örtlichen Kreditinstitute) ein Seminar durchgeführt.

Eine im Vergleich zur Situation in der Gemeinde Dronninglund eher informelle Zusammenarbeit sind die 14 Kirchspielsvereine in der Gemeinde Lemvig (Ringkøbing amt) im April 1978 eingegangen. Hauptziele der Zusammenarbeit sind die gegenseitige Unterrichtung über die lokale Arbeit, die Erörterung gemeinschaftlicher Probleme und die Lösung gemeinsamer Aufgaben. Hierzu finden halbjährliche Treffen der Vorstände der lokalen Kirchspielsvereine statt, die wechselweise von einem der lokalen Vereine organisiert werden. Es wurde bewußt vermieden, eine förmliche Dachvereinigung zu bilden, um den örtlichen Vereinen weitestmöglichen Aktionsraum zu lassen. Verständigt hat man sich jedoch auf die Abwicklung der Sekretariatsarbeiten durch die als "neutral" erachtete Nordvestjysk Folkeuniversitet, eine Einrichtung der Erwachsenenbildung.

Eine der neueren Gemeinschaftsaktivitäten der lokalen Vereine in der Gemeinde Lemvig betrifft, ähnlich wie im erwähnten Fall der Gemeinde Dronninglund, die Reaktivierung leerstehender Gebäude. Auch wenn sich dieses Projekt nicht auf landwirtschaftliche Gebäude im engeren Sinne beschränkt, wurden seine Intentionen doch durch die in Kap. 4.7 genannte und zum 1.10.1987 erfolgte Lockerung des Zonengesetzes erheblich begünstigt, da seitdem leerstehende landwirtschaftliche Gebäude im Außenbereich unter bestimmten Voraussetzungen ohne gesonderte Genehmigung umgenutzt werden können. In einer breit angelegten Aktion werden mit Hilfe der in den lokalen Vereinen vorhandenen Ortskenntnis sämtliche in Frage kommenden Gebäude registriert. Diese Aktion wird von den Kirchspielsvereinen gemeinsam mit der örtlichen Wirtschaftsorganisation (Lemvig og Omegns Erhvervsråd) durchgeführt. Die registrierten Gebäude werden gezielt auswärtigen Interessenten angeboten. Das Vorhaben erschien der Landesplanungsbehörde so interessant, daß sie aus dem in Kap. 4.7 erwähnten 7-Millionen-Kronen-Fonds eine Unterstützung von mindestens 210.000 Kronen zugesagt hat. Einer der lokalen Initiatoren der Aktion, Jan MICHEL, warnt zwar vor zu großen Erwartungen in die Aktion, sieht aber doch eine reelle Chance, daß Betriebe, die nicht mehr unbedingt auf enge

Nachbarschaft zu anderen Betrieben in größeren Städten angewiesen sind, vielleicht doch für eine Umsiedlung an die Küste Westjütlands interessiert werden könnten. Als gewichtiges Argument hierfür nennt er z.B. die neuen I&K-Technologien, vor allem Telefax. Auf die diesbezügliche, im übrigen maßgeblich von MICHEL initiierte Vorreiterfunktion der Gemeinde Lemvig wird ausführlicher im Abschnitt 5.5.2 eingegangen.

5.1.3 Der Dorfverein

Während es sich bei den im vorangegangenen Abschnitt genannten Beispielen um mehr oder minder feste Zusammenschlüsse örtlicher Bürger- und Bewohnervereine handelt, soll nun am Beispiel des Dorfvereins für die rd.6.100 Einwohner zählenden Gemeinde Tinglev (Sønderjyllands amt) eine etwas andere Organisationsform zur Wahrnehmung dörflicher Interessen vorgestellt werden.

Der Dorfverein für die Gemeinde Tinglev (Landsbyforeningen for Tinglev kommune) ist ausschließlich auf der Ebene der gesamten Gemeinde organisiert, allerdings können Mitglieder sowohl Vereine als auch Einzelpersonen sein. Gegründet wurde er im Herbst 1982 auf Initiative des Pastors J.Gregers KNUDSEN, der seit Januar 1982 als Repräsentant einer überparteilichen Dorfliste Mitglied des Gemeinderates in Tinglev ist. Gedacht war der Verein als kommunalpolitisches "Hinterland" für die Dorfliste, auf die in Abschnitt 5.1.6 noch einmal eingegangen wird, aber auch als zusätzliches Instrument, die Bürger in die Arbeit für die Dörfer einzubeziehen.

Zu den wesentlichen inhaltlichen Zielsetzungen der Arbeit des Dorfvereins gehört es, der Zentralisierung in der Gemeinde wirksam Einhalt zu gebieten und ein Gegengewicht zu der nach der Kommunalreform des Jahres 1970 zum Gemeindezentrum avancierten und 1983 rund 2.600 Einwohner zählenden Bahnhofssiedlung Tinglev zu schaffen. In einem Informationsblatt beantwortet der Verein die Frage "Warum ein Dorfverein?" wie folgt:
- "weil die Gemeinde Tinglev aus einer Reihe kleiner, lokaler Gemeinschaften besteht - mit eigenen Wünschen und Bedürfnissen, aber ohne reelle Mitbestimmung,
- weil die Entwicklung der letzten Jahre gezeigt hat, daß es sich ökonomisch bezahlt machen kann, die Dörfer zu "vergessen",
- weil die bisherige Entwicklung bekämpft werden muß und zum Vorteil für die bestehenden lokalen Gemeinschaften gewendet werden muß - aus Gründen der Kultur und der Menschlichkeit,
- weil hierdurch der Bürger einen Einsatz zur Beeinflussung der zukünftigen Entwicklung leisten kann."

Im Gegensatz zur Dorfliste versteht sich der Dorfverein als "unpolitisch" in dem Sinne, daß er durchaus auch Mitglieder anderer politischer Parteien ansprechen und zur Mitwirkung einladen möchte. Es liegt jedoch auf der Hand, daß die Anliegen von Verein und Liste weitgehend identisch sind, was durch Personalunion in einigen Funktionen zusätzlich gefördert wird. So ist auch nicht immer eindeutig zu trennen, ob eine Initiative vom Verein oder von der Liste ausgeht, was jedoch für die praktische Arbeit von untergeordneter Bedeutung ist. Wie unten bei der Vorstellung der Dorfliste noch näher ausgeführt wird, liegen die Arbeitsschwerpunkte von Verein und Liste vor allem in folgenden Bereichen:
- Sicherung der lokalen Schulen in den Dörfern.

- Schaffung guter Lebensbedingungen für ältere Bürger; insbesondere soll den Älteren die Möglichkeit gegeben werden, möglichst lange in ihrer vertrauten Umgebung wohnen zu bleiben.
- Mitwirkung bei der kommunalen Planung, vor allem bei der Festlegung des kommunalen Zentrensystems.
- Verbesserung der lokalen Bibliotheksversorgung.
- Einführung umweltfreundlicher Energieerzeugung in der Gemeinde, wozu die Gründung einer Windmühlengilde vorbereitet wird (vgl.zu diesem Thema auch Abschnitt 5.4.2).
- Schaffung von Einrichtungen für Kinder und Jugendliche.
- Sicherung der lokalen Lebensmittelgeschäfte.

Der Verein verfügt über eine seit Jahren ungefähr konstante Mitgliederzahl von 50. Der Mitgliedsbeitrag beträgt 40 Kronen im Jahr. Eine ordentliche Mitgliederversammlung findet jedes Jahr im Herbst statt. Der Vorstand besteht aus 7 Mitgliedern; auf den jährlichen Mitgliederversammlungen werden abwechselnd 3 bzw.4 Vorstandsmitglieder neu gewählt, so daß nicht der gesamte Vorstand auf einen Schlag abgewählt werden kann - eine Regelung, die im übrigen auch bei vielen lokalen Bürgervereinen üblich ist. Der Dorfverein für die Gemeinde Tinglev ist im übrigen Mitglied des landesweiten Dorfverbandes L.A.L. (Landsforeningen af Landsbysamfund).

5.1.4 Der Dorfbeirat

Eine weitere Möglichkeit, dörfliche Belange in der Kommunalpolitik zur Geltung zu bringen, stellt die Etablierung eines den Gemeinderat in Dorffragen beratenden Beirates dar. Eine derartige Initiative wurde in der rd. 24.000 Einwohner zählenden Limfjord-Inselgemeinde Morsø (Viborg amt) ins Leben gerufen, worüber nachfolgend mehr berichtet werden soll. Interessant ist dieses Beispiel darüber hinaus, weil die Initiative hier direkt vom Gemeinderat ausgegangen ist.

Bereits im Jahr 1976 wurde in der Zeitschrift DANSKE KOMMUNER (Nr.17 vom 23.8.1976) über den Einsatz der Gemeinde Morsø für ihre Dörfer berichtet. Damals war es vor allem der Kampf der Gemeinde mit der Amtskommune und der Landesplanungsbehörde, die beide eine Entwicklungsmöglichkeit für 16 Dörfer in der Gemeinde für unrealistisch hielten. Bis in die Gegenwart ist in der Gemeinde Morsø eine verhältnismäßig dezentrale Infrastrukturausstattung vorzufinden, was sich z.B. deutlich in der hohen Zahl von 17 kommunalen Grundschulen (darunter 4 mit "Überbau") und 3 Freischulen zeigt.

Der Vorschlag zur Einrichtung eines Dorfbeirates (landsbyudvalget) geht nach einer Meldung im MORSØ FOLKEBLAD vom 30.7.1987 auf einen Vorschlag von Bürgermeister Knud Erik JENSEN zurück, den dieser auf einem Treffen zwischen Kommunalpolitikern und Vertretern der Bürger- und Bewohnervereine unterbreitet hatte. Der Gemeinderat erhob diesen Vorschlag in seiner Sitzung vom 3.8.1987 zum förmlichen Beschluß. Laut Geschäftsordnung besteht der Ausschuß aus 5 Mitgliedern. Jeweils 2 Mitglieder werden von den Bewohnervereinen der früheren Nord- bzw. Süd-Harde und ein Mitglied vom Gemeinderat gewählt. In erster Linie soll der Ausschuß als Bindeglied zwischen lokalen Bürger- und Bewohnervereinen und Gemeinderat dienen. Weiterhin soll er laut Geschäftsordnung vor allem
- die örtlichen Wünsche und Vorschläge weiterleiten,

- Ideen zu entwickeln, die eine weitergehende Stagnation in den Dörfern verhindern,
- Bürger und Vereine in der Formulierung von Programmentwürfen usw. unterstützen,
- die Gesetzgebung verfolgen, die von besonderer Bedeutung für die kleinen Siedlungen sein könnte, so vor allem Änderungen des Zonengesetzes,
- Projekte formulieren, die zur Sicherung der Lebensbedingungen in den Dörfern und eines größeren Einflusses auf die Kommunal- und Lokalplanung beitragen können, wobei insbesondere eine Unterstützung aus dem 7-Millionen-Kronen-Fonds der Landesplanungsbehörde ins Auge gefaßt ist.

In seiner konstituierenden Sitzung vom 10.12.1987 verabschiedete der Dorfbeirat die Geschäftsordnung und stieg nach den üblichen Formalien unmittelbar in die Beratungen ein, wobei unter anderem folgende Tagesordnungspunkte behandelt wurden:
- Der Bürgermeister, der als Vertreter des Gemeinderates in den Beirat gewählt worden war, berichtete über die Aktivitäten der Gemeinde im Wohnungsbau, u.a. über die geplante Errichtung von Wohnungen für ältere Bürger in 2 Dörfern.
- Es wurde beschlossen, für die nächste Sitzung den Schulrat der Gemeinde zu einem Bericht über das Programm zur Weiterentwicklung der Volksschule (vgl. hierzu 5.4.1) einzuladen.
- Es wurde vereinbart, einen Vertreter der Landesplanungsbehörde als Referenten über den 7-Millionen-Fonds einzuladen.
- Der Bürgermeister informierte über EG-Mittel zur Unterstützung der Fischerei.

Die Arbeit des Beirates wurde in MORSØ FOLKEBLAD enthusiastisch gewürdigt - endlich, so die Zeitung am 30.12.1987, sei Schluß mit bloßen Sympathiebekundungen, nun würde ein konkreter Handlungsplan für die Rettung der Dörfer erarbeitet.

5.1.5 Der Lokalrat

Zu einer der wichtigsten Fragen in der Diskussion um eine verstärkte lokale Mitbestimmung ist im vergangenen Jahrzehnt die Einführung von Lokalräten (lokalråd) avanciert. Hierunter sind nach der Definition einer offiziellen Denkschrift zur "direkten Demokratie in der Gemeinde" aus dem Jahr 1977 ("Kommunalt nærdemokrati", Betænkning Nr. 798, S. 128) Organe mit mehr oder minder genereller Kompetenz hinsichtlich der kommunalen Angelegenheiten innerhalb eines geographisch abgegrenzten Teils einer Gemeinde zu verstehen.

Obwohl das Problem der Einführung von Lokalräten namentlich in den größeren Städten bereits sehr früh diskutiert wurde. (u.a.war eine diesbezügliche Forderung im Jahr 1969 von der Sozialistischen Volkspartei vergeblich bei kommunalen Neugliederung im Bereich der Städte Århus, Odense und Ålborg erhoben worden), beschränken sich die nachfolgenden Ausführungen weitestgehend auf die Problemlage in den Dörfern. Bezüglich der Erfahrungen im großstädtischen Bereich sei hier beispielhaft auf den Bericht von ANDERSEN & PETERSEN (1979) über die Arbeit des Lokalrates im Südwestviertel der Stadt Kopenhagen verwiesen.

Es liegt auf der Hand, daß die räumliche Interessensphäre von Lokalräten im ländlichen Raum wie bei den Bürger- und Bewohnervereinen in der Regel das Kirchspiel ist. Auch die mit der Errichtung der Lokalräte verfolgte Zielsetzung, nämlich die wirksame Artikulierung lokaler Interessen gegenüber der Gemeinde und anderen Behörden sowie die Intensivierung des Informationsaustauschs in beide Richtungen, ist grundsätzlich bei Vereinen und Lokalräten identisch.

Ein wesentlicher Grund für die Wahl der Bezeichnung "Lokalrat" auch bei nicht gesetzlich legitimierten Gremien liegt sicherlich darin, den Anspruch auf lokale Selbstverwaltung deutlich zu demonstrieren. Es ist jedoch nicht zu übersehen, daß die Grenze zwischen Bürger- bzw. Bewohnervereinen einerseits und auf örtliche Initiative geschaffenen, d.h.mit keiner formalen Kompetenz ausgestatteten Lokalräten andererseits fließend ist.

Eine erste Systematisierung der verschiedenen Formen von Lokalräten hat PEDERSEN (1971, 62) unternommen. Es erscheint heute aus einer Reihe von Gründen sinnvoll, eine etwas geänderte Klassifizierung vorzunehmen, wobei unter anderem Bürger- bzw.Bewohnervereine, die sich in der Regel direkt aus den Beiträgen ihrer Mitglieder finanzieren, hier nicht als spezielle Form des Lokalrates angesehen werden. Auch die in der genannten Denkschrift aus dem Jahr 1977 (Betænkning Nr. 798) vorgenommene Untergliederung lediglich in direkt von der Bevölkerung gewählte Lokalräte und indirekt vom Gemeinderat gewählte Lokalausschüsse erscheint nicht ausreichend. Vielmehr wird in den folgenden Ausführungen von 4 verschiedenen Typen des Lokalrates ausgegangen:

1. Der offiziell legitimierte, direkt gewählte Lokalrat: Dieser auch von PEDERSEN herausgearbeitete Typ geht innerhalb eines bestimmten Teilgebietes einer Gemeinde aus einer direkten Wahl hervor. Er besitzt bestimmte "verbriefte" Rechte zur Mitwirkung an der kommunalen Selbstverwaltung, insbesondere ein Anhörungs- und Antragsrecht, sowie eine gewisse Finanzausstattung. Seit der Veröffentlichung PEDERSENs hat sich nichts daran geändert, daß dieser Typus in Dänemark nicht vertreten ist.

2. Der offiziell legitimierte, indirekt besetzte Lokalrat: Bei diesem (von PEDERSEN nicht gesondert herausgestellten) Typ werden bestimmte Befugnisse offiziell vom Gemeinderat auf Lokalräte verlagert, die jedoch nicht unmittelbar von der Bevölkerung gewählt werden. Dieser Typ wird zur Zeit in der Gemeinde Herlev erprobt. Wegen des grundsätzlichen Interesses wird auf diesen Versuch unten vertieft eingegangen, obwohl diese Gemeinde im Verdichtungsraum Kopenhagen liegt.

3. Der selbsternannte, direkt gewählte Lokalrat: Auch dieser Typ ist bei PEDERSEN nicht vorgesehen, wobei es seinerzeit auch noch keine praktischen Beispiele hierfür gab. Dieser Typ wird wie der Typ 1 direkt von der Bevölkerung gewählt, was aus praktischen Gründen meist zum gleichen Zeitpunkt wie die "offizielle" Kommunalwahl geschieht. Die Mitglieder dieses Lokalrats sind also demokratisch ebenso legitimiert wie diejenigen des Typs 1, allerdings muß die Frage, ob und in welchem Umfange die Gemeinde zu einer Zusammenarbeit bereit ist, jeweils im Einzelfall individuell geklärt werden. Im Gegensatz zum Typ 1 stehen diesem Typ in der Regel keine Gelder aus dem kommunalen Haushalt zur Verfügung.

4. Der selbsternannte, indirekt besetzte Lokalrat: Hier werden die Mitglieder des Lokalrates von den örtlichen Vereinen und Interessengruppen entsandt, die in der Regel auch die Arbeit des Lokalrates gemeinsam finanzieren. Diese Organisationsform ist eng verwandt mit der des oben unter 5.1.1 erwähnten Kirchspielsvereins in der Gemeinde Haderslev, der ebenfalls als Koordinierungsgremium der lokalen Vereine fungiert. Im Gegensatz zu diesem hat jedoch der Lokalrat des Typs 4 einen deutlich "parlamentarischeren" Charakter, was sich u.a.durch regelmäßige Sitzungen mit Tagesordnung, Beschlüssen etc. ausdrückt.

Eine genaue Übersicht, wie viele Lokalräte sich in Dänemark bereits konstituiert haben, gibt es nicht. Dieses Phänomen wurde bereits 1971 von PEDERSEN kritisiert, doch liegt es sicherlich in der "inoffiziellen" Organisationsform der Lokalräte der überwiegend anzutreffenden Typen 3 und 4 begründet. Ein Teil der Lokalräte ist, ebenso wie ein Teil der Bürger- und

Bewohnervereine, in einem der beiden landesweiten Dorfverbände organisiert. PEDERSEN kritisiert in seiner Veröffentlichung aus dem Jahr 1971 die geringe Unterstützung, die der Gedanke des Lokalrates seinerzeit fand. Außerhalb der Hauptstadtregion, wo damals 12 Lokalräte vom Typ 4 bestanden, hat es nach PEDERSEN damals nur ganz vereinzelt Lokalräte gegeben, und bei diesen herrschte seinerzeit breite Enttäuschung vor, da aus den vor der kommunalen Gebietsreform entstandenen Plänen zur Koordinierung der Arbeit nichts geworden sei.

In einem Aufsatz aus dem Jahr 1975 setzen sich BROBERG & RASMUSSEN engagiert für die Schaffung von Lokalräten ein. Sie gestehen zwar zu, daß durch die Gemeindereform eine Reihe von Problemen gelöst worden sei, weisen aber auch darauf hin, daß diese auch neue Probleme geschaffen habe. Das wichtigste dieser Probleme sei, daß der Abstand zwischen Bürgern und Gemeinde deutlich vergrößert worden sei, wodurch der einzelne Mensch geringere Möglichkeit zur Beeinflussung der Gesellschaftspolitik zu haben glaube. Nach BROBERG & RASMUSSEN (1975, 125) muß die Bildung spontaner Gruppen zu Umwelt-, Wohnungs- oder Verkehrsfragen als Reaktion auf den vergrößerten Abstand zwischen den politischen Instanzen und dem einzelnen Individuum gesehen werden - ohne Zweifel seien Bewohnergruppen und Lokalräte Ausdruck für den Bedarf nach einer Organisationsform im Bereich der unmittelbaren lokalen Gemeinschaft. Die Verfasser schlagen vor, daß diese spontane Bildung von Kleingruppen durch einen systematischen Aufbau von Lokalräten innerhalb der Gemeinden "unterstützt und kanalisiert" werden solle. Zur Begründung für den Bedarf nach besonderen Organen für die lokale Gemeinschaft führen BROBERG & RASMUSSEN weiterhin an, daß die bisherigen Erfahrungen mit lokalen Gruppen gezeigt hätten, daß durch diese das Interesse an der Gesellschaft sowie das Verständnis für kollektive Aufgaben und die Werte der Gemeinschaft gestärkt wird. In der Schaffung von Lokalräten liege also eine Möglichkeit, "die Lust und das Interesse des Individuums zu vergrößern, am politischen Leben der Gesellschaft teilzunehmen und damit die Selbstbespiegelung im Bereich des Individuums oder der Kleinfamilie zu beseitigen" (BROBERG & RASMUSSEN, 1975, 125). Was diesen Vorschlägen jedoch erst eine ganz besondere Brisanz verleiht, ist die Tatsache, daß sie auf einem Diskussionspapier des Wohnungsausschusses der Sozialdemokraten vom Dezember 1974 beruhen. Auch wenn sich diese Gedanken offenbar in den folgenden Jahren innerhalb der Partei nicht durchsetzen konnten, liegt hiermit doch ein Beleg dafür vor, daß zumindest Teile dieser den Gedanken der Dorfbewegung überwiegend reserviert gegenüberstehenden Partei (vgl. hierzu Kap. 4.5) das von THYGESEN (1978, 46) betonte demokratische Anliegen auch ländlicher lokaler Gruppen erkannt haben.

Es war auch ein sozialdemokratischer Innenminister, der am 26.8.1975 eine Arbeitsgruppe einsetzte, welche diejenigen Probleme mit direkter Demokratie untersuchen sollte, die sich im Zusammenhang mit der Kommunalreform in der kommunalen Praxis und in der öffentlichen Diskussion aufgetan hatten. In ihrer im März 1977 vorgelegten Denkschrift ("Kommunalt nærdemokrati", Betænkning Nr. 798) widmet sich die Arbeitsgruppe in Kapitel 10 ausführlich dem Problemfeld "Lokale Räte".

Obwohl auch die Arbeitsgruppe einräumt, daß die Zusammenlegung von Gemeinden zu einem geringeren Kontakt zwischen Wählern und Gewählten geführt habe und einzelne Gebiete innerhalb einer Gemeinde das Gefühl haben könnten, daß gerade ihre Interessen nicht in ausreichendem Maße berücksichtigt werden, verteidigt die Arbeitsgruppe doch die Vorteile der Kommunalreform. Sowohl unter Gleichheitsgesichtspunkten (gleiches Dienstleistungs- und Steuerniveau für die Bürger innerhalb einer Gemeinde) als auch unter planerischen Aspekten habe die Kommunalreform Vorteile gebracht; insbesondere aber sei durch die Vergrößerung der Gemeinden erst die Voraussetzung geschaffen worden, Aufgaben vom Staat und den Amtskommunen auf die Gemeinden zu verlagern, wodurch die Aufgaben näher am Bürger gelöst würden als vor 1970 (Betænkning Nr. 798, S. 128). In ihrer Abwägung kommt die Arbeitsgruppe zu dem Ergebnis, daß die Etablierung von direkt gewählten Lokalräten mit selbständigen Kompetenzen auf einer besonderen gesetzlichen Grundlage nicht wünschenswert sei, da hierdurch eine neue kommunale Ebene geschaffen werde und die nach Ansicht der Kommission wesentlichen Vorteile der Kommunalreform verlorengingen. In einem Minderheitsvotum, das u.a. vom damaligen Oberbürgermeister von Kopenhagen, Egon WEIDEKAMP abgegeben wurde, wird allerdings die Einrichtung von Lokalräten in Kopenhagen als nützlich und sinnvoll bezeichnet, weswegen die Minderheitsgruppe auch konkrete Ausgestaltungsvorschläge für diese Lösung unterbreitet.

Keinerlei rechtliche und organisatorische Probleme sieht die Arbeitsgruppe für die Einrichtung von "Lokalausschüssen", die vom Gemeinderat gewählt werden und sowohl beratende Funktion als auch vom Gemeinderat delegierte Beschlußkompetenzen haben könnten (Betænkning Nr. 798, S. 142). Die Arbeitsgruppe legt allerdings großen Wert auf das Freiwilligkeitsprinzip bei der Einrichtung von Lokalausschüssen - eine generelle Regelung für alle Gemeinden lehnt sie ab. Als Begründung hierfür führt sie u.a. an, daß die Einrichtung von Lokalräten auch zu einer Formalisierung der Gesellschaftsstruktur führen könne - insbesondere sieht die Arbeitsgruppe die Gefahr, daß die unmittelbare und spontane Initiative von Bürgern dadurch gehemmt werden könne (Betænkning Nr. 798, S. 143).

Trotz dieser "Absage", welche die Arbeitsgruppe in ihrer Denkschrift der Einführung direkt gewählter Lokalräte erteilt hat, wird vom Dorffunktionär Carsten ABILD (LID) bis heute die Idee direkt gewählter Lokalräte vehement vertreten und deren gesetzliche Legitimierung gefordert. Zum "Modellfall" für die Idee ABILDs wurde das Kirchspiel Vejstrup in der Gemeinde Christiansfeld (Sønderjyllands amt). Wie der Vorsitzende des Bürgervereins und einer der Initiatoren des dortigen Experiments, Johan HJELM, der Zeitschrift DANSKE KOMMUNER (Heft Nr. 12 vom 11.6.1980, S. 18) berichtete, war die Idee zur Wahl eines Lokalrates auch ohne gesetzliche Grundlage im Anschluß an einen Vortrag von ABILD geboren worden. Der Vorstoß in Vejstrup wurde von den Medien begeistert aufgegriffen; so berichtete etwa das auflagenstarke Boulevardblatt B.T. unter der Schlagzeile "Tausende fühlen sich vergessen" über die Vorgänge. Im Frühjahr 1980 wurde die Wahl des ersten direkt gewählten, dem Typ 3 zuzuordnenden Lokalrates, der hier allerdings die Bezeichnung "Kirchspielsversammlung" (sogneforsamling) bekam, vorbereitet. Gegenüber B.T. äußerte sich auch der sozialdemokratische Innenminister Henning RASMUSSEN positiv über das Vorhaben: "Es ist ganz natürlich, daß Bürger, die den täglichen Kontakt mit dem Gemeinde- bzw. Stadtrat vermissen, eine Art Kirchspielsrat einrichten. Dies bedeutet, daß die Bürger in den Randbereichen der Gemeinden in weitaus höherem Grad in den Beschlußprozessen zu Rate gezogen werden." Nachdem die Wahl im April durchgeführt wurde und die Kirchspielsversammlung am 1.6.1980 zum ersten Mal zusammengetreten war, wurde das "Modell Vejstrup" vor allem vom Dorfverband LID und seinem Vorsitzenden Carsten ABILD kräftig proklamiert. Zwar war die von FYENS STIFTSTIDENDE am 8.4.1980 geäußerte Vermutung, daß bereits bei der Kommunalwahl 1981 überall im Lande derartige Versammlungen gewählt würden, etwas voreilig, doch die Diskussion zu diesem Thema war heftig entbrannt.

Als aktiver Fürsprecher der Lokalräte erwies sich schon rasch die Venstre, wobei die Zugehörigkeit ABILDs zu dieser Partei sicher kein Zufall ist. Während der Wahlvorbereitungen in Vejstrup veröffentlichte die Jugendorganisation der Venstre (VU) Anfang 1980 ein ausführliches Diskussionspapier über direkt gewählte lokale Räte ("Folkevalgte sogneråd - For aktivt nærdemokrati"). Zusammenfassend kommt die VU u.a. zu der Feststellung, daß der Kontakt zwischen den gewählten Kommunalpolitikern und den Bürgern und Vereinen schlecht sei, daß Bedarf für ein direkt gewähltes Organ bestünde, welches die lokalen Wünsche mit breiter Rückendeckung an den Gemeinderat weiterleitet, und daß ein bürgernahes Gegengewicht zu dem steigenden Einfluß der Verwaltung notwendig sei. Auf längere Sicht sei es deswegen aus der Sicht der VU erforderlich, Kirchspielsräte in sämtlichen Gemeinden zu etablieren. Diese sollten sich mit lokalen Fragen beschäftigen und eine beratende Funktion gegenüber dem Gemeinderat in den Angelegenheiten haben, die das Kirchspiel unmittelbar angingen, z.B. Straßenbau, ÖPNV, Schulbusse, Umweltschutz, Dorfgemeinschaftshaus usw. An den Gesetzgeber appelierte VU in diesem Zusammenhang, eine gemeindliche Anhörungspflicht dieser lokalen Räte einzuführen.

ABILD selbst ging nun daran, durch direkte Ansprache von Landespolitikern den Boden für eine derartige landesweite Regelung zu bereiten. Im März 1980 überreichte er als Vorsitzender des LID dem Umweltminister Erik HOLST einen Bericht über "Das Kirchspiel in der Großgemeinde" (Sognet i storkommunen), in dem er u.a. auf die seitens des LID gewährte Unterstützung für das Kirchspiel Vejstrup hinwies. Zum Jahresbeginn 1981 richtete er ein Schreiben an Innenminister RASMUSSEN, in dem er unter anderem die Einsetzung einer Arbeitsgruppe zum Thema "Lokalräte" sowie einen Versuch mit 10 direkt gewählten Lokalräten vorschlug.

Trotz des Presseechos, das die Initiative in Vejstrup und der Vorschlag ABILDs fanden, kam das Thema auf Landesebene nicht entscheidend voran. Erstaunlicherweise wurde das Thema sogar zum Streitpunkt zwischen den beiden sich damals recht reserviert gegenüberstehenden Dorfverbänden LID und L.A.L. Mit deutlicher Anspielung auf Carsten ABILD führte der Vorsitzende des L.A.L., Ole GLAHN, auf der Generalversammlung seines Verbandes Ende 1980 aus, daß manche offenbar meinten, man könne die Probleme der Dörfer durch die Wiedereinführung der Kirchspielsräte lösen. GLAHN sah vielmehr in dem Versuch, landesweit derartige lokale Räte gesetzlich einzuführen, deutliche Gefahren. Vor allem befürchtete er, daß die Bevölkerung mehr von diesen Organen erwarten würde als diese tatsächlich leisten könnten, da sie keine echten Befugnisse erhielten, sondern das politische System lediglich komplizierter gestalteten. GLAHN betonte aber auch, daß er nicht das individuelle Experimentieren mit derartigen Organen in einzelnen Kirchspielen generell verurteilte. Nur den Versuch, alle Dörfer "über einen Kamm zu scheren", hielt er mit den Zielen der Dorfbewegung für unvereinbar - ähnlich wie die Verfasser der Denkschrift zur direkten Demokratie befürchtet GLAHN, daß eine generelle Einführung von Lokalräten per Gesetz die örtlichen Initiativen von Bürgern eher verhindere als begünstige.

Angesichts GLAHNs Mitarbeit in der Dorfkommission, über die in Kapitel 4.6 ausführlich berichtet wurde, verwundert kaum, daß sich auch diese Kommission in dem im Mai 1981 veröffentlichten Band 5 ihrer Denkschrift bezüglich lokaler Räte außerordentlich zurückhaltend äußert. Die Dorfkommission, die über weite Strecken lediglich die Ergebnisse der Arbeitsgruppe zur direkten Demokratie referiert, kommt unter anderem zu folgenden Empfehlungen (Betænkning Nr. 930, S. 64 f.):
- Für die verschiedensten Einrichtungen der Gemeinden sollen auf der Grundlage vorhandener

116

Gesetze beratende Organe geschaffen werden, die in erster Linie als Foren zum Meinungs- und Informationsaustausch zwischen Nutzern dieser Einrichtungen und Gemeinderat dienen sollen.

- In bestimmten Fällen kann nach Auffassung der Dorfkommission der Kontakt zu den Bürgern eines Gebiets (z.B. einer Insel, eines Sommerhausgebiets oder eines Dorfes) dadurch verbessert werden, daß der Gemeinderat sein im Kommunalgesetz verankertes Recht zur Einsetzung beratender Ausschüsse wahrnimmt. Die Mitglieder eines solchen Ausschusses bzw. Rates müßten nicht unbedingt dem Gemeinderat angehören, sondern könnten beispielsweise auf Vorschlag der örtlichen Bewohnervereine gewählt werden.
- Als besonders wichtig erachtet die Dorfkommission die Verbesserung der Kommunikation zwischen den Gemeinden und ihren Bürgern, z.B. durch Arbeitsgruppen und Studienkreise oder durch vom Gemeinderat eingesetzte ad-hoc-Ausschüsse.

Abschließend kommt die Dorfkommission zu der Einschätzung, daß es kaum der formale Rahmen sei, der über die Entfaltungsmöglichkeiten direkter Demokratie entscheidet, sondern daß sowohl bei den Bürgern als auch beim Gemeinderat der Wille und der Wunsch zur Zusammenarbeit vorhanden sein müsse (Betænkning Nr. 930, S. 65).

Die Diskussion um die Lokalräte griff auch die Zeitschrift des Dänischen Gemeindeverbandes, DANSKE KOMMUNER, in ihrer Ausgabe vom 19.8.1981 (Heft 17/1981) auf; zu Wort kamen hier neben Carsten ABILD und Ole GLAHN auch der stellvertretende Vorsitzende des Gemeindeverbandes, Hans BRUSGAARD (Konserv. Volkspartei). Während ABILD seine Forderung wiederholte, direkt gewählte Lokalräte auf eine gesetzliche Grundlage zu stellen, bezeichnete GLAHN dieses Vorhaben für den Fall seiner Realisierung schlichtweg als Unglück. Auch BRUSGAARD lehnte eine formalisierte Regelung ab, unterstützte jedoch Lokalräte auf freiwilliger Basis.

Zwar konnte bei der Kommunalwahl im November 1981 der ursprüngliche Plan ABILDs, in allen Gemeinden des Landes gleichzeitig Lokalräte zu wählen, nicht realisiert werden, doch zumindest in einem Stimmbezirk, nämlich Silkeborg-Ost, zu dem die Dörfer Linå, Laven, Mollerup und Hårup gehören, hatten die Bürger die Möglichkeit, etwas abseits der offiziellen Wahllokale in eigens hierfür aufgestellten Bau- und Campingwagen ihre Stimme für den Lokalrat abzugeben. Nach PEDERSEN (1983, 166) haben ca. 50 % der ca. 1.200 Wahlberechtigten dieses Bezirks von dieser Möglichkeit Gebrauch gemacht. PEDERSEN (1983, 166-169) sowie RASMUSSEN & JAKOBSEN (1983, 119-122) berichten ausführlich über die Arbeit des siebenköpfigen Lokalrates, der keinerlei offizielle Kompetenzen besitzt. Auch wenn es keinen formalisierten Kontakt zur Gemeinde gibt, benutzt die Gemeinde den Lokalrat doch als Ansprechpartner bei lokalen Angelegenheiten. Die Arbeitsgebiete des Lokalrates (z.B. Schulstandorte, Kommunalplanung, Wohnungsbau, Schulbusfahrplan) unterscheiden sich nicht wesentlich von denjenigen anderer lokaler Vereinigungen, über die oben berichtet wurde. Finanziert wird die Arbeit des Lokalrates aus Überschüssen bei örtlichen Veranstaltungen.

Nachdem in Vejstrup und im Ostteil der Gemeinde Silkeborg zwei direkt gewählte Lokalräte etabliert worden waren, setzte sich die Diskussion über das Thema fort. In einem Beitrag für die L.A.L.-Zeitschrift LANDSBYEN spricht sich STAVNAGER im Februar 1982 vehement für die Schaffung lokaler Räte aus, für die er auch die Bezeichnung "Dorfräte" verwendet. Hauptargument auch hier ist, daß "die da oben" - gemeint sind die staatlichen Organe und die Parteien - die echten Bedürfnisse "hier unten" gar nicht kennen. STAVNAGER äußert sich zwar nicht zu der Frage, ob derartige Räte formalisiert, d.h. etwa im Zusammenhang mit der Kommunalwahl, gewählt werden sollten - da er sich aber dafür einsetzt, daß die lokalen Aufgaben auf der Ebene von Graswurzelbewegungen gelöst werden sollten, ist anzunehmen, daß er einer solchen formalisierten Wahl skeptisch gegenübersteht.

Nachdem sich der LID-Vorsitzende ABILD weiterhin nachdrücklich für die Einführung direkt gewählter Lokalräte engagiert hatte, u.a. im Jahr 1982 durch einen ausführlichen Beitrag, der in mehreren Tageszeitungen erschien (z.B. in JYDSKE TIDENDE, 27.3.1982), kam sein Anliegen in den Jahren 1983/84 wieder einen Schritt voran, als in der im südlichen Teil Fünens gelegenen Gemeinde Faaborg - mit Inspiration und Unterstützung von ABILD - gleich zwei Lokalräte des Typs 3 gewählt wurden. Die Konstituierung des ersten Lokalrates im Kirchspiel Brahetrolleborg erfolgte sogar in Anwesenheit des gesamten Stadtrates von Faaborg sowie des Amtsbürgermeisters und fand ein reges Echo in der Öffentlichkeit.

Erstmals mit offizieller Legitimation "von höchster Stelle" wurden Lokalräte - nunmehr vom Typ 2 - im Sommer 1986 in der Gemeinde Herlev etabliert. Wie oben schon angekündigt, soll dieser Versuch etwas näher vorgestellt werden, obwohl die Gemeinde Herlev im Verdichtungs-raum Kopenhagen liegt.

Die Gemeinde Herlev ist eine von insgesamt 27 sogenannten "Freikommunen" (frikommuner), die von der Regierung im Januar 1985 ausgewählt wurde. Mit diesem Freikommunen-Versuch in Dänemark (der von entsprechenden Erfahrungen in Schweden profitieren konnte) sollten neue Wege der Verwaltung erprobt werden, indem Gemeinden und Amtskommunen für be-stimmte Projekte von den allgemeinen gesetzlichen Regelungen suspendiert werden (vgl. hierzu SCHOU 1986 und MADSEN & SCHOU 1986). Die Gemeinde Herlev hatte sich vor allem wegen des Lokalrat-Projekts um die Teilnahme am Freikommunen-Versuch beworben, das zuvor in der Gemeinde schon gründlich vorbereitet worden war. Der Versuch selbst startete zum 1.8.1986 mit der Einführung von Lokalausschüssen (lokaludvalg) in 2 Gebieten im Norden der Gemeinde. Es handelt sich hierbei um das Gebiet Hjortespring sowie ein größeres Gebiet mit sozialem Wohnungsbau, Lille Birkholm. Beide Gebiete haben jeweils zwischen 5.000 und 6.000 Einwohner; die gesamte Gemeinde hat 27.200 Einwohner. Die Organisations- und Kompetenzstruktur der Lokalausschüsse soll kurz in Anlehnung an einen Aufsatz des Bürger-meisters von Herlev, Ib JUUL, aus dem Jahr 1987 aufgezeigt werden.

Ein Lokalausschuß besteht aus 9 Mitgliedern. Der Gesichtspunkt, daß die Lokalausschüsse die politische Kräfteverteilung im Gemeinderat widerspiegeln sollen, führte zu der Entscheidung, diese Mitglieder nicht direkt von der Bevölkerung, sondern vom Gemeinderat wählen zu lassen. Theoretisch ist es möglich, auch Mitglieder des Gemeinderates in die Lokalausschüsse zu entsenden, doch besteht eine stillschweigende Vereinbarung, dies nicht zu tun. Alle Mitglieder des Lokalausschusses sollen ihren Wohnsitz im jeweiligen Gebiet haben und sich bereits in Tätigkeiten für die Gemeinschaft (z.B. in Vereinen) profiliert haben; darüber hinaus sollten Geschlechter, Altersgruppen usw. möglichst gleichmäßig vertreten sein. Dem Lokalausschuß sind weiterhin 4 "Beobachter" aus den Vereinen des Gebiets zugeordnet. Die Mitglieder des Lokalausschusses erhalten Sitzungsgelder; der Vorsitzende bezieht 10 % der Vergütung des (hauptamtlichen) Bürgermeisters.

Der Lokalausschuß in der Gemeinde Herlev entspricht in seiner rechtlichen Konstruktion im wesentlichen dem von der Arbeitsgruppe für direkte Demokratie und von der Dorfkommission

118

vorgeschlagenen Modell. Da die Einrichtung eines solchen Ausschusses durch den Gemeinderat im Grundsatz bereits nach geltendem Recht möglich ist, hätte es hierfür nicht unbedingt des Freikommunenversuchs bedurft. Offenbar war es der relativ große Umfang der in Herlev auf die Lokalausschüsse delegierten selbständigen Befugnisse, die dem Gemeinderat eine "Absicherung" durch die Regelungen des Freikommunen-Projektes als geraten erscheinen ließ. So war es auch die Frage der Rechtssicherheit, die zu der Regelung führte, daß jedes Mitglied des Lokalausschusses die Durchführung eines Beschlusses aussetzen kann, indem er auf die Einbringung der betreffenden Angelegenheit in den Gemeinderat besteht. In dem Anliegen, das Risiko derartiger "Widerspruchsverfahren" gering zu halten, sieht JUUL im übrigen auch eine wesentliche Begründung dafür, daß die Lokalausschüsse die politischen Kräfteverhältnisse des Gemeinderates widerspiegeln sollen.

Völlig selbständige Befugnisse haben die Lokalausschüsse in den Sachbereichen technische Verwaltung, Umweltschutz, Schule und Freizeit sowie Kultur und Soziales; hierzu seien folgende Einzelbeispiele genannt:
- Lokalpläne, soweit sie Wohngebiete betreffen,
- Dispensationen von Lokalplänen bei Wohnnutzung,
- Verkehrsberuhigung, ÖPNV etc.,
- Verteilung der Schulstunden auf die einzelnen Klassen,
- Anschaffung von Unterrichtsmitteln,
- Unterhaltung der Schulgebäude und -gelände,
- Vorschläge für die Ernennung von Schulleitern,
- Öffnungszeiten der sozialen Einrichtungen,
- Anstellung der Leiter sozialer Einrichtungen.

Zur Unterstützung seiner Tätigkeit steht jedem Lokalausschuß eine halbe Sekretariatsstelle sowie ein Büromitarbeiter zur Verfügung, für die ein gemeinsames Büro im jeweiligen Gebiet eingerichtet wurde. Die eigentliche Sachbearbeitung und die Ausführung der Beschlüsse wird jedoch weiterhin von der Gemeindeverwaltung durchgeführt, so daß eine Dezentralisierung der Rathausverwaltung nicht erfolgt ist.

Neben der Stärkung der direkten Demokratie sieht JUUL (1987, 26) in der Einrichtung der Lokalausschüsse auch die Möglichkeit, einer zunehmend sektoralen Sichtweise zu begegnen; die Lokalausschüsse hätten die Möglichkeit, ihre Beschlüsse aus einem "ganzheitlichen" Blickwinkel zu treffen. In einer ersten Bilanz zeigt sich JUUL überzeugt, daß mit der Einrichtung von Lokalausschüssen die Nachteile der Gemeindegebietsreform beseitigt werden können, ohne deren "große Vorteile" zu gefährden. JUUL räumt zwar selbst ein, daß Herlev nicht die ideale Gemeinde zur Erprobung der Lokalausschüsse darstelle, da die Gemeinde flächenmäßig eine der kleinsten des Landes und kein "Kunstprodukt" der Gebietsreform sei, doch ist er überzeugt davon, daß auch andere Gemeinden wichtige Informationen über die praktische Durchführbarkeit einer derartigen Regelung erhalten können. Eine Untersuchung des Forschungsinstituts der Gemeinden und Amtskommunen (AKF) über die Erfahrungen mit der Arbeit der Lokalausschüsse soll demnächst vorgelegt werden.

Auch wenn der in der Gemeinde Herlev laufende Versuch sicher einen positiven Ansatz in Richtung auf eine Dezentralisierung von Beschlüssen und Verantwortung in der Kommunalpolitik darstellt, so ist doch zu fragen, ob dieses Modell ohne weiteres auf Landgemeinden übertragen werden kann. Wie unter 5.1.6 noch näher ausgeführt wird, gibt es dort eine starke Tradition für überparteiliche, an den lokalen Aufgaben orientierte Arbeit. "Parteipolitik" auf lokaler Ebene wird gerade in vielen Dörfern skeptisch betrachtet. In dieser Tatsache liegt übrigens eine weitere Begründung für die Ablehnung formalisierter Lokalratswahlen durch den L.A.L.-Funktionär Ole GLAHN. Wie er gegenüber dem Verfasser ausführte, befürchtet er die Übertragung parteipolitischen Proporz- und Prestigedenkens auch auf den lokalen Bereich, da sich die Parteien bei formalen Listenwahlen zwangsläufig gefordert fühlen würden.

Um zu zeigen, daß die Überparteilichkeit als tragendes Element lokalpolitischer Arbeit durchaus zu sehr positiven Ergebnissen führen kann, sollen hier Organisation und Aktionsfelder des Lokalrates Sinding-Ørre (Gemeinde Herning, Ringkøbing amt) etwas näher vorgestellt werden.

In Sinding-Ørre haben mit Wirkung zum 1.1.1988 17 örtliche Vereine auf eigene Initiative und ohne gesetzliche Legitimation einen Lokalrat gebildet. Neben dem Vorstand des Bürgervereins haben sämtliche lokale Institutionen und Vereine (inzwischen sind es 21) die Möglichkeit, im Lokalrat vertreten zu sein, der damit dem Typ 4 zuzuordnen ist. Neben den beiden örtlichen Schulen, der Kirchengemeinde und dem Versammlungshaus sind die klassischen Sport- und Freizeitvereine, aber auch Ortsvereine der politischen Parteien (Sozialdemokraten und Venstre) und andere Vereinigungen repräsentiert. Die beiden lokalen Mitglieder des Gemeinderates von Herning haben ein Anhörungsrecht.

Gemäß Geschäftsordnung (Vedtægter for Lokalråd for Sinding-Ørre) ist es das Hauptziel des Lokalrates, an der Wahrnehmung der Interessen des Gebietes gegenüber den Behörden mitzuwirken. Außerdem soll der Lokalrat die Initiative zur Lösung gemeinsamer Aufgaben ergreifen sowie das Zusammengehörigkeitsgefühl stärken. Der Lokalrat will aktiv an der Entwicklung des Gebietes mitwirken und dafür sorgen, daß zukünftige Lokalpläne die verschiedensten Interessen (Wirtschaft, Dienstleistungen, Mietwohnungen, Einzelhausbebauung, soziale Einrichtungen, Freiflächen usw.) berücksichtigen. Nach außen wird der Lokalrat durch den Vorstand des Bürgervereins repräsentiert. Aufgabe des Bürgervereins ist es auch, die Tagesordnung für die Lokalratssitzungen zu erstellen (vgl. Abb. 20). Die Tagesordnung wird 8 Tage vor Sitzungstermin versandt. Pro Halbjahr soll mindestens eine Sitzung stattfinden. Beschlüsse werden mit allgemeiner Stimmenmehrheit gefaßt. Finanziert wird die Arbeit des Lokalrates durch private Spenden. Durch die Bildung des Lokalrates ist es in Sinding-Ørre einfacher geworden, die Aktivitäten der Vereine zu koordinieren. Nach Ansicht des örtlichen Stadtratsmitglieds Bernhard LODAHL, einer der Triebkräfte im Bürgerverein, besteht das Geheimnis des Erfolgs in Sinding-Ørre darin, daß alle lokalen Kräfte an einem Strang ziehen. Viele örtliche Gemeinschaftsanlagen und -einrichtungen werden in Eigenarbeit erstellt, wobei eine Vielzahl am Ort vorhandener Talente eingebunden werden kann. Die Gemeinschaftsarbeit hat nicht nur materielle Effekte (Kosteneinsparung), sondern fördert nicht zuletzt die lokale Gemeinschaft, wobei die Einweihung einer gemeinsam erstellten Einrichtung stets mit einem großen Fest gefeiert wird. Großer Wert wird auch auf die Einbeziehung älterer Bürger ins Dorfleben gelegt (persönl. Mitt. Bernhard LODAHL).

Überregionale Anerkennung hat Sinding-Ørre durch seine Biogasanlage erhalten, deren Realisierung ganz wesentlich auf die Tätigkeit des Bürgervereins zurückzuführen ist. Hingewiesen sei hier insbesondere darauf, daß Biogas-Projekte vielerorts gescheitert sind, weil es nicht gelang, die erforderliche Anzahl von Landwirten zur Teilnahme zu bewegen. In Sinding-Ørre, wo ca. 40 Landwirte die Anlage beliefern, muß der erfolgreiche Betrieb der Anlage auch als

120

BORGERFORENINGEN FOR SINDING OG ØRRE

Mandag d. 13 feb. 1989.

Lokalrådsmøde. kl. 19oo.

hos

Dora Hauge,Sofiedal

Torsdag d. 23 feb. 1989.

DAGSORDEN.

1. Godkendelse at referat fra møde 3/11 - 1988.

2. "OMRÅDETS HUS". Det nedsatte udvalg (kvadratmeterudvalget) orienterer.

3. Igangværende tiltag på boligområdet, herunder følgende: Erhvervsgrunde - Andelsboliger - Landbrugsparceller - afsluttende status for almennyttige boliger. Bernhard Lodahl.

4. Eventuelt nyt omkring legeplads i Ørre, ved Lise Middelkamp.

5. 1oo års jubilæet for Ørre Forsamlingshus og Missionshus,ved Jørgen Mortensen, Naturskolen.

6. Orientering om Forsamlingshusets udvidelse, ved Jens Peder Brunbjerg.

7. Velkomstfolder for nytilflyttede i lokalområdet, gennemgang af henvendelser, samt oplæg til generel information for Sinding - Ørre området, ved Jan Jensen.

8. Hvepsereden, valgtidspunkt for repræsentater til bestyrelsen ved Allan Christensen

9. Eventuelt

                                    :

                        Lokalrådet.

N.B.

Forslag til etablering af gang-og kondistier i såvel Sinding som Ørre

Grusgraven ved Åvad   -   Teglværksgraven ved Kroghøj.

Abb. 20: Tagesordnung für eine Sitzung des Lokalrates Sinding-Ørre (Faksimile)

deutlicher Ausdruck des örtlichen Zusammenhalts gewertet werden (vgl. auch Abschnitt 5.4.2).

Nach dieser Vorstellung des Lokalrates von Sinding-Ørre soll abschließend noch kurz auf die neuesten politischen Entwicklungen zum Thema "Lokalrat" eingegangen werden. Interessant scheint vor allem, daß nun auch die Parteien des linken Flügels aktiv für demokratische Mitwirkungsmöglichkeiten auf lokaler Ebene, d.h. unterhalb der Gemeindeebene (und dies nicht nur in den Städten) eintreten. Als Beleg mag hier ein Zeitungsbericht in JYDSKE TIDENDE vom 15.11.1987 dienen, in dem über den Vorstoß von Abgeordneten der beiden sozialistischen Parteien VS und SF im Gemeinderat von Åbenrå zur Einrichtung eines Lokalrates im Bereich Løjt berichtet wird. Ein deutlicher Kurswechsel hat sich offenbar in allerjüngster Zeit bei den Sozialdemokraten vollzogen. Nachdem diese schon zur Parlamentswahl im Herbst 1987 in einer Wahlanzeige in VEJLE AMTS FOLKEBLAD (29.8.1987) unter der Überschrift "Wir wollen die direkte Demokratie bewahren" (und damit fast in Venstre-Diktion) wieder mehr Einfluß für die kleinen Gemeinschaften versprochen hatten, kam die neue Richtung auf dem Parteikongreß im September 1988 endgültig zum Durchbruch. In der Zeitung LANDSBYEN vom November 1988 wird der sozialdemokratische Amtsbürgermeister Søren ERIKSEN mit den Worten zitiert, die Beschlüsse des Kongresses markierten bezüglich der lokalen Demokratie eine Haltungsänderung in der Partei. In der Tat verabschiedete der Kongreß weitreichende Beschlüsse. So sollen in den größeren und kleineren Städten Stadtteilräte und in den ländlichen Gebieten Lokalräte eingerichtet werden. Diese Räte sollen sich mit denjenigen Beschlüssen beschäftigen, welche die einzelnen Gemeindeteile betreffen und dort auch die finanzielle Verantwortung für Schulen und Tagesheime übernehmen. Entscheidende Unterstützung für die Einrichtung von Lokalräten ist schließlich auch vom Parlament gekommen. In einem Runderlaß vom 5.5.1988 hat der Innenminister alle Gemeinden auf eine Änderung des Freikommunen-Gesetzes hingewiesen, durch die auch solche Gemeinden, die nicht zu förmlichen Freigemeinden erklärt worden sind, Versuche mit Lokalausschüssen durchführen können.

5.1.6 Die überparteiliche Dorfliste

Eine der möglicherweise weitreichendsten Formen der Selbsthilfe der Dorfbevölkerung stellt die Bildung von kommunalpolitischen Listen dar, auf denen sie eigene Kandidaten zu den Kommunalwahlen nominiert. Zu unterscheiden sind bei den Lokallisten solche, deren Tätigkeit sich ausschließlich auf einen Teil der Gemeinde, in der Regel ein Kirchspiel, bezieht, sowie solche, deren Zielsetzung in der Wahrnehmung genereller dörflicher Interessen in einer Großgemeinde besteht.

Bereits in Kap. 4.2 wurde über das auf den ersten Blick irritierende Phänomen berichtet, daß der Anteil der kommunalen Mandate, die von Kandidaten außerhalb der politischen Parteien gewonnen wurden, nach der Kommunalreform von 43,0 % auf 17,2 % gefallen war. Es wurde oben aber auch schon darauf hingewiesen, daß die Erklärung hierfür unmittelbar in der Kommunalreform selbst zu finden ist - die Gemeinden waren nämlich nunmehr so groß geworden, daß zumindest die stärkeren Parteien in allen Gemeinden einen Ortsverband gründen konnten. Durch diese Entwicklung wurden Kommunalpolitiker, die zuvor auf einer örtlichen Liste kandidiert hatten, häufig in die Organisation einer Partei, mit deren Zielen sie landespolitisch sympatisierten, eingebunden. Angesichts der vielfach erwähnten Vormachtstellung der alten Bauernpartei Venstre in den ländlichen Gebieten dürfte es in erster Linie diese Partei gewesen sein, die einen großen Teil der vormals unabhängigen Kommunalpolitiker integrierte. KIIB berichtet, daß der Übergang von den alten Listen auf die Venstre nicht plötzlich erfolgte, sondern ein Teil der alten Kirchspiellisten noch eine gewisse Zeit als "getarnte Venstre-Listen" (KIIB 1981, 23) fortbestand.

Außer den Listen, die nach einer gewissen Zeit in der Venstre aufgingen, gab es auch solche Listen, die mit dem "bösen Erwachen" auf dem Lande eine Renaissance erlebten - auf dieses Phänomen wurde in Kap. 4.2 ausführlich eingegangen. Darüberhinaus war es aber gerade der Protest gegen bestimmte Planungen der Großgemeinden und gegen die Vernachlässigung der politisch nunmehr unselbständigen Dörfer, welche auf lokaler Ebene auch zur Bildung neuer Kirchspiel- und Dorflisten mit unterschiedlicher Namensgebung führte. In diesem Zusammenhang sei erwähnt, daß es nach dänischem Recht sehr einfach ist, in einer Gemeinde zur Kommunalwahl zu kandidieren - Voraussetzung ist lediglich, daß 25 Bürger der Gemeinde eine Kandidatenliste unterschreiben (HANSEN 1985, 11). Trotzdem ist der Anteil der Politiker, die nicht über eine Liste der politischen Parteien gewählt wurden, seit 1970 weiter abgesunken; bei der Kommunalwahl 1985 betrug dieser Anteil nur noch 10,1 % (berechnet nach Zahlenangaben von Kommunernes landsforcning).

Wie die mehrfach erwähnte lokale Unzufriedenheit vieler Bürger im ländlichen Raum mit der Politik der alten Bauernpartei Venstre zur Bildung einer neuen überparteilichen Liste führte, hat KIIB 1984 ausführlich am Beispiel der Gemeinde Tornved dargestellt. In dieser Gemeinde, in der die Venstre zwischen 1974 und 1978 mit 10 Abgeordneten die absolute Mehrheit besaß, hatten sich im Zusammenhang mit der beginnenden Kommunalplanung 16 Bürgerarbeitskreise gebildet, die schließlich der Gemeinde im Juni 1977 einen eigenen Planentwurf übergaben. Aus Enttäuschung darüber, daß der Gemeinderat an seinen eigenen Planvorstellungen festhielt und den Planentwurf der Bürger pauschal verwarf, beschlossen die Arbeitsgruppen, zur bevorstehenden Kommunalwahl mit einer eigenen, auf die gesamte Gemeinde ausgerichtete "ListeT" (Tornved-Liste) anzutreten. Diese Initiative fand vor allem Zuspruch bei langjährigen Venstre-Wählern, die darüber enttäuscht waren, daß die Venstre in ihrer praktische Politik ihre eigene Idee der "nachbarschaftlichen Gesellschaft" ("det nære samfund") konterkarierte. Eine gewisse Ironie erhielt der Wahlkampf der Liste T dadurch, daß diese in ihr Wahlprogramm auch unerfüllt gebliebene Wahlversprechen der Venstre aufnahm - mit dem Erfolg, daß sie bei der Kommunalwahl 1978 auf Anhieb 2 Mandate gewinnen konnte. Allerdings darf nicht unerwähnt bleiben, daß Liste T schon bei der Kommunalwahl 1981 nicht mehr erneut zur Wahl antreten konnte, da sich mittlerweile die lokale Basis der Liste "verflüchtigt" hatte.

In einem Bericht zur Lage der Lokallisten kommt STENDELL (1985) zu dem Ergebnis, daß diese den besten Nährboden offenbar in Jütland vorfinden - zur Kommunalwahl 1981 hatten in ganz Dänemark (ohne die Gemeinden Kopenhagen und Frederiksberg) 703 Lokallisten kandidiert, davon immerhin 645 in Jütland. Bedauerlich ist allerdings, daß STENDELL keinen Hinweis auf die Herkunft ihrer Zahlenangaben gibt. Die von ihr genannten Zahlen für Lokallisten differieren nämlich erheblich sowohl von den Zahlenangaben bei BENTZON (1985) - der als Quelle im übrigen auch nur "laufende statistische Mitteilungen" nennt - als auch bei HANSEN (in: FYENS STIFTSTIDENDE 17.11.1981), der nach Ausklammerung der sozialistischen Listen von rd. 350 im engeren Sinne überparteilichen Listen ausgeht, ohne jedoch die Herkunft seiner Zahlenangaben zu belegen.

Als Gemeinde, in der die Lokallisten einen besonders starken Einfluß ausüben, hebt STENDELL die mitteljütische Gemeinde Give (Vejle amtskommune) hervor, die im Jahre 1970 durch Zusammenlegung von 8 Kirchspielen gegründet worden war. In diesen alten Kirchspielen gibt es nach STENDELL bis in die Gegenwart die ausgeprägte Tradition, überparteiliche Listen aufzustellen - immerhin verfügen die Lokal- bzw. Kirchspiellisten im Gemeinderat von Give zusammen über die absolute Mehrheit (vgl. Tab. 5). Nach Auffassung des selbst über eine Lokalliste gewählten Bürgermeisters Curt NIELSEN ist es für die lokale Politik ein Vorteil, nicht an ein festes Parteiprogramm gebunden zu sein, da man dadurch jeweils konkret im Einzelfall entscheiden könne. Eine noch weitergehende Funktion der Lokallisten sieht der Politikwissenschaftler HANSEN, der vor der Kommunalwahl 1981 als engagierter Fürsprecher von Kirchspiels-, Dorf- und Bürgerlisten an die Öffentlichkeit trat. In seinem erwähnten Beitrag für FYENS STIFTSTIDENDE bezeichnet HANSEN diese Listen als "Ausdruck für eine Bewegung, die ... zukünftig eine dringend notwendige demokratische Erneuerung in die Kommunalpolitik bringen kann". In einer Selbstdarstellung spricht der (offenbar recht locker organisierte) Zusammenschluß der Lokallisten ("Lokallisterne i Danmark") davon, daß die Lokallisten die beste Form der "nachbarschaftlichen Demokratie" darstellten, die es in der örtlichen Gemeinschaft gebe.

Tab. 5: Ergebnisse der Kommunalwahl vom 19.11.1985 für die Gemeinde Give

Bezeichnung der Liste	Gültige Stimmen abs.	in %	Aufgestellte Kandidaten	Gewählte Kandidaten
a) Parteien:				
Socialdemokratiet	1.120	16,1	10	3
Radikale Venstre	166	2,4	6	-
Konservative Folkeparti	607	8,7	9	2
Venstre	1.314	18,9	20	4
Fremskridtspartiet	100	1,4	3	-
Parteien insgesamt	3.307	47.5	48	9
b) Lokallisten ("tværpolitiske fælleslister") für die Orte ...				
Vonge/Kollemorten	507	7,3	10	2
Gadbjerg/Givskud	1.219	17,6	12	4
Give by	402	5,8	5	1
Thyregod-Vester/Hedegård-Vorslunde-Ullerup	1.055	15,2	11	4
Uhe-Lindeballe-Åst/Grønbjerg-Langelund	452	6,5	12	1
Lokallisten insgesamt	3.635	52,4	50	12
Gemeinde Give insgesamt	6.942	99,9	98	21

Wenn hier relativ undifferenziert von lokalen und überparteilichen Listen die Rede ist, so darf daraus nicht der Schluß gezogen werden, daß diese in ihren Handlungsformen und der Struktur ihrer Wählerschaft und Funktionäre durchgehend vergleichbar sind. Eine Grenzlinie zieht STENDELL (1985, 17) - wie ja auch HANSEN in seinem erwähnten Zeitungsbeitrag - zwischen den "mehr oder weniger bürgerlichen Listen" und den sozialistischen Listen - daß dies unter pragmatischen Gesichtspunkten berechtigt ist, belegt sie u.a. damit, daß beide Gruppen auf Landesebene eigene Sekretariate eingerichtet hätten (wobei der Begriff "Sekretariat" möglicherweise etwas zu hoch angesetzt ist). Auch wenn STENDELL sich hierzu nicht äußert, dürften die eher bürgerlich orientierten Listen im übrigen in erster Linie den ländlichen Gebieten und die sozialistisch orientierten Listen eher den größeren Städten zuzuordnen sein. Ob allerdings die Behauptung STENDELLs (1985, 16) uneingeschränkt zutrifft, daß die Lokallisten in Jütland vor allem auf der Kirchspieltradition aufbauen, während die Lokallisten auf den Inseln Protestlisten sind, muß bezweifelt werden. Es mag sein, daß die Kirchspieltraditionen in Jütland lebendiger sind als im übrigen Dänemark, doch zeigt gerade die aus einer Protesthaltung geborene Dorfliste in der Gemeinde Tinglev, die nachfolgend näher vorgestellt wird, daß diese "geographische" Unterscheidung nicht als allgemeingültig betrachtet werden darf.

Während es für die Kirchspiellisten charakteristisch ist, daß sie überparteilich für das Gebiet eines alten Kirchspiels organisiert sind und auch in erster Linie dessen Interessen im Gemeinderat vertreten, sieht es bei der in der Gemeinde Tinglev seit 1978 im Gemeinderat vertretenen Dorfliste (Landsbyliste bzw. Liste L) - ähnlich wie bei der erwähnten Tornved-Liste - etwas anders aus. Die Liste L in Tinglev war in erster Linie ins Leben gerufen worden, weil die Bürger in einigen der 28 zur Gemeinde Tinglev gehörenden Dörfern das Gefühl hatten, von der Kommunalpolitik vernachlässigt zu werden. Daß in der Gemeinde Tinglev offenbar ein starkes Interesse der ländlichen Bevölkerung an der Mitwirkung in kommunalpolitischen Fragen besteht, konnte bereits im Abschnitt 5.1.1 am Beispiel der Aktivitäten des Studienkreises in Rens gezeigt werden.

Einen wichtigen Grund für die Entstehung der Liste L sieht CORNETT (1987, 32), neben der in ländlichen Gebieten traditionell starken Loyalität mit dem eigenen lokalen Umfeld, in der Nichtberücksichtigung des Dorfes Ravsted im zentralörtlichen System - in der Tat hat sich Liste L in der Kommunalpolitik nachhaltig dafür eingesetzt, das 500-Einwohner-Dorf Ravsted (in dessen Einzugsbereich weitere 600 Menschen wohnen) im Kommunalplan als ländlichen Zentralort auszuweisen. An dem seit mehreren Jahren zäh geführten Kampf der Liste L gegen eine Mehrheit im Gemeinderat hat die regionale Presse regen Anteil genommen. Nachdem Liste L bei der erstmaligen Aufstellung des Kommunalplanes, dessen Entwurf 1984/85 zur Diskussion stand, ihr Ziel nicht erreicht hat, weil eine Mehrheit im Gemeinderat die Entwicklung auf drei größere Orte konzentrieren wollte, richtet sie ihren Blick nunmehr auf die anstehende Fortschreibung des Kommunalplanes. Dort will sie nun endlich die Einstufung Ravsteds zum ländlichen Zentralort - wie sie im übrigen auch vom Regionalplan unverbindlich vorgeschlagen wird - durchsetzen, da sie die Überlebensfähigkeit von Ravsted ansonsten gefährdet sieht.

Auf der Grundlage eines Beitrages, den der in Ravsted als Gemeindepastor tätige Liste-L-Gemeindevertreter J.Gregers KNUDSEN im Jahr 1986 für die L.A.L.-Mitgliederzeitschrift verfaßt hat, soll nachfolgend exemplarisch über die Arbeit der Liste L im Vorfeld der Kommunalwahl 1985 sowie über das Wahlergebnis berichtet werden. Nach KNUDSEN (1986, 9) war die Liste L im Wahlkampf in besonderem Maße gezwungen, ihre Existenzberechtigung zu demonstrieren, da auch die übrigen Parteien in ihren Wahlkampfaussagen stark auf die Dorfproblematik eingingen. KNUDSEN gesteht sogar zu, daß in den 80er Jahren vom Gemeinderat eine dorffreundlichere Politik betrieben worden sei als in den 70er Jahren. Deswegen habe sich die Liste L in ihrem Wahlkampf insbesondere auf drei konkrete Themenschwerpunkte konzentriert, die nach KNUDSEN deutliche Belege für den fortbestehenden Zentralisierungsdrang und das geringe Verständnis der Parteien für die Sichtweise der Bürger waren. Der erste dieser "Problempunkte" war das Pflegeheim in Bolderslev, für dessen Erhalt und Modernisierung sich eine örtliche Initiative eingesetzt hatte, was jedoch im Gemeinderat (insbesondere von der Venstre) vehement abgelehnt wurde. Das zweite Problem stellte die Schule in Burkal dar, deren Schließung - trotz nach Ansicht der Liste L ausreichender Schülerzahlen - bevorstand. Den dritten Problemkreis schließlich stellte wiederum die Einstufung Ravsteds zum Lokalzentrum dar.

Diese drei Themenfelder dienten als Aufhänger für die Forderung nach einer gezielten Dorfpolitik, in der auf die Erhaltung und Stärkung der lokalen Gemeinschaften und die lokalen Mitwirkungsmöglichkeiten besonderer Wert gelegt wird. Der eigentliche Wahlkampf wurde weitgehend mit konventionellen Mitteln (Wahlveranstaltungen, Plakate, Faltblätter, Zeitungsanzeigen) geführt - KNUDSEN hebt jedoch hervor, daß erstmals auch Wahlveranstaltungen in Pflegeheimen und Schulen durchgeführt worden seien, die eine gute Resonanz gefunden hätten.

Für die Wahl selbst war Liste L eine Listenverbindung mit der Radikalen Venstre (RV), einer etwas links der Mitte stehenden liberalen Partei, eingegangen, die sich in Tinglev den Interessen der Dörfer gegenüber sehr aufgeschlossen gezeigt hatte. Während die RV allerdings Einbußen hinnehmen mußte und kein Mandat gewinnen konnte, legte Liste L um 14,4 % zu und erreichte einen Stimmenanteil von 6,8 %, wodurch sie beinahe ein zweites Mandat errungen hätte.

Bezüglich des Verhältnisses von Liste L zu den anderen Parteien erwähnt KNUDSEN (1986, 10) einzelne unerfreuliche Begebenheiten, wobei die Venstre, in deren traditionelles Wählerlager Liste L offenbar spürbar eingedrungen ist, als Hauptopponent aufzutreten scheint. KNUDSEN weist weiterhin darauf hin, daß die Liste L diskriminiert worden sei, weil sich unter ihren Kandidaten auch ein Kommunist befunden hätte. Mit dem Hinweis darauf, daß die Liste überparteilich sei, lehnt KNUDSEN jedoch den Ausschluß eines Kandidaten ab und zitiert den Ausspruch "Eher ein Kommunist, der sich gerne für die lokale Gemeinschaft einsetzt, als ein Venstre-Anhänger, der diese abschaffen möchte". Nach der Wahl sei schließlich auch versucht worden, Liste L aus den Ausschüssen und Beiräten fernzuhalten - durch eine Absprache mit der Konservativen Volkspartei (!) sei es aber doch noch gelungen, zwei Ausschußsitze und einen Sitz im Schulbeirat zu bekommen. KNUDSEN betont allerdings, daß die genannten Gegensätze glücklicherweise keine entscheidenden Auswirkungen auf die anschließende Zusammenarbeit im Gemeinderat gehabt hätten. Abschließend hebt KNUDSEN (1986, 10) die Bedeutung des in Abschnitt 5.1.3 bereits vorgestellten Dorfvereins als "Hinterland" der Listenarbeit hervor. Mit Hinweis auf die Schwierigkeit, das politische Interesse der Bevölkerung über einen längeren Zeitraum hinweg wach zu halten (ein Problem, das ja der oben erwähnten Liste T in der Gemeinde Tornved zum Verhängnis wurde), hält er die Bildung lokaler Arbeitsgruppen des Dorfvereins in den einzelnen Ortschaften der Gemeinde für dringend erforderlich. Im übrigen unterstreicht er die Bedeutung einer dezentralisierten politischen Arbeit in der Gemeinde, wobei er sich auf einen Aufsatz von HANSEN (1985) beruft, dessen Einsatz für lokale Listen oben bereits erwähnt wurde.

Versucht man die Tätigkeit der Kirchspiel- und Dorflisten zu bewerten, so läßt sich - obwohl eingehendere politikwissenschaftliche Untersuchungen hierzu nicht vorliegen - sicherlich behaupten, daß diese in den Gemeinden, in deren Räten sie vertreten sind, die Probleme der

Dörfer thematisiert haben und eine zumindest tendenziell dorffreundlichere Politik bewirkt haben. Dieser Effekt entstand einerseits direkt durch eigenen Einsatz, andererseits aber auch indirekt, weil die etablierten Parteien - nicht zuletzt die Venstre - sich bemühen müssen, in den Dörfern verlorenen Boden wettzumachen. Ein von den Parteien jedoch nur sehr schwer aufzuwiegender Vorteil insbesondere der Kirchspiellisten liegt sicher darin, daß die Mandatsträger der Listen ihren Wahlbezirken in besonderem Maße verbunden sind und so auch der Informationsfluß zwischen Gemeinderat und Bevölkerung wesentlich selbstverständlicher gewährleistet ist.

5.2 Dorfbezogene Planung als Instrument der Kommunalpolitik

Mit dem Zonengesetz und den Regionalplanungsgesetzen war Ende der 60er/Anfang der 70er Jahre das gesetzliche Instrumentarium zur Steuerung der Siedlungtätigkeit im Außenbereich bzw. zur Steuerung der Regionalentwicklung geschaffen worden; in den Kapiteln 3.8 und 4.4 wurde hierauf bereits eingegangen. Knapp drei Jahre nach den Regionalplanungsgesetzen, nämlich zum 1.1.1977, trat das im Juni 1975 verabschiedete Gemeindeplanungsgesetz (kommuneplanloven) in Kraft. In den nachfolgenden Abschnitten soll - nach einer allgemeinen Einführung in die dänische Kommunalplanung - gezeigt werden, welche Möglichkeiten zur Sicherung einer dezentralen Siedlungsstruktur sich den Gemeinden bei der Aufstellung des Kommunalplanes bieten, wie dörfliche Belange in der Lokalplanung vertreten werden können und in welchem Umfange es gelungen ist, Bürger an der Planungsarbeit zu beteiligen.

5.2.1 Kommunalplan und Lokalplan als Planungsinstrumente

Mit der Schaffung der neuen Planungsgesetzgebung verfolgte man das Ziel der "Rahmensteuerung", d.h. die Amtskommunen sollten mit ihren Regionalplänen den Gemeinden den Rahmen aufzeigen, innerhalb dessen diese ihre Entwicklungsplanung in einem ihr gesamtes Gebiet umfassenden Kommunalplan (kommuneplan) darlegen sollten. Der Kommunalplan wiederum soll die Rahmenvorgaben für die Entwicklung einzelner Teilbereiche einer Gemeinde enthalten, für die dann Lokalpläne (lokalplaner) erarbeitet werden können. Mit dieser Planungsreform wurde eine klare Zuständigkeitsverteilung vorgenommen, durch welche die Planungsträger die ihnen übertragenen Planungsaufgaben sehr selbständig wahrnehmen können. Gleichzeitig ist gesetzlich gesichert, daß das "Gegenstromprinzip", d.h. die Berücksichtigung örtlicher Belange in der Regionalplanung sowie die Berücksichtigung regionaler Belange in der gemeindlichen Planung, in möglichst großem Umfang zum Tragen kommt. Schließlich war es eine wesentliche, allerdings sehr hoch angesetzte Zielvorstellung, sowohl auf regionaler wie auch auf kommunaler Ebene die Sektorplanungen in erheblich höherem Maße als bisher aufeinander abzustimmen und in die übergeordnete Entwicklungsplanung einzubinden.

Obwohl sich der Kommunalplan in erster Linie mit der Flächennutzung und der Bebauung beschäftigen soll, wird im Gesetz doch ausdrücklich auf die notwendige Verknüpfung der "physischen" Planung, d.h. der Flächennutzungsplanung, mit der wirtschaftlichen Entwicklungsplanung hingewiesen. Ein Kommunalplan soll die Grundstruktur des gesamten Gemeindegebietes, d.h. die Siedlungs- und Zentrenstruktur, sowie für die einzelnen Gemeindeteile Rahmenrichtlinien für den Inhalt der jeweiligen Lokalpläne enthalten. Ein Kommunalplan besteht aus Text und Karten, wobei es für letztere keine einheitlichen Gestaltungsgrundsätze und Planzeichen gibt. Interessant ist, daß der Entwurf eines Kommunalplanes im Regelfalle nicht der Genehmigung durch eine höhere Behörde bedarf - das Umweltministerium und die Regionalplanungsbehörde haben lediglich, wie es die Landesplanungsbehörde 1980 in einer Informationsbroschüre über das Kommunalplanungsgesetz ausdrückt - "eine Art Vetorecht und -pflicht in bestimmten Bereichen". Wenn ein solches Veto nicht eingelegt wird, kann der Gemeinderat einen Kommunalplan endgültig beschließen. Der Kommunalplan besitzt keine Bindungswirkung für den einzelnen Bürger, sondern nur für den Gemeinderat selbst.

Die Festlegungen des Kommunalplanes werden in Lokalplänen ergänzt und konkretisiert. Im Gegensatz zum Kommunalplan sind die Festlegungen des Lokalplanes unmittelbar bindend für die Bürger, z.B. für Grundbesitzer, was sich auch durch Eintragungen in das Grundbuch zeigt. Für den Lokalplan gilt in noch stärkerem Maße als für den Kommunalplan, daß das Gemeinde-planungsgesetz nur wenige Vorschriften über seine Gestaltung und seine Inhalte enthält. § 18 (1) des Kommunalplanungsgesetzes enthält zwar einen Katalog der möglichen Planinhalte (vgl. hierzu TOFT 1986, 81), doch wird der Gestaltungsspielraum der Gemeinde hierdurch nur wenig eingeschränkt. Besonders herauszustellen ist, daß die Überführung von Flächen aus der Landzone in die Siedlungs- und Sommerhauszone ausschließlich mittels eines Lokalplanes möglich ist; im umgekehrten Sinne muß allerdings die Aufstellung eines Lokalplanes nicht notwendigerweise mit der Änderung des Zonenstatus verbunden sein, was insbesondere für die Dorfplanung relevant ist.

Regelungen über die Größe eines Lokalplangebietes sind im Gemeindeplanungsgesetz nicht enthalten. Innerhalb einer Gemeinde können Gebiete sehr unterschiedlicher Größenordnung und Lageverhältnisse überplant werden; gängige Beispiele sind Neubaugebiete für Einzelhäuser, Baublöcke in größeren Städten und Gewerbegebiete. In Abschnitt 5.2.3 wird es in erster Linie um den sogenannten Dorf-Lokalplan gehen, d.h. um einen Lokalplan, der ein einzelnes Dorf umfaßt. Ein "untypischer" Fall eines Lokalplanes wird außerdem in Abschnitt 5.3.2 (Regelung der Geschäftsstruktur in der Ortsmitte von Ringe) vorgestellt.

5.2.2 Dörfer und Kommunalplan

Wie im einleitenden Abschnitt bereits erwähnt wurde, ist der Kommunalplan nach dänischem Recht mehr als ein reiner Flächennutzungsplan - vielmehr wird an ihn der Anspruch gerichtet, ein umfassendes kommunalpolitisches Handlungskonzept zu sein. Angesichts der gesetzlich festgelegten Pflicht der Gemeinden, die Bürger nicht nur über die Planungsabsichten zu infor-mieren, sondern auch dafür zu sorgen, daß eine öffentliche Diskussion tatsächlich stattfindet, ist es sicher nicht übertrieben, wenn der Planer Ole Steen ANDERSEN in einem Beitrag für die Tageszeitung POLITIKEN vom 16.6.1982 von der Kommunalplanung als einem "gesell-schaftlichen Experiment" spricht, über dessen Erfolgsaussichten er sich sehr positiv äußert. Auch die Landesplanungsbehörde zog aus einem Seminar, das sie im Februar 1985 veranstaltet hatte, das Fazit, daß die kommunale Planung "lokale Gesellschaftspolitik" sei und der Kommu-nalplan tatsächlich ein wesentliches Instrument sein könne, um die optimale Ausnutzung der begrenzten Ressourcen einer Gemeinde zu sichern (NYT FRA PLANSTYRELSEN, Nr. 17, Juni 1985). Im Heft 2/1986 der Zeitschrift BYPLAN schließlich wurden 5 Kommunalpolitiker von der Insel Bornholm befragt, ob der Kommunalplan ein gutes Instrument für die tägliche kommunale Arbeit sei. Die Antworten hierauf sind überwiegend positiv; der sozialdemokrati-sche Bürgermeister Arne HANSEN (Rønne) etwa bezeichnete den Kommunalplan als "unverzichtbares Instrument", sein der Venstre angehörender Kollege Knud ANDERSEN (Hasle) sieht in ihm den mit Abstand wichtigsten Plan unter den vielen Plänen, die von der Gemeinde aufgestellt werden.

Obwohl man angesichts der Enttäuschung, die in den 70er Jahren bei vielen Bürgern ob der Diskrepanz von Bürgerbeteiligung und tatsächlicher Berücksichtigung von Vorschlägen bei der Regionalplanung entstanden war (vgl. Kap. 4.4), ein nur geringes Interesse der Bevölkerung an der gemeindlichen Planung hätte erwarten können, fielen die Bemühungen der Gemeinden zur Bürgerbeteiligung auf einen fruchtbaren Boden. Auch wenn das Engagement der Gemeinden und das Interesse der Bürger in den einzelnen Gemeinden sicherlich unterschiedlich waren, läßt sich doch feststellen, daß der Kommunalplan durch die frühzeitige und laufende Bürgerbeteiligung eine ganz besondere Legitimation erhält und auch hierdurch deutlich zum Ausdruck gebracht wird, daß die gemeindliche Entwicklungsplanung kein technischer, sondern ein im höchsten Grade politischer und öffentlichkeitsrelevanter Prozeß ist.

Neben einer grundsätzlich offenen und positiven Einstellung der meisten Dänen zu ihrer Gemeinde dürfte ein wichtiger Grund für das öffentliche Interesse an der Kommunalplanung darin liegen, daß die Bürger zu einem Zeitpunkt in den Planungsprozeß einbezogen werden, zu dem noch kein eigentlicher Planentwurf erarbeitet worden ist. Gemäß § 6 des Gemeindeplanungsgesetzes beginnt die Aufstellung eines Kommunalplanes nämlich damit, daß der Gemeinderat der Öffentlichkeit einen kurzgefaßten Bericht über die Hauptfragestellungen und die Planungsmöglichkeiten in der bevorstehenden Planungsarbeit ("§-6-Bericht") vorlegt. Es kann nicht anders als beeindruckend genannt werden, wie die Gemeinden versucht haben, ihre Bürger an der Diskussion um die Zukunft ihrer Gemeinde zu beteiligen - ähnlich wie in der Öffentlichkeitsphase der Regionalplanung wurde eine ganze Reihe von Aktivitäten entwickelt, wobei das "Minimum" des Aufwandes die Verteilung von Diskussionszeitungen oder Broschüren an alle Haushalte sowie Ausstellungen und Informationsveranstaltungen waren. Während diese Arrangements in erster Linie der gegenseitigen Information von Bürgern, Planern und Politikern dienten, wurden die eigentlichen inhaltlichen Diskussionen in einer Vielzahl auf Initiative der Gemeinden, der Bürger, der Parteien oder anderer Organisationen eingerichteter Studienkreise geführt.

Im Auftrag der Landesplanungsbehörde führten die Architektinnen Lotte BECH und Ulla NØHR eine Nachfolgeuntersuchung zur Diskussion über die §-6-Berichte in 8 unterschiedlich strukturierten Gemeinden der Hauptstadtregion durch, deren Ergebnisse von der Landesplanungsbehörde in zusammengefaßter Form veröffentlicht wurden (Miljöministeriet/Planstyrelsen: Kommuneplanorientering Nr. 8, 1982). In einem einleitenden Kommentar äußert sich die Landesplanungsbehörde zufrieden mit der Durchführung der durchschnittlich 3 bis 4 Monate dauernden Öffentlichkeitsphase. Nach ihrem Eindruck hätten die Gemeinderäte viele Initiativen ergriffen, um die öffentliche Diskussion zu unterstützen. Die Öffentlichkeitsphase über die §-6-Berichte sei zu einer generellen Verbesserung der Bürgerinformation über die kommunalpolitische Arbeit genutzt worden. Dadurch sei den Bürgern die Möglichkeit des vertieften Einblicks in die kommunalen Angelegenheiten gegeben worden. Gleichzeitig hätten die Politiker die Meinungen der Bürger erfahren und damit ihrerseits eine breitere Grundlage für ihre politischen Entscheidungen erhalten. Die Architektinnen äußern jedoch auch Kritik zur Durchführung der Öffentlichkeitsphase in den untersuchten Gemeinden. Kritisiert wird beispielsweise, daß von den Gemeinderäten bei der Erarbeitung der §-6-Berichte überwiegend Wert darauf gelegt wurde, daß die Aussagen vom Gemeinderat geschlossen getragen werden konnten - die daraus resultierenden Kompromisse hätten dazu geführt, daß die Berichte nur in geringem Umfang die politischen Konflikte enthüllt hätten. Es habe sich jedoch gezeigt, daß dort, wo die politischen Einstellungen klar dargestellt worden waren, besonders gute Voraussetzungen für eine lebendige Diskussion vorgelegen hätten.

Daß gerade in ländlichen Gemeinden die Diskussion um den Kommunalplan und damit um die Entwicklung der Gemeinde und ihrer einzelnen Ortschaften sehr intensiv und teilweise hitzig geführt wurde, klang in den vorangegangenen Kapiteln schon verschiedentlich an. Dabei dürfte nicht verwundern, daß vor allem die kleinen Orte, insbesondere die seit der Kommunalreform unselbständigen Dörfer, die Diskussion um den Kommunalplan zum Anlaß nahmen, sich zu Wort zu melden und sich für ihre Zukunft einzusetzen. Wie erwähnt, hat die Gemeinde bei der Festlegung der Zentrenstruktur ja einen wesentlichen Gestaltungsspielraum - und am Beispiel der Gemeinde Tinglev wurde in Abschnitt 5.1.6 gezeigt, daß die Dichte des Zentrennetzes und die Entwicklungsmöglichkeiten der Dörfer für viele betroffene Bürger in der Tat eine entscheidende Rolle spielt. In gewisser Weise wiederholte sich damit das, was in Kap. 4.4 über die Regionalplanungsdiskussion berichtet wurde - allerdings konnten die Fragen nunmehr, da es ausschließlich um die eigene Gemeinde ging, sehr viel hautnaher und konkreter diskutiert werden als bei der Regionalplanung, in der das höherrangige Zentrennetz und überörtliche Flächendispositionen im Mittelpunkt standen. Hierzu sollte erwähnt werden, daß gerade die Frage, ob ein Dorf zumindest als Lokalzentrum ausgewiesen wird, durchaus über reine Imagefragen hinausgehende Konsequenzen haben kann. Dies gilt sowohl für die Ausstattung mit kommunalen Infrastruktureinrichtungen als auch für den Zonenstatus, da Orte, die in der Landzone liegen, nach der Einstufung als Lokalzentren über einen Lokalplan in die Siedlungszone übergeführt werden. Hierdurch wird dann die Bautätigkeit und die Umnutzung von Gebäuden erheblich erleichtert; auf der anderen Seite erhöht sich jedoch auch die Taxierung der einbezogenen landwirtschaftlichen Grundstücke.

Aus der erwähnten Nachfolgeuntersuchung zur Kommunalplanungsdiskussion geht der zentrale Stellenwert, den die Frage des Zentrensystems in vielen ländlichen Gemeinden einnahm, leider nur am Rande hervor. Dies dürfte damit zusammenhängen, daß für die Untersuchung 8 Gemeinden aus dem Großraum Kopenhagen ausgewählt wurden, in denen sich das Problem vermutlich nicht in gleicher Deutlichkeit wie in anderen Landesteilen stellte. Im Grundsatz wird das Problem allerdings auch im Bericht bestätigt, wo es auf den Seiten 31/32 heißt, daß z.B. in Gemeinden mit kleineren Siedlungen die Bewohner die Forderung erhoben hätten, die Dörfer durch Wachstumsmöglichkeiten zu stärken, um dadurch ein ausreichendes Dienstleistungsniveau zu sichern. Der Forderung nach einer Dezentralisierung des Siedlungswachstums hätten sich die Gemeinden allerdings mit Hinweis auf die Richtlinien des Regionalplanes für die Hauptstadtregion widersetzt. Kleinere Siedlungserweiterungen seien auf der Ebene der ländlichen Zentralorte erfolgt, nicht jedoch in den übrigen kleineren Siedlungen, womit im Grunde wiederum das in Kap. 5.1 geschilderte Problem der Dörfer in der Gemeinde Tinglev angesprochen ist.

Das Engagement der Bürger ländlicher Siedlungen in der Diskussion um die zukünftige Siedlungs- und Zentrenstruktur wird von NYROP (1984) bestätigt, der über den Kommunalplanungsprozeß in der Gemeinde Ålborg berichtet. In dieser Gemeinde, in der drei Viertel der Bevölkerung in den zusammenhängenden Städten Ålborg und Nörresundby und nur ein Viertel in den ländlichen Gebieten wohnen, kamen 50 % der Stellungnahmen zum §-6-Bericht aus den ländlichen Gebieten. Faßt man das Ergebnis der Stellungnahmen zusammen, so zeigt sich nach

NYROP (1984, 2), daß überwiegend eine Raumstruktur gewünscht wurde, die auf den Ideen der "nachbarschaftlichen Gesellschaft" ("det nære samfund") mit einem ausgewogenen Verhältnis von Wohnungen, Arbeitsplätzen und Dienstleistungsangebot aufbaut. Der Wunsch nach einer dezentraleren Struktur habe in den Stellungnahmen der Bürger den roten Faden dargestellt.

In einzelnen Gemeinden ist die Teilnahme der Bürger am Kommunalplan sehr weitgehend gewesen. Wie schon in Abschnitt 5.1.6 berichtet wurde, hatten z.B. die Bürger in der Gemeinde Tornved einen eigenen Kommunalplan-Entwurf erstellt, in dem insbesondere auf die Probleme der Dörfer eingegangen wurde, der aber seinerzeit verworfen worden war. Inzwischen haben sich hier die Verhältnisse offenbar geändert - in Abschnitt 5.2.6 wird über die in den letzten Jahren durchgeführte Ideenkampagne zur Kommunalplanung in dem zur Gemeinde Tornved gehörenden Dorf Knabstrup berichtet. Aber auch eine Reihe anderer lokaler Bürgergruppen im ganzen Land hat sich mit umfangreichen eigenen Entwürfen und Stellungnahmen aktiv in den Kommunalplanungsprozeß "eingemischt" und darin ihre ureigene Angelegenheit gesehen - beispielhaft sei hier der ausführliche Kommentar der Bürger in den Kirchspielen Fjaltring-Trans zum Kommunalplan-Entwurf der Gemeinde Lemvig genannt.

Auch wenn aus den nachfolgenden Ausführungen nicht der Schluß gezogen werden darf, alle dänischen Gemeinden hätten sich gleichermaßen "dorffreundlich" verhalten - es gibt durchaus eine ganze Reihe von Gemeinden, die bei der Festlegung der Zentrenstruktur und in der Funktionszuweisung für die kleineren Dörfer noch ähnlich zentralistisch vorgehen wie es Anfang der 70er Jahre üblich war - sollen die Beispiele doch zeigen, welche Möglichkeiten zur Berücksichtigung der Dörfer in der Kommunalplanung bestehen.

Am Beispiel der ca. 9.700 Einwohner zählenden, an der westjütischen Peripherie gelegenen Gemeinde Egvad (Ringkøbing amt) läßt sich belegen, daß die Frage der zukünftigen Siedlungsstruktur ein zentrales Thema in der Diskussion um den §-6-Bericht darstellte. In einer Diskussionsgrundlage für die 2. Öffentlichkeitsphase zum Kommunalplan, welche die Gemeinde im September 1983 vorlegte (Egvad kommune: Kommunens fremtid - mål og muligheder), wird ausdrücklich auf das Verhältnis zwischen dem Gemeindezentrum Tarm (einer kleinstädtisch geprägten Bahnhofssiedlung mit gut 4.000 Einwohnern) und den Dörfern eingegangen und bestätigt, daß unter den Bürgern und Politikern überwiegend Einigkeit bestanden habe, die Dörfer in der Gemeinde zu stärken und die Lebensbedingungen für die Bevölkerung in allen Teilen der Gemeinden so gleichwertig wie möglich zu gestalten. Tarm solle zwar weiterhin als Zentrum für die Gemeinde und ein weiteres Umland ausgebaut werden, doch den Dörfern solle ein ausreichendes Wachstum zugeführt werden. Wie diese Zielvorstellung in den Kommunalplan eingearbeitet wurde, zeigt der im Mai 1985 vorgelegte Kommunalplan 1985-96 der Gemeinde Egvad. Dort wird zwar die Ausweisung von Siedlungszonen auf das Gemeindezentrum Tarm beschränkt und entsprechend auf die Ausweisung von Lokalzentren verzichtet, doch werden 9 in der Landzone gelegene Dorfzentren (landsbycentre) festgelegt, denen ein gewisser Ausbau zugebilligt wird und wo die Gemeinde selbst für Dispensationen vom Zonengesetz zuständig ist. Ausdrücklich wird im Kommunalplan die Unterstützung der Gemeinde bei der Übertragung von Zusatzfunktionen auf schließungsbedrohte Dorfgeschäfte zugesagt (vgl. Abschnitt 5.3.1) sowie eine positive Haltung zur möglichen Auslagerung von Rathausfunktionen in die ländlichen Gebiete, eventuell im Rahmen des Versuchs mit neuer Informationstechnologie (vgl. Abschnitt 5.5.3), signalisiert.

In der Gemeinde Odense kann die Berücksichtigung dörflicher Belange und Probleme im Kommunalplan als vorbildlich gelten, obwohl die ca. 174.000 Einwohner zählende Gemeinde von Dänemarks drittgrößter Stadt dominiert wird und nur 6,7 % der Einwohner in Dörfern bzw. in den ländlichen Bereichen leben. Ausführlich wird auf die Dörfer im Heft 12 des Kommunalplan-Entwurfs aus dem Jahr 1985 eingegangen. In einem gesonderten Kapitel werden alle für die Dörfer relevanten planerischen Aspekte (öffentliche und private Dienstleistungen, Verkehr, Wärmeversorgung usw.) diskutiert. Unter Hinweis auf die Ergebnisse der öffentlichen Diskussion, die in allen größeren Dörfern durch hierfür eingesetzte Arbeitsgruppen begleitet worden war, stellte die Gemeinde Odense einen speziellen Zielkatalog für ihre insgesamt 26 Dörfer mit Einwohnerzahlen zwischen 35 und 517 auf, der sich fast wie ein Wunschkatalog der Dorfbewegung liest. Bezüglich ihrer zukünftigen Entwicklungsmöglichkeiten werden die Dörfer in 3 Kategorien aufgeteilt. So sollen in den größeren Dörfern mit guter Dienstleistungsversorgung die Möglichkeiten für eine gewisse bauliche Erweiterung mit gemischten Wohnungstypen geschaffen, in den mittelgroßen Dörfern mit befriedigendem Dienstleistungsangebot Altenwohnungen gebaut und lediglich in den kleinsten Dörfern mit sehr niedrigem Dienstleistungsniveau bauliche Erweiterungen verwehrt werden. In allen Dörfern ist daran gedacht, der Verkehrssicherheit und den Umweltgesichtspunkten eine höhere Priorität einzuräumen als den Interessen des Durchgangsverkehrs. Besondere Sorge gilt auch der lokalen Grundversorgung. Kein Gebiet soll nach dem Willen der Kommunalplanung einen größeren Abstand als 2 km zu einem Lebensmittelgeschäft haben; die Gemeinde will im Rahmen des Möglichen die derzeitige Geschäftsversorgung sichern. Ferner ist an eine Erhaltung und möglicherweise sogar Ausdehnung des öffentlichen Dienstleistungsangebots wie z.B. der Bibliotheksversorgung und des ÖPNV gedacht. Schließlich wird auf die wichtige Funktion der örtlichen Versammlungshäuser eingegangen.

Die auf Fünen gelegene, etwa 11.200 Einwohner zählende Gemeinde Ringe, in deren Zentrum die Bahnhofssiedlung Ringe mit ca. 50 % der Einwohner liegt, ist landesweit für ihren weitgehenden Einsatz zu Gunsten der Dörfer bekanntgeworden. Besondere Aufmerksamkeit hat die Gemeinde dadurch erlangt, daß sie mittels eines Lokalplanes versucht hat, die Geschäftsflächenerweiterung im Gemeindezentrum Ringe zu begrenzen und dadurch den Kaufmannsläden in den zur Gemeinde gehörenden Dörfern größere Überlebenschancen zu geben (vgl. Abschnitt 5.3.2). Wie der Bürgermeister von Ringe, Erik HANSEN (Venstre), in einem Aufsatz 1987 ausdrücklich hervorhebt, sieht der Gemeinderat die 9 ehemals selbständigen Kirchspiele als durchaus eigenständige Einheiten. Für alle diese 9 Kirchspiele wurde im Kommunalplan je ein Lokalzentrum ausgewiesen; darüber hinaus versucht die Gemeinde, durch Erschließung von Baugrundstücken und sozialen Wohnungsbau die Grundlage für aktive Dörfer zu legen und das Kaufkraftpotential der lokalen Lebensmittelgeschäfte zu vergrößern. Außerhalb des Gemeindezentrums Ringe betreibt die Gemeinde 7 Dorfschulen mit Schülerzahlen zwischen 25 und 125 - die höheren Kosten pro Schüler werden von der Gemeinde in Kauf genommen, weil nach ihrer Ansicht die Aufgabe einer Schule einen Teufelskreis in Gang setzen und den Bestand der Dörfer ernstlich gefährden würde (HANSEN 1987, 12). Auf das Problem, daß inzwischen die Grenzen der finanziellen Belastbarkeit der Gemeinde erreicht sind, wird kurz in Teil 6 eingegangen.

Betrachtet man die Situation der Dörfer, wie sie sich in der ersten Hälfte der 80er Jahre während der Aufstellungsphase der meisten Kommunalpläne darstellte, so ist - trotz mancherorts weiterbestehender zentralistischer Vorstellungen zur Siedlungsstruktur - die generelle "Klimaveränderung" im Vergleich zu den Verhältnissen Anfang der 70er Jahre unübersehbar.

Herrschte damals, unmittelbar nach der Kommunalreform, in vielen Gemeinden das Bestreben vor, ausschließlich das Gemeindezentrum zu stärken und den Dörfern jegliche Neubautätigkeit zu verwehren, so kann heute davon ausgegangen werden, daß überwiegend die planerischen Voraussetzungen für eine gewisse Eigenentwicklung der Dörfer geschaffen worden sind. Diese ist zwar nicht immer so weitreichend, wie es sich die Dorfbewohner gewünscht hätten, doch zeigen die Aussagen in den meisten Kommunalplänen, daß die Probleme der Dörfer durchweg "gesellschaftsfähig" geworden sind und in den Kommunalplänen thematisiert werden. Als sympathische Geste gegenüber den Dörfern soll hier noch die Praxis einiger Gemeinden (z.B. Haderslev, Ringe, Trundholm) hervorgehoben werden, den zweiten Hauptteil des Kommunalplanes mit den Rahmen für die Lokalplanung in separate Hefte für einzelne Teile der Gemeinde aufzuteilen. Die Bürger in diesen lokalen Bereichen haben somit die Möglichkeit, sich gezielt mit den Aussagen der Gemeinde für ihr unmittelbares Umfeld auseinanderzusetzen und werden nicht durch große, unüberschaubare Planwerke unnötig abgeschreckt.

5.2.3 Dorf-Lokalpläne

Auch wenn bereits im Kommunalplan durch die Festlegung des innergemeindlichen Zentrengefüges und die Rahmenrichtlinien für die Lokalplanung wichtige Weichenstellungen für die Entwicklungsmöglichkeiten des einzelnen Dorfes erfolgen, so ist doch die konkrete planerische Beschäftigung mit dem einzelnen Dorf Aufgabe der Lokalplanung, die weitreichende Möglichkeiten zur Steuerung der Dorfentwicklung bietet. Es kann sehr verschiedene Gründe geben, warum sich eine Gemeinde entschließt, einen Dorf-Lokalplan aufzustellen; in Anlehnung an das von ANDERSEN & MØLLER (1981, 2) erarbeitete und von der Dorfkommission (Landsbykommission) herausgegebene Handbuch zur Dorf-Lokalplanung ("Lokalplanlægning i landsbyer") seien folgende gängige Fälle genannt:
- In einem Dorf soll gebaut werden. Um die Neubebauung in die bestehende Struktur des Dorfes einzupassen, ist häufig die Regulierung durch einen Lokalplan erforderlich.
- Eine durch das Dorf führende Straße wird verlegt. Erhebliche Eingriffe in die Struktur des Dorfes und in das Gelände sind zu erwarten. Ein Lokalplan kann hier versuchen, frühzeitig die möglichen Folgen auszugleichen.
- Die gesamte Dorfentwicklung soll unter einem ganzheitlichen Aspekt betrachtet und geplant werden. Hierbei kann ein Lokalplan die Gestalt eines integrierten Entwicklungskonzeptes annehmen.
- Eine ganzheitliche Dorfentwicklung kann auch unter dem Vorzeichen der Erhaltung dörflicher Strukturen und ortsbildprägender Bausubstanz betrieben werden; hier hat sich der Typ des "bewahrenden Lokalplanes" herausgebildet, auf den gesondert im Abschnitt 5.2.4 eingegangen wird.
- Mit der Zonengesetzänderung zum 1.1.1980 erhielten die Gemeinden selbst die "Zonenkompetenz" innerhalb der in einem Landzone-Lokalplan festgelegten Abgrenzungen eines Dorfes, was für viele Gemeinden Anlaß zur Erarbeitung von Dorf-Lokalplänen ist. Seit der erneuten Änderung des Zonengesetzes zum 1.1.1984 hat diese Regelung insofern ihre Bedeutung verloren, als nunmehr auch die eindeutige Abgrenzung eines Dorfes im Kommunalplan für die Übertragung der Zonenkompetenz von der Amtskommune auf die Gemeinde ausreicht.
- Die Überführung neuer Landzonen in Siedlungszonen ist nach § 2 (2) des Zonengesetzes nur mittels eines Lokalplanes möglich. Dies gilt auch, wenn ein bisher in der Landzone liegender Ort im Kommunalplan bereits als Lokalzentrum eingestuft wurde.

Auch wenn der Begriff Dorf-Lokalplan (landsbylokalplan) durchaus üblich ist, handelt es sich hierbei um keine gesonderte Kategorie, sondern lediglich um eine spezifische Variante des Lokalplanes, die im Rahmen der vorliegenden Arbeit natürlich besonders interessiert. Aus der Aufzählung im § 18 des Gemeindeplanungsgesetzes, die auch für Dorf-Lokalpläne gilt, seien stichwortartig folgende mögliche Inhalte eines Lokalplanes genannt:
- Überführung von Flächen in die Siedlungs- oder Sommerhauszone,
- Flächennutzung,
- Größe und Abgrenzung der Bebauung,
- Angaben über Straßen und Fußwege,
- Lage von Gleisen und Leitungsanlagen,
- Lage der Gebäude auf den Grundstücken,
- Nutzung einzelner Gebäude,
- Gestaltung, Nutzung und Erhaltung unbebauter Flächen,
- Erhaltung des Landschaftsbildes bei der Bebauung,
- Lärmschutzeinrichtungen,
- Auflagen zur Bildung von Grundeigentümervereinigungen in Neubaugebieten, die bestimmte Rechte und Pflichten übernehmen,
- Bewahrung bestehender Bebauung.

Wie bereits der Regionalplan und der Kommunalplan auf übergeordneter Ebene wird auch der Lokalplan als ein Stück räumlich konkretisierter Gesellschaftspolitik verstanden. Wenn es auch von den gesetzlichen Bestimmungen her durchaus möglich ist, einen Lokalplan nach der "Normalprozedur", d.h. ohne eine vorgezogenen Bürgerbeteiligung aufzustellen (was bei einem kleineren Lokalplan durchaus sinnvoll sein kann), wird von ANDERSEN & MØLLER doch empfohlen, auch und gerade bei einem Dorf-Lokalplan eine frühzeitige und intensive Bürgerbeteiligung durchzuführen, in der die Möglichkeiten und Alternativen der Dorfentwicklung offen und umfassend diskutiert werden. Im allgemeinen wird von ANDERSEN & MØLLER (1981, 5) abgeraten, bei einer frühzeitigen Bürgerbeteiligung den Bürgern bereits mit fertigen Planentwürfen gegenüberzutreten; vielmehr plädieren sie für eine breite Aktivierung der Bürger, z.B. durch Bildung von kleinen Arbeitsgruppen zur Vorbereitung des Dorf-Lokalplanes. Ob der Aufstellungsprozeß für einen Lokalplan nach der "Normalprozedur" oder mit besonders intensiver Bürgerbeteiligung stattfindet, liegt im Ermessen der jeweiligen Gemeinde; eine der Gemeinden, die besonderen Wert auf die Einbeziehung der Bewohner legten, ist die Gemeinde Århus. Dort wurde bislang folgender Verfahrensablauf praktiziert (Quelle: Århus kommune, stadsarkitektens kontor, Schreiben an den Verf. vom 10.8.1988):
1. Durchführung einer Bestandsaufnahme, um die erhaltenswerte Bausubstanz des Dorfes sowie geeignete Bereiche für eventuelle Neubebauung herauszufinden.
2. Durchführung von Bürgerveranstaltungen, in denen die Ergebnisse der Bestandsaufnahme und eventuelle Ausbaumöglichkeiten vorgestellt werden. Anschließend werden die Bürger nach ihren Wünschen und Ideen befragt und zur Bildung einer Arbeitsgruppe aufgefordert, die dann an der weiteren Planungsarbeit beteiligt wird.
3. Erarbeitung des ersten Lokalplan-Entwurfs, womit in der Regel ein freies Planungsbüro beauftragt wird. Nach der Erörterung des Entwurfs mit der Bürger-Arbeitsgruppe und eventuell hieraus folgenden Korrekturen wird er zur internen Anhörung an die verschiedenen Dienststellen der Gemeinde versandt.
4. Nach Einarbeitung eventueller Korrekturen wird der Entwurf dem Gemeinderat vorgelegt mit dem Vorschlag, ihn für die öffentliche Auslegung zu beschließen.
5. Beschließt der Gemeinderat den Entwurf, wird er für mindestens 8 Wochen öffentlich

ausgelegt. Während dieser Zeit ist es üblich, mehrere Sitzungen mit der Bürger-Arbeitsgruppe und anderen Bewohnern des Dorfes durchzuführen.

6. Nach der öffentlichen Auslegung werden eventuell eingegangene Proteste und Einsprüche von der Verwaltung bearbeitet. Anschließend wird der Entwurf dem Gemeinderat mit der Empfehlung zur endgültigen Beschlußfassung vorgelegt.

7. Der Gemeinderat berät abschließend über den Lokalplan und nimmt dazu Stellung, welchen Einsprüchen gefolgt werden soll.

8. Nach Einarbeitung eventueller vom Gemeinderat beschlossener Änderungen wird der Plan gedruckt und die Öffentlichkeit informiert. Er wird beim kommunalen Informationsbüro und in den Bibliotheken zur Einsichtnahme ausgelegt; im übrigen können alle Lokalpläne von jedermann gegen Kostenerstattung erworben werden. Diejenigen Bürger, die Einsprüche vorgebracht haben, bekommen einen schriftlichen Bescheid von der Gemeinde, daß der Plan beschlossen worden ist und wie ihre Anregungen und Bedenken behandelt worden sind.

Nach diesem Schema hat die Gemeinde Århus die Aufstellung von 15 Dorf-Lokalplänen begonnen. Die Erfahrungen der Gemeinde, haben jedoch gezeigt, daß der Aufstellungsprozeß nur sehr schleppend vorankommt. Bisher konnte erst ein einziger Dorf-Lokalplan endgültig verabschiedet werden; auf diesen Plan für das Dorf Kasted wird unten noch näher eingegangen. Zeiträume zwischen 11 Monaten und 2 Jahren für die Beschlußprozedur im Gemeinderat scheinen keine Seltenheit zu sein. Zukünftig sollen deswegen das Aufstellungsverfahren und der Umfang der Lokalpläne gestrafft werden - u.a. soll die Bürgerbeteiligung zukünftig nach Auskunft der Gemeinde in einer "stärker strukturierten" Form erfolgen. Weiterhin ist vorgesehen, anstelle der bisherigen restriktiven Planaussagen lediglich die erhaltenswürdigen Bereiche mit entsprechenden Vorschlägen aufzuführen.

Einige typische Problemstellungen und Festsetzungen in Dorf-Lokalplänen sollen nachfolgend an zwei Beispielen vorgestellt werden:

Der Lokalplan 10.16 für das Dorf Lustrup, der am 10.8.1987 endgültig beschlossen wurde, ist einer der ersten Lokalpläne der Gemeinde Ribe, mit denen diese die Rahmenrichtlinien ihres Kommunalplanes auszufüllen und die weitere Entwicklung der zur Gemeinde gehörenden Dörfer wirksam zu steuern beabsichtigt. Das Dorf Lustrup liegt ca. 2 km südöstlich des Stadtzentrums von Ribe und hat ca. 200 Einwohner. Mit dem Lokalplan sollen gemäß § 1 folgende Ziele erreicht werden:

- Schaffung der planerischen Voraussetzungen für einen gewissen Zugang an neuen Wohnungen; hierzu wird u.a. ein Teil des Dorfes von der Land- in die Siedlungszone überführt.
- Sicherung der natürlichen Einpassung der neuen Bebauung in das bestehende Dorf, so daß die bestehende dörfliche Atmosphäre erhalten bleibt.
- Abgrenzung des Dorfes gegenüber der freien Landschaft.

Interessant ist, daß im Lokalplan einige landwirtschaftliche Flächen, die innerhalb des abgegrenzten Dorfes liegen, von der Überführung in die Siedlungszone ausgenommen werden. Da diese Flächen weiterhin landwirtschaftlich genutzt werden sollen, wird vermieden, daß für die betreffenden Landwirte Nachteile (v.a. durch höhere Taxierung dieser Flächen) entstehen.

Innerhalb des Lokalplangebietes sind ausschließlich dorftypische Nutzungen zugelassen, das heißt, es dürfen gemäß § 3 Gebäude nur für bestimmte Nutzungen errichtet oder umgenutzt werden. Neben der Landwirtschaft ist insbesondere die Wohnnutzung von Bedeutung, wobei neue Wohnbebauung nur in der Form von Einzel- oder Doppelhäusern errichtet werden darf. Erwünscht sind weiterhin öffentliche und private Dienstleistungen (in der Regel für die tägliche Versorgung des Ortes), die ohne schädliche Auswirkungen für die Umgebung etabliert werden können, sowie Handwerksbetriebe, die sich harmonisch in das Ortsbild einpassen lassen, z.B. eine Tischlerei oder eine Schmiede. Zugelassen sind schließlich auch Transformatoren- und Pumpenstationen sowie ähnliche Versorgungseinrichtungen.

Neben der Schließung von Baulücken soll sich die Neubautätigkeit auf ein 22.000 m² großes Areal im Osten des Dorfes konzentrieren. Wie aus der Erläuterung zum Lokalplan hervorgeht, soll dort eine geschlossene genossenschaftliche Siedlung mit 14 Wohneinheiten in dorfähnlicher Atmosphäre entstehen. Ausdrücklich vorgesehen sind eine große Zahl von Gemeinschaftseinrichtungen, Möglichkeit für Haustierhaltung, Anlage von größeren Nutzgärten sowie die Errichtung kollektiver, alternativer Energieversorgungseinrichtungen. Gleichzeitig enthält der Lokalplan Vorschriften für die Gestaltung der Neubauten und die zu verwendenden Materialien; für eine etwaige spätere Veränderung des einheitlichen Aussehens der Gebäude behält sich der Gemeinderat ausdrücklich die Genehmigung vor.

Der Lokalplan Nr. 295 für das Dorf Kasted, der am 11.7.1988 endgültig beschlossen wurde, ist, wie erwähnt, der erste verbindliche Dorf-Lokalplan der Gemeinde Århus. Die Aufstellung von Dorf-Lokalplänen in der Gemeinde Århus beruht auf einem Gemeinderatsbeschluß vom 27.11.1985, wonach für die im Kommunalplan als erhaltenswert ausgewiesenen Dörfer Lokalpläne aufzustellen sind. Später wurde der Beschluß dahingehend modifiziert, daß kleinere Baumaßnahmen auch ohne vorherige Aufstellung eines Lokalplanes zugelassen werden können, sofern sichergestellt ist, daß Eingriffe in erhaltenswerte Dorfbereiche ausgeschlossen sind. Im Kommunalplan der Gemeinde Århus, der am 28.2.1987 beschlossen wurde, sind 58 der insgesamt 104 zur Gemeinde gehörenden Dörfer mit Erhaltungsvorschriften ausgewiesen. Dies bedeutet, daß der dörfliche Charakter dieser Siedlungen wegen ihrer besonderen Atmosphäre erhalten und gestärkt werden soll. Die Kategorisierung der Dörfer erfolgte auf der Grundlage einer umfassenden Bestandsaufnahme in allen Dörfern der Gemeinde, mit der die Gemeinde im März 1974 das Geographische Institut der Universität Århus beauftragt hatte (vgl. hierzu den Hauptbericht und die 3 Kompendien zum Projekt "Landsbymiljø i Århus kommune"; Herausgeber: Geografisk institut, Århus universitet).

Das gut 100 Einwohner zählende Dorf Kasted, eines der 58 erhaltungswürdigen Dörfer der Gemeinde Århus, liegt ca. 7 km nordwestlich des Stadtzentrums von Århus. Auslöser für den Beginn der Lokalplanung in Kasted waren konkrete Wünsche, einige kleinere, früher einmal bebaute Flächen innerhalb des abgegrenzten Dorfbereichs zu bebauen. Das gesamte Lokalplangebiet liegt in der Landzone, was durch den Lokalplan nicht geändert wurde. Dies bedeutet, daß alle Bauvorhaben nach den üblichen Vorschriften des Zonengesetzes genehmigungspflichtig sind. Mit dem Lokalplan sollen gemäß § 1 folgende Ziele erreicht werden:
- Das Gebiet soll den Nutzungen Wohnen, Gewerbe und Landwirtschaft dienen, sofern diese ohne nennenswerte Störungen für die Umgebung eingepaßt werden können.
- Der Charakter der dörflichen Bebauung - darunter die typische Bepflanzung im Bereich der Kirche und der Höfe sowie charakteristische Einzelbäume - sollen erhalten und durch Neuanpflanzungen ergänzt werden.
- Neue Gebäude, die nach dem Zonengesetz zulässig sind, sind innerhalb des abgegrenzten Dorfbereichs zu errichten.
- Charakteristische Straßen, Fußwege, Bäume, Hecken usw. sind zu erhalten.

- Die architektonische Gestaltung und Plazierung neuer Gebäude soll die Dorfatmosphäre und die Bautradition beachten und weiterentwickeln.

Das gesamte Lokalplangebiet ist in drei Flächenkategorien gegliedert. Eine dieser Kategorien, die Kategorie I, umfaßt das eigentliche Dorfgebiet einschließlich der unbebauten Flächen in diesem Bereich, auf denen die Möglichkeit der Bebauung besteht. Auf den Flächen, die den beiden anderen Kategorien zugeordnet sind, ist keine neue Wohnbebauung zulässig. Auf Flächen der Kategorie I sind außer den Nutzungen Wohnen und Landwirtschaft auch öffentliche und private Dienstleistungseinrichtungen sowie problemlose Gewerbebetriebe zugelassen (z.B. kleinere Handwerksbetriebe, kleinere Verkaufs- und Lagereinrichtungen ohne großes Verkehrsaufkommen). Im übrigen enthält der Lokalplan eine Reihe von Vorschriften, z.B. für die architektonische Gestaltung neuer Gebäude. Interessant ist ein Zielkonflikt, der bei der Aufstellung des Planes zutage trat. Aus Gründen des Lärmschutzes mußte in den Plan nämlich die Bestimmung aufgenommen werden, daß im Falle neuer Bebauung ein Erdwall gegen den Verkehrslärm anzulegen ist, der nach Einschätzung des Planers Olaf LIND jedoch in Kasted ein Fremdkörper wäre und die Bestrebungen zur Erhaltung der charakteristischen dörflichen Atmosphäre zunichte machen würde. Vergleicht man den Lokalplan für Kasted Århus mit den Entwürfen anderer Dorf-Lokalpläne der Gemeinde Århus, so ist ihm deutlich anzusehen, daß er "abgespeckt" hat - wie oben erwähnt wurde, werden Lokalpläne zukünftig in einem gestrafften Verfahren aufgestellt, wozu auch die Beschränkung des Inhalts, insbesondere im Erläuterungsteil (Bestandsaufnahmen, Aufzählung erhaltungsgswürdiger Bereiche etc.), gehört.

Während es - wie in diesen beiden Beispielen - die Regel ist, daß die Gemeinde die Initiative zur Aufstellung eines Lokalplanes ergriff, gibt es auch einige Beispiele von Bürgergruppen, die selbst die Dorf-Lokalplanung angeschoben haben. Da eine Gemeinde nämlich in der Regel nicht verpflichtet ist, Lokalpläne - zumal für ein ganzes Dorf - aufzustellen, wird häufig abgewartet, bis ein konkreter Bedarf für einen Lokalplan besteht. Als Beispiele für solche auslösenden Faktoren werden in der L.A.L.-Zeitschrift LANDSBYEN (Heft Nr. 1, Juni 1981, S. 3) Bedarf für Neubauten, Verlegung von Abwasserleitungen sowie die Einrichtung einer sozialen Einrichtung genannt. Die abwartende Haltung vieler Gemeinden gegenüber der zeitaufwendigen Dorf-Lokalplanung haben die Bewohner einiger Dörfer als willkommene Chance gesehen, in eigener Initiative Überlegungen zum Inhalt eines Lokalplanes für ihr Dorf anzustellen. Wie in dem erwähnten Artikel in der Zeitschrift LANDSBYEN hervorgehoben wird, besteht damit sowohl die Möglichkeit, eventuell unerwünschten kommunalen Planungsinhalten zuvorzukommen, als auch die Kommunalpolitiker in der gewünschten Richtung zu beeinflussen. Als Beispiel wird in LANDSBYEN das ca. 660 Einwohner zählende Dorf Lellinge (Gemeinde Køge) genannt, wo Mitte der 70er Jahre ein Bewohnerverein gegründet worden war, der 1980/81 aktiv die "Lokalplanung von unten" in Gang setzte. Mit ihrer Initiative haben es die Bewohner tatsächlich vermocht, seitens der Gemeinde ein Interesse für die Lokalplanung zu wecken; bereits am 2.11.1982 wurde vom Gemeinderat, der anfangs eine Zusammenarbeit mit dem Bewohnerverein ablehnte, ein als "Rahmenplan" bezeichneter Lokalplan für Lellinge beschlossen (Køge kommune: Lokalplan 6-02, Rammeplan for Lellinge).

Im Gegensatz zu dem Fall Lellinge, wo die Zusammenarbeit von Gemeinde und Dorfbewohnern nicht optimal verlaufen ist, wurde die Erarbeitung eines Lokalplanes für die zur Gemeinde Horsens gehörende, ca. 170 Einwohner zählende Kattegat-Insel Endelave zu einem Modellfall des Zusammenwirkens von Bürgern, Gemeinde und Landesplanungsbehörde. Nachfolgend soll deswegen über Entstehung und Entwicklung des Projektes berichtet werden (vgl. hierzu auch

137

LARSEN 1987).

Im Oktober 1982 hatte die Gemeinde Horsens ihre Bürger im Zusammenhang mit der Aufstellung des Kommunalplanes durch die Verteilung einer Broschüre und in einer Reihe öffentlicher Veranstaltung dazu eingeladen, auf der Grundlage eines "§-6-Berichtes" über die Zukunft der Gemeinde zu diskutieren. Eine derartige Veranstaltung, die am 25.10.1982 in der Schule von Endelave stattfand, führte auf Initiative des Bürgervereins von Endelave zur Bildung eines Studienkreises, an dessen Arbeit im Winter 1982/83 ca. 40 Inselbewohner teilnahmen. Als Ergebnis entstand der Bericht "Endelave als lebenstüchtige Ganzjahresgemeinschaft" ("Endelave som levedygtigt helårssamfund") wobei dieser Titel auf das Problem anspielt, daß auf Endelave wie auch auf vielen der anderen kleinen Inseln viele Häuser nur im Sommer bewohnt sind und nur wenige Menschen dort noch ganzjährige Erwerbsmöglichkeiten haben. Dieser Bericht, der viele Ideen und Vorschläge enthielt, wie die Zukunft der Insel gesichert werden könnte, wurde dann an den Gemeinderat von Horsens gesandt. Die Kommunalpolitiker waren von diesem Bericht so beeindruckt, daß sie im Kommunalplan ausdrücklich den Wunsch der Gemeinde festschrieben, Endelave als "lebenstüchtige Ganzjahresgemeinschaft" zu erhalten. Zu diesem Zweck beschloß der Gemeinderat, für die gesamte Insel einen Lokalplan aufzustellen, und dabei das vom Studienkreis erarbeitete Material zu verwenden.

Anläßlich eines Gesprächs zwischen dem Planungs- und Umweltausschuß der Gemeinde Horsens sowie der Landesplanungsbehörde, das im April 1986 in Horsens stattfand, wurde auch die Frage eines Lokalplanes für Endelave erörtert. Dabei schlug der Vertreter der Landesplanungsbehörde vor, daß die Bewohner von Endelave angesichts ihres Einsatzes bei der Aufstellung des Kommunalplanes doch versuchsweise den Lokalplan für ihre Insel selbst aufstellen sollten, wobei die Behörde an ein Pilotprojekt dachte, dessen Ergebnisse später auch an andere Interessenten vermittelt werden könnten. Nachdem sich Gemeinde und Landesplanungsbehörde darauf geeinigt hatten, die Bürger bei dieser Aufgabe ökonomisch und fachlich zu unterstützen, entschlossen sich die Bewohner von Endelave im September 1986 zur Teilnahme an diesem Experiment. Bereits auf dem ersten Treffen wurde erneut eine ganze Reihe von Ideen und Anregungen vorgebracht. Nach einigen weiteren Veranstaltungen zeigte sich allerdings, daß die Bürger zu deren Umsetzung auf professionelle fachliche Hilfe angewiesen waren. Nach Abstimmung mit der Landesplanungsbehörde vereinbarten die Inselbewohner deswegen eine Zusammenarbeit mit einem Planungsbüro in Århus, die im Januar 1987 begann.

Bezüglich des weiteren Planungsprozesses entschied man sich dafür, nicht direkt auf einen Lokalplan hinzuarbeiten, sondern zuvor einen umfassenden Entwicklungsplan zu erarbeiten, aus dem dann später der konkrete Lokalplan nach den gesetzlichen Vorschriften abgeleitet werden sollte. Man wählte die sogenannte Arbeitsbuchmethode - das heißt, daß an alle Haushalte Arbeitsbücher verteilt wurden, wodurch auch nicht auf der Insel wohnenden Ferienhausbesitzern und Touristen die Mitarbeit ermöglicht werden sollte. Im Arbeitsbuch 1, das im Juni 1987 fertiggestellt war, wurde eine ganze Reihe von Themen zur Diskussion gestellt - die folgende Übersicht zeigt das breite Spektrum dieser Themen:
- Einrichtung eines landwirtschaftlichen Demonstrationsbetriebes auf ökologischer Basis,
- Ansiedlung eines Betriebes mit neuer Technologie,
- Schaffung zusätzlicher Arbeitsplätze,
- Attraktivere Gestaltung der Grünanlagen im Dorf Endelave,
- Pflege eines Naturschutzgebietes,
- Verbesserung des Wegenetzes,

138

- Anlage eines Ski- und Rodelhügels für die Kinder,
- Schaffung besserer Freizeitmöglichkeiten für Jugendliche,
- Verbesserung der Bademöglichkeiten,
- Anlage eines Altenzentrums,
- Einrichtung einer Bühne in der Turnhalle,
- Anstellung eines Gemeindearbeiters,
- Verbesserung der Kommunikation, z.B.durch ein neues Mitteilungsblatt,
- Erweiterung des Hafens und Erhöhung seiner Sicherheit,
- Schaffung neuen Wohnraumes,
- Energiesparmöglichkeiten,
- Erhaltung wertvoller Bausubstanz.

Von der Resonanz wurde sogar der Bewohnerverein überrascht - über 200 Menschen beantworteten die im Arbeitsbuch gestellten Fragen; außerdem wurden über 100 Seiten persönlicher Kommentare zu den Entwicklungsperspektiven der Insel abgegeben. Von dem Erfolg angespornt, wurden nach dem Vorbild dieses ersten Arbeitsbuches - unter Einbeziehung der Rückmeldungen - zwei weitere Arbeitsbücher erstellt. Im Juni 1988 schließlich wurden 3 Gruppen gebildet, welche diejenigen Themen, die in der Arbeitsbuch-Aktion auf das größte Interesse gestoßen waren (Wohnungen und Dienstleistungen für ältere Bürger, Verbesserung des Hafens, Ökologische Landwirtschaft), weiter vertieften.

Mit dem eigentlichen Lokalplan-Entwurf wurde versucht, für die von den Bewohnern gewünschten Projekte die notwendigen "technischen" Bestimmungen zu formulieren; zu lebhaften Diskussionen führte dabei die Frage, wie restriktiv die Lokalplanbestimmungen eigentlich sein sollten. Schließlich einigte man sich auf einen relativ knappen Lokalplantext, der jedoch durch einen (unverbindlichen) Wegweiser für die Landschafts- und Baupflege ergänzt wurde.

Folgende Hauptziele werden nach § 1 des Lokalplan-Entwurfs angestrebt:
- Der Lokalplan soll sichern, daß die Lebensgrundlage für die Bewohner von Endelave auf längere Sicht erhalten wird. In diesem Sinne sollen Kursusangebote, wirtschaftliche Betätigung, Senioreneinrichtungen sowie ein intensiverer Fremdenverkehr ermöglicht werden.
- Die Bedingungen für den Haupterwerbszweig der Insel, die Landwirtschaft, sollen erhalten und ausgebaut werden.
- Weiterhin soll der Lokalplan gewährleisten, daß die charakteristische Dorfatmosphäre und die Natur von Endelave gesichert werden.

Wie bereits aus diesen einleitenden Bestimmungen hervorgeht, haben es die Bewohner von Endelave geschafft, ihre Vorstellungen von der Entwicklung ihrer Insel in einen Lokalplan umzusetzen, der nun zur endgültigen Beschlußfassung im Gemeinderat von Horsens ansteht. Die Bürger wollen aber auch selbst an ihrem Projekt "Endelave" weiterarbeiten - getreu der Erkenntnis, daß Planung ein dynamischer Prozeß ist, der stets offen für neue Beurteilungen sein muß.

Die Landesplanungsbehörde beabsichtigt nach LARSEN (1987), die Erfahrungen aus dem Endelave-Projekt als "Inspirationsquelle" für andere örtliche Initiativen in ähnlicher Lage weiterzugeben. Ähnlich wie beim Knabstrup-Projekt (vgl. hierzu Abschnitt 5.2.6) sollen eine Diaserie und ein Videofilm mit zugehörigem Textheft erstellt werden, die von jedermann ausgeliehen werden können. Inzwischen hat die Landesplanungsbehörde bereits in einem

Faltblatt (Planstyrelsen: Pjece Nr. 6, 1988) auch andere lokale Gruppen dazu ermutigt, die Lokalplanung - mit fachlichem Beistand - selbst in die Hand zu nehmen; die Schlußfolgerung der Behörde aus dem Projekt spricht dabei für sich selbst: "Die Landesplanungsbehörde betrachtet das Endelave-Projekt als interessanten Versuch, zu einer besseren Planung zu finden, die sowohl dem einzelnen Bürger einen größeren Einfluß gibt als auch eine offene und ehrliche Diskussion über alle Meinungsverschiedenheiten hinweg schafft."

5.2.4 Bewahrende Lokalpläne für Dörfer

Bereits bei der Vorstellung der Dorf-Lokalpläne im vorangegangenen Abschnitt wurde auf die Bedeutung hingewiesen, welche seit einiger Zeit der Bewahrung der vorhandenen dörflichen Struktur und Atmosphäre beigemessen wird. Da es in vielen Dörfern um die möglichst harmonische Integration neuer Bebauung in die vorhandene dörfliche Bausubstanz geht, dürften die zitierten allgemeinen Zielsetzungen hierfür als voll und ganz ausreichend gelten. Obwohl natürlich auch in den dänischen Dörfern im Zuge des wirtschaftlichen Strukturwandels und des daraus resultierenden Funktionswandels von Gebäuden bauliche Veränderungen vorgenommen wurden, ist jedoch das dörfliche Ensemble in einer beachtlichen Zahl von Gemeinden noch in ungestörter Form erhalten geblieben. Häufig wird übrigens in der dänischen Literatur von der bewahrungswürdigen "Ganzheit" ("helhed") auch dort gesprochen, wo nicht jedes einzelne Gebäude in einem Ensemble die Ansprüche erfüllt, die bei einer förmlichen Unterschutzstellung erhoben würden.

In einem solchen Dorf, in dem eine dorftypische "Ganzheit" bewahrungswürdig erscheint, empfiehlt sich die Erarbeitung eines Bewahrenden Lokalplanes (bevarende lokalplan). Dabei handelt es sich um einen besonderen Typus des Lokalplanes, der zwar im Gemeindeplanungsgesetz nicht gesondert genannt wird, der sich aber - erheblich stärker als der oben vorgestellte "normale" Dorf-Lokalplan - als eigenständiger Plantyp etabliert hat. Die Landesplanungsbehörde hat dessen eigenständigen Charakter unterstrichen, indem sie für die Aufstellung Bewahrender Lokalpläne - die im übrigen auch in Städten Anwendung finden - gesonderte Leitfäden herausgegeben hat, und zwar sowohl für die formelle Gestaltung (Vejledning i kommuneplanlægning Nr. 4: Bevarende lokalplaner, 1979) als auch für die fachlichen Inhalte (Kommuneplanorientering Nr. 1: Bevaringsplanlægning, 1979).

Voraussetzung für die Aufstellung eines Bewahrenden Lokalplanes ist eine entsprechende Zielsetzung im "Rahmenteil" des Kommunalplanes, der die Richtlinien für die Lokalplanung enthält. Dies bedeutet also, daß sich die Gemeinde schon bei der Aufstellung des Kommunalplanes mit der Frage bewahrungswürdiger Ensembles beschäftigen muß. Hierzu beklagt DALGAS (1986, 12), daß die Bedeutung dieser Aspekte für eine gute Planung in vielen Gemeinden deutlich unterschätzt und ihnen lediglich randliche Bedeutung beigemessen werde. Nach ihrer Auffassung ist die Bewahrung kulturhistorischer Werte keine Nostalgie, sondern vernünftiger Umgang mit von Natur und Menschenhand geschaffenen Werten. Sie plädiert deswegen für eine verstärkte Einbeziehung des "kulturhistorischen Blickwinkels" in die kommunale Planung und hebt die Verantwortung gegenüber den kommenden Generationen hervor.

Seit dem Inkrafttreten des neuen Gemeindeplanungsgesetzes zum 1.1.1977 ist der Bewahrende Lokalplan der einzige Plantyp in der kommunalen Planung, der die Sicherung bewahrungswürdiger Gebäude oder Ensembles ermöglicht. Nach DALGAS (1986, 12) bietet er den stärksten

Schutz von Ensemble und Atmosphäre, der nach dänischem Recht möglich ist, indem alle Grundstücke im Bereich eines Bewahrenden Lokalplanes einen entsprechenden Vermerk im Grundbuch erhalten. Sie hebt allerdings hervor, daß dieser Schutz nicht mit den denkmalpflegerischen Bestimmungen anderer europäischer Länder vergleichbar sei. Vielmehr trage der Bewahrende Lokalplan Sorge dafür, daß vor eventuellen Eingriffen in die dorftypische Struktur eine detaillierte Beurteilung der möglichen Auswirkungen vorgenommen wird. Die entsprechende Schlüsselbestimmung, die sich aus § 18, Abs. 1, Nr. 14 des Gemeindeplanungsgesetzes ergibt und die in keinem Bewahrenden Lokalplan fehlt, lautet: "Bestehende Bebauung darf nicht abgerissen, umgebaut oder auf andere Weise geändert werden, ohne daß der Gemeinderat hierzu die Genehmigung erteilt". Im Unterschied zu den Bestimmungen des Bauschutzgesetzes (bygningsfredningslov) stellt das Gemeindeplanungsgesetz keine besonderen Anforderungen an das Alter oder die architektonische bzw. kulturhistorische Bedeutung des einzelnen im Bereich eines Bewahrenden Lokalplanes liegenden Gebäudes; entscheidend ist vielmehr die Schutzwürdigkeit des Ensembles. Andererseits betreffen die Schutzvorschriften nur das Äußere der Gebäude, nicht aber dessen Inneres oder gar seine Einrichtung. Für DALGAS (1986, 13) sind diese Bestimmungen ausreichend, doch warnt sie davor, die im Bereich eines Bewahrenden Lokalplanes gelegenen Gebäude automatisch als "gesichert" zu betrachten. Vielmehr komme es letztendlich auf den Willen und die Fähigkeit der kommunalen Politiker und Beamten an. Deswegen sei es erforderlich, daß die Aufstellung eines Bewahrenden Lokalplanes stets von einer lebendigen Diskussion zwischen Bewohnern, Handwerkern, Technikern und Gemeinde begleitet wird.

Es liegt auf der Hand, daß eine solche Diskussion auch erforderlich ist, um eine Lösung bei auftretenden Zielkonflikten zu finden - DALGAS ist jedoch überzeugt, daß es in der Regel zu einem vernünftigen Ausgleich zwischen den Ansprüchen der Bewahrung und den Erfordernissen eines lebendigen Dorflebens kommen kann. Auch und gerade bei der Aufstellung eines Bewahrenden Lokalplanes ist es deswegen dringend erforderlich, die Bürger frühzeitig in die Planung einzubeziehen. Wie dies geschehen kann, läßt sich am Beispiel des Dorfes Rønninge (Gemeinde Langeskov, Fyns amt) zeigen. Nach einer Meldung von FYENS STIFTSTIDENDE vom 24.4.1988 wurden dort die Bewohner von der Gemeinde zu einer Diskussion über die weitere Entwicklung ihres Dorfes bei einer Tasse Kaffee in das örtliche Versammlungshaus eingeladen. Kernfrage war, was zukünftig aus Rønninge werden sollte - "ein Museum oder ein lebendiges Dorf". Dabei wurde auch die Frage diskutiert, ob Rønninge nicht ohnehin ein Schlafdorf sei, und ob es überhaupt eine Möglichkeit gäbe, wieder einen Kaufmann ins Dorf zu bekommen.

Eine entscheidende Voraussetzung dafür, daß die Intentionen des Bewahrenden Lokalplanes auch in den Gemeinderat zu entscheidenden Zweifelfällen verwirklicht werden, ist nach DALGAS (1986, 13) eine umfassende Bestandsaufnahme der bewahrungswürdigen Elemente im Geltungsbereich des Bewahrenden Lokalplanes. Diese Bestandsaufnahme müsse unbedingt vor oder zumindest während der Aufstellung des Planes erfolgen. Bei einer solchen Bestandsaufnahme handele es sich sowohl um ein historisches Dokument als auch um ein wertvolles Nachschlagewerk für alle Interessierten. Freilich darf nicht übersehen werden, daß die Aufnahme des bewahrungswürdigen Bestandes zeit- und kostenaufwendig ist. Auf jeden Fall aber sollte die Bestandsaufnahme nach DALGAS (1986, 13) eine kurze historische Beschreibung des Dorfes, eine Registrierung der bewahrungswürdigen Gebäude und Bereiche sowie eine systematische Erfassung und Beschreibung der einzelnen Grundstücke umfassen.

Wie bereits seit längerer Zeit in Städten üblich, ist mittlerweile im ländlichen Raum ebenfalls damit begonnen worden, auch ohne unmittelbar anstehende Lokalplanungen Registrierungen der bewahrungswürdigen Gebäude und Ensembles durchzuführen. Erwähnt werden sollen in diesem Sinne die großangelegte Dorf-Registrierung von Fyns amtskommune (vgl. hierzu den Bericht "Landsbyregistrering i Fyns amt - foreløbig orientering", 1983) sowie die jüngst in Form eines Pilotprojektes gemeinsam von der Gemeinde Trundholm und der Landesplanungsbehörde durchgeführte Bestandsaufnahme für das Dorf Højby (Trundholm kommune/Planstyrelsen: "Trundholm by og jorder", 1987).

Da es, wie erwähnt, im juristischen Sinne eine eigenständige Plankategorie "Bewahrender Lokalplan" nicht gibt, richten sich das Aufstellungsverfahren und die inhaltliche Gestaltung nach den üblichen Regeln des Gemeindeplanungsgesetzes für Lokalpläne. Die besonderen Anforderungen sowie der erheblich größere fachliche, zeitliche und ökonomische Aufwand haben dazu geführt, daß die Zahl der Bewahrenden Lokalpläne, die seit 1977 aufgestellt wurden, noch überschaubar ist; zu den bekanntesten Plänen zählt der von der mehrfach zitierten Architektin Vibeke DALGAS aufgestellte Bewahrende Lokalplan für das Dorf Søborg (Gemeinde Græsted-Gilleleje, Frederiksborg amt).

Einer der jüngsten Bewahrenden Lokalpläne wird z.Zt. aufgrund einer entsprechenden Bestimmung des im Dezember 1985 endgültig beschlossenen Kommunalplanes in der Gemeinde Sinding (Nordjyllands amt) für das Dorf Vogn aufgestellt. Am Beispiel dieses, derzeit noch in der Entwurfsfassung (Lokalplan Nr. 04.01.1987 der Gemeinde Sindal, 3. Entwurf, Stand Dezember 1988) vorliegenden Planes sollen Aufbau und Regelungen eines Bewahrenden Lokalplanes näher gezeigt werden. Der Planentwurf umfaßt ein Heft mit 85 Seiten (einschließlich 2 Kartenanlagen) und gliedert sich wie folgt:

Im ersten Teil werden auf 4 Seiten Inhalt und Rechtswirkungen des Lokalplanes kurz referiert. Im zweiten Teil wird u.a. auf 17 Seiten in geraffter Form die Ortsgeschichte präsentiert, wobei auf einige Aspekte (z.B. Schulen, Mühle) gesondert eingegangen wird. Der dritte Teil umfaßt eine 39 seitige Bestandsaufnahme aller Häuser des Dorfes, unabhängig von ihrem Alter. Alle Gebäude werden in Bild und Text beschrieben und anschließend bezüglich ihrer Bedeutung für die charakteristische Atmosphäre von Vogn bewertet. Die aktuellen Fotos werden in diesem und in anderen Kapiteln durch historische Aufnahmen ergänzt. Der vierte Teil schließlich enthält die eigentlichen juristisch bindenden Bestimmungen des Lokalplanes. Dieser Teil unterscheidet sich im Aufbau nicht wesentlich von anderen Lokalplänen, allerdings sind die inhaltlichen Vorschriften natürlich erheblich stärker auf die Bewahrung abgestellt. Gemäß § 1 soll als Hauptziel die vorhandene dörfliche Atmosphäre gesichert werden, indem
- ausschließlich Wohnnutzung und Landwirtschaft sowie solche kleineren Gewerbebetriebe zugelassen sind, die sich nach Ansicht des Gemeinderates in das Ortsbild einfügen lassen,
- für neue Gebäude Lage, Gestaltung und Material gemäß der örtlichen Bautradition gewählt werden, oder indem neue Gebäude durch ihre architektonische Gestaltung dazu beitragen, die charakteristische dörfliche Atmosphäre zu bewahren und zu unterstreichen,
- vorhandene ortsbildprägende Bebauung einschließlich ihrer Umgebung sowie Gebäude mit besonderem architektonischem oder kulturhistorischem Wert bewahrt werden, sowie
- charakteristische Bäume, Hecken, Durchfahrten, Landschaftselemente usw. bewahrt werden.

Natürlich fehlt auch die erwähnte Schlüsselbestimmung nicht, wonach eine Veränderung des Gebäudebestandes nur mit Zustimmung des Gemeinderates erlaubt ist; sie ist unter § 8 im

Lokalplan aufgeführt. Auf die detaillierten Festlegungen, z.B. für die bauliche Gestaltung, soll hier nicht eingegangen werden; es sei jedoch auf die dem Plan beigegebene Karte der bewahrungswürdigen Elemente im Dorf hingewiesen, die in der vorliegenden Arbeit als Abb.21 wiedergegeben ist.

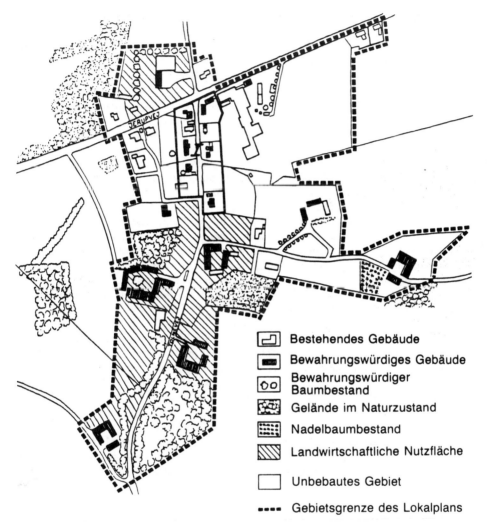

Abb. 21: Bewahrungswürdige Elemente im Dorf Vogn (Gemeinde Sindal)

Quelle: Lokalplan Nr. 04.01.1987 (Bevarende lokalplan for landsbyen Vogn, 3. Entwurf, Dezember 1988

Auch wenn die Registrierung bewahrungswürdiger Gebäude und Ensembles auf dem Lande sowie die Aufstellung Bewahrender Dorf-Lokalpläne erst angelaufen ist, zeigt sich doch auch hier der besondere Stellenwert, den die Dörfer in der Einschätzung breiter Teile der dänischen

Bevölkerung einnehmen. Erfreulicherweise scheint nicht zuletzt die Einsicht der Gemeinden gestiegen zu sein, denn zu lange hat sich die amtliche Baupflege so gut wie ausschließlich auf städtische Ensembles konzentriert.

5.2.5 Dorforientierte Kommunalpolitik und -planung - das Beispiel Spøttrup

Als ganz besonders beispielhaft für die konsequente Förderung einer dezentralen Siedlungs- struktur und der dörflichen Funktionen gilt die auf der Limfjord-Halbinsel Salling gelegene Gemeinde Spøttrup (Viborg amtskommune). Die knapp 8.000 Einwohner zählende Gemeinde umfaßt eine Fläche von 190 km², woraus sich eine sehr niedrige Bevölkerungsdichte (ca. 42 Einwohner/km²) ergibt. Die Siedlungsstruktur ist außerordentlich dispers, da es in der Gemeinde zwar 13 Dörfer, aber kein ausgesprochenes Gemeindezentrum gibt. Entsprechend sind die öffentlichen und privaten Dienstleistungen weitgehend auf die Dörfer verteilt.

Die entscheidende Weichenstellung für die Bewahrung der dezentralen Siedlungsstruktur wurde bereits im Jahr 1965 gelegt, als die 8 Ursprungsgemeinden der im Jahr 1970 gebildeten Ge- meinde Spøttrup gemeinsam einen Gemeindeingenieur anstellten. Mit dessen Vorarbeiten gelang es, im Jahr 1969 beim seinerzeit zuständigen Wohnungsbauministerium für die Haupt- orte von 6 der 8 Kirchspiellandgemeinden (Balling, Rødding, Oddense, Lem, Lihme und Ramsing) die Ausweisung als Siedlungszone (byzone) genehmigt zu bekommen. In der Kom- munalreform wurden also 8 Gemeinden von ähnlicher Größe und Struktur zusammengelegt, von denen bereits 6 den Siedlungszonen-Status besaßen. Damit war für die weitere Entwicklung der neuen Gemeinde Spøttrup eine grundsätzlich andere Voraussetzung gegeben als in vielen anderen Gemeinden, in denen bei der Kommunalreform eine große Gemeinde um eine Reihe kleinerer Gemeinden "ergänzt" worden war.

Einen gewissen Sonderstatus unter den 6 Orten in der Siedlungszone erhielten allerdings durch einen Gemeinderatsbeschluß im Jahr 1973 die beiden größten Orte, Balling und Rødding, indem diese höhere Wohnungsbauquoten als die übrigen Orte zugeteilt bekamen. Gleichzeitig wurde jedoch nach POST (1984, 218) seitens der Gemeinde Kontakt mit den Bürgergruppen in allen früheren Kirchspielen aufgenommen, die dann in den kommenden Jahren mit Vorschl- ägen für die Entwicklung ihres jeweiligen Gebietes an der Kommunalplanung mitwirkten. Eine entscheidende Initiative auf Landesebene, mit denen in jenen Jahren die Entwicklungsmöglich- keiten auch in der Landzone gelegener Dörfer gesichert wurden, ging 1978 vom späteren Bürgermeister von Spøttrup, Aksel PEDERSEN, aus. Als Abgeordneter der Venstre initiierte er die bereits im Abschnitt 5.2.3 erwähnten Zonengesetzesänderung, mit der die Gemeinden im Jahr 1980 in den Dörfern, für die sie einen Lokalplan beschlossen hatten, die "Zonengesetz- kompetenz" erhielten und damit die Möglichkeit hatten, in eigener Verantwortung eine gewisse bauliche Erweiterung in diesen Dörfern zuzulassen.

Der Startschuß für die öffentliche Diskussion um die zukünftige Zentrenstruktur wurde von der Gemeinde im Jahr 1979 gegeben. Dabei wurde über die Planungsarbeit der vorangegangenen Jahre informiert und auch auf die Probleme hingewiesen, die aus der stagnierenden Bevölke- rungszahl resultieren könnten. In der Diskussion zeigte sich, daß bei den Bürgern im Grundsatz Einigkeit darüber bestand, die "Hauptorte" der 8 früheren Kirchspiele als Zentren auszuweisen - unterschiedliche Vorstellungen bestanden jedoch darüber, ob alle 8 Orte gemeinsam als Gemeindezentrum ausgewiesen werden sollten oder ob - wie auch in anderen Gemeinden - eine

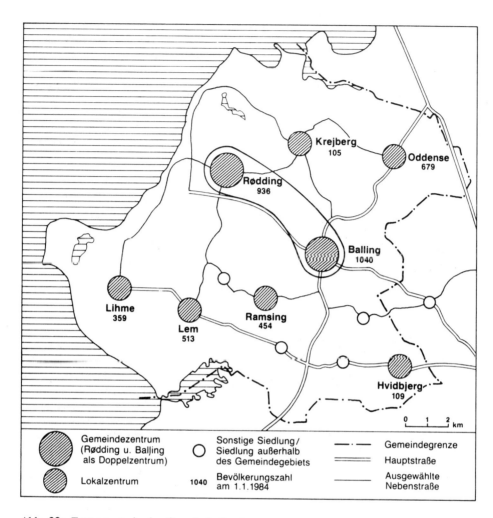

Abb. 22: Zentrennetz in der Gemeinde Spøttrup

Quelle: Spøttrup kommune, kommuneplan 1984-92, Sept. 1985, verändert

Differenzierung in Gemeinde- und Lokalzentren vorgenommen werden sollte. Am 11.4.80 bereitete der Gemeinderat der Diskussion vorerst ein Ende, indem er die gemeinsame Ausweisung von Balling und Ramsing als Gemeindezentrum beschloß; Lem und Oddense wurden als Lokalzentren mit besonders ausgewiesenem Gewerbegebiet und die übrigen 4 Orte als "normale" Lokalzentren eingestuft.

Der Veröffentlichung des §-6-Berichtes folgten im Jahr 1981 Ausstellungen und erneute Versammlungen mit den Bürgern. In der 14 Monate dauernden Öffentlichkeitsphase wurde die Siedlungs- bzw. Zentrenstruktur zum zentralen Diskussionsthema (POST 1984, 218). Aufgrund des von den Bürgern vehement vorgebrachten Wunsches nach einer dezentralen Siedlungsstruktur (so forderte Ende 1982 neben anderen die Bürgergruppe in Lihme, alle in der Siedlungs-

145

zone gelegenen Dörfer gemeinsam als Gemeindezentrum auszuweisen) flammte auch im Gemeinderat die Diskussion um die Zentrenstruktur erneut auf. Am 29.3.83 faßte der Gemeinderat mit einer Stimme Mehrheit den Beschluß, nunmehr doch die gesamte Gemeinde als Gemeindezentrum einzustufen und eine weitere Differenzierung nicht vorzunehmen. Durch den Einzug eines neuen Mitglieds in den Gemeinderat verschoben sich jedoch wenig später die knappen Mehrheitsverhältnisse, wodurch man zum ursprünglichen Beschluß zurückkehren konnte, der schließlich auch in den am 28.5.85 endgültig verabschiedeten Kommunalplan einging. Dort sind Balling und Rødding, die zusammen etwa 2.000 Einwohner aufweisen, gemeinsam als Gemeindezentrum und die übrigen 6 Orte (mit Einwohnerzahlen zwischen 109 und 679) als Lokalzentren festlegt (vgl. Abb. 22).

Nach der Verabschiedung des Kommunalplanes trug die Gemeinde der Einstufung von 2 in der Landzone gelegenen Dörfern als Lokalzentren durch die Ausarbeitung neuer Lokalpläne Rechnung. Mit den Lokalplänen Nr. 38 (Krejbjerg) und Nr. 39 (Hvidbjerg) wurden diese beiden Dörfer in die Siedlungszone überführt und ihnen gleichzeitig Entwicklungsmöglichkeiten durch die Ausweisung von Wohnbauflächen gesichert.

Die dezentrale Struktur Spøttrups zeigt sich besonders deutlich auch im Standortgefüge der kommunalen Infrastruktureinrichtungen, das ebenfalls im Kommunalplan festgelegt ist. So sind in 7 Orten Schulen für die 6-bis 13-jährigen, in 3 dieser Orte (Rødding, Balling und Lem) sogar ein "Überbau" für die 14- bis 16-jährigen Kinder zu finden. 4 Orte haben einen Kindergarten, kleinere Kinder werden von (kommunal angestellten) Tagesmüttern betreut. Altenheime sind in 5 Orten, öffentliche Bibliotheken in allen 8 alten Kirchspielen (meist in der Schule) vorhanden. Die Frage, ob die dezentrale Struktur öffentlicher Einheiten nicht besonders teuer sei, verneinte Bürgermeister Aksel PEDERSEN gegenüber der Presse (POLITIKEN vom 4.7.1985) - vielmehr habe man ausgerechnet, daß am wirtschaftlichsten ein Altenpflegeheim mit 24 Plätzen sei, da hierbei die Arbeitszeitregelungen für das Personal am besten ausgenutzt werden könnten. Im Schulbereich träfe es zwar zu, daß man mehr Lehrerstunden als andernorts verbrauche, dafür spare man aber große Summen beim Schulbusverkehr. PEDERSEN betonte, daß die kleinen Siedlungseinheiten einen stärkeren Zusammenhalt geben und nannte beispielhaft den Bau einer Sporthalle, für den in einem Dorf mit 1.000 Einwohner von den Bürgern mehr als eine Million Kronen gespendet wurden. Auf der anderen Seite betont PEDERSEN, daß dezentrale Lösungen nur dort vorgezogen würden, wo man es direkt mit den Menschen zu tun habe; ansonsten gäbe es durchaus Beispiele für aus wirtschaftlichen Überlegungen heraus gewählte zentrale Lösungen; als Beispiele nennt PEDERSEN die Küche für alle Pflegeheime sowie die Wasserversorgung.

Landesweite Anerkennung fanden die Bemühungen der Gemeinde Spøttrup im Jahr 1985, als sie als erste Gemeinde vom Dorfverband LiD zur "Gemeinde des Jahres" gewählt wurde. Es ist sicherlich nicht allein auf die guten Pressekontakte des LID-Sprechers Carsten ABILD (vgl. Kap. 4.5) zurückzuführen, daß diese Preisverleihung ein gewaltiges Presseecho hervorrief. Neben den Tageszeitungen berichtete auch die Zeitschrift des dänischen Gemeindeverbandes, DANSKE KOMMUNER, in ihrer Ausgabe vom 26.6.1985 ausführlich über das Ereignis - was unter anderem zur Folge hatte, daß eine große Zahl von Gemeinden und anderer Interessenten den Kommunalplan von Spøttrup bestellte, der dadurch zum wahren "Bestseller" wurde.
Erwähnenswert ist, daß zu der festlichen Preisverleihung am 6.6.1985 neben den Mitgliedern des Gemeinderates, Mitarbeitern der Gemeindeverwaltung und anderen Vertretern des öffentlichen Lebens auch der im Dorf Krejbjerg lebende Architekt Poul BJERRE eingeladen war. Auf

die Rolle BJERRES als "Trendsetter" der Dorfbewegung und seine Versuche, in Krejbjerg eine genossenschaftlich organisierte Gemeinschaft zu organisieren, wurde bereits in Kap. 4.7 hingewiesen. Bürgermeister PEDERSEN ließ es sich nicht nehmen, in seiner Tischrede diesen prominenten Bürger der Gemeinde gesondert zu begrüßen und dessen Anteil an der lebendigen Diskussion besonders hervorzuheben.

Kritisch äußerte sich inmitten des allgemeinen Jubels über die Preisverleihung allerdings die örtliche Organisation der Sozialistischen Volkspartei (SF), die in einem am 20.6.1985 veröffentlichten Leserbrief an SKIVE FOLKEBLAD auf die Schattenseiten der dorffreundlichen Politik hinwies. So sei die kommunalpolitische Arbeit über Jahre hinweg durch einen unaufhörlichen Kampf zwischen den einzelnen Gemeindeteilen vergiftet worden. Die dezentrale Politik habe zwar dafür gesorgt, das Leben in den Dörfern zu erhalten, habe aber die alten Gemeindegrenzen aus der Zeit vor 1970 eher noch verstärkt. Manches Mitglied im Gemeinderat sehe sich auch in solchen Fragen zu sehr als Repräsentant seines jeweiligen Herkunftsgebietes, bei denen er eigentlich die gesamte Gemeinde im Auge haben sollte. Die Folge sei eine häufig eher zufällige Prioritätenliste der gemeindlichen Aufgaben - mit wechselnden Mehrheiten habe man sich von Fall zu Fall "durchgewurschtelt". Die SF sehe daher die Auszeichnung als "Gemeinde des Jahres" als Verpflichtung an, die alten Gemeindegrenzen zu durchbrechen.

Die kritische Anmerkung der Sozialistischen Volkspartei gibt Anlaß, nach den Grenzen dorforientierter Politik und Planung bzw. der Dezentralisierungsmöglichkeiten innerhalb einer Gemeinde zu fragen. So ist in Spøttrup das Problem aufgetreten, daß die zurückhaltende Ausweisung eines Gemeindezentrums, nämlich Balling und Rødding als "Doppelzentrum" ohne gleichzeitige Konzentration aller öffentlichen Einrichtungen auf diese beiden Orte, von einem Teil des Gemeinderates trotzdem als zu zentralistisch erachtet wurde. Dies geht auch aus einem Minderheitsvotum vom Oktober 1984 hervor, das auf Wunsch dieser Gemeinderatsmitglieder dem Kommunalplan beigefügt wurde. Darin schlägt die Minderheit erneut vor, sämtliche in der Siedlungszone gelegenen Dörfer der Gemeinde gemeinsam als Gemeindezentrum zu betrachten und allen diesen Dörfern Entwicklungsmöglichkeiten einzuräumen. Gleichzeitig bringt die Minderheitsgruppe ihre Hoffnung zum Ausdruck, daß es in einer Fortschreibung des Kommunalplanes möglich sein wird, dieses Ziel doch noch zu erreichen.

Ob diese Minderheit im Gemeinderat, wie sie es selbst sah, die Mehrheit der Bürger hinter sich hatte, sei hier dahingestellt - in jedem Fall war und ist die Bevölkerung in dieser Frage gespalten. In Gesprächen in der Gemeinde Spøttrup sind dem Verfasser jedoch Zweifel zu Ohren gekommen, ob eigentlich alle Bürger genau gewußt haben, worum es bei der Ausweisung eines kommunalen Zentrensystems ging - im Vordergrund scheinen vielmehr "lokalpatriotische" Gefühle gestanden zu haben, die von den örtlichen Politikern kräftig geschürt worden sein sollen.

Auch wenn es sicherlich schade wäre, wenn die Bemühungen um eine dezentrale Siedlungs- und Versorgungsstruktur seitens einzelner Gemeinderatsmitglieder zu einer reinen "Kirchturmpolitik" degradiert würden, dürfte das Beispiel Spøttrup doch in erster Linie sehr eindrucksvoll die Möglichkeiten einer dorforientierten Kommunalpolitik und -planung demonstrieren. Abschließend sei hierzu nur erwähnt, daß sich an dem unter Aksel PEDERSEN eingeschlagenen "dorffreundlichen" und dabei das Wohl der Gesamtgemeinde trotzdem nicht aus den Auge verlierenden kommunalpolitischen Kurs nichts geändert hat, seit der Sozialdemokrat Alex LIND den Posten des Bürgermeisters übernahm.

5.2.6 Möglichkeiten und Grenzen der Bürgerbeteiligung in der dorfbezogenen Planung

In den bisherigen Ausführungen der Kapitel 5.1 und 5.2 sollte deutlich geworden sein, daß in einer großen Zahl von Gemeinden ein ausgeprägter Wille der Bevölkerung besteht, den immer noch allgegenwärtigen Zentralisierungstendenzen zu trotzen und die kleinen lokalen Gemeinschaften nicht nur zu erhalten, sondern auch weiterzuentwickeln. In diesem Sinne wurde in Kapitel 5.1 dargestellt, wie die im Zuge der Kommunalreform verlorene kommunale Autonomie durch eigene Organisationsformen zumindest teilweise kompensiert wird, und in Kapitel 5.2 wurde gezeigt, wie die Mitwirkungsmöglichkeiten bei der Kommunal- und Lokalplanung genutzt werden können, um lokale Forderungen und Gesichtspunkte in die Planung einzubringen.

Gerade am Beispiel der von den Bewohnern getragenen Lokalplanung auf der Insel Endelave wurde deutlich, daß auf lokaler Ebene ein sehr lebendiges Interesse an der umfassenden Diskussion über die Zukunft des eigenen Lebensumfeldes besteht. Die Kommunal- oder Lokalplanung ist in diesem Sinne meist der Auslöser für die Bildung von entsprechenden Arbeitsgruppen und Studienkreisen; allerdings kann, wie erwähnt, auch umgekehrt die Beschäftigung mit der eigenen Situation zur Initiierung einer Kommunal- oder Lokalplanung "von unten" führen.

Ähnlich wie auf Endelave hat die Beteiligung an der Kommunalplanung in den Dörfern Knabstrup (Tornved kommune) und Svaneke (Neksø kommune/Bornholm) den Charakter einer lokalen Ideenkampagne angenommen. Alle Bürger waren zu einem "brainstorming" über mögliche Aktivitäten zur Weiterentwicklung der lokalen Gemeinschaft und zur Diskussion der Ideen eingeladen. In beiden Fällen hat die Landesplanungsbehörde, die sich seit Mitte der 80er Jahre intensiv mit Projekten zur Stützung kleiner Siedlungen bzw. lokaler Gemeinschaften ("lokalsamfundsprojekter") beschäftigt, flankierende Hilfestellung geleistet. Nachfolgend soll das "Knabstrup-Projekt", das von der Landesplanungsbehörde - ebenso wie das Endelave-Projekt - als Demonstrationsprojekt ausgewählt wurde, näher vorgestellt werden.

In der Beschreibung des Knabstrup-Projekts (Planstyrelsen: "Lokalsamfund i fremtiden", pjece nr. 2, 1987) präsentiert die Landesplanungsbehörde einleitend eine Gegenüberstellung "Knabstrup früher und heute". Demnach leben in Knabstrup heute ca. 1.100 Einwohner, von den früher vorhandenen 7 Lebensmittelgeschäften hat nur eines überlebt. Der Bahnhof wurde abgerissen, und im Ort gibt es kein Kreditinstitut und keine selbständige Poststelle mehr. Die örtliche Schule hat Probleme mit der fallenden Schülerzahl, die Neubautätigkeit ist bescheiden, und die örtliche Veranstaltungshalle wird nur wenig genutzt. Die Diskussion über die Zukunft Knabstrups wurde von der Gemeinde im September 1986 mit einer an alle Haushalte verteilten Diskussionszeitung in Gang gesetzt. Die Zeitung zeigte auf der Vorderseite ein Luftbild des Ortes, halb überdeckt von einem Schild "nedlagt" ("stillgelegt"). Darüber prangt die nicht minder provozierende Überschrift "Kannst du dich an das Dorf Knabstrup erinnern?". In der Zeitung kommen Bürger aller Alters- und Berufsgruppen zu Wort, außerdem werden neben der Vermittlung von Daten und Fakten eine ganze Reihe von aktuellen Fragen zur Ortsentwicklung aufgeworfen. Diese Diskussionszeitung diente zur Vorbereitung einer großen Bürgerversammlung am 17.9.1986, die von ca. 160 Bürgern besucht wurde. Im Anschluß an diese Veranstaltung wurden 6 Arbeitsgruppen gebildet, in denen sich zusammen ca. 50 Bürger mit den Problemkreisen Wohnen, Wirtschaft, Kultur, Kinder und Jugendliche sowie Technik und Energie beschäftigen. Die Arbeitsergebnisse der Gruppen wurden zu einem Bericht zusammengefaßt, der Anfang 1987 im Rahmen der öffentlichen Anhörung zum Kommunalplan an den Gemeinderat von Tornved geschickt wurde. Den Kernteil des Berichtes bildet eine Reihe von Vorschlägen, die - ähnlich wie im Entwicklungsplan der Bewohner von Endelave - fast alle Bereiche der örtlichen Gemeinschaft berühren.

Das Knabstrup-Projekt ist in besonderer Weise geeignet, die Möglichkeiten und die Grenzen der Bürgerbeteiligung in der Kommunalplanung sowie die dauerhafte Einbeziehung der Bürger in die Gemeindeentwicklung zu illustrieren. Positiv ist ohne Zweifel zu bewerten, daß ganz offensichtlich bei einem Teil der lokalen Bevölkerung ein Nachdenkungsprozeß über die eigene Zukunft in Gang gesetzt wurde. Die Ergebnisse der Arbeitsgruppenarbeit zeigen, daß die Bürger durchaus über Phantasie und Ideen verfügen, was in ihrem Ort verändert bzw. verbessert werden könnte. Und es scheint so, als hätte die Gemeinde Tornved - im Gegensatz zu ihrer Haltung 10 Jahre zuvor (vgl. Abschnitt 5.1.6) - die Vorschläge ihrer Bürger tatsächlich zur Kenntnis genommen und zumindest versucht, einen Teil davon in den Kommunalplan, der im Juni 1987 endgültig beschlossen wurde, einfließen zu lassen. Schließlich wird von den Mitgliedern der Arbeitsgruppen hervorgehoben, daß sie selbst viel gelernt hätten und entschlossen seien, ihre Aktivitäten fortzuführen und auch zukünftig die Zusammenarbeit mit der Gemeinde zu suchen. Mit einem Fragezeichen ist auf der anderen Seite zu versehen, ob die Mitarbeit von Bürgern an der Kommunalplanung über die Bewußtseinsweckung hinaus tatsächlich konkrete Entwicklungsimpulse ausgelöst hat. Zwar hat die Gemeinde zugesagt, daß bei Bedarf zusätzliche Gewerbeflächen ausgewiesen würden, und die Bürger haben beschlossen, die Anwerbung von Unternehmen selbst in die Hand zu nehmen, doch wird im Abschnitt 5.4.5 diese Arbeit noch einmal auf die grundsätzlichen Schwierigkeiten eingegangen werden, die mit solchen Vorhaben verbunden sind. Schließlich zeigt der Bericht der Landesplanungsbehörde, daß nur wenige konkrete Ideen der Bürgerarbeitsgruppe tatsächlich in verbindliche Aussagen des Kommunalplanes übernommen worden sind und die Gemeinde viele Vorschläge lediglich mit unverbindliche Absichtserklärungen beantwortet hat.

Was als positive Bilanz beim Knabstrup-Projekt und bei ähnlichen Vorhaben in jedem Fall bleibt, ist die Tatsache, daß das Interesse und das Problembewußtsein der Bevölkerung bezüglich ihres Ortes eine wichtige Ressource im Sinne der Aktivierung lokaler Potentiale darstellen, wie sie seit einigen Jahren als neues Konzept der Regionalpolitik proklamiert wird. Es sei in diesem Zusammenhang auf die Feststellung von SCHMIED verwiesen, daß Ortsverbundenheit als durchaus zweischneidiges Phänomen zu beurteilen sei. Sie könne nur dann als Triebkraft regionaler Entwicklung gesehen werden, wenn sie mit einem kritischen Bewußtsein der Bewohner gegenüber der lokalen Umwelt und der Bereitschaft gepaart sei, "den Ort, in dem man lebt, nicht nur gern zu haben, sondern auch aktiv etwas dafür tun zu wollen" (SCHMIED 1987, 139). Es dürfte kaum zu bezweifeln sein, daß die Dorfbewohner, über deren Aktivitäten in diesem und im vorangegangenen Kapitel berichtet wurde, mit ihrem Dorf durch eine derartige "offensive Identität" (SCHMIED 1987, 138) verbunden sind.

Es liegt auf der Hand, daß die offensive Identität der Dorfbewohner mit ihrem Lebensumfeld als "lokale Ressource" allein nicht in der Lage ist, auch eine wirtschaftliche Entwicklung in Gang zu setzen - sie ist jedoch eine ganz wesentliche Voraussetzung dafür, daß sich überhaupt im Ort "etwas rührt" und kann im Zusammenwirken mit anderen Gunstfaktoren durchaus eine entscheidende Triebkraft für lokale oder regionale Entwicklung darstellen. Beispiele hierfür, die in den folgenden Kapiteln noch näher ausgeführt werden, sind die Errichtung gemeinschaftlicher Biogasanlagen (vgl. Abschnitt 5.1.6) oder die Einrichtung von Telestuben (vgl. Abschnitt 5.1.5).

Der ausgeprägte Überlebenswille vieler Dörfer muß somit in einer Zeit, in der - unabhängig von einer dorffreundlicheren Haltung vieler Politiker - im Handels- und Dienstleistungsbereich die Zeichen weiter auf Konzentration stehen, als wichtiges Bollwerk gegen eine Verödung der Fläche gesehen werden. Eine lebendige örtliche Gemeinschaft ist eine wichtige Voraussetzung, das Leben im Dorf attraktiv zu gestalten und charakteristische Formen der dörflichen Lebensqualität, gerade auch in der Konkurrenz mit städtischen Lebensformen, zu demonstrieren. Dies gilt sowohl für das Halten der Bevölkerung im Ort als auch für das Hinzugewinnen neuer Bewohner - beide Strategien sind, und dies hat man in Dänemark deutlicher als anderswo erkannt, entscheidende Voraussetzungen dafür, den örtlichen Handels- und Dienstleistungsbetrieben die nötige Kaufkraft und damit deren Bestand zu sichern. Dieses Thema soll im folgenden Kapitel 5.3 vertieft werden.

5.3 Sicherung der Grundversorgung in den Dörfern

Eine vergleichsweise große Beachtung in der öffentlichen Diskussion findet bereits seit vielen Jahren in Dänemark das Problem der Grundversorgung in Siedlungen aller Größenklassen. Insbesondere der zahlenmäßige Rückgang der kleinen wohnungsnahen Geschäfte (nærbutikker) wird in der Öffentlichkeit mit Besorgnis zur Kenntnis genommen - vor allem in den 70er Jahren hat sich nämlich eine starke Konzentration des Angebots von 37.500 Geschäften im Jahr 1970 auf 21.500 im Jahr 1980 (Planstyrelsen: kommuneplanorientering Nr. 13, 1985, S. 13) vollzogen; die konkreten Auswirkungen dieser Entwicklung auf die Versorgungsstruktur sind in Abb. 23 beispielhaft für die Gemeinde Aalestrup dargestellt. Trotz dieser negativen Entwicklung ist die Einzelhandelsdichte auch im ländlichen Raum - insbesondere im internationalen Vergleich - gegenwärtig noch als relativ günstig zu bezeichnen. Problematisch ist dabei aber, daß der Jahresumsatz vieler Geschäfte im Dorf unter 2 Millionen Kronen und das Alter von mehr als der Hälfte der Kaufleute über 50 liegt - es ist keine Frage, daß die Überlebenschancen dieser Betriebe als äußerst ungünstig einzustufen sind.

Mit zunehmender Gefährdung haben die lokalen Geschäfte, vor allem die Dorfgeschäfte, eine wachsende Unterstützung durch Politik, Planung, Wissenschaft und Presse erfahren. So sind in Dänemark - ähnlich wie auch in anderen nordeuropäischen Ländern (vgl. MALCHUS 1979) - schon früh Überlegungen angestellt worden, wie die Grundversorgung in den Dörfern durch aktive Maßnahmen gesichert werden könnte. Bereits 1972 entwickelten NØHR et al. hierzu einige Überlegungen, wobei sie besonders gute Chancen einer sogenannten "kombinierten Dienstleistungseinheit" einräumten. Hierunter verstehen sie, daß ein ländlicher Kaufmann ergänzend zu seinem Warensortiment auch eine Kombination zusätzlicher Dienstleistungen übernimmt. Wie im Abschnitt 5.3.1 gezeigt werden wird, ist diese Idee rund 10 Jahre später in einem großangelegten Modellversuch tatsächlich auf ihre Praxistauglichkeit überprüft und anschließend zu einem "Rettungsprogramm für den letzten Kaufmann im Dorf" ausgebaut worden.

Es verwundert nicht, daß auch die Dorfbewegung dem Erhalt der Grundversorgung in den Dörfern schon früh große Beachtung geschenkt hat - verschiedene Beiträge in der Zeitschrift LANDSBYEN zu diesem Problem belegen dies ebenso wie entsprechende Aufsätze des langjährigen Vorsitzenden des Dorfverbandes L.A.L., Ole GLAHN (z.B. GLAHN 1978b, 1983). Im Jahr 1987 schließlich wurde auf Initiative von Kaufleuten innerhalb des L.A.L. eigens ein Ausschuß für die Dorfgeschäfte (Udvalget af Landsbybutikker i Danmark) gebildet.

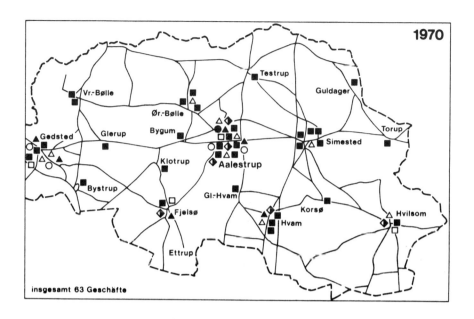

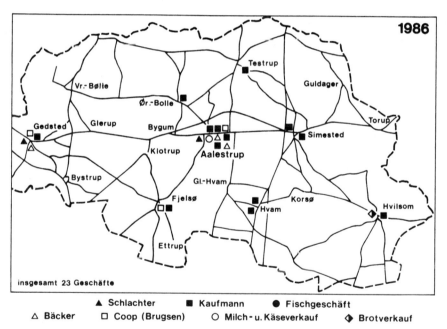

| | ▲ Schlachter | ■ Kaufmann | ● Fischgeschäft |
| △ Bäcker | □ Coop (Brugsen) | ○ Milch- u. Käseverkauf | ◆ Brotverkauf |

Abb. 23: Veränderungen der Versorgungsstandorte des täglichen Bedarfs in der Gemeinde Aalestrup 1970-1986

Quelle: Venstre i Aalestrup kommune

In der Arbeit der von der Regierung eingesetzten Dorfkommission von 1978 bis 1981 (vgl. Kap. 4.6) haben die Probleme der dörflichen Grundversorgung eine besondere Rolle gespielt. Im Auftrag der Kommission wurde vom Institut for Center-Planlægning eine Reihe von Analysen zur Situation der Dorfgeschäfte erstellt. In Band 4 der von der Kommission vorgelegten Denkschrift (Betænkning Nr. 929, 1981) wird ebenfalls ausführlich auf die Problematik eingegangen; zu den Vorschlägen, die dort zur Sicherung der Grundversorgung mit besonderem Nachdruck empfohlen wurden, gehörte die bereits erwähnte Aufwertung ländlicher Kaufmannsläden durch Übernahme zusätzlicher Dienstleistungsangebote.

Auch wissenschaftlich ist die Problematik aufgearbeitet worden. Neben den Arbeiten des Institut for Center-Planlægning ist hier das Engagement des Forschungsinstituts der Gemeinden und Amtskommunen (AKF) besonders hervorzuheben (vgl. ILLERIS (Red.) 1983 und FOG & VESTERHOLT 1986). Vor allem mit der Rolle großflächiger Einzelhandelseinrichtungen beim Strukturwandel im Einzelhandel hat sich das Geographische Institut der Universität Århus beschäftigt (vgl. DANSTRUP et al. 1981 und DANSTRUP 1984). Eine Reihe von einschlägigen Beiträgen ist in der Zeitschrift BYPLAN (z.B. FRUELUND 1982, 1983a, POST 1983) erschienen, und auch in dem bereits erwähnten, von WEBER redigierten Reader über die Dorfproblematik ist das Thema "Grundversorgung" mit einem eigenen Beitrag behandelt (KERNDAL-HANSEN 1979).

Von ganz besonderer Bedeutung ist schließlich, daß auch die Planungsbehörden frühzeitig Problembewußtsein gezeigt haben. Eine wichtige Rolle auch hierbei hat die Landesplanungsbehörde gespielt, die z.B. im Juni 1980 eine Tagung über Einzelhandel und räumliche Planung organisierte (vgl. "NYT FRA PLANSTYRELSEN", Nr. 11/1981) und maßgeblichen Anteil bei der Durchführung des "Rettungsprogramms für den letzten Kaufmann im Dorf" hatte. Im Jahr 1985 gab die Behörde das schon zitierte Informationsheft über die Behandlung des Einzelhandels in der räumlichen Planung (Kommuneplanorientering Nr. 13, 1985) heraus, in dem ausdrücklich auch auf die Dorfgeschäfte eingegangen wird. Die Ergebnisse einer Konferenz zur Stellung der Verbraucher im Lebensmittelhandel sind in einem Bericht aus dem Jahr 1986 (Planstyrelsen: Arbejdsrapport Nr. 3, 1986) zusammengefaßt. Als jüngste Veröffentlichung der Landesplanungsbehörde zu diesem Thema ist das Themenheft Nr. 3 aus dem Jahr 1987 "Skab en fremtid for landsbybutikken" ("Schaffe dem Dorfgeschäft eine Zukunft") hervorzuheben, dessen Titel das Engagement der Behörde in dieser Frage deutlich zum Ausdruck bringt. Auch auf regionaler Ebene hat das Thema die Planung beschäftigt - außer einschlägigen Kapiteln, die in den Diskussionspapieren und Berichten zur Regionalplanung fast aller Amtskommunen enthalten sind, seien hierzu beispielhaft der bereits im Januar 1976 erschienene Bericht von Sønderjyllands amtskommune zur Situation der öffentlichen und privaten Dienstleistungen (Regionplanlægning i Sønderjylland, Heft 10) sowie der im April 1983 veröffentlichte Arbeitsbericht von Nordjyllands amtskommune über die Lage des Einzelhandels in fünf Gemeinden der Region (Regionplan Nordjylland, Arbejdsrapport Nr. 2) genannt.

Ein in Dänemark heftig diskutiertes Problem ist schließlich, wie weit die Planung sich in den freien Wettbewerb einmischen darf und z.B.die Ansiedlung von SB-Märkten verhindern darf, um dafür die kleinen Geschäfte in den Dörfern zu sichern. So beklagt z.B. der sozialdemokratische Abgeordnete im Amtsrat von Ribe, Henry NIELSEN, in der Zeitschrift DANMARKS AMTSRÅD (Heft 5-6/1986, S. 30), daß sich die Landesplanungsbehörde in der Frage eines Verbots von Neuansiedlungen im Regionalplan schrittweise zurückgezogen habe und eine derartige, vom Amtsrat in Ribe geplante Bestimmung einvernehmlich mit dem Industrieministe-

Abb. 24: Das Dorf stirbt...

Quelle: Regionplanlægning i Sønderjylland, Heft 18, 1978

rium für unzulässig erklärt habe. Für eine gewisse Klärung dieser Frage, die übrigens auch
zwischen Gemeinden und Amtskommunen kontrovers beurteilt wurde, hat Ende April 1987 das
Parlament mit einer Änderung der Gesetze zur Landes- und Regionalplanung gesorgt. Seitdem
haben die Amtskommunen die Möglichkeit des Eingreifens, wenn eine Zentralisierung der
Einzelhandelsstruktur droht - Voraussetzung hierfür ist allerdings, daß die Amtskommunen eine
umfassende Planungskonzeption für die Einzelhandelsversorgung erarbeitet haben, in der
Einzugsbereiche für einzelne Geschäfte sowie Obergrenzen für die Geschäftsgröße festgelegt
sind (NYT FRA PLANSTYRELSEN, 28/1987, S. 5).

Eine noch so weitergehende planerische Einflußnahme auf die Entwicklung der Einzelhandels-
struktur (vgl hierzu auch den in Abschnitt 5.3.2 näher vorgestellten Ansatz der Gemeinde
Ringe) muß jedoch zum Scheitern verurteilt sein, wenn es nicht gelingt, eine Bewußtseins- und
Verhaltensänderung der betroffenen Verbraucher selbst herbeizuführen. Nicht ohne Logik wird
von den Betreibern großflächiger Einzelhandelsbetriebe darauf hingewiesen, daß ja ein Teil der
Dorfbevölkerung ihren örtlichen Kaufmannsladen meidet und im nächsten SB-Laden einkauft.
Dies trifft natürlich nur für die mobilen Bevölkerungsgruppen zu - die immobilen Gruppen sind
die Verlierer der Entwicklung. Hier ist in den letzten Jahren - mit lebhafter Unterstützung vor
allem der regionalen und lokalen Presse - eine breite Aufklärungskampagne angelaufen. Beispielhaft sei hier auf die engagierte Berichterstattung in MORSØ FOLKEBLAD (z.B. der
ganzseitige Bericht über die Dorfgeschäfte in der Gemeinde Morsø am 11.11.1983) hingewiesen.

Sogar im Wahlkampf zur Folketingswahl 1987 hat das Thema eine Rolle gespielt - in VEJLE AMTS FOLKEBLAD vom 1.9.1987 warnte die Parlamentskandidatin der Venstre, Anette THYSEN, vor den Folgen für die Alten und Schwachen, wenn die kleinen Läden schließen, und unterstrich, daß nur die lokale Bevölkerung selbst die Läden am Leben halten könne.

Die Bemühungen um den Erhalt der Grundversorgung in den Dörfern sind im übrigen alles andere als nostalgisch angehauchter Selbstzweck. Sie fußen vielmehr auf der in Dänemark sehr verbreiteten Erkenntnis, daß ein Laden im Ort stets eine doppelte Funktion hat: Einerseits ist er unverzichtbar für die Versorgung der immobilen Bevölkerungsgruppen, andererseits ist er ebenso unentbehrlich für das dörfliche Gemeinschaftsleben. Für ältere Menschen spielt das Geschäft auch insofern eine besondere Rolle, als sie sich in diesem meist auch im hohen Alter noch selbst versorgen können und damit nicht so schnell in ein Alters- bzw. Pflegeheim umziehen müssen. Verschiedentlich wird in Dänemark darauf hingewiesen, daß hierdurch schließlich auch wieder gesellschaftliche Kosten gespart würden.

Meist ist der Laden die letzte in den Dörfern noch verbliebene Einrichtung, nachdem - wie in Teil 3 gezeigt wurde - viele andere Einrichtungen (Gemeindeverwaltung, soziale Infrastruktur, Meierei, Schule usw.) bereits vor vielen Jahren verschwunden sind. Deswegen überrascht es nicht, daß in einigen Orten die Dorfgemeinschaft versucht hat, das lokale Geschäft in eigener Regie weiterzuführen; hierauf wird im Abschnitt 5.3.3 näher eingegangen.

5.3.1 Zusatzfunktionen für das letzte Geschäft im Dorf

Eines der Probleme, deren sich die mehrfach erwähnte Dorfkommission (landsbykommission) ganz besonders angenommen hatte, war die Versorgung der Bevölkerung mit öffentlichen und privaten Dienstleistungen gewesen. Dabei hatte die Kommission den ländlichen Einzelhandelsgeschäften eine herausragende Bedeutung für die Struktur und Lebensqualität der Dörfer beigemessen und die Notwendigkeit betont, diese zu erhalten (Betænkning Nr. 929, Mai 1981). Ebenso wie bereits 1974 NÖHR et al. versprach sich die Kommission hierfür besonders nachhaltige Effekte durch die gezielte Übertragung von Zusatzfunktionen auf diese Betriebe, und zwar in doppelter Hinsicht:
- Indem die Kunden gleich mehrere Besorgungen mit dem Einkauf verbinden konnten, sollte die Attraktivität des Geschäftes deutlich erhöht werden, was sich natürlich auch in einer höheren Kundenfrequenz und damit günstigeren Umsatzzahlen auswirken sollte, und
- das Betriebsergebnis des Geschäftes sollte auch unmittelbar durch direkte Einkommensbeiträge aus bestimmten Zusatzfunktionen verbessert werden.
Auch wenn die Kommission bekanntlich mit den Zusatzfunktionen kein völlig neues Konzept entwickelt hatte - einige Zusatzfunktionen verfügen ohnehin über eine lange Tradition -, so liegt ihr Verdienst doch vor allem darin, die gezielte Übertragung von Zusatzfunktionen zum politischen Konzept erhoben zu haben.

Eine vom Institut for Center-Planlægning durchgeführte und von der Landesplanungsbehörde betreute Überprüfung des Konzeptes in der Praxis geschah in Form eines landesweiten Modellversuchs, der im Juni 1982 gestartet wurde. In den Modellversuch waren 10 Einzelhandelsbetriebe einbezogen, die räumlich über ganz Dänemark verteilt lagen (vgl. Abb. 25). Die ausgewählten Standorte spiegeln deutlich wieder, daß die "Zielgruppe" der Bemühungen die kleinsten Dörfer waren - eine Gruppe von Geschäften sollte ca. 300, die andere Gruppe ca. 425

Abb. 25: Lage der Versuchs- und Kontrollbetriebe im Modellversuch 1982/83 sowie der Ortschaft Over Vindinge

Quelle: Planstyrelsen, verändert

Einwohner im jeweiligen Dorf sowie dessen Einzugsbereich aufweisen. Durch eine Reihe weiterer Auswahlkriterien für die Lage der 10 in den Modellversuch einbezogenen Betriebe sollte sichergestellt werden, daß Sonderfälle (z.B. Geschäfte in der Nähe von Campingplätzen oder in besonders verkehrsgünstiger Lage) ausgeklammert und dadurch möglichst aussagekräftige Ergebnisse erzielt wurden.

Während 6 der Betriebe (nachfolgend "Kontrollbetriebe" genannt) unverändert weitergeführt wurden, etablierte man in 4 Betrieben (nachfolgend "Versuchsbetriebe" genannt) in unterschiedlicher Kombination Zusatzfunktionen aus dem folgenden Katalog: Postdienste, Bank- und Sparkassendienste, Auslieferung bestellter Medikamente, Lottoannahmestelle, Zweigstelle der kommunalen Bibliothek, Auslage von Informationsbroschüren der Regierung, lokale Sprechstunden von Mitarbeitern der Gemeindeverwaltung, Schwarzes Brett für kommunale Bekanntmachungen, öffentlicher Fernsprecher, Reinigungsannahme.

Während des auf 18 Monate terminierten Versuchszeitraumes wurden die Betriebsergebnisse der vier Versuchsbetriebe sowie der sechs Kontrollbetriebe festgehalten und eingehend analysiert. Mit umfangreichen Befragungsaktionen wurde außerdem untersucht, wie die Bevölkerung im Einzugsbereich der Versuchsbetriebe auf die neuen Einrichtungen reagierte. Nach Abschluß des Versuchsprogramms wurden die gewonnenen Ergebnisse vom Institut for Center-Planlægning ausgewertet und in einem detaillierten Ergebnisbericht zusammengefaßt, der im März 1984, veröffentlicht wurde. Kurz darauf, im Mai 1984 gab die Landesplanungsbehörde zur Unterrichtung einer breiteren Öffentlichkeit einen vom Institut erarbeiteten Kurzbericht ("Tillægsfunktioner i landsbybutikker - et forsøg med kombinerede serviceenheder") heraus. Als wesentliche Resultate des Modellversuchs sind festzuhalten:
- Sowohl im Einzugsbereich der Versuchs- als auch der Kontrollbetriebe konnte der Abfluß von Kaufkraft nicht gestoppt werden, d.h. der von den Haushalten im lokalen Einzelhandelsgeschäft gekaufte Warenanteil sank - nicht zuletzt unter dem zunehmenden Konkurrenzdruck durch SB-Märkte - auch im Versuchszeitraum weiterhin. Bemerkenswert ist jedoch, daß der Rückgang des lokal gekauften Warenanteils im Einzugsbereich der Versuchsbetriebe nur zwischen 2 und 7 % lag, während er im Einzugsbereich der Kontrollbetriebe zwischen 9 und 12 %, in Einzelfällen sogar bei 23 bzw. 48 % lag.
- Die räumliche und personelle Abwicklung der zusätzlichen Dienstleistungen verlief problemlos. Zusätzliche Investitions- bzw. Betriebskosten entstanden den Versuchsbetrieben nicht.
- Durch direkte Einnahmen oder durch Provisionen wurden in den Versuchsbetrieben mit den Zusatzfunktionen Netto-Mehreinnahmen zwischen 15.000 und 30.000 Kronen pro Jahr und Geschäft erzielt. Diese Mehreinnahmen entsprechen einer Umsatzsteigerung um 110.000 bis 290.000 Kronen incl. Mehrwertsteuer, was rechnerisch einem Zugewinn von 25-30 neuen Kunden gleichgesetzt wird, die jeweils 45 % ihres täglichen Bedarfs im lokalen Geschäft decken.
- Die Zufriedenheit der Bevölkerung im direkten Einzugsbereich der Versuchsbetriebe bezüglich ihrer Versorgungssituation hat sich wesentlich erhöht. Hervorgehoben wurde von den Befragten insbesondere das erhöhte Angebotsniveau der Betriebe, aber auch die Einsparung der zuvor erforderlichen Wege in den nächsten Zentralort.

In einer zusammenfassenden Bewertung des Modellversuchs kommt das Institut for Center-Planlægning zu dem Ergebnis, daß die Übertragung von Zusatzfunktionen durch die damit verbundenen zusätzlichen Einnahmen bzw. durch die erhöhte örtliche Kaufkraftbindung außerordentlich positive Auswirkungen auf die betriebswirtschaftliche Situation der Versuchsbetriebe gezeigt habe und empfiehlt die Konzeption als geeignetes Instrument zur Sicherung der Grundversorgung im ländlichen Raum. Von besonderer Bedeutung für den Erfolg des Modellversuchs hatte sich die Bündelung mehrerer Zusatzfunktionen gezeigt. So hatten sämtliche in den Ver-

such einbezogenen Dienstleistungsorganisationen bereits früher den Wunsch gehegt, ihr Dienstleistungsangebot im ländlichen Raum auszuweiten, sich jedoch aus ihrer jeweiligen betriebswirtschaftlichen Sicht heraus nicht dazu in der Lage gesehen. Dort, wo sich der ländliche Kaufmannsladen mit Hilfe der Zusatzfunktionen als vielfältiger Dienstleistungsbetrieb präsentierte, hatte die Landbevölkerung nunmehr Zugang zu einem Angebot, wie es sonst nur in größeren Orten vorgehalten wird. Im Bericht zum Modellversuch wird besonders hervorgehoben, daß durch die Zusatzfunktionen
- die Versorgung der Bevölkerung verbessert,
- die Einkommenslage der Betriebe stabilisiert,
- die traditionelle soziale Funktion des ländlichen Kaufmannsladens als Treffpunkt und Kommunikationszentrum gestärkt und
- die Lebensqualität im Dorf zusätzlich erhöht worden sei.

Darüberhinaus werden im Bericht auch volkswirtschaftliche Überlegungen geltend gemacht, die für den Erhalt der kleinen Versorgungsstandorte sprechen. Neben der Einsparung von Versorgungsfahrten bei den mobilen Bevölkerungsgruppen geht es hier insbesondere um die immobilen Gruppen. In dem Augenblick, wo sich z.B. ältere Bürger nicht mehr selbst im eigenen Dorf versorgen könnten, entstehen auch nach Überzeugung des Instituts for Center-Planlægning für die Gemeinde neue Ausgaben durch erhöhten Bedarf an häuslicher Altenpflege oder sogar an neuen Plätzen in Pflegeheimen, da viele ältere Bürger bei fehlenden Versorgungsmöglichkeiten zum Fortzug gezwungen würden.

Aufgrund der positiven Ergebnisse des 18-monatigen Modellversuchs entschloß sich die Regierung dazu, die Übertragung von Zusatzfunktionen als landesweites Programm zur Sicherung des jeweils letzten verbliebenen Kaufmannsladens in den Dörfern aufzulegen, wozu Umweltminister Christian CHRISTENSEN am 24.4.1985 das Startsignal gab. In der Rede, die er zu diesem Anlaß vor Pressevertretern hielt, wies der Minister deutlich auf die besondere emotionale Beziehung der Dänen zu ihren Dörfern hin: "Die Dorfgemeinschaft ist unser Ausgangspunkt - sozusagen die Wiege der Ideen, auf der die Industriegesellschaft aufbaut. Dies sind Werte, von denen wir uns nicht trennen wollen."

Sowohl die Ergebnisse des Modellversuchs als auch die Ankündigung des Ministeriums, darauf eine landesweite Aktion zur Rettung der Dorfgeschäfte folgen zu lassen, stießen in der Öffentlichkeit auf reges Interesse. Nicht nur die überregionalen und regionalen Tageszeitungen berichteten ausführlich; auch die Zeitschrift des dänischen Gemeindeverbandes, DANSKE KOMMUNER, widmete dem Thema mehrere Berichte (vgl. die Hefte 16/84, 14-15/85 und 18/86). Mit einem informativ und ansprechend gestalteten Prospekt wurden über 1.500 Einzelhändler und Konsumgenossenschaften in ganz Dänemark direkt angesprochen, sich an der Aktion zu beteiligen. Die konkreten Absprachen zwischen den einzelnen Geschäften und den betroffenen Dienstleistungsorganisationen wurden weitgehend auf die regionale bzw. örtliche Ebene verlagert. Voraussetzung für die Aufnahme in das Programm war jedoch die Erfüllung einiger landesweit festgelegter Kriterien; insbesondere mußte das Lebensmittelgeschäft
- das einzige im Dorf sein,
- in einem Abstand von mindestens 3 km zum nächsten Lebensmittelgeschäft liegen und schließlich
- über eine Verkaufsfläche von mindestens 80 m² verfügen, damit die räumlichen Voraussetzungen für die Etablierung der erforderlichen Zusatzeinrichtungen gegeben waren.

Alle 566 Geschäfte, die Interesse für die Aktion gezeigt hatten, wurden vom Institut for Center-planlægning im Auftrag der Landesplanungsbehörde besichtigt. Anschließend wurden 356 Betriebe ausgewählt, welche die genannten Voraussetzungen erfüllten. Während der Besichtigungen ergab sich ein unterschiedliches Interesse der Bewerber an den einzelnen zur Debatte stehenden Zusatzfunktionen. So wollten fast alle Geschäfte eine Lottoannahmestelle übernehmen sowie Briefmarken und rezeptfreie Medikamente verkaufen, was jedoch insofern nicht überraschte, da es sich hierbei um traditionelle Zusatzfunktionen ländlicher Kaufmannsläden handelt. Über 70 % der Bewerber zeigten aber auch Interesse, über den Briefmarkenverkauf hinausgehende Postdienstleistungen (Annahme von Brief- und Paketsendungen, Ein- und Auszahlungen) anzubieten. Rund die Hälfte der Bewerber wollte gerne mit einer Bank oder Sparkasse zusammenarbeiten und rund ein Viertel wünschte die Unterbringung einer kommunalen Leihbücherei in ihren Geschäftsräumen. Insgesamt wurde beobachtet, daß die Bewerber möglichst viele einträgliche Zusatzfunktionen in Kombination übernehmen wollten, um zu einem echten Handels- und Dienstleistungszentrum zu avancieren. Bezüglich der konkreten Umsetzung der Vereinbarungen bzw. der Etablierung von Zusatzfunktionen konnte der beim Institut for Center-Planlægning angesiedelte projektbegleitende Ausschuß in einem Bericht vom 2.4.1987 (Det rådgivende udvalg om landsbybutikker: Notat om resultat af forhandlinger om tillægsfunktioner) folgenden Sachstand vermelden:
- 300 Dorfgeschäfte im ganzen Land hatten zu diesem Zeitpunkt Zusatzfunktionen erhalten,
- Vorläufig waren 550 Zusatzfunktionen konkret zugeteilt worden, wobei 117 Geschäften Postdienste übertragen worden waren, 64 Geschäfte waren zur Zahlstelle eines Kreditinstituts avanciert und in 11 Geschäften war eine kommunale Leihbücherei etabliert worden.
- Eine Reihe von Geschäften besaß bereits vor dem Start des Programms eine Lottoannahmestelle und lieferte Medikamente aus; 39 bzw. 53 weitere Geschäfte übernahmen nunmehr diese Funktionen. 236 Geschäfte zeigten Interesse daran, staatliche Informationsbroschüren in ihren Räumen auszulegen.

In diesem Stadium des Projektes wurden auch die Kriterien für die Einbeziehung von Geschäften gelockert - nunmehr mußte das betreffende Geschäft nicht mehr das letzte im Dorf sein und nicht mehr eine Mindestentfernung von 3 km zum nächsten Kaufmann nachweisen. Wichtigstes Kriterium wurde stattdessen, daß ein Bewerber seinen Standort in einem Dorf mit höchstens 500 Einwohnern hatte und der nächstgelegene Kaufmann seine Zustimmung gab und nicht selbst Zusatzfunktionen beantragte. Außerdem weist der Ausschuß in seinem Bericht darauf hin, daß während der Aktion auch auf direktem Wege zwischen Dorfgeschäften und örtlichen Dienstleistungseinrichtungen Absprachen über die Etablierung von Zusatzfunktionen getroffen worden seien, die nicht nach den Vorgaben der Landesplanungsbehörde beurteilt worden seien. Insofern sei die tatsächliche Zahl der Dorfgeschäfte, die Zusatzfunktionen erhalten habe, noch höher anzusetzen; z.B. schätzt der Ausschuß die Gesamtzahl der Fälle, in denen ein Kreditinstitut eine Absprache mit einem Geschäft eingegangen sei, auf 100.

Ende 1987 zog sich die Landesplanungsbehörde nach einem ihrer Ansicht nach zufriedenstellenden Resultat aus der "Rettungsaktion für den Dorfkaufmann" zurück. Sie demonstrierte damit, daß sie ihre Funktion in erster Linie als die eines Moderators gesehen hatte, und gab ihrer Hoffnung Ausdruck, daß die Übertragung von Zusatzfunktionen weitergehen und schließlich jedes dritte Dorfgeschäft davon profitieren würde (Pressemitteilung der Landesplanungsbehörde vom 14.12.1987)

Welche konkreten Auswirkungen die Übernahme von Zusatzfunktionen für einen einzelnen Betrieb haben kann, zeigt BANG-SØRENSEN (1986) am Beispiel der Konsumgenossenschaft (BRUGSEN) in Over Vindinge (Gemeinde Vordingborg, Storstrøms amt). In dem alten Kirchspiel Sværdborg, das als Einzugsbereich des Geschäftes anzusehen ist, leben ca. 1.100 Menschen; die Straßenentfernung von Over Vindinge nach Vordingborg beträgt ca. 8 km. Seit Mai 1986 konnten in Over Vindinge folgende Zusatzfunktionen etabliert werden:

- Durch eine Vereinbarung mit dem Postamt Vordingborg wurde der Laden gleichzeitig örtliche Poststelle, in der täglich mehrere Pakete eingeliefert sowie 5-6 Ein- und Auszahlungen getätigt werden. Die Postdienste werden mit monatlich 900 Kronen entlohnt.
- In einem Seitenraum des Ladens wurde eine Filiale der kommunalen Bibliothek eingerichtet, wobei der Buchbestand (ca. 400 Bände) jedes Quartal ausgewechselt wird. Pro Tag werden 10-15 Bücher entliehen; die Kunden können auch Bücher aus der Zentralbibliothek bestellen sowie dort direkt entliehene Bücher zurückgeben. Als Entlohnung für die Bibliotheksdienste erhält BRUGSEN 2.500 Kronen im Quartal.
- Aufgrund eines Vertrages mit einer Apotheke übernimmt BRUGSEN die örtliche Auslieferung von 3-4 Arzneimittelpäckchen, die pro Tag in Over Vindinge anfallen; pro Päckchen erhält BRUGSEN 5 Kronen Provision, außerdem wurde ein großzügiges Zahlungsziel von anderthalb Monaten eingeräumt.
- Das "Dienstleistungspaket" wurde abgerundet durch einen Vertrag mit einer Sparkasse; seitdem ist BRUGSEN auch Sparkassenfiliale mit besonders langen Schalterstunden. Die Bankleistungen werden mit 6.000 Kronen jährlich entlohnt.

Durch diese Zusatzfunktionen hat BRUGSEN in Over Vindinge tatsächlich den Charakter eines echten Servicezentrums angenommen. Neben den erwähnten Entlohnungen konnte BRUGSEN denn auch bereits 1986 eine beachtliche Umsatzsteigerung um rd. 150.000 Kronen auf 3,5 Mio.Kronen Mio registrieren, was BANG-SØRENSEN auf die erhöhte örtliche Kaufkraftbindung zurückführt. Durch die Ausweitung des Dienstleistungsangebotes wurde auch hier die Funktion des Ladens als örtliches Kommunikationszentrum deutlich gestärkt. Die Betriebsergebnisse des BRUGSEN in Over Vindinge - wo im übrigen auch die aktive Persönlichkeit des Kaufmanns eine wichtige Rolle gespielt hat - dürfen allerdings nicht als repräsentativ für alle Läden gesehen werden, die Zusatzfunktionen übernommen haben. Vielerorts ging es vielmehr in erster Linie darum, rückläufige Umsatzziffern zumindest teilweise zu kompensieren.

Als Service-Angebot, das ganz besonders zum Erhalt des Kundenstammes beiträgt, wurde von vielen Inhabern ländlicher Kaufmannsläden gegenüber dem Verfasser die Möglichkeit der Bargeld-Auszahlung hervorgehoben. Sofern im Laden nicht eine offizielle Zweigstelle eines Kreditinstituts eingerichtet wurde, gibt es hierzu drei Möglichkeiten. Als einfachste Variante werden - gerade in kleinsten Läden - von den Inhabern häufig Schecks ihrer Stammkunden entgegengenommen, welche sie dann über ihre eigenen Konten einlösen. Die beiden für den Kaufmann komfortableren Lösungen funktionieren mit Hilfe der "Dankort", einer seit dem 1.9.1983 von allen dänischen Kreditinstituten ausgegebenen Scheckkarte, die entweder in mechanischen oder in elektronischen Terminals verwendet werden kann. Die mechanischen Terminals, die gegen eine geringe Gebühr erhältlich sind, funktionieren wie bei den internationalen Kreditkarten - die auf der Karte aufgeprägten Angaben über den Karteninhaber werden auf Formulare durchgedrückt, die vom Kaufmann an sein Kreditinstitut weitergegeben werden. Aus Sicherheitsgründen ist es hierbei jedoch nur möglich, kleine Beträge auszuzahlen. Wesentlich sicherer ist das elektronische Dankort-Terminal, das über das öffentliche Telefonnetz direkt mit der Dankort-Zentrale verbunden ist. Nach dem Prinzip der mit Eurocheque-Karte zu bedienenden Geldautomaten wird vom Kunden eine Geheimzahl eingegeben; in Sekunden-schnelle erhält der Kaufmann Bescheid, ob er den vom Kunden gewünschten Betrag auszahlen kann. Ein elektronisches Dankort-Terminal kostet ca. 15.000 Kronen, die der Kaufmann selbst bezahlen muß - viele Kaufleute scheuen diese Investition jedoch nicht, weil sie auf diese Weise ihre Kundenfrequenz wesentlich erhöhen können und auch jüngere Kunden, die längst an den bargeldlosen Einkauf gewohnt sind, gewinnen können. Da ein großer Teil der Dänen über eine Dankort verfügt, wird dieser Zusatzfunktion zukünftig eine verstärkte Bedeutung zukommen.

Bei der Wertung der konkreten Auswirkungen von Zusatzfunktionen sind abschließend zwei Punkte ganz deutlich hervorzuheben:
- Entscheidend für die meisten Geschäfte, die Zusatzfunktionen bekamen, sind nicht die hier-durch erzielten Provisionen bzw. Entlohnungen, sondern als wichtigster Effekt wird das erhöhte Kundenaufkommen bzw. das verbesserte Dienstleistungsangebot für die Stammkunden genannt.
- Es wäre verkehrt - und dies hat auch einer der maßgeblichen Initiatoren des Projekts, Per NYBORG vom Institut for Center-Planlægning, gegenüber dem Verfasser deutlich betont -, die Zusatzfunktionen als eine Art "Wundermittel" zu betrachten. So konnten es auch die Zusatzfunktionen in einigen Fällen nicht verhindern, daß ein Dorfgeschäft schließen mußte - diese Tatsache relativiert sich aber, wenn man bedenkt, daß sich das Projekt schwerpunkt-mäßig auf Dörfer mit nur einigen hundert Einwohnern konzentriert hat.

Schließlich darf der psychologische Effekt nicht vernachlässigt werden, der durch den staat-lichen Einsatz für die Geschäfte bewirkt worden ist. Zusammen mit der aktiven Presseberichts-erstattung ist es gelungen, große Teile der Dorfbevölkerung zum Nachdenken anzuregen, ob sie selbst durch ihre Einkaufsgewohnheiten tatsächlich im notwendigen Umfang ihr lokales Geschäft unterstützen.

5.3.2 Aufrechterhaltung dezentraler Versorgungsstrukturen durch restriktive Planung - das Beispiel Ringe

Wie schon der erfolgreiche Versuch mit der Übertragung von Zusatzfunktionen auf die letzten Läden in den Dörfern zeigte, über den im vorangegangenen Abschnitt berichtet wurde, besteht in Dänemark eine ausgeprägte Sensibilität für die Konzentrationstendenzen im Einzelhandel und die daraus resultierenden Konsequenzen für die Versorgungslage der Dörfer. Trotz vieler Klagen über das Sterben der lokalen Läden in den Dörfern ist es allerdings auch in Dänemark zu einer Verkaufsflächenexpansion in den größeren Orten gekommen, was im wesentlichen auf die Ansiedlung von SB-Märkten zurückzuführen ist, die trotz häufig geäußerter Sympathien für kleine Läden bei den Verbrauchern auf breite Akzeptanz stoßen. Sowohl fehlender politischer Wille als auch die Berufung auf angeblich fehlendes planungsrechtliches Instrumentarium haben ein aktives Gegensteuern gegen die Ausbreitung von SB-Märkten in der Kommunal- und Regionalplanung weitgehend verhindert. Ausgesprochen mutig ist diesbezüglich die Gemeinde Ringe auf Fünen vorgegangen, die mit ihrem 1982 beschlossenen Lokalplan Nr. 29 die Ansied-lung von SB-Märkten im Gemeindegebiet über lange Zeit wirksam verhindern konnte und damit Planungsgeschichte geschrieben hat.

Auf die dorffreundliche Linie der Kommunalpolitik in Ringe wurde bereits in Abschnitt 5.2.2 eingegangen. Dort wurde auch darauf hingewiesen, daß der Gemeinderat von Ringe nach der

160

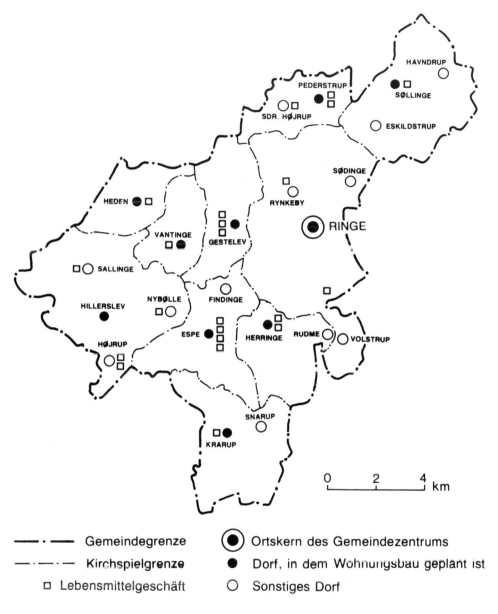

Abb. 26: Lebensmittelversorgung in den Dörfern der Gemeinde Ringe

Quelle: FRUELUND 1983b, verändert

Kommunalreform an einem dezentralen Siedlungsmuster festgehalten hat, indem nach Möglichkeit die Infrastruktur (Schulen, Bibliotheksfilialen, Versammlungshäuser usw.) in den 9 Lokalzentren, d.h. den wichtigsten, jeweils zwischen 200 und 400 Einwohnern zählenden Dörfern, erhalten wurde (vgl. Abb. 26). Weiterhin wurde Wert darauf gelegt, daß dort auch genügend Möglichkeiten für Neubautätigkeit bestanden. Alle diese Maßnahmen führten in der Summe dazu, daß die zur Gemeinde gehörenden Dörfer als weitgehend autarke, attraktive Siedlungseinheiten erhalten werden konnten.

Als besonders wichtig erachtete die Gemeinde bei der Sicherung der dörflichen Strukturen, daß in allen Teilen der Gemeinde die Versorgung mit Waren des täglichen Bedarfs gesichert war. Genau dies schien der Gemeinde jedoch plötzlich in Gefahr, als in den Jahren 1979/80 gleich zwei Bauanträge von Discount-Ketten bei der Gemeinde eingingen. Der Gemeinderat befürchtete, daß diese SB-Märkte so viel Kaufkraft aus den Dörfern abziehen würden, daß den lokalen Geschäften die notwendige Existenzgrundlage entzogen würde, und sprach sich grundsätzlich dagegen aus, SB-Märkte in der Gemeinde zuzulassen. Wie der Vorsitzende des Planungsausschusses in der Gemeinde Ringe, der Sozialdemokrat Niels ROSS SØRENSEN gegenüber der Presse betonte, hätte das Verschwinden der kleinen Lebensmittelgeschäfte die gesamten jahrelangen Anstrengungen der Gemeinde um eine dezentrale Siedlungsstruktur zunichte gemacht (INFORMATION 22.7.81).

Um die Ablehnung von SB-Märkten argumentativ abzusichern, wurde für die Gemeinde eine Analyse der zu erwartenden Konsequenzen nach der Ansiedlung eines SB-Marktes im Zentralort Ringe durchgeführt. Diese kam zu dem Ergebnis, daß ein solcher SB-Markt 15 % des Umsatzes aus den Dorfgeschäften abziehen würde. Hierdurch hätte in nur 4 bis 5 Dörfern auch zukünftig das lokale Geschäft überleben können. Für den Fall einer Ablehnung des SB-Marktes wurde hingegen prognostiziert, daß in den 9 Lokalzentren die Grundversorgung auf absehbare Zeit gesichert wäre (DANSTRUP 1984, 231). Allerdings wurde später seitens der Gemeinde berechnet, daß auch bei einem Rückgang der Dorfgeschäfte von 17 auf 9 (so daß in jedem Lokalzentrum noch eine Einkaufsmöglichkeit verbleiben würde) jeder Betrieb im Durchschnitt auf einen Jahresumsatz von nur ca. 3 Millionen Kronen kommen würde, wodurch diese Betriebe keineswegs aus der Gefahrenzone wären (vgl. Erläuterung zum Lokalplan Nr. 29, S. 11).

Gestützt auf die Ergebnisse dieser Analyse ging Ringe als erste dänische Gemeinde daran, einen Lokalplan für den Zentralort Ringe zu erarbeiten, mit dem die Ansiedlung von SB-Märkten völlig verboten und die bestehende Zentren- und Versorgungsstruktur gesichert werden sollte. Diese vorgesehene Regelung traf allerdings auf den entschiedenen Widerspruch sowohl des Umweltministeriums als auch der Landesplanungsbehörde, die darauf hinwiesen, daß ein generelles Verbot bestimmter Ladentypen, z.B. von SB-Läden, nicht möglich sei. Diese Haltung stieß bei der Gemeinde insofern auf Unverständnis, als die Landesplanungsbehörde in einer Orientierung für die Regionalplanung (Regionplanorientering Nr. 10) aus dem Jahr 1979 ausdrücklich die Möglichkeit eingeräumt hatte, bestimmte Ladenformen zu verbieten, sofern dies planerisch begründet sei (DANSTRUP 1984, 266). Mit deutlicher Ironie interpretierte der Gemeindeplaner von Ringe, Egon FRUELUND, in einem Beitrag für die Zeitung KOMMUNEN (5.1.1984) diesen Widerspruch so, daß die Landesplanungsbehörde offenbar zwischen Geschäftstypen und Geschäftsformen zu unterscheiden wisse; während das Verbot bestimmter Geschäftsformen, und hierzu zählten SB-Läden, unzulässig sei, sei ein Verbot von Geschäftstypen hingegen zulässig. Nach DANSTRUP (1984, 267) hatte allerdings die Landesplanungsbehörde selbst eingeräumt, daß ihre Interpretation der Rechtslage noch nicht gerichtlich überprüft worden sei.

Nach dem Scheitern der ursprünglich vorgesehenen Regelung wurde von der Gemeinde Ringe nach Verhandlungen mit der Landesplanungsbehörde ein neuer Entwurf für den Lokalplan Nr. 29 zur Regulierung des Zentrengefüges und der Geschäftsstruktur im Zentralort Ringe erarbeitet, der ungehindert am 20.7.1982 endgültig vom Gemeinderat beschlossen werden konnte und bis in die Gegenwart gültig ist. Wenn auch die Aussagen dieses Planes im Vergleich zur ursprünglich vorgesehenen Fassung erheblich reduziert wurden, stellte auch dieser Plan eine kleine Sensation dar, gelang es doch der Gemeinde damit, eine Reihe von Bauanträgen für SB-Märkte abzulehnen; auf eine gerichtliche Klärung wollte es bislang keiner der Antragsteller ankommen lassen. Welche konkreten Vorschriften sind es nun, die dieses "Wunder" vollbrachten?

Der Lokalplan gilt in einem relativ eng abgegrenzten zentralen Bereich Ringes, während das Hauptziel des Planes die Erhaltung der lokalen Grundversorgung im Umland ist. Deswegen sieht der Plan vor, daß beim Ausbau von Ringe zum regionalen Zentrum dort keine Ausweitung des Lebensmittelangebots in einem solchen Umfang erfolgen darf, daß die Verkaufsfläche im Verhältnis zum Umland überdimensioniert ist. Konkret legt der Plan die Verkaufsfläche für Lebensmittel in seinem Geltungsbereich auf 2.000 m² fest, wobei dem Gemeinderat jedoch ausdrücklich die (eigentlich selbstverständliche) Möglichkeit eingeräumt wird, diese Quote erforderlichenfalls neu zu justieren; zum Zeitpunkt der Verabschiedung des Lokalplanes lag die tatsächliche Verkaufsfläche im Lebensmittelbereich bei 2.179 m². Der Lokalplan enthält weiterhin die Vorschrift, daß die Verkaufsfläche eines Lebensmittelgeschäftes, das nur ein Teilsortiment aus dem Lebensmittelbereich führt, entsprechend umzurechnen, d.h. so zu vergrößern sei, so daß es rechnerisch einem Vollsortiment entspricht. DANSTRUP (1984, 267) kritisiert zu Recht, daß sich weder im Lokalplan noch in den Veröffentlichungen von FRUELUND Hinweise befinden, wie diese Umrechnung rein technisch durchzuführen sei; allerdings nennt FRUELUND selbst ein Beispiel, in dem die Verkaufsfläche eines SB-Marktes zu verdoppeln wäre.

Nach Einschätzung DANSTRUPs (1984, 267) wurde den SB-Ketten durch die Bestimmungen des Lokalplans Nr. 29 der Marktzutritt in Ringe tatsächlich deutlich erschwert - umso mehr, als der Plan sowohl bei der Neuansiedlung von Märkten als auch bei der Umnutzung bestehender Geschäfte "greift". DANSTRUP weist allerdings darauf hin, daß die Ansiedlung eines Discount-Marktes durch den Lokalplan nicht völlig verhindert werden könne - es sei zumindest theoretisch denkbar, daß eine SB-Kette andere Lebensmittelgeschäfte in Ringe aufkauft, diese schließt und, nach entsprechender Umrechnung auf das volle Lebensmittelsortiment, die "freigewordene" Kapazität bis zur Obergrenze von 2.000 m² Verkaufsfläche "auffüllen" könne - ein Denkmodell, das DANSTRUP aber wegen vermuteter Unrentabilität als unrealistisch einstuft.

Der Erfolg der restriktiven Planung in der Gemeinde Ringe zeigte sich nicht nur in der erfolgreichen Abwehr der unerwünschten Discount-Märkte im Gemeindezentrum, sondern auch in einer vergleichsweise guten wirtschaftlichen Situation der Lebensmittelgeschäfte im übrigen Gemeindegebiet, was durch eine großangelegte Gemeinschaftsuntersuchung von Landesplanungsbehörde und AKF (Forschungsinstitut der Gemeinden und Amtskommunen) belegt wird (FOG & WESTERHOLT 1986). In dieser Untersuchung wurde der Lebensmittelhandel mit Hinsicht auf die Einwirkungsmöglichkeiten der kommunalen Planung in 7 auf ganz Dänemark verteilten Gemeinden, darunter auch Ringe, einer gründlichen Analyse unterzogen. Im Untersuchungszeitraum 1981-84 waren in der Gemeinde Ringe, außerhalb des Gemeindezentrums, lediglich zwei Geschäftsaufgaben zu verzeichnen, was im Vergleich mit den anderen Untersuchungsgebieten als recht günstig bezeichnet wird. Für FOG & WESTERHOLT (1986, 180) besteht kein Zweifel, daß dieses günstige Ergebnis zumindest zum Teil darin begründet ist, daß die Geschäfte in dieser Gemeinde keiner so starken Konkurrenz vom Gemeindezentrum ausgesetzt gewesen waren wie in anderen Gemeinden. Der durchschnittliche Umsatz der Dorfgeschäfte für das Jahr 1984 wird auf gut 2 Millionen Kronen beziffert, was über dem Durchschnitt der anderen Untersuchungsgebiete liegt; daraus ziehen FOG & WESTERHOLT den Schluß, daß im Umland von Ringe zukünftig weniger Geschäftsschließungen erwartet werden dürften als im ländlichen Raum generell.

Der Erfolg der Gemeinde Ringe sprach sich unter Politikern und Planern schnell herum; der Lokalplan Nr. 29 wurde so etwas wie ein Bestseller, der Gemeindeplaner Egon FRUELUND zu einem gesuchten Gesprächspartner und Autor zum Thema "Ansiedlung von Discount-Märkten". In einem ausführlichen Beitrag für die Zeitung KOMMUNEN vom 5.1.1984 erläutert FRUELUND das Vorgehen der Gemeinde unter der provokanten Überschrift "Ja - det kan godt lade sig göre at forbyde discountbutikker!" ("Ja - die Discountgeschäfte lassen sich tatsächlich verbieten!") und kritisiert die Aussage zahlreicher Politiker und Beamten, wonach ein Verbot von Discount-Märkten unmöglich sei - nach FRUELUND handelt es sich bei dieser Behauptung lediglich um ein Alibi, wenn man einen solchen Markt insgeheim ansiedeln wolle.

FRUELUNDs Äußerungen blieben nicht ohne Widerspruch; in der folgenden Ausgabe der Zeitung KOMMUNEN vom 19.1.1984 wurden diese sowohl vom Direktor der Discount-Kette FAKTA als auch von zwei Planerkollegen heftig kritisiert. Der FAKTA-Direktor wehrte sich vor allem gegen den Vorwurf, die Discount-Märkte seien schuld am Sterben der Dörfer, und bestritt, daß durch kommunale Verbote das Vordringen der Discount-Märkte zu verhindern sei. In den Stellungnahmen der Planer wurde bezweifelt, daß der Lokalplan letztendlich einer gerichtlichen Überprüfung standhalten würde und daß mit dem Plan die Einrichtung eines Discount-Marktes in einem bestehenden Geschäft zu verhindern sei. Im übrigen wurde die Begrenzung des Preiswettbewerbes abgelehnt. Ob diese Aussagen allerdings repräsentativ sind, ist schwer zu beurteilen; in verschiedenen Gesprächen mit Planern anderer dänischer Gemeinden hat der Verfasser immer wieder Anerkennung für den in Ringe gefundenen Weg gehört.

Es dürfte nicht überraschen, daß die Initiative der Gemeinde Ringe, ungeachtet derartiger Kritik, bei der Dorfbewegung auf sehr positives Echo stieß. Der Vorsitzende des Dorfverbandes L.A.L., Ole GLAHN, der sich, wie erwähnt, bereits in anderen Veröffentlichungen für den Erhalt der Dorfgeschäfte eingesetzt hatte, stellte auf einer Diskussion mit Politikern aus der Vejle amtskommune zum Thema Einzelhandelsstruktur den in Ringe eingeschlagenen Weg als modellhaft heraus und forderte die Anwesenden auf, dem dortigen Beispiel zu folgen (VEJLE AMTS FOLKEBLAD 2.10.1987). Auch die dänische Verbraucherorganisation identifizierte sich voll mit den Intentionen des Lokalplanes Nr. 29 - die Vorsitzende der Organisation bestritt gegenüber der Zeitung INFORMATION (29.7.1986), daß Discountmärkte einen echten Vorteil für die Verbraucher brächten und setzte sich für den Erhalt der bestehenden dezentralen Geschäftsstruktur ein.

Eine späte Anerkennung erfuhr die Gemeinde Ringe auch durch den erwähnten Leitfaden der Landesplanungsbehörde zum Erhalt der Dorfgeschäfte ("Skab en fremtid for landsbybutikken") vom Juni 1987. Neben anderen praktischen Beispielen enthält diese Schrift auf Seite 24 auch das angeblich fiktive Beispiel der "Gemeinde Ideenreich", die den Bestand der Dorfgeschäfte durch eine Beschränkung der Lebensmittel-Verkaufsfläche im Gemeindezentrum sichern möchte - diese Schilderung war so deutlich, daß viele Gesprächspartner gegenüber dem Verfasser äußerten, man hätte ruhig den Gemeindenamen "Ideenreich" gegen "Ringe" auswechseln können.

Trotz derartiger positiver Repliken von außen begann vor rund zwei Jahren die Front der Lokalplan-Befürworter zu bröckeln. Vor allem die Geschäftsleute im Zentrum von Ringe waren unzufrieden mit den von der Gemeinde auferlegten Beschränkungen, da sie meinten, daß der Einzugsbereich ihrer Geschäfte dadurch künstlich verringert würde. Den Anstoß zu einer heftigen Debatte hatte eine von der Junior Chamber Midtfyn, einer Unternehmerorganisation, im Sommer 1987 vorgelegte Verbraucherbefragung gegeben, wonach die Hälfte der Bevölkerung von Mittelfünen ein SB-Warenhaus vermißte. In einer öffentlichen Anhörung zu dieser Untersuchung, die am 23.9.87 in Ringe stattfand, kommentierte Lektor Eigil KNUDSEN von der Handelshochschule in Århus als Fachmann für Fragen der Einzelhandelsversorgung die Ergebnisse. Er ließ keinen Zweifel daran, daß der Lokalplan Nr. 29 die dezentrale Einzelhandelsstruktur in der Gemeinde erhalten habe, und daß eine Aufhebung dieses Planes einem Todesurteil für die Dörfer gleichkäme. Auf der anderen Seite bezweifelte KNUDSEN, daß der Lokalplan die Dörfer auch in der Zukunft vor der Konkurrenz von Discount-Märkten würde schützen können, da die Nachbargemeinden nicht dem Beispiel Ringes gefolgt wären, und äußerte auch grundsätzliche Zweifel an den rigorosen Beschränkungen des Planes.

Auch die politische Mehrheit im Gemeinderat von Ringe begann zu kippen. Nachdem die Konservativen im Gemeinderat schon früher die Aufhebung des Lokalplanes gefordert hatten und die Radikale Venstre diese Forderung unterstützte, kam im Mai 1988 der Umschwung bei den Sozialdemokraten. Eine Anhörung, die unter den Mitgliedern der Partei durchgeführt wurde, ergab ein klares Votum für die Aufhebung des Planes. Geschürt wurden die Emotionen weiterhin durch Gerüchte, eine Discount-Kette sei bereit, die Rechtmäßigkeit des Lokalplanes vor Gericht klären zu lassen. So scheinen die Tage des Lokalplanes Nr. 29 - und damit eines in Dänemark einzigartigen Modellfalles - gezählt zu sein.

Noch bevor der Gemeinderat über eine Aufhebung des Lokalplanes Nr. 29 beraten hatte, zeigte sich, daß auch die Planbestimmungen in ihrer restriktiven Form zu umgehen waren: Am 11.6.1988 war in FYENS STIFTSTIDENDE zu lesen, daß dies der Discount-Kette NETTO nach mehreren Anläufen endlich gelungen war, indem sie einen bestehenden SPAR-Supermarkt in der Ortsmitte von Ringe aufkaufte und die dort beschäftigten 6 Mitarbeiter mit Wirkung zum 1.7.1988 übernommen hätte.

5.3.3 Übernahme von Dorfgeschäften durch die Bewohner

Bei allen Überlegungen planerischer und politischer Art darf nie vergessen werden, daß die wirksamste Maßnahme zum Erhalt eines Lebensmittelgeschäftes im Dorf die Solidarität der Dorfgemeinschaft mit dem Kaufmann ist. Gerade bei den Auspendlern ist es oft Gedankenlosigkeit, Bequemlichkeit oder ein größeres Warenangebot, die zum Einkauf am Arbeitsort verleiten - im Dorf werden dann nur noch die Vergeßlichkeitskäufe getätigt. Es hat in einer Reihe von Dörfern Kampagnen gegeben, ein erhöhtes Bewußtsein zu schaffen, wodurch der Anteil der am Wohnort gekauften Waren tatsächlich gesteigert werden konnte. Als Beispiel für den Versuch einer solchen Bewußtseinsstärkung soll die Initiative des BRUGSEN in Enslev (Gemeinde Nørhald, Århus amt) erwähnt werden, der die Dorfbewohner mit einem Faltblatt unter der Überschrift "bevar landsbybutikken" ("Erhalte das Dorfgeschäft") direkt ansprach und vor den Folgen warnte, die eine Schließung des letzten Geschäftes in anderen Dörfern mit sich gebracht hat. STÆRK (1987, 53) nennt das Beispiel des Kirchspiels Gylling (Gemeinde Odder, Århus amt) mit einem Kundenpotential von gut 1.000 Einwohner - hier liegt der Anteil der Waren, die lokal gekauft werden, bei 69 %, was er als Ausdruck für eine sehr starke örtliche Kundenbindung wertet. Hierzu trägt sicher bei, daß in Gylling die Bürger aktiv zum lokalen Einkauf aufgefordert werden. PEDERSEN (1983, 183) erwähnt das originelle Beispiel des Kaufmannes in Lyndby (Gemeinde Bramsnæs, Roskilde amt), der gegenüber seinen Kunden seine Buchführung offengelegt hat. Dadurch hätten die Kunden die Notwendigkeit erkannt, ihren Kaufmann zu stützen, wenn sie weiterhin ein Geschäft im Dorf haben wollten.

NIELSEN (1986, 44) berichtet über die Initiative der Bürger in Tolne (Gemeinde Sindal, Nordjyllands amt). Hier waren die Pläne der Post, ihre örtliche Poststelle zu schließen, Auslöser für eine gründliche Diskussion der Bevölkerung über die Zukunft ihres Ortes. In zähen Verhandlungen mit der Post gelang es, von dieser eine finanzielle Zusage für die Weiterführung einer Poststelle zu erhalten, sofern die Bevölkerung eine Lösung für deren zukünftige räumliche Unterbringung fände. Diese wurde schließlich im Zusammenhang mit der Frage gefunden, wie der Generationswechsel im örtlichen Lebensmittelgeschäft zu bewältigen sei. Mit Hilfe des von der Post zugesagten Geldes gelang es, einen Kaufmann zu finden, der Geschäft und Poststelle übernahm. Wenn im Falle des Dorfes Tolne die Bürger auch nicht selbst die Weiterführung des Ladens übernahmen, so haben sie doch zumindest selbst die Initiative, dem Ort eine Poststelle und eine Einkaufsmöglichkeit zu sichern, ergriffen und zum Erfolg geführt.

In einer Reihe von Fällen kam das "böse Erwachen" aber erst in dem Moment, als der Kaufmann oder der BRUGSEN tatsächlich aufgeben mußte und das Dorf ohne Einkaufsmöglichkeit war. Wie die zu Beginn des Kapitels genannten Angaben zeigen, ist die Zahl der Geschäfte rückläufig - in einigen Fällen, in denen das letzte Geschäft geschlossen wurde, hat es allerdings Initiativen der Bürger gegeben, diese Schließung rückgängig zu machen. Bevor etwas ausführlicher auf den schon in Abschnitt 5.1.1 erwähnten Kaufmannsladen in Kollemorten eingegangen wird, sollen kurz einige andere, in der Literatur beschriebene Beispiele referiert werden.

Bereits 1980 stellte DRAIBY in der L.A.L.-Zeitschrift LANDSBYEN die Frage, warum es nicht möglich sein sollte, seitens der Bürger ein Dorfgeschäft auf genossenschaftlicher Basis weiterzuführen. Am Beispiel eines Eigenkapitals von 50.000 Kronen rechnete er vor, daß in einem 500-Einwohner-Dorf jeder Haushalt ca. 250 Kronen beisteuern müßte, um einen neuen Start zu sichern.

RASMUSSEN & JAKOBSEN (1983) berichten ausführlich über die Initiative der Bürger in Skyum (Gemeinde Sydthy, Viborgamt), die im Jahr 1982 eine "ApS" (Gesellschaft mit beschränkter Haftung) gründeten, um die Räumlichkeiten des ehemaligen BRUGSEN zu übernehmen und diese anschließend zu verpachten. Die Gesellschaft verfügt über ein Kapital von 104.500 Kronen und hat mit der eigentlichen Führung des nun unter der Bezeichnung "Skyum Nærbutik" firmierenden Geschäftes nichts zu tun; entsprechend gehen alle Überschüsse aus dem Betriebsergebnis an den Pächter. Nach dem Neubeginn des Ladens hat sich der Umsatz erhöht, weil die Dorfbewohner einen größeren Teil ihres Einkaufs im lokalen Geschäft tätigen.

Für einen besonderen Presserummel sorgten die Bürger in Bjergby (Gemeinde Morsø, Viborg amt), als sie im Jahr 1983 eine eigene Genossenschaft bildeten, nachdem der BRUGSEN im Ort geschlossen hatte (vgl. z.B. POLITIKEN vom 3.2.1983). Wie in DANSKE KOMMUNER (Nr. 17/1985) sowie von JENSEN (1985, 33-41) ausführlich berichtet wird, gibt es in dem ca. 125 Haushalte zählenden Bjergby eine lange Tradition, die Dinge selbst in die Hand zu nehmen. So wurde auf den Wunsch der Bürger hin 1978 eine neue, zeitgerechte Schule für die 75 Kinder im Dorf gebaut, unterstützt durch die örtliche, unabhängige Sparkasse. Eine große Zahl örtlicher Aktivitäten geht direkt von den zahlreichen Vereinen aus, ohne daß von der Gemeinde Morsø wesentliche Unterstützung gewährt wird. So war es nur eine logische Folgerung, daß die Bürger auch nach der Schließung des BRUGSEN die Initiative ergriffen und das Geschäft in eigener Regie weiterführten. Als ungünstige Startvoraussetzung ist allerdings die Tatsache zu werten, daß es in Bjergby noch ein weiteres Geschäft gab, und angesichts der niedrigen Bevölkerungszahl des Ortes ist es eigentlich unverständlich, daß man sich dazu entschloß, hier eine Konkurrenzsituation zu schaffen. Nach drei Jahren war es dann auch so weit, daß das genossenschaftliche Experiment gescheitert war und die Räumlichkeiten von dem anderen örtlichen Geschäft übernommen wurden.

Erfolgreicher als in Bjergby scheint ein genossenschaftliches Experiment in Uhre (Gemeinde Brande, Ringkøbing amt) verlaufen zu sein. Auch hier übernahm die örtliche Bevölkerung im Jahr 1983 den zum Sterben verurteilten BRUGSEN, um das Geschäft weiterzuführen. Der Kaufmann in Uhre war es auch, der 1987 die zu Beginn des Kapitels erwähnte Initiative zur Gründung eines eigenen Ausschusses für die Dorfgeschäfte innerhalb des Dorfverbandes L.A.L. ergriffen hatte.

Als eine ohne Zweifel erfolgreiche Initiative der örtlichen Bevölkerung zur Rettung des örtlichen Kaufmannsladens soll nun das Beispiel Kollemorten (Give kommune, Vejle amt) näher vorgestellt werden. Gut zwei Jahre nachdem der örtliche BRUGSEN von dem größeren BRUGSEN im Gemeindezentrum Give übernommen worden war, sollte die Filiale in Kollemorten wegen Unrentabilität geschlossen werden. Als es sich zeigte, daß man gegen die Argumentation des BRUGSEN-Vorstandes nicht ankam, wurde auf einer Versammlung des bereits in Abschnitt 5.1.1 erwähnten Bürgervereins für Kollemorten und Umgebung am 27.2.1987 der Gedanke geboren, die Weiterführung des Ladens selbst in die Hand zu nehmen. Diese Überlegung wurde in den folgenden Wochen weiter vertieft und führte auch schließlich zur Gründung einer Gesellschaft mit beschränkter Haftung mit einem Kapital von 166.000 Kronen, das die Bürger durch Zeichnung von Anteilen in Höhe zwischen 500 und 1.500 Kronen aufgebracht hatten. Nachdem BRUGSEN im April 1987 seine Filiale in Kollemorten endgültig geschlossen hatte, kaufte die neugegründete Gesellschaft das ca. 10 Jahre alte und ca. 340 m² große Gebäude auf. Als besonders glückliche Lösung wurde es in Kollemorten empfunden, daß der SPAR Kaufmann im Nachbarort Vonge bereit war, auch das Geschäft in Kollemorten zu pachten und so zwei Geschäfte in den beiden knapp 4 km voneinander entfernten Orten zu betreiben - eine Lösung übrigens, die von der Inhaberin, Karin HANSEN, gegenüber dem Verfasser auch unter betriebswirtschaftlichem Aspekt als sehr günstig bezeichnet wurde.

Die Wiedereröffnung des renovierten Geschäftes fand unter großer Beteiligung der Bevölkerung in Form eines "Abends der offenen Tür" am 30.4.1987 statt. Besonders begrüßt wurde dabei von der Bevölkerung die Umgestaltung des Ladens und das Warensortiment, das unter der Regie von BRUGSEN nicht den Verbraucherwünschen entsprochen hatte (vgl. Berichte in VEJLE AMTS FOLKEBLAD vom 2.3.1987 und 4.5.1987). Inzwischen liegen zwei Jahre

Erfahrung mit dem Geschäft vor und es sieht so aus, als sei die Zukunft des Ladens - mit ca. 6 Millionen Kronen Jahresumsatz - vorerst gesichert.

Der Bürgerverein für Kollemorten und Umgebung hat sich allerdings nicht allein auf die "Geburtshilfe" für die neue Gesellschaft beschränkt, deren Bildung Voraussetzung für die Weiterführung des Ladens war. Vielmehr wurde versucht, den Laden durch weitere Funktionen noch attraktiver zu gestalten. Bereits jetzt hat der Kaufmannsladen eine Reihe von Zusatzfunktionen (Poststelle, Sparkassenfiliale, Medikamentenverkauf, Lottoannahme, Fotoarbeiten). Mit finanzieller Unterstützung aus dem im Kapitel 4.6 erwähnten 7-Millionen-Kronen-Topf der Landesplanungsbehörde soll möglicherweise ein 28 m² großer Anbau zum Laden errichtet werden. Darin soll - ausschließlich vom Laden aus zugänglich - eine "Kaffeestube" vor allem für die älteren Bürger eingerichtet werden, die zwischen 9 und 14 Uhr geöffnet sein soll. Da die Bedienung der Postkunden zur Zeit neben dem allgemeinen Ladenbetrieb etwas schwierig ist, soll in der Kaffeestube auch die Postfunktion wahrgenommen werden - hierfür sollen Rentner aus dem Ort zuständig sein, die lediglich einen kleinen Anerkennungsbetrag erhalten. Schließlich ist geplant, hier auch einen Ersatz für die dem Rotstift zum Opfer gefallene kommunale Bibliothek zu schaffen. So soll der Charakter des Kaufmannsladens als lokales Begegnungszentrum ausgebaut und damit auch die Lebensqualität im Dorf erhöht werden. Ob das Projekt allerdings in vollem Umfang tatsächlich realisiert wird, ist derzeit noch nich abzusehen.

Die genannten Beispiele, insbesondere der Fall Kollemorten, zeigen deutlich, daß sich lokales Engagement auch in konkreten Ergebnissen für das Dorf und seine Lebensqualität ausdrücken. Der direkte finanzielle Einsatz der Bürger für den Erhalt des örtlichen Geschäftes stellt sicher eine unkonventionelle Lösung dar, doch ist kaum eine stärkere Bindung als an das "eigene" Geschäft vorstellbar.

5.4 Infrastruktur und Arbeitsplätze im Dorf

Neben der Sicherung der Grundversorgung ist es für ein lebendiges Dorf eine existentielle Voraussetzung, über eine Reihe anderer Infrastruktureinrichtungen zu verfügen. Die nachfolgenden Beispiele stammen in erster Linie aus Politikbereichen, in denen in den letzten Jahren eine verstärkte Hinwendung zum Dorf bzw. eine größere Beachtung der dörflichen Funktionszusammenhänge zu beobachten war. Schließlich wird auch die generelle Frage angeschnitten, ob und wie im Dorf außerlandwirtschaftliche Arbeitsplätze geschaffen werden können, wobei es sich bei dieser Darstellung in Abschnitt 5.4.5 lediglich um einen kurzen Problemaufriß handeln kann.

5.4.1 "Wiederentdeckung" der Dorfschule und ihre Aufwertung zum lokalen Kulturzentrum

Mit überwältigender Mehrheit beschloß das Folketing am 26.5.1987 ein "Entwicklungsprogramm für die Volksschule und die Schule als lokales Kulturzentrum" ("Folketingsbeslutning om et udviklingsprogram for folkeskolen og skolen som lokalt kulturcenter"). Bereits der Titel dieser Entschließung zeigt deutlich, daß man in den 70er und 80er Jahren zu einer neuen Einschätzung bezüglich der Bedeutung einer Schule für ihr lokales Umfeld gekommen war. Zur besseren historischen Einordnung des Entwicklungsprogramms sollen nachfolgend einige wichtige Aspekte der bildungspolitischen Diskussion jenes Zeitraumes kurz beleuchtet werden, bevor auf des Programm selbst zurückgekommen wird.

Während SØHOLT die Diskussionen über die günstigste Struktur des Schulwesens in den 50er und 60er Jahren in erster Linie als "Kulturkampf" zwischen progressiven und konservativen Kräften gesehen hatte (vgl. Kap. 3.5), konstatiert er für die 70er Jahre eine Annäherung der Standpunkte (SØHOLT 1982, 9). Die Stagnation des Strukturwandels, die seit 1974/75 zu erkennen gewesen sei, wertet er vor allem als eine allgemeine Reaktion auf die großen Institutionen und weniger als einen Erfolg des neuen Volksschulgesetzes aus dem Jahr 1975, obwohl dieses im Vergleich zu seinem Vorgänger aus dem Jahr 1958 deutliche Dezentralisierungsabsichten enthielt. Es dürfte kaum ein Zweifel darüber bestehen, daß die zurückhaltendere Einstellung gegenüber einer weiteren Zentralisierung auf dem Schulsektor, wie sie sich nun auch bei den vormals "progressiven" Kräften abzeichnete, ein Aspekt des "Erwachens auf dem Lande" war, wie es bereits in Kapitel 4.2 als Reaktion auf die allgemeine Wachstums- und Zentralisierungsideologie der ersten Nachkriegsjahrzehnte beschrieben wurde. Mit dem allmählich wiedererstarkenden Selbstbewußtsein der kleinsten Orte wuchs auch die Einsicht in die Bedeutung der Schulen als wesentliche lokale Zentren für Kultur und Kommunikation. Darüber hinaus erkannte man, daß es nur möglich war, Familien mit Kindern im Dorf zu halten oder sogar neue hinzuzugewinnen, wenn ein schulisches Angebot am Ort vorhanden war.

Den am weitesten verbreiteten Schultyp stellte Mitte der 70er Jahre (1976: 46 % aller Schulen in den ländlichen Kirchspielen) nach DANNESKJOLD-SAMSØE (1979, 2) die nach Jahrgangsklassen aufgeteilte, 7-klassige Zentralschule dar, die Anfang der 60er Jahre in den Landgemeinden die kleinen Dorfschulen mit jahrgangskombiniertem Unterricht abgelöst hatte. Schulen mit "Überbau", d.h. mit 8., 9. und eventuell auch 10. Klasse, waren in der Regel auf größere Bahnhofssiedlungen und Zentralorte beschränkt. Nachdem durch die aufgezeigten Entwicklungen der getrennte, jahrgangsweise Unterricht auch auf dem Lande zum Regelfall geworden war, wurden im Laufe der 70er Jahre von der Pädagogik die Vorteile des Unterrichts in kleinen, überschaubaren Schulen mit jahrgangskombinierten Klassen "wiederentdeckt". Als Beispiel sei hier ein engagierter Kommentar von Jan MICHEL, Dozent am Lehrerseminar in Nr. Nissum, für RINGKJØBING AMTS DAGBLAD vom 12.6.1979 erwähnt. MICHEL (der im übrigen bereits im Jahr 1970 einen Zeitungsartikel mit der Überschrift "Erhaltet die Dorfschulen!" veröffentlicht hatte) verweist auf neuere pädagogische Forschungen und nimmt diese als Beleg für seine These, daß Kinder, die jahrgangsübergreifenden Unterricht erhalten hatten, keine Nachteile gegenüber Kindern hätten, die jahrgangsweise unterrichtet worden waren. Mit einer Reihe von Argumenten entfaltet er ein flammendes Plädoyer für die kleine Dorfschule, die er als wichtigste Einrichtung für das Überleben eines Dorfes sieht. Auch KOED (1979) macht aus seiner positiven Einstellung gegenüber Dorfschulen keinen Hehl. Zwar weist er darauf hin, daß stets auch die Nachteile abzuwägen seien (er nennt hier vor allem die geringeren Wahlmöglichkeiten und bescheidene Einrichtungen), doch nennt er einige aus seiner Sicht entscheidende Vorteile kleiner Dorfschulen:
- kleine Schulen sind überschaubarer,
- Schüler in kleinen Schulen fühlen sich wohler und haben größeres Verantwortungsbewußtsein,
- der Kontakt zu den Eltern ist besser,
- die lokale Gemeinschaft selbst gibt anschauliches Unterrichtsmaterial ab.

Für den Fall, daß eine Schule geschlossen wird, sieht KOED gravierende Folgen für die örtliche Gemeinschaft. Einerseits bedeute der größere Abstand der Schule zum Dorf auch, daß der Abstand zum Treffpunkt der Eltern größer wird, andererseits sieht KOED - wie auch

MICHEL - die Kinder durch den täglichen Transport mit dem Schulbus erheblichen psychischen Belastungen ausgesetzt. Darüber hinaus sehen beide Autoren jedoch auch handfeste materielle Argumente, welche die vorschnelle Schließung einer Dorfschule nicht angeraten erscheinen lassen - sie nennen u.a. die Kosten des Schulbusverkehrs (vgl. hierzu die Zahlenangaben im Abschnitt 5.2.5) sowie eventuell erforderliche Erweiterungen der Schulgebäude in den Zentralorten. Im Laufe der 70er Jahre wurden aber nicht nur die Vorteile der Dorfschule wiederentdeckt, sondern es wurden auch die Nachteile großer Schulen allmählich deutlich. In Lehrerkreisen wurde kritisiert, daß die großen Schulen nicht die erhofften pädagogischen Möglichkeiten böten (NØRGAARD 1985, 77). Negativ bewertet wurde weiterhin, daß mehr Schulen als früher von fast unüberschaubarer Größe waren, eine ausgeprägtere Hierarchie aufwiesen sowie eine scharfe Trennung in Arbeits- und Freizeit vorgaben (NØRGAARD 1985, 91).

Während eine von DANNESKJOLD-SAMSØE im Auftrag des Unterrichtsministeriums erstellte und im August 1979 vorgelegte Untersuchung zum Verhältnis zwischen Schule und Dorf noch weitgehend die Trends der 60er und frühen 70er Jahre extrapoliert, d.h. eine "Wiederentdeckung" des Unterrichts in kombinierten Klassen für unrealistisch hält und stattdessen eine weitere Zentralisierung des Schulwesens prognostiziert (DANNESKJOLD-SAMSØE 1979, 8), legten andere Wissenschaftler schon wenig später detaillierte Untersuchungen zur ökonomischen Vertretbarkeit kleiner Schulen vor. Hatten BRØCHER & ENGELHARDT (1974, 336) für die Jahre, in denen die Intentionen des Schulgesetzes aus dem Jahr 1958 in die Praxis umgesetzt wurden, noch eine unzureichende Diskussion über die optimale Schulgröße beklagen müssen, wurde über dieses Problem Anfang der 80er Jahre intensiv nachgedacht. So gehen LARSEN & NIELSEN in einem Aufsatz aus dem Jahr 1982 der Frage nach, ob in kleinen Schulen Ökonomie und Pädagogik miteinander zu vereinbaren seien, und ein von FRANDSEN (1983) redigierter und vom dänischen Schulleiterverband herausgegebener Sammelband widmet sich des Kernproblems der Diskussion, wie klein nämlich Schulen überhaupt werden könnten. Hingewiesen sei auch auf eine im Forschungsinstitut der Amtskommunen und Gemeinden (AKF) durchgeführte umfangreiche Untersuchung zur Schulgröße von KOED & BUNDSGAARD (1979). Es würde hier zu weit führen, die Diskussion um Klassengrößen, Lehrerbedarf und Kosten pro Schüler im einzelnen zu referieren, da dieses Thema ausreichend Stoff für eigene wissenschaftliche Arbeiten bietet. Bezüglich der Arbeit von LARSEN & NIELSEN sei hier lediglich angemerkt, daß dort mit durchaus einleuchtenden Rechenbeispielen eine "Modellschule" für 50 Schüler konstruiert wird, in der die Ausgaben pro Schüler nicht höher liegen sollen als im Landesdurchschnitt, womit das Argument von der hohen Kostenbelastung durch kleine Schulen widerlegt wäre.

Interessant ist, daß in den 70er Jahren auch die Kritik betroffener Eltern an beabsichtigten Schulschließungen offensiver wurde - auch dies ein weiterer Beleg für das mehrfach zitierte "Erwachen auf dem Lande" in jener Zeit. Der verzweifelte, aber letztlich erfolglose Versuch der Bürger von Solbjerg (Gemeinde Morsø, Viborg amt), nach der Kommunalreform ihre Schule zu behalten, wird aus der Sicht des Betroffenen von MØLLER (1978) dokumentiert. In einer anderen Veröffentlichung des Dorfvereins L.A.L. setzt sich GAARDBOE (1979) vom Bewohnerverein des Dorfes Hjortdal unter der Überschrift "Wir können es uns nicht erlauben, weitere kleine Schulen zu schließen" vehement für den Fortbestand der Dorfschulen ein. Auch anhand einer ganzen Reihe von Pressemeldungen läßt sich belegen, daß das Thema "Erhalt kleiner Dorfschulen" in den 80er Jahren zu einem überall im Land heftig diskutierten Thema wurde. Bei der Durchsicht dieser Berichte stößt man auch auf originelle Meldungen - so wurde

170

in mindestens drei Dörfern versucht, die kleine Schule zu retten, indem Prämien von 500 oder mehr Kronen für jeden neuen Schüler gezahlt wurden (vgl. z.B. den Bericht "Dorf kauft Kinder" in POLITIKEN am 8.10.1982), im Falle des Dorfes Fjaltring erfolgte die Suche sogar über ein Inserat in der überregionalen Tageszeitung JYLLANDS-POSTEN.

Ein Beispiel ganz besonderer Elterninitiative hat SØRENSEN (1979) aufgearbeitet. Hier geht es um das ca. 480 Einwohner zählende Kirchspiel Thise (Gemeinde Sundsøre, Viborg amt), wo nach der Kommunalwahl 1978 eine Neuordnung der kommunalen Schulstruktur in Angriff genommen wurde. Trotz erheblicher Proteste der Betroffenen und gegen die Empfehlung des Bürgermeisters beschlossen sowohl der Kulturausschuß als auch der Gemeinderat im Januar 1979, zwei Klassen aus der ca. 50 Schüler zählenden Schule in Thise in den größeren Nachbarort Breum zu verlegen, wovon sich der Gemeinderat jährliche Einsparungen in Höhe von ca. 70.000 Kronen versprach. Da die Dorfbewohner diese Entscheidung einerseits als den Anfang vom Ende ihrer Schule ansahen und andererseits empört waren, daß sie bei vielen Politikern aus den größeren Orten der Gemeinde nicht auf das geringste Verständnis für ihre Sorgen stießen, beschlossen sie sofort nach der endgültigen Entscheidung der Gemeinde, eine Privatschule (friskole) zu bilden. Hierzu muß erwähnt werden, daß diese Schulform in Dänemark - basierend vor allem auf der Philosophie GRUNDTVIGs (vgl. Kap. 2.3) - eine lange Tradition aufweist (vgl. zur Vertiefung BODENSTEIN 1982a und 1982b). So war es möglich, daß die Eltern die gesamte kommunale Schule in eine Privatschule umwandelten, die am 8.8.1979 feierlich eröffnet wurde. Obwohl die Privatschulen kräftige öffentliche Förderung erfahren (85 % der Betriebskosten werden durch die öffentliche Hand übernommen), war die Übernahme der Schule auch für die Eltern mit erheblichen finanziellen Opfern verbunden. Bemerkenswert ist ferner, daß auch die ehemaligen Lehrer einschließlich des Schulleiters freiwillig - unter Verlust ihres Beamtenstatus - an die neue Schule überwechselten. Ohne Zweifel zeigt das Beispiel Thise eindrucksvoll, welche entscheidende Bedeutung Bürger ihrer Dorfschule beimessen und daß sich der Wunsch nach Erhalt der Schule nicht allein in Protesten erschöpft.

Das Beispiel von Thise ist kein Einzelfall. Bereits im Jahr 1981 wurde im FRISKOLEBLADET über die "Flucht von der Volksschule zur Privatschule" berichtet - vom Schuljahr 1966/67 bis zum Schuljahr 1979/80 war der Privatschul-Anteil der Schüler in den Klassenstufen 1 bis 7 von 5,2 % auf 7,1 % gestiegen (nach BODENSTEIN 1982b, 148), und in den 80er Jahren verschärfte sich der Trend weiter. Doch es war nicht nur die Privatschule als Rettungsanker bei einem drohenden Rückzug der Gemeinde - auch die Qualität der Volksschulen ist seit geraumer Zeit Gegenstand von Diskussionen geworden. In Heft 25/1985 der Zeitschrift DANSKE KOMMUNER (S. 14) wird eine Umfrage zitiert, wonach 86 % der Befragten der Ansicht sei, der Unterricht in den Privatschulen sei besser als in den (kommunalen) Volksschulen. Damit sind also zwei mögliche Begründungen dafür genannt, daß die Zahl der Privatschulen kräftig von 326 im Jahr 1980 auf 395 im Jahr 1988 anstieg. Die Tageszeitung JYLLANDS-POSTEN, in der diese Zahlen am 24.8.88 veröffentlicht wurden, berichtet weiter, daß den 76 neugegründeten Privatschulen im gleichen Zeitraum ca. 100 Schließungen kommunaler Volksschulen gegenüberstehen, weswegen der Bericht unter der Überschrift "Privatschulen werden eingerichtet, wenn Volksschulen geschlossen werden" steht. Nur am Rande sei erwähnt, daß Privatschulen den Wettbewerb mit den öffentlichen Schulen durchaus selbstbewußt und offensiv aufgenommen haben und z.B. aktiv mit ihren jeweiligen pädagogischen und/oder philosophischen Zielsetzungen um neue Schüler werben.

Die finanzielle Verantwortung für die Volksschulen, d.h. die 10-klassigen Gesamtschulen, die in Dänemark den Regel-Schultyp darstellen, ist seit 1975 im Zuge der auf die Kommunalreform folgenden Dezentralisierung von Kompetenzen vollständig vom Staat auf die Gemeinden verlagert worden. Es liegt somit auf der Hand, daß die Gemeinden ein ganz besonderes Interesse daran haben, das Image der kommunalen Volksschulen zu verbessern. Schon bald wurde deswegen versucht, dem Trend hin zu den Privatschulen offensiv zu begegnen. In diesem Sinne wurde z.B. Mitte der 80er Jahre gemeinsam von Gemeinden, Unterrichtsministerium und Lehrerverband ein Versuch in verschiedenen Gemeinden gestartet, um die "Schule der Zukunft" zu erproben. Ein Aspekt des Versuchs war bereits damals die Frage, in welchem Umfange die Schulen mehr für die lokale Bevölkerung geöffnet werden könnten (vgl. den Bericht "Schule als Kulturzentrum" in DANSKE KOMMUNER vom 12.12.1984). Die inhaltliche Inspiration zu diesem Projekt war in starkem Maße vom dänischen Lehrerverband gekommen, der u.a. ein Thesenpapier "Perspektiven für die Schule der Zukunft" in die Diskussion eingebracht hatte, in dem eine der 8 Perspektiven wie folgt lautete: "Die Schule ist als lokales Kulturzentrum zu betrachten. Die Schule in einer Informationsgesellschaft wird eine neue Funktion in Verbindung mit einem erweiterten Unterrichtsbegriff und einem veränderten Ausbildungsbedarf bekommen. Die Schule wird durch ein breites Angebot eine neue Rolle im kulturellen Leben der örtlichen Gemeinschaft im Zusammenhang mit einer veränderten Auffassung von Arbeit und Freizeit bekommen" (zit. nach SCHLESWIG-HOLSTEINISCHE SCHULE, Heft 6/1988, S. 15).

Ein deutliches Beispiel für staatliche Versuche, das Image der Volksschule aufzubessern, stellt eine im April 1986 von Unterrichtsminister Bertel HAARDER vorgelegte Informationsbroschüre unter dem Titel "Die Volksschule - die Schule mit den vielen Möglichkeiten" dar, in der insbesondere hervorgehoben wird, daß auch in den kommunalen Volksschulen Initiativen der Eltern durchaus möglich und erwünscht seien - sicherlich in Anspielung darauf, daß gerade in den Privatschulen die Eltern natürlich einen sehr weitgehenden Gestaltungsspielraum haben. Insbesondere wird auch auf den Erhalt kleiner Schulen eingegangen, wobei die Möglichkeit des Unterrichts in jahrgangskombinierten Klassen ausdrücklich hervorgehoben wird.

Es ist also festzuhalten, daß sich die (kommunale) Volksschule seit Jahren in einer Krise befindet. Deswegen ist es sicherlich nicht unberechtigt, in dem eingangs genannten "Entwicklungsprogramm für die Volksschule und die Schule als lokales Kulturzentrum" vom Mai 1987 den entschlossenen Versuch zu sehen, die Volksschule für die zahlreichen Herausforderungen zu wappnen. Darüber hinaus geht aus dem von der Radikalen Venstre im Parlament vorgelegten Entschließungsantrag vom 30.1.1987 deutlich hervor, daß mit dem Programm eine generelle Anpassung des Volksschulgesetzes an geänderte gesellschaftliche Rahmenbedingungen vorbereitet werden soll - in der Begründung wird nämlich kritisiert, daß das Volksschulgesetz des Jahres 1975 im wesentlichen auf den Erkenntnissen der 60er Jahre beruhe, als die Industriegesellschaft ihren Höhepunkt erreicht und noch gänzlich andere Zukunftserwartungen bestanden hätten.

Mit der Entschließung über das Entwicklungsprogramm wird die Regierung aufgefordert, mit Hinblick auf eine durchgreifende Änderung der Volksschule die Initiative für eine landesweite Entwicklungstätigkeit zu ergreifen. Damit sollen, wie es wörtlich heißt, "die Rahmenbedingungen und die Inhalte der Volksschule verbessert und der Aufbau lokaler Kulturzentren mit Anbindung an die Schule gefördert werden". Für die weitere Entwicklung werden 7 Ziele zugrundegelegt, die hier nicht in aller Ausführlichkeit vorgestellt werden sollen. Wichtig für das Thema dieser Arbeit dürfte vor allem das erste Ziel sein, wonach die zukünftige Tätigkeit einer Volksschule sich nicht auf die Erteilung des obligatorischen Unterrichts beschränken, sondern auch ein vielseitiges Kultur- und Freizeitangebot umfassen soll. Dieses soll in enger Zusammenarbeit mit den lokalen Vereinen, Einrichtungen der Erwachsenenbildung und der freiwilligen Kinder- und Jugendarbeit sowie anderen interessierten Kreisen vermittelt werden. Die Kultur- und Freizeitaktivitäten sollen jedoch lediglich den Rahmen abgeben, innerhalb dessen sich die Bürger aller Altersgruppen selbst entfalten könnten. Auch wenn der Verdacht sicher nicht unberechtigt ist, daß über das Entwicklungsprogramm nicht zuletzt die (kommunale) Volksschule an die Privatschulen verlorenen Boden zurückgewinnen soll, muß doch erwähnt werden, daß sich das Entwicklungsprogramm auch auf private Grundschulen erstreckt - aufgrund der weitreichenden rechtlichen Gleichstellung der Privatschulen wäre eine Beschränkung allein auf kommunale Schulen sicherlich nicht möglich gewesen.

Zur Durchführung des Entwicklungsprogramms wurden insgesamt 400 Millionen Kronen, verteilt auf 4 Haushaltsjahre, bereitgestellt. Eltern, Lehrer, Schulen und Gemeinden können Ideen formulieren, die dann zentral von einem projektbegleitenden Ausschuß (Folkeskolens Udviklingsråd) bezüglich ihrer Förderungswürdigkeit geprüft werden. Auf die Aktion wird sowohl von staatlicher Seite als auch seitens der Gewerkschaften mit großem Einsatz aufmerksam gemacht. Speziell zur Information der breiten Öffentlichkeit wird auch eine kostenlose Projektzeitung (UDVIKLINGS-AVISEN) herausgegeben und unter die Bevölkerung gestreut. Auf einem Bericht in der Ausgabe 1/1988 von UDVIKLINGS-AVISEN basiert auch die nun folgende Beschreibung über den bisherigen Verlauf eines nach dem Entwicklungsprogramm geförderten Projektes in der Dörfergemeinschaftsschule Skanderup-Hjarup.

Die Dörfergemeinschaftsschule Skanderup-Hjarup, eine 7-klassige Volksschule mit 110 Schülern, liegt an der Südgrenze der Gemeinde Lunderskov (Vejle amt). In ihrem Einzugsbereich, der hauptsächlich die drei Dörfer Skanderup, Gelballe und Hjarup umfaßt, leben ca. 1.200 Menschen. Der Startschuß für das später bezuschußte Entwicklungsprojekt erfolgte am 14.3.1987, mit einem "Pädagogischen Tag", zu dem nicht nur Schüler, Eltern und Lehrer, sondern alle interessierten Dorfbewohner eingeladen waren. Dort sollte vor allem über die bestehenden Nutzungen der Schule sowie über die Wünsche in der lokalen Gemeinschaft diskutiert werden. Die rd. 50 bis 60 Teilnehmer an diesem "Pädagogischen Tag" entwickelten eine lange Liste von Vorschlägen, was man zukünftig in Angriff nehmen könnte - das Spektrum reichte von der Freizeitbetreuung der Kinder und Jugendlichen über die Herausgabe einer lokalen Zeitung bis hin zur Einrichtung eines Dorfgemeinschaftshauses. Die Auswertung der Vorschläge erfolgte am 26.5.1987, jenem Tag, an dem das Folketing seine Entschließung verabschiedete. Mehrere Arbeitsgruppen wurden eingesetzt, um die eingegangenen Vorschläge weiter zu beraten. Als die Regierung bekanntgab, daß sie lokale Entwicklungsprojekte finanziell unterstützen würde, war die Projektarbeit an der Schule Skanderup-Hjarup also schon in vollem Gange. Es mußte zwar noch ein formaler Antrag mit einer ausführlichen Projektbeschreibung gestellt werden, doch die Mühe lohnte sich - der projektbegleitende Ausschuß gewährte am 18.3.1988 eine Unterstützung von 650.000 Kronen. Nachdem einige weniger umfangreiche Vorhaben (Herausgabe einer kleinen Zeitung, Koordinierung der Aktivitäten der Sportvereine) bereits verwirklicht werden konnten, können mit dieser "Geldspritze" nun größere Vorhaben in Angriff genommen werden - und in der Tat haben sich die Initiatoren des Projektes (das unter dem Motto "Die ganze Gemeinschaft - das ganze Leben - den ganzen Tag" läuft) ein ehrgeiziges Ziel gesteckt. Es soll nämlich gezeigt werden, daß die Finanzmittel, die im Schulbezirk auf dem Schul- und Kultursektor sowie auf dem Sozial- und Gesundheitssektor verbraucht werden, erheblich vorteilhafter für alle gesellschaftlichen Gruppen verwendet werden können. Hauptthese dabei ist, daß eine aktive Schule in der lokalen Gemeinschaft zur Vorbeugung und Lösung von Problemen sowohl des einzelnen als auch der Gemeinschaft beitragen kann. Um dies zu demonstrieren, wurden 4 Teilprojekte formuliert:

- Im Bereich der Schule sollen Möglichkeiten zur Betreuung von Kindern im Vorschulalter geschaffen werden. Einerseits besteht im Gebiet ohnehin ein Bedarf an Kindergartenplätzen, andererseits kann durch eine frühzeitige Gewöhnung der Kinder an die schulische Atmosphäre Schwellenängsten und anderen Problemen bei der Einschulung vorgebeugt werden. Inzwischen haben Eltern von Kleinkindern eine Spielstube eingerichtet und sind nun dabei, in Verbindung mit der Schule einen integrierten Kindergarten einzurichten.
- Die Lehrer der Schule sollen bereits in die Betreuung der Kinder im Vorschulalter einbezogen werden. Auch dies soll dazu beitragen, Einschulungsschwierigkeiten vorzubeugen. Dabei spielen aber nicht nur menschliche Aspekte eine Rolle, sondern auch finanzielle Überlegungen. Ein Volksschüler kostet die Gemeinde z.Zt. ca. 24.000 Kronen im Jahr. Wird bei psychischen Störungen Spezialunterricht erforderlich, verdoppelt sich dieser Betrag, und bei Einweisung eines Schülers in ein Schulheim liegen die Kosten sogar 365.000 Kronen pro Jahr. Es wird also damit gerechnet, daß durch rechtzeitiges Vorbeugen von Schulstörungen langfristig Steuergelder eingespart werden können.
- In der Schule soll eine Altenbetreuungsstätte eingerichtet werden. Gedacht ist daran, z.B. den Heimatkundeunterrichtsraum zur Begegnungsstätte auszubauen, wo sich die älteren Mitbürger bei einer Tasse Kaffee treffen können und sie außerdem Altenpfleger, Hauspflegerin oder Physiotherapeut treffen können. Dadurch soll der zwischenmenschliche Kontakt auch über die Generationen hinweg erleichtert werden und den älteren Menschen der Weg ins Altersheim so lange wie möglich erspart bleiben.
- Bereits früher hatte die Schule ihre Tore für die verschiedensten Freizeitaktivitäten geöffnet. Nun soll gezielt versucht werden, das Kulturleben weiterzuentwickeln, z.B. durch Theater, Film, Musik, Ausstellungen, Studienkreise, Vorträge. Nach der Vorstellung der Initiatoren sollte das Licht in der Schule "am besten rund um die Uhr brennen..."

Es ist an dieser Stelle sicherlich verfrüht, etwas über die Ergebnisse des Projektes zu berichten. Es hat jedoch den Anschein, als sei das Projekt unter engagierter Beteiligung der lokalen Bevölkerung gut angelaufen. Allein die Formulierung der Teilprojekte dürfte zeigen, auf welche Weise das Entwicklungsprogramm "von unten" mit Phantasie, Ideen und sozialem Engagement ausgefüllt werden kann.

In UDVIKLINGS-AVISEN Nr. 1/1988 wird berichtet, daß bis zum 1.8.1988 bereits 4.844 Anträge zur Förderung nach dem Entwicklungsprogramm beim projektbegleitenden Ausschuß eingegangen waren, von denen 2.708 positiv beschieden worden waren. Ein großer Teil dieser Anträge freilich bezog sich auf andere Punkte des Programms, für Kultur- und Freizeitprojekte waren zum gleichen Zeitpunkt jedoch auch immerhin 559 Anträge eingegangen; Unterstützung wurde in 209 Fällen gewährt, wobei jedoch nicht differenziert nach Gemeindegrößen wird. Nicht vergessen werden darf hierbei, daß eine größere Anzahl von Gemeinden ebenfalls mit der Aufwertung ihrer Schulen zum Kulturzentrum experimentiert, ohne in das Versuchsprogramm einbezogen zu sein.

So positiv sich die Verstärkung der kommunikativen und kulturellen Funktion in einer Dorfschule auswirken dürfte, so unsicher sind gerade in jüngster Zeit die Rahmenbedingungen für kleine Schulen geworden - der Grund hierfür liegt im Sparkurs der dänischen Regierung, der die Gemeinden zur drastischen Drosselung ihrer Ausgaben zwingt. Als weitere politische Entwicklung aus jüngster Zeit ist schließlich noch nachzutragen, daß die "Flucht von der Volksschule zur Privatschule" dazu geführt hat, daß Gemeindeverband und Regierung am 29.6.1988 u.a. vereinbart haben, die Schließung von Schulen zu erleichtern und die Gründungsbedingungen für Privatschulen zu erschweren, da die Gemeinden (die den größten Anteil der Privatschulzuschüsse zahlen) durch die geschilderten Elternreaktionen ihre Politik allmählich systematisch konterkariert sahen.

5.4.2 Lokale Energiekonzepte für das Dorf

Die Ölkrise des Jahres 1973 hatte Dänemark - wie anderen Industrieländern auch - die Importabhängigkeit seiner Wirtschaft auf dem Energiesektor mit drastischer Deutlichkeit vor Augen geführt. Mit einem Schlag besann man sich darauf, daß mehr als 90 % des Energieverbrauchs auf Öl basierten - für den nicht mehr ganz abwegig erscheinenden Fall einer völligen Unterbrechung der Öllieferungen war somit der Zusammenbruch von Wirtschaft und Gesellschaft abzusehen. Ebenso wurde deutlich, daß eine Erhöhung der Ölpreise weitreichende Konsequenzen sowohl für die Volkswirtschaft als auch für den einzelnen Privathaushalt hatte (BUCH 1979, 71). Diese Erkenntnisse aus den Folgen der Ölkrise führten zu einer gründlichen Neuorientierung der dänischen Energiepolitik - als vorrangiges Ziel wurde deswegen in einem energiepolitischen Bericht des Handelsministeriums aus dem Jahr 1976 die Schaffung einer größeren Versorgungssicherheit durch die Zurückdrängung des Erdölanteils und den Aufbau einer differenzierten Versorgungsstruktur festgelegt (Handelsministeriet: Dansk Energipolitik 1976).

Besondere Aufmerksamkeit bei der Zurückdrängung des Erdölanteils galt der Raumheizung, deren Anteil am Gesamtenergieverbrauch nach KRAWINKEL (1988, 96) zum damaligen Zeitpunkt fast 40 % betrug, wovon wiederum ein Drittel durch Fernwärme gedeckt wurde. Ende der 70er Jahre wurde beschlossen, für die Wärmeversorgung vorrangig die dänischen Nordsee-Erdgasvorräte nutzbar zu machen, wozu in den folgenden Jahren ein eigenes Versorgungsnetz ausgebaut werden mußte. Ebenso wie die Fernwärmeversorgung aus Kraft-Wärme-Anlagen konzentrierten sich die Bemühungen zur Etablierung des Erdgasversorgungsnetzes vor allem auf die dichter besiedelten Landesteile, während die ländlichen Gebiete mit niedrigerer Siedlungsdichte in besonderem Maße auf die Raumheizung durch Öl angewiesen blieben. Diese "Teilung" des Landes in solche Gebiete einerseits, die entweder mit Naturgas, mit Kraft-Wärme-Anlagen oder einer Kombination dieser beiden Möglichkeiten versorgt werden konnten, und solche Gebiete andererseits, für die dies ausgeschlossen wurde, bestätigte auch ein Bericht, den ein vom Handelsministerium eingesetzter Wärmeplanungsausschuß im März 1979 vorlegte (Handelsministeriets Varmeplanudvalg: Varmeforsyningsplanlægning og områdeafgrænsning, 1979). Die letztgenannten, meist ländlichen Gebiete, die im Bericht unter der "Gebietskategorie IV" zusammengefaßt sind, wurden später einer gesonderten Betrachtung unterzogen, worauf unten näher eingegangen wird.

Die alternativen Möglichkeiten einer Landgemeinde zur Verringerung der Ölabhängigkeit wurden erstmals in einer umfangreichen Projektstudie für die auf der Insel Lolland gelegene Gemeinde Nysted (Storstrøms amt) analysiert. Aufbauend auf Vorarbeiten einer lokalen Studiengruppe wurde im Jahr 1978 eine Untersuchung der langfristigen Energieversorgungsmöglichkeiten in Gang gesetzt. Die Durchführung der Projektstudie ("Nysted Energi Projekt") an der Technischen Hochschule Dänemarks (DTH) wurde ermöglicht durch die finanzielle Unterstützung der Gemeinde und einer Reihe anderer öffentlicher Einrichtungen. Die Konzeption des Projektes zielte darauf ab, bis zum Jahr 2000 durch einen nachhaltigen Ausbau der lokalen Energieversorgung den Einsatz konventioneller Energieträger drastisch zu reduzieren. Hauptelemente des alternativen Energieversorgungskonzeptes waren 4 Groß-Windmühlen mit je 600 kW Leistung, 40 kleine Windmühlen mit je 55 kW Leistung sowie eine große Biogasanlage in der Nähe des Gemeindezentrums Nysted, wo Gülle und Pflanzenabfall verwertet werden sollten. Die Berechnungen ergaben, daß damit der Heizöl-"Import" in die Gemeinde auf ein Zehntel, der Stromverbrauch auf ein Fünftel und der Verbrauch von Benzin und Dieselöl auf ein Drittel reduzierbar wäre. Auf längere Sicht erschien sogar die Produktion eines Energieüberschusses und der "Export" von Energie möglich (NØRGÅRD & MEYER 1983). Auch wenn das Energiekonzept des Projekts nie realisiert wurde, lagen durch die Untersuchungen doch wichtige Daten zur Struktur des Energiebedarfs einer Landgemeinde sowie wichtige Denkmodelle für die Umstrukturierung der Versorgung vor, derer sich auch die Dorfkommission bediente (Betænkning Nr. 927, S. 178 ff.).

Zum 1.9.1979 trat ein Wärmeversorgungsgesetz (Lov om varmeforsyning) in Kraft, mit dem die koordinierte Wärmeplanung für Amtskommunen und Gemeinden obligatorisch wurde. Die Wärmeplanung wird seitdem als eines der Instrumente zur Verwirklichung des genannten energiepolitischen Hauptziels der Regierung aus dem Jahr 1976 angesehen. Gleichzeitig hat sie eine Dezentralisierung der Verantwortung im energiepolitischen Bereich mit sich gebracht, da Amtskommunen und Gemeinden seitdem verpflichtet sind, in ihrem Zuständigkeitsbereich nach Energie-Einsparungsmöglichkeiten sowie Ansätzen für eine diversifizierte Versorgungsstruktur zu suchen. Die regionalen Wärmepläne werden durch das Energieministerium genehmigt und legen - nach dem Prinzip der Rahmensteuerung - die Eckdaten für die kommunalen Wärmepläne fest. Diese sind selbst nicht genehmigungspflichtig, dürfen jedoch nicht den regionalen Wärmeplänen widersprechen.

Daß es in den 80er Jahren auf breiter Front zur Einbeziehung erneuerbarer Energiequellen in die dänische Energieversorgung kam, ist nicht zuletzt den staatlichen Förderungsprogrammen zu verdanken. Als wichtiger Meilenstein ist hier das am 2.1.1981 verabschiedete Gesetz über staatliche Zuschüsse zur Ausnutzung erneuerbarer Energiequellen (lov om statstilskud til udnyttelse af vedvarende energikilder m.v.) anzusehen, auf dessen Grundlage Energieministerium und Energiebehörde entsprechende Zuschußordnungen erarbeitet hat.

Zur speziellen Situation der Wärmeversorgung im ländlichen Raum lag im April 1980 der angekündigte Bericht des Wärmeplanungsausschusses zur Wärmeversorgung in der Gebietskategorie IV vor. Die zentralen Fragestellungen des Ausschusses lauteten für diese Gebietskategorie,
- wie die seinerzeit fast völlige Abhängigkeit vom Erdöl reduziert werden könnte,
- ob es Möglichkeiten zur Errichtung kleinerer, kollektiver Versorgungsmöglichkeiten auf der Basis anderer Energiequellen gäbe,
- wie die Energieversorgung der Landgebiete in die gesellschaftliche Gesamtplanung einbezogen werden könnte und
- welche Ansätze dabei volkswirtschaftlich vertretbar wären.

Zur Beantwortung dieser Fragen erarbeitete der Wärmeplanungsausschuß verschiedene Szenarien, die hier nicht im einzelnen dargestellt werden können. Entscheidend dürfte sein, daß der Ausschuß zu dem Ergebnis kam, daß es auf kurze und längere Sicht volkswirtschaftlich gewinnbringend sei, verstärkt erneuerbare Energiequellen auszunutzen. Die Möglichkeiten, die seinerzeit aufgezählt wurden, waren vor allem Strohfeuerungsanlagen, Feuerung mit Abfallholz, Wärmepumpen, Windkraftanlagen, Sonnenenergie und Biogasanlagen. Diese Aussagen des Wärmeplanungsausschusses sind vor allem vor dem Hintergrund der umstrittenen seinerzeitigen Überlegungen des Umweltministers und der Landesplanungsbehörde zur Siedlungsstruktur interessant, die nicht zuletzt energiepolitische Argumente herangezogen hatten, um den weiteren Ausbau kleinerer Siedlungen abzulehnen (vgl. Kap. 4.7).

In Band 2 ihrer Denkschrift aus dem Jahr 1981 schloß sich die Dorfkommission den Empfehlungen des Wärmeplanungsausschusses uneingeschränkt an und empfahl darüber hinaus, öffentliche Zuschüsse zur Anwendung alternativer und erneuerbarer Energie vorzugsweise denjenigen Gebieten zukommen zu lassen, die von der Versorgung durch Kraft-Wärme-Anlagen oder Naturgas ausgeschlossen waren, d.h. vor allem den ländlichen Gebieten. Weiterhin empfahl die Dorfkommission, die Möglichkeiten zur Etablierung kleinerer, kollektiver Energieversorgungsanlagen zur Ausnutzung mehrerer alternativer Energiequellen (z.B. in Form von Genossenschaften) sowie die damit verbundenen lokalen Beschäftigungseffekte näher zu untersuchen (Betænkning Nr. 927, S. 203).

Nachfolgend soll über einige Erfahrungen aus dem ländlichen Raum über den Einsatz von Biogasanlagen, Windkraftanlagen und Strohheizwerken referiert werden. Dabei ist schon an dieser Stelle anzumerken, daß es hier eine fast unüberschaubare Fülle von lokalen Projekten gibt, so daß es sich bei den folgenden Ausführungen lediglich um sehr geraffte Darstellungen handelt; für weitergehende Informationen sei auf die einschlägigen Berichte und Dokumentationen der staatlichen Energiebehörde (energistyrelsen) hingewiesen.

Für Schlagzeilen haben vielerorts Projekte zur Einrichtung gemeinschaftlicher Biogasanlagen (biogasfællesanlæg) gemacht. Obwohl es in einer Reihe von Dörfern schon im ersten Stadium der Überlegungen zu Konflikten zwischen den potentiellen Lieferanten, aber auch zu Protesten von Bürgern kam, die eine verstärkte Geruchsbelästigung fürchteten, ist inzwischen eine ganze Reihe größerer und kleinerer Anlagen in Betrieb gegangen. Die erste dänische Biogas-Gemeinschaftsanlage wurde im Jahr 1984 in Vester Hjermitslev (Pandrup kommune, Nordjyllands amt) errichtet. Hierbei handelt es sich eigentlich um ein Teilprojekt innerhalb eines größeren Pilotprojektes, mit dem in der Praxis gezielt die Nutzung verschiedener alternativer Energiequellen im ländlichen Raum erprobt werden sollte, nämlich des "Projektes Dorfenergie" ("projekt landsbyenergi"). Dieses war im Frühjahr 1981 auf Initiative von Nordjyllands amtskommune für 4 Dörfer in Nordjütland gestartet worden, inhaltlich begründet einerseits mit der hohen Arbeitslosigkeit in der Region, zum anderen damit, daß ein großer Teil Nordjütlands außerhalb der Gebietskategorien liegt, in denen nach der begonnenen regionalen Wärmeversorgungsplanung eine Versorgung mit Naturgas oder Abwärme von den großen Kraftwerken in Frage kommt. Als Hauptziele des Projektes wurden deswegen die Verbesserung der Beschäftigungslage in der Region sowie die Verminderung der Ölabhängigkeit definiert. Das erstgenannte Ziel sollte vor allem durch die Beteiligung regionaler Unternehmen am Bau neuer Energieversorgungsanlagen, das zweite durch wirksamere Isolierungsmaßnahmen und die Kombination verschiedener erneuerbarer Energiequellen erreicht werden. In den ersten Phasen des Projektes wurde eine gründliche Analyse der lokalen Ressourcen (Stroh, Biogaspotential, Windenergie) vorgenommen. Wegen des hohen Anfalls an Gülle im Bereich des Dorfes Vester Hjermitslev und der starken örtlichen Unterstützung war es dieser ca. 500 Einwohner zählende Ort, in dem der erste konkrete Schritt zur Realisierung des "Projektes Dorfenergie" getan wurde.

Das Kernstück des Vorhabens in Vester Hjermitslev stellte die Umrüstung des 20 Jahre alten örtlichen Ölkraftwerkes zur biogasgefeuerten Kraft-Wärme-Anlage dar, die alleine 5 Millionen Kronen erforderte. Die gesamte Anlage (vgl. bezügl. technischer Einzelheiten HANNIBAL 1985), zu der auch eine 75-kW-Windmühle und eine Wärmepumpe gehören, hat Kosten in Höhe von 10,8 Millionen Kronen verursacht, wovon 3,3 Millionen Kronen aus dem EG-Regionalfonds beigesteuert wurden. Die Umrüstung der Anlage hat nach MÜNSTER (1984, 107) einen beachtlichen regionalen Beschäftigungseffekt ausgelöst - immerhin 80 % der Arbeiten wurden von Betrieben aus Nordjütland durchgeführt. "Rohstoff-Lieferanten" für die Anlage sind vor allem 18 landwirtschaftliche Betriebe im Umkreis von 2 km. Die Einweihung dieser in Europa einmaligen Anlage am 8.10.1984 sorgte für ein gewaltiges Echo - nach ÅLBORGS STIFTSTIDENDE (6.10.1984) wurde damit sogar "Europa-Geschichte" geschrieben; nach einem Bericht in DANSKE KOMMUNER (Nr. 26/1984) entwickelte sich die Anlage schnell zum Tourismusziel - zahlreiche Gruppen aus dem In- und Ausland wollten diese Anlage sehen. Inzwischen scheint allerdings deutlich geworden zu sein, daß volkswirtschaftliche Vorteile nicht gleichzeitig die betriebswirtschaftliche Rentabilität garantierten. Obwohl die Energie- und Wärmeproduktion der Anlage in Vester Hjermitslev die in sie gesetzten Erwartungen bezüglich ihrer Versorgungskapazität zu erfüllen scheint - sie deckt 85 % des Wärmebedarfs sowie 45 % des Stromverbrauches im Dorf ab - mußte das Energieministerium bereits nach 2 Jahren um wirtschaftliche Unterstützung gebeten werden. Auch nach einer Sanierung der Schulden stehen die Finanzen der Anlage jedoch auf höchst unsicherem Grund (FYENS STIFTSTIDENDE 10.8.1987).

Die Errichtung von Biogas-Gemeinschaftsanlagen in Dänemark wird seit Herbst 1986 durch einen vom Energieminister im Einvernehmen mit dem Landwirtschafts- und dem Umweltministerium eingesetzten Ausschuß (Koordineringsudvalg for biogasfællesanlæg) koordiniert. Grundlage hierfür ist ein Handlungsplan, der im Mai 1987 von den drei genannten Ministerien in Kraft gesetzt wurde. Der Koordinierungsausschuß wählte für die Periode 1988-1990 insgesamt 8 Demonstrationsanlagen unterschiedlichen Typs aus; hinzu kommt noch die 1985/86 errichtete Versuchsanlage in Vegger (Års kommune, Nordjyllands amt), die ebenfalls Teil des "Projektes Dorfenergie" in Nordjyllands amtskommune ist. Bei den 8 Demonstrationsobjekten handelt es sich neben der Anlage in Vester Hjermitslev um folgende Anlagen (nach Energistyrelsen: Biogasfællesanlæg; midtvejsrapport fra Koordineringsudvalget for biogasfællesanlæg, 1989):
- Die Biogasanlage in Skovsgård (Brovst kommune, Nordjyllands amt) wurde im Oktober 1987 in Betrieb genommen und versorgt das Heizwerk in Skovsgård mit Wärme und erzeugt gleichzeitig Energie.
- Die Biogasanlage in Davinde (Odense kommune) wurde im Dezember 1987 eingeweiht. Bei dieser Anlage, die sich im Besitz einer Genossenschaft befindet, handelt es sich um das erste Beispiel für eine von Landwirten gemeinsam etablierte und betriebene Anlage. Die Anlage versorgt das Dorf Davinde über ein neugelegtes Fernwärmenetz mit Wärme.
- Die Anlage in Sinding-Ørre (Herning kommune, Ringkøbing amt) nahm den Betrieb im November 1988 auf. Sie ist im Besitz der Gemeinde Herning und versorgt das Dorf sowie einen Teil der Stadt Herning mit Wärme von einem Gasmotor. Auf diese Anlage wird unten noch näher eingegangen.
- Die Anlage in Fangel (Odense kommune) ist seit Februar 1989 in Betrieb. Sie ist im Besitz einer Genossenschaft und trägt zur Fernwärmeversorgung der Stadt Odense bei.
- Die Anlagen in Revninge (Kerteminde kommune, Fyns amt), Ribe und Lintrup (Rødding kommune, Sønderjyllands amt) werden zur Zeit errichtet und sollen 1989/90 fertiggestellt

178

werden.

Besonders gute Erfahrungen mit einer Gemeinschafts-Biogasanlage hat man mit dem genannten Projekt Sinding-Ørre in der Gemeinde Herning gemacht. Nachdem man in Herning im Jahr 1982 eine Kraft-Wärme-Anlage in Betrieb genommen hatte, die eine konstante und billige Fernwärmeversorgung für die Verbraucher in der Stadt Herning und ihrer näheren Umgebung ermöglicht, beschloß der Gemeinderat, für die Versorgung der kleinen Dörfer in der Gemeinde, die von dieser Neuerung nicht profitieren konnten, "als Ersatz" nach und nach alternative Energiequellen nutzbar zu machen (Strohfeuerungsanlagen, Deponiegas, Restholzverwertung, Biogasanlagen). Die Biogasanlage Sinding-Ørre ist das erste in dieser Reihe der geplanten "Dorfprojekte". Sie nahm ihren Betrieb im Herbst 1988 auf und ist nach Angaben der Betreiber heute die größte ihrer Art in Nordeuropa. Sie kann ca. 5.300 m³ Biogas pro Tag produzieren, wovon 15-20 % in dem ca. 2,6 km entfernten 730 kW-Fernwärmewerk in Sinding zur Beheizung der ca. 100 Haushalte dieses Dorfs verbraucht werden; die übrige Produktion wird über eine 7 km lange Gasleitung zu einem kleinen Kraft-Wärme-Werk in Tjørring transportiert, wo die Wärme in das bestehende Fernwärmenetz eingespeist wird. Für die Belieferung der Biogasanlage durch 40 Landwirte wurde ein Lieferanten-Verein gegründet, der für die kontinuierliche Belieferung der Anlage bzw. den Rücktransport der entgasten Biomasse sorgt. Er verleiht außerdem 21.000 m³ Lagerkapazität, betreibt eine Güllebank und ist an der Entwicklung von Düngematerialien beteiligt. Die Biogasanlage selbst, die pro Tag ca. 170 Tonnen Rohmaterial verarbeitet, wird von den Herninger Stadtwerken betrieben, die auch für den Betrieb der biogasgefeuerten Anlagen in Sinding und Tjørring sowie für die Verteilung der Wärme zuständig sind. Die Etablierung der Biogasanlage bei Sinding wäre nicht möglich gewesen ohne das Engagement des bereits in Abschnitt 5.1.5 erwähnten Bürgervereins Sinding-Ørre, der u.a. schon früh eine eigenen Energie-Unterstützungsgruppe gebildet hatte. Das rege lokale Interesse dürfte dafür ausschlaggebend gewesen sein, daß die Anlage in Sinding relativ schnell und reibungslos errichtet werden konnte. Das nicht zu unterschätzende Verdienst des Bürgervereins ist es auch, die 40 beteiligten Landwirte zur Mitarbeit und zum Zusammenschluß zu bewegen - gerade dieser Punkt hat andernorts, z.B. in der Gemeinde Vojens (Sønderjyllands amt), zum Scheitern ähnlicher Vorhaben geführt. Erleichtert wurde das Vorhaben, die Landwirte zur Mitwirkung zu bewegen, sicherlich durch die verschärften Umweltauflagen, mit denen die dänische Landwirtschaft in den letzten Jahren konfrontiert wurde, wozu u.a. auch die Lagerung der Gülle gehörte.

Die wohl zahlenmäßig erfolgreichsten und auch im Ausland meistbeachteten lokalen Energieprojekte Dänemarks dürften die Windkraftanlagen sein, die im vergangenen Jahrzehnt einen gewaltigen Ausbau erfahren haben - laut Bericht in NYT FRA PLANSTYRELSEN (Nr. 23/1986, S. 2) sind seit Mitte der 70er Jahre innerhalb von 10 Jahren 1.400 Windmühlen in allen Landesteilen errichtet worden. Die in Serie produzierte "Standardmühle" hat eine Leistung von 55 kW; diese wird derzeit von neuen 75 kW- und 100 kW-Standardtypen abgelöst. Die Windmühlen stehen sowohl als Einzelanlagen, z.B. auf einer landwirtschaftlichen Hofstelle oder dem Gelände eines Gewerbebetriebes, oder in Gruppen als sogenannte "Mühlenparks" mit 5 und mehr Mühlen. Die Mühlen werden z.T. von den Elektrizitätsgesellschaften, zu einem beachtlichen Teil aber auch von genossenschaftsähnlich organisierten Windmühlengilden betrieben. Die Nachfrage nach Anteilen an diesen Gilden ist groß, was nicht zuletzt auf die staatlichen "Belohnungen" zurückzuführen ist. Bezüglich der Abrechnungsmodalitäten sei auf die Ausführungen bei HANNIBAL (1985, Anhang 1) verwiesen.

Vielerorts ist es in ländlichen Siedlungen nicht zuletzt auf Initiative der örtlichen Bürgervereine zur Bildung von Windmühlengilden gekommen. Eines der Dörfer, in denen der Bürgerverein eine aktive Rolle gespielt hat, ist das bereits in den Kapiteln 5.1 und 5.3 erwähnte Dorf Kollemorten (Gemeinde Give, Vejle amt). Nachdem dort im Februar 1987 die erste Windmühle errichtet worden war, folgte im Juli des gleichen Jahres bereits eine zweite, größere Mühle. Inzwischen stehen in der Nähe des Dorfes 3 Anlagen, die zusammen 800.000 kWh im Jahr produzieren. Pro 3.400-Kronen-Anteil werden jährlich 500 Kronen steuerfreie Rendite gezahlt. Außerdem erhalten die Stromlieferanten 85 % ihrer eigenen Stromkosten von der Elektrizitätsgesellschaft zurückgezahlt. In den zur Jahreswende 1985/86 in Kraft getretenen neuen staatlichen Richtlinien für den Ausbau der Windkraft, mit denen auch die Errichtung privater, verbrauchereigener Windmühlen erheblich begünstigt wurde, sind auch die Ergebnisse einer Absprache zwischen dem Energieministerium und den Elektrizitätsunternehmen über die Errichtung von Windmühlenparks erkennbar. In dieser Absprache hatten sich die Elektrizitätswerke u.a. verpflichtet, bis Ende 1990 Windmühlen mit einer Gesamtleistung von 100 MW zu bauen, wodurch der Beitrag der Windenergie zur Energieversorgung verdoppelt werden soll. Das gemeinsame Windkraftprogramm von Energieministerium und Elektrizitätswirtschaft wurde durch eingehende Untersuchungen vorbereitet, welche auftragsweise durch die Landesplanungsbehörde durchgeführt wurden und deren Ergebnisse in mehreren Berichten dokumentiert sind (vgl. die Serie "Om mulighederne for at placere mange store vindmøller i Danmark", Bd. I-IV, 1981-1986, sowie Planstyrelsen: Rapport Nr. 6, 1986).

Im Mai 1986 richtete die Landesplanungsbehörde als Folge der Absprache zwischen Elektrizitätswirtschaft und Energieministerium einen Erlaß an sämtliche Amtskommunen, in dem sie auf den Bedarf einer zusammengefaßten Planung für den weiteren Ausbau der Windkraft hinwies. Alle Regionalplanungsträger wurden aufgefordert, umgehend Ergänzungen zu den Regionalplänen zu erarbeiten, in denen die möglichen Standorte für größere Windmühlenparks festgelegt und reserviert würden. Heute kann man davon ausgehen, daß die hastig voranschreitende Etablierung von Windkraftanlagen, insbesondere von Windmühlenparks, nicht mehr ohne planerische Abwägung erfolgt. Für die Errichtung von Windmühlenparks sind im übrigen entsprechende Bestimmungen im Kommunalplan sowie die Erarbeitung eines Lokalplanes erforderlich; die Errichtung von einzelnen Windmühlen in der offenen Landschaft erfolgt nach den Vorschriften des Zonengesetzes. Die planerische Beurteilung vor allem ausgedehnterer Mühlenprojekte ist nicht zuletzt deswegen erforderlich, weil in steigendem Maße aus der Sicht des Naturschutzes Bedenken gegenüber einem unkoordinierten Ausbau von Windkraftanlagen geäußert worden war; argumentiert wird hier zum einen aus der Sicht der Landschaftsästhetik, zum anderen aus der Sicht des Vogelschutzes.

Auch wenn natürlich gerade die großen Windmühlenparks der Energieversorgungsunternehmen kapazitätsmäßig am meisten dazu beitragen, fossile Brennstoffe durch erneuerbare und umweltfreundliche Energieträger zu substituieren, muß doch für die Dörfer vor allem den kleinen Windkraftanlagen eine besondere Bedeutung zuerkannt werden. Einerseits ist es gerade für überschaubare Siedlungseinheiten leicht möglich, die Substituierung von Öl durch die Windkraft recht genau vorzurechnen und damit ein Energiebewußtsein zu schaffen, zum anderen haben gerade die lokal organisierten Gilden eine wichtige Funktion für das dörfliche Gemeinschaftsleben. Mehr noch als bei anderen Aktionen der Dorfbewegung wird gerade hier häufig die direkte Verbindungslinie zu den Aktivitäten und Leistungen der Genossenschaftsbewegung und der Aufklärungsbewegungen in der 2. Hälfte des 19. Jahrhunderts (vgl. Kap. 2.3) gezogen - so bezeichnete der Vorsitzende einer Windmühlengilde in Südjütland die 600-700 Windmühlengilden in ganz Dänemark selbstbewußt als "die neue Genossenschaftsbewegung" (VESTKYSTEN 24.9.1987). Nicht selten wird sogar mit dieser sowohl umweltfreundlichen als auch zukunftsträchtigen Technologie eine neue lokale Identität geschaffen - zum Beispiel nennt sich das erwähnte Dorf Kollemorten unter gleichzeitiger Berufung auf historische und moderne Sehenswürdigkeiten stolz "Heerwegs- und Windmühlenort".

Neben Biogas- und Windkraftanlagen sind in den letzten Jahren Strohheizwerke verstärkt in die Energieversorgung einbezogen worden. Das erste Heizwerk dieser Art wurde 1980 in Svendborg errichtet, und bis 1986 wurden 27 weitere Anlagen errichtet. KELLER (1986, 24) geht davon aus, daß in diesen 28 Heizwerken ca. 200.000 Tonnen Stroh verfeuert werden können, was nach seinen Berechnungen rund einem Zehntel des überschüssigen Strohs in einem normalen Erntejahr entspricht. Diese Strohmenge kann im Jahr immerhin ca. 70.000 Tonnen Öl ersetzen. KELLER (1986, 27) zitiert die Ergebnisse von Untersuchungen in 3 Strohheizwerken, wonach der Wirkungsgrad der Strohheizwerke bei ca. 85 % und damit auf gleichem Niveau mit kohlebefeuerten Heizwerken liegt. Gerade in landwirtschaftlich geprägten Gebieten wird die Errichtung von Strohheizwerken zukünftig besonders interessant werden, weil es den Landwirten ab 1990 verboten ist, ihre Strohreste entsprechend dem bisherigen Brauch auf den Feldern zu verbrennen. So stellt ein Strohheizwerk nicht nur eine zusätzliche Alternative der Energieproduktion dar, sondern ermöglicht gleichzeitig die sinnvolle Entsorgung und Nutzbarmachung von Stroh"abfällen".

Es waren nicht zuletzt diese Argumente, die in dem knapp 200 Haushalte zählenden Dorf Horbelev (Gemeinde Stubbekøbing, Storstrøms amt) auf der Insel Falster im Jahr 1986 zur Errichtung eines Strohheizwerkes auf genossenschaftlicher Basis führten, worauf nachfolgend auf der Grundlage eines Berichts in der Zeitschrift ANDELSBLADET (Nr. 12/1987, S-240-242) näher eingegangen werden soll. Aus einem Studienkreis zur Kommunalplanung war in Horbelev eine 6-köpfige örtliche Wärmeplanungsgruppe hervorgegangen. Mit finanzieller Unterstützung in Höhe von 120.000 Kronen durch die staatliche Energiebehörde (energistyrelsen) wurden sowohl die Möglichkeiten für ein strohgefeuertes Kraft-Wärme-Werk als auch für ein reines Strohheizwerk untersucht. Es zeigte sich, daß aus Kostengründen lediglich ein Strohheizwerk in Frage kam; ein Problem stellte jedoch die Etablierung des örtlichen Leitungsnetzes dar. Mit Unterstützung von Storströms amtskommune, die an der Durchführung eines Pilotprojektes zur Fernwärmeversorgung in einem Dorf sehr interessiert war, wurde der Kontakt zu einer Firma in Jütland hergestellt, die gerade neue Kunststoff-Leitungsrohre zur Fernwärmeversorgung entwickelt hatte, mit denen das Verteilungsproblem in Horbelev gelöst werden konnte. Nachdem zur Errichtung und zum Betrieb eines Strohheizwerkes in Horbelev am 1.4.1986 eine Genossenschaft mit beschränkter Haftung (a.m.b.a.) gegründet worden war, nahm das Projekt schnell konkrete Formen an. Die gesamten Etablierungskosten beliefen sich auf ca. 12 Millionen Kronen, wovon die EG einen Anteil von 3,85 Mio.Kronen und Storstrøms amtskommune von 400.000 Kronen bezahlten. Die "Restsumme" von gut 8 Millionen Kronen wurde über ein besonders günstiges öffentliches Darlehen mit einer Laufzeit von 20 Jahren finanziert. In diesen 20 Jahren bezahlen die Verbraucher das Darlehen zusammen mit ihren laufenden Heizkostenrechnungen zurück. Der Preis eines Genossenschaftsanteils beträgt 500 Kronen, und dies ist auch der Betrag, mit dem der einzelne Anteilseigner höchstens haften muß. Am 10.11.1986 konnte das Strohheizwerk durch den inzwischen zum Energieminister "aufgestiegenen" Venstre-Politiker Svend Erik HOVMAND (dessen Einsatz für die Dörfer bereits in Kap. 4.7 zur Sprache kam) in Betrieb genommen werden - und im folgenden kalten Winter 1986/87 mußte die Anlage gleich eine harte Bewährungsprobe bestehen. 90 % der

Haushalte haben sich der Fernheizung durch das Strohheizwerk angeschlossen, nachdem die anfängliche Skepsis einer breiten Unterstützung für das Projekt gewichen war. Für viele Haushalte war der Beitritt zur Fernwärmeversorgung im übrigen eine finanziell günstigere Lösung als der Ersatz ihrer alten Ölheizung durch eine neue. Zusätzlich hatte die Amtskommune den Verbrauchern eine Preisgarantie gegeben, so daß ihnen eine mindestens 5 % billigere Wärmeversorgung als zuvor sicher war. Nach dem ersten Winter zeigte sich jedoch, daß die Amtskommune diese Garantie gar nicht einlösen mußte, weil die Fernwärme aus dem Strohheizwerk um 15 % billiger als die Ölheizung ist.

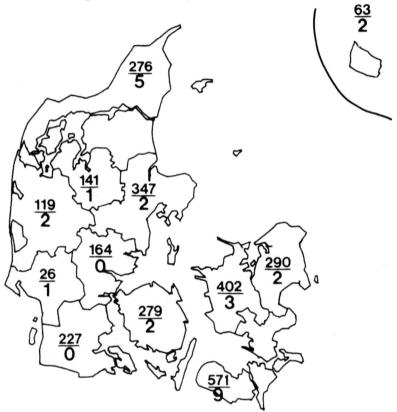

Abb. 27: Ressourcen für die Strohfeuerung (in 1000 Tonnen) sowie Zahl der strohgefeuerten Fernheizwerke (obere/untere Zahl), Stand: 1.2.1987

Quelle: Energistryrelsen

Inzwischen gilt in Dänemark als erwiesen, daß die Strohfeuerung eine durchaus zukunftsträchtige Form der lokalen Wärmeversorgung darstellt, die gute Resonanz in ländlichen Ortschaften findet und auch von der staatlichen Energiebehörde sehr positiv beurteilt wird. Im einem Bericht dieser Behörde (Energistyrelsen: Energiforsyning - Energiforbrug, Årsrapport 1986-1987) wird von einem Rohstoffpotential (overskudshalm) von 2,9 Millionen Tonnen p.a. ausgegangen, womit 15-20 % des dänischen Netto-Wärmebedarfs gedeckt werden können. Die Verteilung dieser Ressourcen auf die verschiedenen Regionen Dänemarks geht aus Abbildung 27 hervor. Daß die Energiebehörde die Anlage neuer Strohheizkraftwerke besonders fördert, geht auch aus ihrem "Drehbuch" (Energistyrelsen: halm til fjernvarme; drejebog - fra idé til realitet, 1987) hervor, durch das Initiatoren detaillierte Informationen über die einzelnen Schritte zur Etablierung neuer Strohheizwerke erhalten.

Zusammenfassend läßt sich feststellen, daß der Neuformulierung der energiepolitischen Zielsetzung aus dem Jahr 1976 auch und gerade für den ländlichen Raum eine Reihe interessanter Initiativen gefolgt sind, um die Importabhängigkeit in der Energieversorgung abzubauen. Am Beispiel von Windkraft-, Biogas- und Strohfeuerungsanlagen gleichermaßen konnte nachgewiesen werden, daß Öl und Kohle in der Tat zu substituieren sind und gerade organische "Abfallprodukte" wie Gülle und Stroh wertvolle Rohstoffe sind, welche zu einem guten Teil oder sogar vollständig in der Lage sind, etwa die Wärmeversorgung eines Dorfes zu sichern. Auch wenn die Wirtschaftlichkeit nicht in allen Fällen hergestellt werden konnte und der dänische Staat zur Zeit die Etablierung alternativer Energieversorgungsanlagen noch großzügig unterstützt, dürften sich die meisten Anlagen zumindest volkswirtschaftlich rentieren, wenn man z.B. die Verbesserung der dänischen Handelsbilanz in die Rentabilitätsüberlegungen einbezieht. Auch aus betriebswirtschaftlicher Sicht scheinen sich jedoch zumindest die Investitionen für einige der Anlagen, insbesondere die Fernheizanlagen auf Strohfeuerungsbasis, relativ schnell zu amortisieren.

Nicht unerwähnt darf bleiben, daß ein weiteres Problem der Energieversorgung in den ländlichen Gebieten Dänemarks zur Zeit noch darin besteht, daß die Heizungskosten eines durchschnittlichen Haushaltes erheblich höher liegen als in den Städten. Am Beispiel seiner Heimatgemeinde Otterup rechnet der Sprecher des Dorfverbandes LID, Carsten ABILD, der Zeitschrift DANSKE KOMMUNER (Heft 30/1986, S. 6) vor, daß ein Bürger im Zentralort Otterup für die Fernwärmeversorgung im Jahr 4.500 Kronen bezahlt, während ein Haushalt außerhalb der Stadtgrenze im Jahr ca. 15.000 Kronen für die Heizung mit Strom und/oder Öl aufzubringen habe. Im selben Heft der Zeitschrift kommt auch Energieminister Svend Erik HOVMAND zu Wort. Er bezweifelt zwar, daß man generell von Heizkosten ausgehen könne, die auf dem Land um 10.000 Kronen jährlich höher liegen als in der Stadt, gesteht aber zu, daß es sich hier um ein Problem handele, daß er sehr ernst nehme. HOVMAND verweist wiederum auf die alternativen Energiequellen, deren Entwicklung ja vom Staat mit erheblichen Zuschüssen gefördert werde, und fordert auch die Gemeinden auf, sich nach jahrelangem Einsatz für die Wärmeversorgung der Städte nun insbesondere der kleinen Ortschaften anzunehmen.

Abschließend sei noch einmal besonders hervorgehoben, daß in vielen Orten die Initiative zur Etablierung alternativer Energieversorgungsanlagen von aktiven Bürgergruppen ausgegangen ist, wodurch eine weitere Facette der Tätigkeit dieser meist auf informeller Basis arbeitenden Gruppen, über die in Kap. 5.1 berichtet wurde, deutlich geworden ist. Gerade die Wiederentdeckung des Genossenschaftsgedankens, wie er prinzipiell bei den Windkraftanlagen und in Reinform bei den Strohfeuerungsanlagen sichtbar wird, dürfte darüber hinaus als wertvolle Bereicherung des dörflichen Lebens, als wichtiger Faktor zur Stärkung der lokalen Identität und als entscheidende Voraussetzung für die Überlebensfähigkeit der Dörfer überhaupt zu sehen sein. Nicht zu vernachlässigen ist ein psychologischer Effekt, der sich in Horbelev auf Falster und in Sinding in Jütland bemerkbar machte. Dort konnten neue Bürger angezogen werden, weil diese gehört hatten, daß in diesen Dörfern "etwas los sei". Somit stellt die lokale Lösung der Energieversorgung auch ein besonders gutes Beispiel für die Ausnutzung örtlicher Potentiale dar, durch die gleichzeitig die Ortsentwicklung positiv beeinflußt werden kann.

5.4.3 Dezentralisierung der öffentlichen Verwaltung: Das Beispiel Løjt kirkeby

Eine der Folgen der kommunalen Gebietsreform war es gewesen, daß den Bürgern durch die Konzentration der Gemeindeverwaltung auf die Hauptorte der neuen Großgemeinden bei Behördenbesuchen erheblich längere Wege entstanden waren und die Bürgerferne der Verwaltung zugenommen hatte. Diese Probleme sind in den vergangenen Jahren in verstärktem Maße neu aufgegriffen worden. Beispielhaft für Bestrebungen, Verwaltungsdienstleistungen wieder näher zum Bürger zu bringen, seien hier die Pläne zur Einrichtung dezentraler "Gemeindebüros" in den Ortsteilen der Gemeinde Odense genannt, über die in FYENS STIFTSTIDENDE (4.8.1987) berichtet wurde. Für ein derartiges dezentrales Gemeindebüro ist seit einiger Zeit der Begriff "kommunaler Nachbarschaftsladen" ("kommunal nærbutik") geprägt worden, wobei mit diesem Begriff zweifelsohne positive Assoziationen hervorgerufen werden sollten (der Begriff "nærbutik" entspricht in ungefähr dem deutschen Begriff "Tante-Emma-Laden"). Für BØNLØKKE (1987) besteht kein Zweifel, daß "kommunale Nachbarschaftsläden" geeignete Instrumente sind, um die nach seiner Beobachtung gestiegene Unzufriedenheit und das Mißtrauen gegenüber der öffentlichen Verwaltung abzubauen.

Neue Möglichkeiten zur Dezentralisierung der öffentlichen Verwaltung haben sich in ganz besonderem Maße mit der Weiterentwicklung der neuen Kommunikations- und Informationstechnologie aufgetan. Wie im Kapitel 5.5 noch ausgeführt wird, gibt es zur Zeit verschiedene Überlegungen, im Zuge der Telematikversuche auch neue Rathaus-Außenstellen einzurichten. Da diese Überlegungen jedoch bislang noch nicht in ein konkreteres Stadium gelangt sind, soll nachfolgend ein Versuch der Gemeinde Åbenrå (Sønderjyllands amt) näher vorgestellt werden, in dem erstmals ein "kommunaler Nachbarschaftsladen" in der Praxis erprobt wurde (vgl. hierzu auch den Bericht in AKF-NYT, Nr. 4/1987, S. 15-22). Mit diesem Projekt, das im Rahmen eines größeren Versuchs zur Verwaltungsautomatisation durchgeführt wurde (vgl. COMPUTERWORLD Nr. 21/1987), sollten die Möglichkeiten zur Dezentralisierung öffentlicher Dienstleistungen ausgelotet werden, die sich nach der Installation einer zentralen Datenbank im Rathaus durch die Elektronische Datenverarbeitung eröffneten. Konkret ging es darum, einen Teil des Publikumsverkehrs mit kommunalem Personal an dezentralen, über das Telefonnetz jedoch mit dem Zentralrechner verbundenen Standorten zu bedienen.

Als Versuchsgebiet wurde die Halbinsel Løjt gewählt, die ungefähr dem Bereich der bis 1970 selbständigen Gemeinde Løjt entspricht (vgl. Abb. 28). Ausschlaggebend hierfür war die Überlegung, daß in dem Versuchsgebiet die Sozialstruktur der Gemeinde möglichst repräsentativ wiedergegeben werden sollte. Gebiete mit sozialstrukturellen Problemen beispielsweise waren bei der Auswahl frühzeitig ausgeschlossen worden, um einen möglichst breiten Ausschnitt der kommunalen Verwaltungsdienstleistungen erproben zu können und einem Übergewicht bei Vorgängen aus der Sozialverwaltung vorzubeugen. Im Versuchsgebiet leben ca. 3.300 Menschen, davon ca. 2.000 in Løjt kirkeby selbst. Zum Standort für den "kommunalen Nachbarschaftsladen" wurde die Gemeindebibliothek in Løjt kirkeby bestimmt, was in zweifacher Hinsicht als gute Wahl zu bezeichnen ist: Zum einen hatte dieses Gebäude der früheren Gemeinde Løjt als Rathaus gedient, zum anderen konnte man daraus, daß jemand dieses Gebäude betrat, nicht unbedingt schließen, daß er zum Beispiel öffentliche Sozialleistungen in Anspruch nahm.

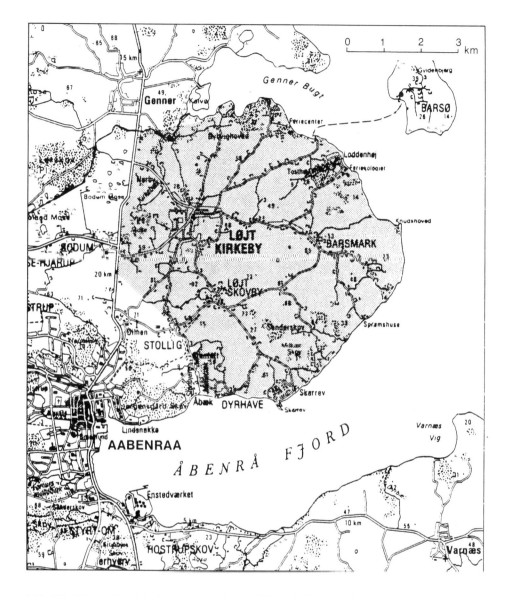

Abb. 28: Einzugsbereich des kommunalen Nachbarschaftsladens in Løjt Kirkeby

Quelle: Aabenraa kommune

Der Betrieb wurde am 9.12.1986 mit 3 Mitarbeiter(inne)n aufgenommen, von denen zwei aus der Sozialabteilung und einer aus der Steuerabteilung der Gemeindeverwaltung abgeordnet wurden. Der kommunale Nachbarschaftsladen war an 4 Tagen der Woche zu unterschiedlichen Zeiten, insgesamt 17 1/2 Stunden, geöffnet. Zu den Angelegenheiten, die an Ort und Stelle geklärt werden konnten, zählten u.a.:
- im sozialen Bereich: Wohngeld und Familienhilfe, Kindergeld, Heizkostenzuschüsse,
- im Meldewesen: An- und Abmeldungen, Briefwahlangelegenheiten,
- im Steuerwesen: Änderung von Steuerkarten, Steuerbescheinigungen, Beratung bei der Steuererklärung,
- im Ausbildungs- und Kultursektor: Informationen über Zuschußmöglichkeiten,
- im technischen Bereich: vor allem Auskünfte.

Während bereits einen Monat nach der Eröffnung in der Presse ein sehr euphorischer Bericht über die ersten Erfahrungen mit dem Projekt erschienen war (JYDSKE TIDENDE 13.1.1987), verflogen die optimistischen Töne wenige Monate später. Die Besucherzahlen des kommunalen Nachbarschaftsladens waren stark rückläufig, weswegen schon über eine vorzeitige Beendigung des Versuchs nachgedacht wurde. Auf einer mit 110 Teilnehmern gut besuchten Bürgeranhörung, die im Juni 1987 durchgeführt wurde, kamen dann die kritischen Punkte des Versuchs deutlich zur Sprache (VESTKYSTEN 23.6.1987):
- Für Kritik sorgte die Unterbringung in den Bibliotheksräumen - allerdings nur deswegen, weil dort für Gespräche gerade im sensiblen Sozial- und Steuerbereich keine gesonderten Räumlichkeiten zur Verfügung standen und in den offen zugänglichen Bibliotheksräumen die Diskretion bei vertraulichen Gesprächen nicht gesichert war.
- Von den Bürgern wurde kritisiert, daß über eine erste Information hinausgehende Fragen im technischen Bereich (Bauwesen, Ver- und Entsorgung) weiterhin nur in der Zentrale in Åbenrå zu klären waren.
- Die Öffnungszeiten wurden als nicht optimal bewertet, z.B. sei der kommunale Nachbarschaftsladen genau an dem Tag, an dem sich die älteren Bürger aus dem Umland in Løjt Kirkeby träfen, geschlossen.
- Obwohl ein Informationsblatt über den kommunalen Nachbarschaftsladen an alle Haushaltungen verteilt worden war, wurde seitens der Bürger eine zu geringe Information über diese Einrichtung bzw. die dort angebotenen Dienstleistungen beklagt. Zudem sei der Begriff "kommunaler Nachbarschaftsladen" irreführend bzw. nichtssagend - viele Bürger wüßten damit nichts anzufangen.

Trotz dieser Kritik waren sich die Bürger einig, daß der Versuch nicht abgebrochen werden dürfe. Die Gemeinde ihrerseits nahm sich die Kritik zu Herzen und sorgte für zwei separate Besprechungsräume. Spätere Untersuchungen der Gemeinde Åbenrå ergaben, daß trotz der nicht überwältigenden absoluten Besucherzahlen der kommunale Nachbarschaftsladen von den Bürgern des Raumes Løjt relativ gut angenommen wurde - immerhin seien 85 % aller Anliegen von Bürgern aus dem Versuchsgebiet im Nachbarschaftsladen erledigt worden (JYDSKE TIDENDE 9.8.1987). Auch der dänische Innenminister Thor PEDERSEN zog bei einem Besuch der Einrichtung im November 1987 eine durchweg positive Bilanz und bezeichnete die Erfahrungen der Gemeinde Åbenrå als sehr nützlich und landesweit bedeutsam. Es überrascht nicht, daß PEDERSEN als Venstre-Politiker ganz besonders die Vorteile herausstrich, die sich aus einer Verlagerung der öffentlichen Verwaltung in die örtliche Gemeinschaft ergaben, da diese Idee ja auf der Linie der von der Venstre stets proklamierten "direkten Gesellschaft" ("det nære samfund") liegt. PEDERSEN ging sogar einen Schritt weiter und betonte, daß er sich zukünftig nicht nur Bibliotheken als Standorte für "kommunale Nachbarschaftsläden" vorstellen könne, sondern insbesondere auch kleine Kaufmannsläden, wodurch deren Überlebensmöglichkeiten (entsprechend der in Abschnitt 5.3.1 erläuterten Zusatzfunktionen-Konzeption) verbessert werden könnten (VESTKYSTEN 24.11.1987).

Da das Projekt in Løjt kirkeby von Anfang an als zeitlich begrenzter Versuch konzipiert wurde, sollte die Schließung des kommunalen Nachbarschaftsladens zum 30.6.1988 nicht zu der pauschalen Einschätzung verleiten, der Versuch hätte sich nicht bewährt. Vielmehr scheinen bei der abschließenden Bilanz (vgl. Åbenrå kommune: Rapport om forsøgsprojekt "Den kommunale nærbutik i Løjt kirkeby" 1986-1988) die positiven Aspekte überwogen zu haben. Bemerkenswert ist, daß die Benutzer der Einrichtung offenbar von deren Vorteilen überzeugt werden konnten. So hatte RATZER (1986, 12) in einer Studie über die lokale Gemeinschaft in Løjt vor Einrichtung des kommunalen Nachbarschaftsladens herausgefunden, daß insbesondere die alteingesessene Bevölkerung, namentlich Rentner und Landwirte, keinerlei Interesse für eine solche Einrichtung hätten. In der Bilanz der Gemeinde Åbenrå hingegen wird ausdrücklich hervorgehoben, daß vor allem Rentner davon angetan gewesen seien, daß sie zum Beispiel ihren Heizkostenzuschuß nun direkt am Ort beantragen konnten und diesen auch sofort ausbezahlt bekamen (Rapport..., S. 13). Trotz der positiven Akzente des Abschlußberichtes der Gemeinde Åbenrå dürfen einige kritische Anmerkungen zu diesem Versuch nicht fehlen:
- In erster Linie ist noch einmal auf die Frage der Standortwahl einzugehen. Zu bezweifeln ist vor allem hinsichtlich der Übertragbarkeit der Versuchsergebnisse auf andere Teile Dänemarks, ob gerade Løjt Kirkeby der richtige Standort für ein derart wichtiges Pilotprojekt war. So ist die objektive Distanz zum Gemeindezentrum mit ca. 6 km sehr gering, was durch eine gute ÖPNV-Anbindung noch unterstrichen wird. Zudem ist Åbenrå ein recht attraktives Städtchen, weswegen auch und gerade ältere Leute eine Fahrt dorthin häufig als Erlebnis betrachten. Schließlich ist die Bevölkerungsstruktur von Løjt Kirkeby wegen des hohen Pendler- bzw. Neubürgeranteils nicht unbedingt repräsentativ für ländliche Räume schlechthin. Möglicherweise wäre es also zur Erlangung noch aussagekräftigerer Versuchsergebnisse sinnvoller gewesen, eine "typische" ländliche Großgemeinde (mit erheblichen Entfernungen von den Ortschaften zum Zentrum) als Versuchsgebiet auszuwählen - da jedoch die Initiative zu diesem Projekt nicht vom Staat, sondern von der Gemeinde Åbenrå ausging, ist dies wohl nur als eine theoretische Überlegung anzusehen.
- Es ist auch zu fragen ob die wissenschaftliche Vorbereitung und Begleitung nicht zu sehr vernachlässigt worden ist. Zwar hatte es innerhalb der Gemeindeverwaltung interne Vorbereitungen durch eine Arbeitsgruppe gegeben - nur ein Mitglied dieser Gruppe ist jedoch später tatsächlich in Løjt tätig gewesen. Mit Ausnahme der erwähnten Studie von RATZER jedoch, in der die Thematik "kommunaler Nachbarschaftsladen" ohnehin nur am Rande gestreift wird, hat es keine Voruntersuchungen gegeben - der Abschlußbericht vermerkt hierzu trocken, daß bestimmte Erwartungen oder Forderungen, was der Versuch beinhalten solle, nicht formuliert worden seien. Auch die Bürger selbst sind - im Gegensatz zu der sonst in Dänemark hoch priorisierten Bürgerbeteiligung - nicht in die Vorbereitungen einbezogen worden (Rapport..., S. 3). Ebenso wird im Abschlußbericht darauf hingewiesen, daß es weder eine Begleitforschung zum Projekt noch eine "professionelle" Auswertung der Statistiken und Erfahrungen gegeben habe.
- Zu fragen ist schließlich, ob nicht zumindest ein Teil der organisatorischen Mängel, die oben bereits angesprochen wurden und die vor allem in der Anfangsphase zu erheblichen Reibungsverlusten geführt haben, nicht hätten vermieden werden können. So scheint auch die interne Information in der Gemeindeverwaltung über das Projekt unzulänglich gewesen zu sein -

hierüber sowie über die Betreuung durch die Kollegen in der Rathaus- Hauptverwaltung wird nämlich seitens der in den Nachbarschaftsladen abgeordneten Mitarbeiter bittere Klage geführt (Rapport..., S. 12 f.).

Trotz dieser kritischen Anmerkungen zur Durchführung des Versuchs in Åbenrå ist also die positive Beurteilung des Innenministers uneingeschränkt zu teilen, daß dieser Versuch wichtige Erfahrungen vermittelt hat und möglicherweise andere, insbesondere ländliche Gemeinden ermutigt, selbst Verwaltungsdienstleistungen zu dezentralisieren.

5.4.4   Reaktivierung stillgelegter Bahnhöfe und Strecken

Seit den 60er Jahren, insbesondere aber in den 70er Jahren, war die Politik der Dänischen Staatsbahnen (DSB) durch drastische Rationalisierungsbemühungen gekennzeichnet; das Augenmerk der DSB-Planer konzentrierte sich auf die Schaffung leistungsfähiger Fernverbindungen sowie eines attraktiven Nahverkehrs im Großraum Kopenhagen und - in kleinerem Maßstab - auch in der Region Århus.Die Attraktivitätssteigerung im Fernverkehr wurde zu einem guten Teil auf Kosten des Schienenverkehrs in der Fläche durchgeführt; neben der Stillegung unrentabler Strecken bzw.der Umstellung auf Güterverkehr hatte das seit 1974 schrittweise eingeführte Intercity-System (mit Taktverkehr und kürzeren Fahrzeiten zwischen den größeren Orten) zur Schließung zahlreicher Bahnhöfe insbesondere in Jütland und auf Fünen geführt.

Nachdem in der ersten Hälfte der 80er Jahre eine langfristige Planung, wie sie der DSB-Plan 90 (vgl. Kap. 3.6) symbolisierte, in den Hintergrund getreten war und einer eher pragmatischen, auf bessere Vermarktung der DSB-Leistungen abzielenden Geschäftspolitik Platz gemacht hatte, wurde im Jahr 1986 erneut mit der Erarbeitung einer langfristigen DSB-Konzeption begonnen. Anlaß für dieses Wiedererwachen des Planungsinteresses war ein zwischen der Regierungskoalition und den Sozialdemokraten Mitte 1986 geschlossener Vergleich über die zukünftige Große-Belt-Querung. Dieser Vergleich sieht vor, daß ab 1992/93 eine direkte Eisenbahnverbindung zwischen den Landesteilen östlich und westlich des Großen Beltes eingerichtet wird, während eine feste Straßenverbindung erst mit zeitlichem Versatz, nämlich 1997/98, eröffnet werden soll. Die neue Belt-Querung wird die Fahrtzeit zwischen Ost- und Westdänemark sowohl im Zug wie im Kraftfahrzeug um eine Stunde verkürzen und möglicherweise die räumlichen Verflechtungen der dänischen Wirtschaft erheblich verändern (vgl. GROES 1982). Für die Dänischen Staatsbahnen bedeutet der genannte politische Vergleich, daß sie einen "Vorsprung" von einigen Jahren vor dem PKW- und LKW-Verkehr erhalten, den es auszunutzen gilt, um möglichst viele neue Kunden von den Vorteilen des Schienenverkehrs zu überzeugen. Aus der Bahn ein Verkehrsmittel zu machen, das "billiger für die Gesellschaft und besser für die Kunden" sein soll, lautet nunmehr das ehrgeizige Vorhaben der DSB, damit möglichst viele Kunden auch nach der Eröffnung der Straßenverbindung über den Großen Belt die Bahn dem PKW, dem LKW und dem Flugzeug als Transportmittel vorziehen. Dies ist die Devise, unter der der "DSB Plan 2000" verfaßt und im Juni 1988 der Öffentlichkeit vorgestellt wurde. Er behandelt alle Dienstleistungsbereiche des Unternehmens, wobei natürlich der Verbesserung des derzeitigen Intercity-Systems durch den Einsatz der neuen "IC/3"-Züge als Voraussetzung für eine größere Leistungsfähigkeit im Fernverkehr über den Großen Belt besonderes Gewicht beigemessen wird. Im Unterschied zu den früheren Planungen beschränkt sich der DSB-Plan 2000 jedoch nicht auf Perspektiven für den überregionalen Verkehr, sondern geht auch detailliert auf Verbesserungen für den Regional- und Lokalverkehr außerhalb des

Großraumes Kopenhagen ein.

Deutlich dokumentiert wird diese "Trendwende" der DSB-Politik durch das Projekt "Wiedereröffnung von Bahnhöfen und Strecken". Hierbei handelt es sich um eines von ca. 20 Projekten,
die zur Vorbereitung des DSB-Planes 2000 innerhalb der DSB-Hauptverwaltung ins Leben
gerufen worden waren, und für die man jeweils eine Projektgruppe gebildet hatte. Innerhalb
der generellen Zielsetzung, die lokale Verkehrsbedienung durch die DSB zu verbessern und
eine Angleichung des Service-Niveaus in den verschiedenen Teilen Dänemarks zu erreichen,
war dieser Projektgruppe die Aufgabe zugefallen, die Möglichkeiten zur Wiedereröffnung von
Bahnhöfen und Strecken sowie die daraus resultierenden Konsequenzen zu beurteilen. Wie im
Abschlußbericht der Arbeitsgruppe hervorgehoben wird, sollten diese Vorhaben "als bewußter
Bruch mit der historischen Entwicklungslinie zwischen 1960 und 1980 verstanden werden, die
zur Stillegung von Bahnen und Haltepunkten in den dünnbevölkerten Gebieten des Landes
geführt hatte" (DSB: Genåbning af stationer og baner, Februar 1988, S. 2). Es darf freilich
nicht unerwähnt bleiben, daß zumindest die geplante Wiedereröffnung von Bahnhöfen an
Intercitystrecken lediglich ein "Nebenprodukt" des zukünftigen Intercity-Systems ist: Im Jahre
1974 waren viele der nun möglicherweise zu reaktivierenden Stationen bei der Einführung des
ersten Intercity-Systems geschlossen worden; zur Entlastung der zukünftigen IC/3-Züge sollen
nun die Streckenfahrpläne mit einem gesonderten System von Regionalzügen "unterlegt"
werden, an deren Reisegeschwindigkeit keine Intercity-Ansprüche gestellt werden und die
deswegen durchaus auf einigen zusätzlichen Bahnhöfen halten können.

Zur Auswahl der in Frage kommenden Bahnhöfe und Strecken wurde in einem ersten Arbeitsschritt eine systematische Analyse der bestehenden und eingestellten Bahnstrecken vorgenommen; als Ergebnis wurden drei "Bruttolisten" erstellt. Die erste Liste umfaßte 39 Bahnhöfe
bzw. Haltepunkte und eine zweite Liste 10 Bahnstrecken, die generell für eine Reaktivierung
in Frage kamen.Eine dritte Liste schließlich enthielt Vorschläge für 10 völlig neu einzurichten-
de Bahnhöfe. Bei Stationen mit sehr niedriger Fahrgastzahl sollte überlegt werden, ob sie durch
andere, interessantere Stationen an derselben Strecke ersetzt werden könnten. In einem zweiten
Arbeitsschritt wurden die in den "Bruttolisten" enthaltenen Vorschläge anhand verschiedener
Kriterien auf ihre Eignung untersucht:
- Die potentielle Fahrgastzahl wurde anhand der Einwohnerzahl und -entwicklung im jeweiligen
  Ort bzw.Einzugsbereich sowie der Lage des Bahnhofs zur Siedlung ermittelt.
- Das lokale Interesse wurde durch die Befragung der regionalen DSB- Dienststellen sowie die
  Untersuchung konkret vorliegender Wünsche zur Reaktivierung einzelner Stationen ermittelt.
- Die fahrplantechnischen Möglichkeiten konnten nur vorläufig geprüft werden, da die Fahr-
  pläne ab Sommer 1990, d.h.dem Zeitpunkt der Einführung des neuen IC-Systems, nur
  teilweise vorlagen.
  Es wurde geprüft, wie stark sich die Reisezeiten infolge einer größeren Zahl von Unterwegs-
  halten erhöhen würden; wegen des übergeordneten Ziels einer Fahrzeitverkürzung im Regionalverkehr sollte eine Erhöhung der Reisezeit zwischen wichtigen Orten um höchstens 10 %
  eintreten. Zur Vermeidung eines "Bummelzugeffektes" sollten mehr als 3 Haltepunkte auf
  allgemeinen Regionalfahrten grundsätzlich vermieden werden.
- Die erforderlichen Investitionen in Oberbau, Bahnhöfe und Sicherungsanlagen wurden für
  jede Station bzw. Bahnstrecke gesondert geschätzt, wobei sich das jeweilige Ergebnis bei den
  potentiell zu reaktivierenden Strecken unmittelbar auf die Einordnung in der Prioritätenskala
  auswirkte.

Die Anwendung dieses Kriterienkataloges führte zu einer starken Reduzierung der ursprünglichen "Bruttolisten". Als Ergebnis entstand ein dreistufiger Reaktivierungsplan für Strecken und Bahnhöfe:

Die 1. Stufe soll möglichst bald, d.h. spätestens zum Sommerfahrplan 1989, realisiert werden. Damit soll schnell demonstriert werden, daß die DSB "mehr sind als IC/3", d.h. es soll einer zu starken Verärgerung in den Regionen und Ortschaften vorgebeugt werden, die nicht unmittelbar von der Verbesserung des Fernverkehrs mit dem IC/3-System profitieren; außerdem sollen für die folgenden Etappen verwertbare Erfahrungen gesammelt werden. In dieser Etappe sollen zwei Bahnhöfe zwischen Århus und Skanderborg wiedereröffnet werden sowie an der Vorortbahn im Raum Århus eine neue Station eingerichtet werden.

Die 2. Stufe soll zum Sommerfahrplan 1990 realisiert werden - zu dem Zeitpunkt also, zu dem der erheblich umgestaltete Fernfahrplan neue Möglichkeiten für den Regionalverkehr eröffnet. Vorgesehen ist die Wiedereröffnung von 7 und die Neueinrichtung von 3 Stationen in Jütland, der die Schließung von 2 Stationen in der Nähe von Frederikshavn gegenübersteht. Ebenfalls vorgesehen ist in der 2. Etappe die Wiedereröffnung der im südlichen Jütland gelegenen Stichbahnen Vojens-Haderslev und Rødekro-Åbenrå, wobei hier an einen Pendelverkehr zwischen den Städten Haderslev und Åbenrå mit Anschluß an das überregionale IC/3-Zugsystem in Vojens und Rødekro gedacht ist.

Die 3. Stufe schließlich soll frühestens zum Sommerfahrplan 1993 realisiert werden; entsprechend sind die Vorschläge hierzu recht vage gehalten. Gedacht ist an die Wiedereröffnung von 15 Stationen und 3 Strecken sowie die Neueinrichtung von 4 Stationen in ganz Dänemark. Bei entsprechend günstigen Voraussetzungen können allerdings einzelne Projekte zeitlich auch vorgezogen werden.

Die Dänischen Staatsbahnen legten bei der Erarbeitung des "Wiedereröffnungsplanes" Wert auf die Feststellung, daß es sich um einen Vorschlag handelte, der mit den betroffenen Gemeinden und Amtskommunen zu erörtern wäre. Insbesondere muß, bevor die Realisierung der genannten Projekte überhaupt in greifbare Nähe rückt, ein Finanzierungsmodell für die Maßnahmen gefunden werden. Die DSB erwarten, daß außer den ohnehin im kommunalen Aufgabenbereich liegenden Zugangswegen und Parkplätzen auch die Investitionen für neue Fußgängerüberführungen und ähnliche Anlagen von den Gemeinden übernommen werden. Die Betriebsmittel werden von den DSB zur Verfügung gestellt, die auch den laufenden Betrieb durchführen und dafür wie bisher die Erlöse aus dem Fahrkartenverkauf in vollem Umfang erwarten, sofern es nicht zu einer Tarifgemeinschaft mit den regionalen Verkehrsgesellschaften kommt.

Bereits vor der offiziellen Vorstellung des DSB-Planes 2000 gab es auf die Überlegungen der DSB, einen Teil der Stillegungspolitik vergangener Jahre rückgängig zu machen, positive Reaktionen seitens der betroffenen Kommunen - so zeigten sich sowohl der Bürgermeister der Gemeinde Hørning (Århus amt) als auch der Bürgermeister der Gemeinde Ullerslev (Fyns amt) angetan von der Vorstellung, daß in ihren Gemeinden bald wieder Nahverkehrszüge halten sollten (ÅRHUS STIFTSTIDENDE 9.12.1987/FYENS STIFTSTIDENDE 12.1.1988). Doch auch erhebliche Skepsis wurde laut - so bezweifelte der Verkehrsplaner von Århus amtskommune, daß die Bürger freiwillig von "guten Busverbindungen auf schlechtere Bahnverbindungen" umsteigen wollen (DANMARKS AMTSRÅD 17/1988). In einigen Fällen ergeben sich auch unmittelbare Konkurrenzsituationen zwischen den Planungen der DSB und den regionalen

Verkehrslinien - so z.B. auf Fünen oder in Nordjütland (DSB-BLADET 7/1988, S. 15). Hauptgrund für eine inzwischen eher reservierte Aufnahme des Vorschlages bei den Gemeinden und Amtskommunen ist jedoch eindeutig die von den DSB erwartete Beteiligung an den Investitionen. In nächster Zukunft sollen die zwischen DSB und kommunalen Körperschaften begonnenen Gespräche über die mit der Wiedereröffnung von Bahnen und Stationen zusammenhängenden Themen in regionalen Arbeitsgruppen vertieft werden. In Sønderjylland allerdings scheint die von der DSB vorgeschlagene Wiedereinführung des Zugverkehrs zwischen Haderslev und Åbenrå bereits jetzt ohne jede Realisierungschance zu sein, da Amtskommune und amtsangehörigen Gemeinden der von den DSB erwartete kommunale Kostenanteil zu hoch ist. Falls sich diese Haltung der Kommunen auch in anderen Landesteilen durchsetzt, dürfte die gesamte DSB-Initiative zum Scheitern verurteilt sein.

Doch nicht nur die Haltung der Kommunen läßt Skepsis angeraten sein - auch bei der DSB ist - trotz eines zweifelsohne starken Engagements der zuständigen Projektgruppe - dieser Reaktivierungs-Vorstoß nur mit Vorbehalt als eine generelle Trendumkehr bisheriger DSB-Politik für den ländlichen Raum zu interpretieren. Einerseits scheinen nämlich nicht alle verantwortlichen Kräfte der DSB an einem Strang zu ziehen, wie die distanzierten Äußerungen des regionalen DSB-Repräsentanten auf Fünen zu den Reaktivierungsplänen der Hauptverwaltung erkennen lassen (FYENS STIFTSTIDENDE 27.3.1988), andererseits werden auch gegenwärtig seitens der DSB durchaus noch Stillegungspläne für Strecken im ländlichen Raum verfolgt, wie die Beispiele der Güterstrecken Viborg-Løgstør und Korinth-Fåborg belegen.

Betrachtet man die aktuelle politische Diskussion um die Zukunft der dänischen Eisenbahnen, scheint allerdings der Verkehrsplaner C.J.CARØE von der Technischen Hochschule Dänemarks (DTH) eine eindeutige Außenseiterposition einzunehmen. CARØE veröffentlichte im November 1987 den aufsehenerregenden Vorschlag, mit Ausnahme des S-Bahn-Systems im Raum Kopenhagen sowie der Vogelfluglinie alle Eisenbahnlinien aufzugeben und durch ein Bussystem zu ersetzen (FYENS STIFTSTIDENDE 10.11.1987). Vielmehr scheint die Eisenbahn eine verstärkte politische Rückendeckung zu bekommen, und in der Öffentlichkeit werden die DSB-Reaktivierungspläne überwiegend positiv beurteilt. Darüber hinaus gibt es auch außerhalb der DSB durchaus realistische und ernstzunehmende Initiativen zur Verdichtung des weitmaschigen Eisenbahnnetzes, wie das Projekt einer neuen Bahnlinie nach Billund in Mitteljütland, bekannt durch seinen internationalen Flugplatz und als Standort des Lego-Hauptwerkes, zeigt (VEJLE AMTS FOLKEBLAD, verschiedene Berichte, Nov. 1987 - Jan. 1988). Die zukünftige Entwicklung des Eisenbahnnetzes im ländlichen Raum Dänemarks darf also mit Spannung verfolgt werden - die Chancen für ein "Comeback" der Bahn in der Fläche und einen verbesserten Anschluß kleiner Orte auf dem Lande an das leistungsfähige DSB-Fernverkehrssystem standen in den letzten Jahrzehnten nie so gut wie gegenwärtig.

5.4.5 Arbeitsplätze für die Dorfbevölkerung

Wie bereits mehrfach erwähnt, gehört die Schaffung lokaler Arbeitsplätze in den Dörfern zu den zentralen Forderungen der Dorfbewegung. Obwohl gerade seit Ende des 19.Jahrhunderts mit dem Entstehen der Bahnhofssiedlungen und dem Aufblühen genossenschaftlicher Unternehmungen eine breite Streuung von Arbeitsplätzen im ländlichen Raum auch außerhalb des primären Sektors ermöglicht wurde (vgl. Kap. 2.3 und 2.4), sind in den Dörfern durch die Konzentrationstendenzen insbesondere der Jahrzehnte nach dem 2.Weltkrieg, über die exemplarisch in Teil 3 berichtet wurde, parallel zu den Freisetzungen von Arbeitskräften in der Landwirtschaft auch sehr viele außerlandwirtschaftliche Arbeitsplätze abgebaut worden.

Wenn sich in den letzten Jahrzehnten Gewerbebetriebe für eine Ansiedlung im ländlichen Raum interessierten, waren es häufig die Gemeinden selbst, die diese Investoren in die größeren Zentralorte lenkten. Insbesondere nach Abschluß der Kommunalreform war es das Ziel der Gemeinden, neue oder expandierende Betriebe in ihren zentralen Gewerbegebieten zusammenzufassen. Beispielhaft wird dieses Bestreben in der schon erwähnten Erzählung "En landsbyhistorie" von Knud SØRENSEN (1986) dargestellt: Zwei junge Elektronikfachleute aus der Stadt, die ihren eigenen Betrieb gründen wollen, hatten sich ursprünglich in der stillgelegten Meierei eines kleinen Dorfes niederlassen wollen, werden dann aber vom ehrgeizigen Bürgermeister der Großgemeinde zur Ansiedlung in einem gut 100 ha großen, direkt an der Umgehungsstraße gelegenen "Industrieareal Nord" überredet - das Dorf hat das Nachsehen. Die Erzählung SØRENSENs hat sich in ähnlicher Weise sicher nicht nur einmal auch in der Wirklichkeit ereignet - wie von der Dorfbewegung seit Mitte der 70er Jahre immer wieder beklagt wurde, waren es (neben grundsätzlichen, von einer zentralistischen Philosophie getragene kommunalpolitische Grundüberlegungen) insbesondere die Vorschriften des Zonengesetzes, welche die Nutzung leerstehender Gebäude durch Betriebe, die nicht der Land- und Forstwirtschaft oder der Fischerei zuzuordnen waren, immer wieder verhinderten und auch Erweiterungspläne kleiner Handwerksbetriebe zunichte machten; insbesondere der Dorfverband LID hat in seinen Dokumentationen eine Fülle derartiger Beispiele gesammelt und publik gemacht.

Ein etwas anders geartetes Beispiel, wie seitens übergeordneter Instanzen die Ansiedlung eines Gewerbebetriebs in einem Dorf verhindert wurde, hat PEDERSEN (1983, 57 f.) dokumentiert: Im Herbst 1981 wandte sich der Eigentümer einer Kaffeerösterei an die Gemeinde Spøttrup (Viborg amt) mit dem Vorhaben, einen Betrieb im Gewerbegebiet des ca. 100 Einwohner zählenden Landzone-Dorfes Hvidbjerg anzusiedeln. Nachdem eine Rückfrage der Gemeinde beim Amt ergeben hatte, daß dies eine gemeindliche Angelegenheit sei, wurde seitens der Gemeinde eine Dispensation von den Bestimmungen des Lokalplanes (17 anstelle von 6-11 Beschäftigten, Produktion statt Handwerk) erteilt und bei der Regionalentwicklungsbehörde (Direktoratet for egnsudvikling) um finanzielle Unterstützung angefragt. Nachdem der Grundstücksverkauf perfekt war, die Nachbarn dem Projekt zugestimmt hatten, die Zusage der Regionalentwicklungsbehörde für einen Kredit vorlag und mit der Erschließung des Grundstückes begonnen worden war, erhob Viborg amtskommune plötzlich Bedenken, da ihrer Ansicht nach das Projekt gegen die Bestimmungen des Regionalplanes verstieß. Auch die Landesplanungsbehörde, die von der Gemeinde um Klärung gebeten wurde, schloß sich den regionalplanerischen Bedenken an und empfahl die Ansiedlung des Betriebes in einem größeren Ort - die Folge war, daß das Projekt trotz seines fortgeschrittenen Stadiums nicht zur Ausführung kam.

Daß es allerdings trotz vielfältiger administrativer und planerischer Hindernisse in einem kleinen Dorf durchaus möglich sein kann, einen florierenden und zukunftsorientierten Betrieb aufzubauen, und daß ein solcher Betrieb erheblich dazu beitragen kann, ein Dorf lebendig zu halten, zeigt das Beispiel der Reifenfabrik TOBØL DÆK in dem etwa 300 Einwohner zählenden Dorf Tobøl (Gemeinde Holsted, Ribe amt). In diesem Dorf war die Meierei, eine der ältesten Genossenschaftsmeiereien Dänemarks, im Jahr 1968 von der wesentlich größeren Meiereigenossenschaft in Esbjerg aufgekauft worden. Da dies in der konkreten Absicht geschah, die Meierei in Tobøl zu schließen, ist dieser Fall auch ein klassisches Beispiel für die in Kapitel 3.4 beschriebenen Zentralisierungstendenzen im Meiereisektor. Das Meiereigebäude in Tobøl, das nun preiswert angeboten wurde, erwarb ein Kleinunternehmer aus Vejle, der Laufflächen für Autoreifen herstellte. Im Jahr 1976 wurde der damalige Betrieb mit 6 Beschäftigten vom Sohn des Inhabers, Erik RASMUSSEN, und dessen Frau übernommen und zu einer modernen und zukunftsweisenden Produktionsstätte ausgeweitet. TOBØL DÆK ist heute ein typischer Recycling-Betrieb, der alte LKW-Reifen runderneuert und mit einer Qualitätsgarantie in Dänemark (einschl. Færøer) sowie in Norwegen auf den Markt bringt. In Dänemark sind die Reifen von TOBØL DÆK immerhin ca. 40 % billiger als neue Reifen aus dem Ausland.

Knapp 10 Jahre, nachdem der heutige Inhaber, Erik RASMUSSEN, den Betrieb von seinem Vater übernommen hatte, waren die alten Produktionsräume in der Meierei zu eng geworden. Auch hier stellte sich die Frage, ob der Betrieb in Tobøl bleiben oder sich andernorts in einem Gewerbegebiet niederlassen sollte. Obwohl die Gemeindeverwaltung ursprünglich Bedenken hatte, einen Neubau im Dorf zu genehmigen, stellte sich RASMUSSEN den Schwierigkeiten und entschloß sich dazu, am Standort zu verbleiben. Ausschlaggebend hierfür war vor allem, daß man nicht auf die ausgebildeten und zuverlässigen Mitarbeiter verzichten wollte, während der 10 %ige Zuschuß zu den Investitionskosten, welcher aus den Mitteln der Regionalentwicklungsbehörde gewährt wurde, nach dem Eindruck des Verfassers lediglich als "Mitnahmeeffekt" gewertet werden muß. Nachdem die Baugenehmigung für einen Anbau zur Meierei trotz der Lage Tobøls in der Landzone genehmigt worden war, konnte RASMUSSEN seinen Betrieb wunschgemäß erweitern. Am 1.2.1986 wurden die vergrößerten Produktionsanlagen, die nunmehr 3.200 m² umfassen, offiziell eingeweiht. Inzwischen beschäftigt TOBØL DÆK 14 Mitarbeiter(innen), darunter 12 Vollzeitbeschäftigte. Die Hälfte der Beschäftigten kommt direkt aus Tobøl, die übrigen Beschäftigten kommen mit einer Ausnahme aus anderen Orten der Gemeinde Holsted. TOBØL DÆK stellt sich heute als hochtechnisierter Betrieb dar, der alle Umweltschutzauflagen erfüllt, und in dem darüberhinaus ein angenehmes Betriebsklima zu herrschen scheint. Dadurch, daß alle Mitarbeiter im Betrieb für ihre Aufgabe ausgebildet werden, können sie sehr selbständig und mit hoher Eigenverantwortung arbeiten. Obwohl der gesamte Vertrieb der Produkte mit dem LKW erfolgt und Tobøls Anbindung an das überörtliche Straßennetz als unzureichend bezeichnet werden muß, ist RASMUSSEN mit dem ursprünglich ja nicht nach rationalen Kriterien ausgewählten Standort zufrieden, was sich wohl am deutlichsten daran zeigte, daß er hier seine Betriebserweiterung vornahm. Für den Ort Tobøl ist TOBØL DÆK ein wichtiger Arbeitgeber, da zumindest einige Dorfbewohner am Wohnort einen sicheren Arbeitsplatz gefunden haben.

Unweit von Tobøl, ebenfalls in der Gemeinde Holsted, ist ein weiteres gutes Beispiel für eine blühende mittelständische Produktionsstätte in dem ca. 200 Einwohner zählenden Dorf Føvling zu finden. Hier hat der örtliche Zimmermann im Jahr 1981 eine Möbelproduktion gestartet, die speziell auf den ausländischen Markt ausgerichtet ist. Der ebenfalls von der Regionalentwicklungsbehörde geförderte Betrieb beschäftigte bereits nach 2 Jahren ca. 40 Mitarbeiter und erwirtschaftete ein positives Betriebsergebnis (PEDERSEN 1983, 56). Die Beispiele aus der Gemeinde Holsted können ohne weiteres als Idealfälle für Gewerbebetriebe auf dem Lande gelten - ähnliche Fälle dürften den Dorfverbänden oder den Verfassern des Minderheitsvotums in der Dorfkommission (vgl. Kap. 4.6) vorgeschwebt haben, als sie mehr gewerbliche Arbeitsplätze in den Dörfern forderten.

In jüngster Zeit ist es durch die in Kap. 4.7 dargestellte Änderung des Zonengesetzes erheblich einfacher geworden, in leerstehenden, ehemals landwirtschaftlich genutzten Gebäuden neue, nichtlandwirtschaftliche Betriebe anzusiedeln. Auch wenn nach Einschätzung der Landesplanungsbehörde (vgl. die oben erwähnte Untersuchung aus dem Jahr 1986: "Landdistriktet - udvikling eller afvikling?") nur 10 % der von der Landwirtschaft aufgegebenen Gebäude für andere Erwerbszweige besonders geeignet sind und die Obergrenze von höchstens 5 Mitarbeitern für Betriebe in ehemaligen landwirtschaftlichen Gebäuden bereits auf deutliche Kritik stößt, so liegt in der Neuregelung doch ein nicht zu unterschätzendes Entwicklungspotential. Als Beispiele dafür, wie örtliche Bewohnerorganisationen versuchen, dieses Potential auszuschöpfen, indem sie selbst auf die Suche nach neuen Gewerbebetrieben für leerstehende Gebäude gehen, wurden bereits in Abschnitt 5.1.2 entsprechende Initiativen in den Gemeinden Dronninglund und Lemvig genannt.

Derartige "Initiativen von unten" sind auf lokaler Ebene keine Seltenheit, jedoch ist eine generelle Aussage über deren Erfolge nur schwer möglich. So wurde dem auf private Initiative gestarteten "Wirtschaftsprojekt Jerslev" ("erhvervsprojekt Jerslev") in der gut 1.000 Einwohner zählenden Ortschaft Jerslev (Gemeinde Brønderslev, Nordjyllands amt) zwar in der Anfangsphase eine breite überregionale Beachtung zuteil (vgl. z.B. PEDERSEN 1983, RASMUSSEN/JAKOBSEN 1983, JENSEN 1985, "DANSKE KOMMUNER" Nr. 17/1985, NYT FRA PLANSTYRELSEN Nr. 16/1985), aber inzwischen ist es sehr still darum geworden.

Die Grenzen des lokalen Engagements weisen auch auf die Grenzen hin, die einer gezielten Gewerbeentwicklung in den Dörfern überhaupt gesetzt sind. Wenn es um Arbeitsplätze für die Dorfbevölkerung geht, wäre es nämlich realitätsfern, ausschließlich auf lokale Gewerbebetriebe zu setzen - das heißt, daß es hier ganz selbstverständlich auch um Arbeitsplätze geht, die in zumutbarer Entfernung vom Dorf aus erreichbar sind. Das aber heißt, daß es in diesem Abschnitt nicht nur um die Schaffung dörflicher Arbeitsplätze im engeren Sinne gehen kann, sondern daß auch ein Blick auf die generelle Praxis der Wirtschaftsförderung der Gemeinden, der Amtskommunen und des Staates gehen muß.

Betrachtet man zuerst die Möglichkeiten der einzelnen Gemeinden, eine aktive Gewerbeansiedlungspolitik zu betreiben, so stehen diesen in Dänemark traditionell nur wenige diesbezügliche Instrumente zur Verfügung. Hier macht sich bis in die Gegenwart eine liberalistische Wirtschaftsauffassung bemerkbar, die unter anderem bewirkt, daß sich Gemeinden nur in ganz begrenztem Umfange in privatwirtschaftlichen Unternehmungen engagieren können. In jüngster Zeit versuchen allerdings mehr und mehr Gemeinden, durch eigene Wirtschaftsförderungsämter bzw. entsprechende Fachleute auch auf örtlicher Ebene eine aktive Wirtschaftspolitik zu betreiben.

Hinsichtlich der staatlichen Wirtschaftsförderung weisen CORNETT & RATZER (1986, 15 f.) auf den relativ geringen Umfang der Mittel hin, die nach regionalpolitischen Gesichtspunkten vergeben werden - im Jahr 1985 waren dies von den insgesamt 4,1 Milliarden Kronen Wirtschaftsförderung (einschl. 1,9 Milliarden Kronen Landwirtschaftsförderung, die natürlich auch und gerade ländlichen Gemeinden zugute kommen) nur 165 Millionen Kronen. Hinzu kommt, daß die Förderkulisse nicht nach gemeindeweisen Kriterien abgegrenzt wird, sondern unter Berücksichtigung regionaler Zusammenhänge. Hierdurch ist es durchaus möglich, daß von zwei Gemeinden vergleichbarer Wirtschafts- und Beschäftigungsstruktur nur die eine von der regionalpolitischen Förderung profitiert. Die regionale Sichtweise des dänischen Regionalentwicklungsgesetzes (egnsudviklingsloven) bedeutet auch, daß nicht unbedingt der Arbeitsplatz im Dorf, sondern möglicherweise eher ein zukunftsträchtiger Arbeitsplatz in einem größeren Ort der Region gefördert wird.

Für die jüngste Vergangenheit weist CORNETT (1988) auf eine zunehmende Vernachlässigung der regionalpolitischen Komponente zumindest in der staatlichen Wirtschaftsförderungspolitik hin. Schlüsselrollen kommen nach CORNETT (1988, 39) dabei einem industriepolitischen Bericht der Regierung aus dem Jahr 1986 sowie deren industriepolitischen Programm für die städtische Wirtschaft aus dem gleichen Jahr zu. Regionale Verteilungsgesichtspunkte spielen bei dieser selektiven, nur bestimmte Wirtschaftszweige bewußt fördernden Wirtschaftsförderungspolitik eine untergeordnete Rolle, da im Vordergrund die internationale Konkurrenzfähigkeit der dänischen Wirtschaft steht. In Kauf genommen wird dabei auch, daß von den Förderungsmöglichkeiten zum ganz überwiegenden Teil nur die größeren Betriebe profitieren. CORNETT räumt auf der einen Seite ein, daß parallel zu dieser Konzentration staatlicher Förderung auf bestimmte Branchen ein Teil der Verantwortung für die Wirtschaftsförderung auf die Gemeinden und Amtskommunen verlagert worden sei und diese unter dem Druck einer in einzelnen Amtskommunen erheblich angestiegenen Arbeitslosigkeit auch versucht hätten, sich der Herausforderung zu stellen. Auf der anderen Seite hätte jedoch die gleichzeitig erfolgte Beschneidung der kommunalen Budgets durch die Regierung die kommunalen Initiativen größtenteils bereits im Ansatz zum Scheitern verurteilt (CORNETT 1988 b, 40). Vom Grundsatz her positive Ausnahmen regionaler Wirtschaftsförderung stellen nach CORNETT vor allem die innerhalb des sogenannten "Freikommunen-Versuchs" (vgl. hierzu Abschnitt 5.1.5) verwirklichten Wirtschaftsförderungsprojekte dar, was CORNETT am Beispiel von Sönderjyllands amtskommune näher ausführt. Insgesamt stehen in Sönderjylland für einen rund dreijährigen Zeitraum rund 20 Millionen Kronen zur Verfügung, die noch durch Mittel aus dem EG-Regionalfonds ergänzt werden. Dieses nach CORNETT (1988a, 19) vor allem auf die Stärkung des endogenen Entwicklungspotentials der Region abzielende regionale Wirtschaftsförderungsprojekt für Sönderjyllands amtskommune beinhaltet hauptsächlich die folgenden Strategieelemente (nach TOFT 1988, 35):
- "Stärkung des Wirtschaftsrates durch Finanzierung einer Personalaufstockung.
- Förderung des technologischen Potentials durch die Bereitstellung von zusätzlichen Planstellen im regionalen Technologischen Informationszentrum.
- Finanzierung der Entwicklung neuer Produkte durch die regionalen Berufs- und Fachhochschulen.
- Bereitstellung von Gebäuden und Beratung für Betriebsgründungen.
- Erstellung von Branchenentwicklungsprogrammen, z.B. für die Nahrungsmittelbranche.
- Förderung berufsbildender Maßnahmen, z.B. für Arbeitslose und potentielle Firmengründer.
- Entwicklung des Fremdenverkehrs u.a. durch Stärkung der regionalen Fremdenverkehrsorganisation. "

CORNETT (1988 c) hat allerdings auch eindringlich vor möglichen negativen Folgen einer derartigen dezentralisierten Regionalpolitik gewarnt. Für den Fall, daß diese zur Regel würde, befürchtet er vor allem einen Subventionswettlauf der einzelnen Gebietskörperschaften sowie eine Verschärfung der regionalen Disparitäten dadurch, daß die "starken" Regionen durch ihre größeren Förderungsmittel zusätzlich gestärkt würden. Zur Vermeidung dieser negativen Effekte fordert CORNETT eine klare regionalpolitische Zielsetzung, die er in Dänemark derzeit noch vermißt.

Wenn auch nicht für den einzelnen Arbeitsplatz im Dorf, so doch aber für die Beschäftigungs-
lage im ländlichen Raum überhaupt haben also regionale Wirtschaftsprojekte der Amtskom-
munen in den letzten Jahren gewaltig an Bedeutung gewonnen. Ohne daß diese hier im einzel-
nen näher vorgestellt werden können, seien hier beispielhaft folgende Projekte aus anderen
Regionen Dänemarks genannt:
- Das Nordsee-Zentrum (nordsø-centret) in der Gemeinde Hirtshals,
- Das NORDTEC-Projekt von Nordjyllands amtskommune, auf das in den Grundzügen in
  Abschnitt 5.5.7 eingegangen wird,
- Die Schaffung des Grünen Zentrums (Grønt center) auf Lolland durch Storstrøms amtskom-
  mune.

Zweifelsohne sind diese regionalen Initiativen gerade in den ländlichen Räumen, die weiterhin
ein erhebliches Arbeitsplatzdefizit aufweisen, derzeit und zukünftig von besonderer Bedeutung
für die Dorfbevölkerung. Da es nicht gelingen dürfte, in den Dörfern selbst eine ausgeglichene
Arbeitsmarktbilanz zu schaffen, wird das Pendeln für die nicht in der Landwirtschaft tätige
Dorfbevölkerung weiterhin zum Alltag gehören. Es geht nun darum, in erster Linie eine
erneute massenhafte Abwanderung aus den Dörfern, wie sie in den Jahrzehnten nach dem Krieg
zu beobachten war, zu verhindern und in zweiter Linie darum, die Pendeldistanzen so niedrig
wie möglich zu halten.

5.5 Der Einsatz neuer Technologien auf dem Lande

In den letzten Jahren haben - parallel mit dem atemberaubenden Fortschritt vor allem im
Bereich der Mikroprozessoren - neue Technologien in nahezu alle Bereiche von Wirtschaft,
Kultur und Verwaltung Einzug gehalten, wobei insbesondere die Entwicklung der Informations-
und Kommunikationstechnologien ungeahnte Dimensionen erreicht hat. Dabei wird es immer
offenkundiger, daß es sich beim Siegeszug der neuen Technologien keineswegs um ein rein
technisches Phänomen handelt. Angesichts der weitreichenden gesellschaftlichen Folgewirkungen ist es nur natürlich, daß sich zur Problematik der Sozialverträglichkeit neuer Technologien
in den meisten Industriestaaten eine lebhafte, teilweise sehr emotional geführte Diskussion
entwickelt hat. Obwohl die raumstrukturellen Konsequenzen der neuen Technologien noch nicht
eindeutig abzuschätzen sind, ist es für den ländlichen Raum eine Frage von ausschlaggebender
Bedeutung, in welchem Umfang er in die Erprobung dieser Technologien einbezogen ist. In
diesem Sinne hat man in Dänemark frühzeitig Projekte in Gang gesetzt, mit denen die Nutzbar-
keit der neuen Technologien auch für periphere, ländliche Gebiete getestet werden soll.

5.5.1 Die Entwicklung des Telehaus-Konzepts

Ausgehend von einer in Dänemark entwickelten Konzeption sind in den letzten Jahren in
einigen europäischen Ländern, vor allem aber in Skandinavien, sogenannte Telehäuser (bzw.
Telestuben, Tele-Cottages usw.) eingerichtet worden, die häufig auch als "elektronische Rettungsanker für den ländlichen Raum" bezeichnet werden (vgl. z.B. für die Situation in Norwegen MEISSNER 1988). Unter einem Telehaus ist eine offene Begegnungsstätte für die lokale
Gemeinschaft zu verstehen, in dem Geräte der Informations- und Kommunikationstechnologie
zur Erprobung durch die Bürger bzw. zur Aus- und Fortbildung bereitgestellt werden.

Den politischen Hintergrund für die Entwicklung dänischer Telehaus-Projekte bildete die Ende der 70er Jahre entbrannte Debatte um die Breitbandverkabelung. Auf Initiative des damaligen sozialdemokratischen Ministerpräsidenten Anker JØRGENSEN wurde im März 1980 eine Medienkommission eingesetzt, die Vorschläge für eine einheitliche öffentliche Medienpolitik und Lösungsansätze für eine Reihe von Einzelproblemen entwickeln sollte. Im Februar 1983 legte die Kommission eine Denkschrift zur Kabelproblematik vor (Betænkning nr. 974), in der sie fast geschlossen für die Etablierung eines Hybridnetzes als erstem Schritt zu einem landesweiten integrierten Breitbandnetz plädierte. Bei dem geplanten "Hybridnetz" handelte es sich, wie bereits aus dem Begriff hervorgeht, um eine Kombination zweier Netz- bzw. Kabeltypen, nämlich eines digital betriebenen Hauptnetzes und eines analog betriebenen Verteilernetzes. Über die "Vorreiterfunktion" für ein späteres landesweites Breitbandnetz sollte das Hybridnetz die Bürger mit Fernsehprogrammen aus den Nachbarländern und mit Satellitenprogrammen versorgen (für den Anfang waren 12 Programme vorgesehen). Die Regierung schloß sich dieser Empfehlung wenig später an und beauftragte die (in Dänemark überwiegend nicht der staatlichen Verwaltung unterstellten) Telefongesellschaften, einen Plan für die Realisierung des Projektes vorzulegen, was fristgerecht zum 1.11.1983 erfolgte.

Die Verkabelungspläne wurden in der Öffentlichkeit schon bald kontrovers diskutiert. Interessant sind hier insbesondere die Überlegungen, die bezüglich der raumstrukturellen Wirkungen des Kabelprojektes angestellt wurden- eine Frage, in der sich vor allem die Landesplanungsbehörde engagierte (vgl. auch HEJLESEN & WEBER 1983). In einem Diskussionspapier vom Dezember 1983 Planstyrelsen Miljøministeriilt: hybridnet, informationsteknologi og fysisk planlægning) erhob die Landesplanungsbehörde gegenüber den Plänen der dänischen Telefongesellschaften vor allem folgende Bedenken:
- Die Telefongesellschaften gingen - gestützt auf eine Vorgabe des Ministers für Öffentliche Arbeiten - davon aus, daß nur Siedlungen mit mindestens 250 Haushalten vom Hybridnetz erfaßt werden sollten; nach der Schätzung der Landesplanungsbehörde wäre dadurch gut 1 Million Menschen, d.h. rd. 20 % der dänischen Bevölkerung, ausgeschlossen worden.
- Obwohl eines der Hauptziele der dänischen Raumplanung die Stärkung der Lokalzentren vorsieht, wäre nach den Vorschlägen der Telefongesellschaften eine Reihe dieser Zentralorte auf der untersten Stufe der Zentrenhierarchie nicht an das Hybridnetz angeschlossen worden, weil sie weniger als 250 Haushalte aufzuweisen hatten.
- Nach dem Vorschlag der Telefongesellschaften sollte der Anschluß an das Hybridnetz in dünnbesiedelten Gemeinden teurer werden als in dichtbesiedelten. Dies hätte sich insbesondere bei der Wahl eines abgestuften, d.h. kostenorientierten Tarifmodells bemerkbar gemacht. Die Landesplanungsbehörde befürchtete deswegen einen niedrigeren Anschlußgrad in dünnbesiedelten Gemeinden und damit eine Verstärkung der Disparitäten in der Anschlußdichte.

Die Landesplanungsbehörde betonte, daß durch diese Einschränkungen ein guter Teil ihrer damals bereits begonnenen Dezentralisierungsbestrebungen konterkariert worden wäre. Auch QVORTRUP (1989, 5) sieht diesen a-priori-Ausschluß bestimmter Landesteile als bedenklich an und vergleicht die Diskussion, die sich hierüber insbesondere im dünnbesiedelten Westjütland entzündete, ohne Umschweife mit der großen Debatte der 60er Jahre um die Führung der Autobahn durch Jütland, über die in Kapitel 3.2 berichtet wurde.

Auch wenn die Landesplanungsbehörde in ihrem Bericht einräumte, daß die raumstrukturellen Effekte der neuen Technologien - stärkere Zentralisierung oder eher Dezentralisierung - noch schwer abzuschätzen waren, fürchtete sie doch tendenziell eine verstärkte Konzentration zu

Lasten der kleinsten Siedlungen. Um derartigen nachteiligen Effekten vorzubeugen, empfahl sie eine Forschungs- und Versuchsoffensive zu den Möglichkeiten, mit Hilfe der neuen I&K-Techniken eine dezentralisierte Siedlungsstruktur zu unterstützen. Im Auge hatte die Landesplanungsbehörde vor allem Informations- und Dienstleistungszentren für die lokale Gemeinschaft, d.h. für kleine ländliche Siedlungen, aber auch für Quartiere in großen Städten. Vor einer endgültigen Entscheidung über das Hybridnetz sollten nach Ansicht der Landesplanungsbehörde erst die Ergebnisse dieser Versuche abgewartet werden. Die aktive Rolle, die die Landesplanungsbehörde bei der Initiierung dieser Versuche gespielt hat, wird u.a. von QVORTRUP (1989, 6) gewürdigt, der auch darauf hinweist, daß die Behörde über die inhaltliche Inspiration hinaus in den Jahren 1984 und 1985 mit der Bewilligung von insgesamt 700.000 Kronen für sogenannte "Vorprojekte" die notwendige Grundlage für die Ausformung konkreter Pläne und Berichte geschaffen hat.

Entscheidende Voraussetzung dafür, daß es tatsächlich zur breiten Erprobung der neuen Technologien kommen konnte, war der Kompromiß zur Etablierung des Hybridnetzes zwischen der Regierungskoalition und den Sozialdemokraten vom 18.12.1984. Dadurch wurde ermöglicht, daß über einen 3-jährigen Zeitraum für insgesamt 16 Versuchs- und Entwicklungsprojekte zur Anwendung neuer Informationstechnologie 30 Millionen Kronen zur Verfügung gestellt wurden; hierbei wurden die staatlichen Gelder u.a. durch Mittel der EG und der dänischen Telefongesellschaften ergänzt. Konkret heißt es unter Punkt 12 des Kompromißpapiers (zit. nach LARSEN et al. 1988, 61): "Die Regierung will durch aktive Unterstützung von Pilotprojekten zur Entwicklung und Prüfung informationstechnologischer Neuerungen einschließlich der Beurteilung ihrer Folgewirkungen beitragen, u.a. mit einer dezentralen Nutzung von Informationstechnologien in kleineren Siedlungen und dünn besiedelten Gebieten." Es mag auf den ersten Blick erstaunen, daß es die Sozialdemokraten waren, die auf die Aufnahme des Punktes 12 gedrängt hatten, da deren offizielle Politik in den vorangegangenen Debatten um die Siedlungsstruktur eher auf eine Zentralisierung als auf eine weitgehende Dezentralisierung abgezielt hatte. Ausschlaggebend könnte in diesem Fall gewesen sein, daß die erwähnten, auf eine regional differenzierte Gebührenpolitik abzielenden Planungen der Telefongesellschaften mit dem bei den Sozialdemokraten besonders stark ausgeprägten Solidaritätsprinzip nicht in Einklang zu bringen waren.

Die erforderlichen Mittel für die Pilotprojekte wurden erstmals im Haushaltsplan des Jahres 1986 ausgewiesen. Nachdem die Landesplanungsbehörde bereits Mitte 1985 eine erste kurzgefaßte Projektübersicht herausgegeben hatte (Planstyrelsen: Forsøg med informationsteknologi - en status), hat das Finanzministerium im Zusammenhang mit der Erarbeitung des Haushaltsplanes im November 1985 eine ausführliche Übersicht über die vorgesehenen Versuchs- und Entwicklungsprojekte erarbeitet. Es ist allerdings im Rahmen der vorliegenden Arbeit nicht möglich, alle Projekte vorzustellen; vielmehr muß sich die Darstellung weitgehend auf die für die Dörfer besonders wichtigen Telehaus-Projekte beschränken. Da für deren Beurteilung die ihnen zugrundeliegende Philosophie besonders interessant ist, soll darauf anhand der Entstehungsgeschichte des ersten Telehaus-Projektes in der westjütischen Gemeinde Lemvig besonders eingegangen werden.

5.5.2 Das Telehaus-Projekt in der Gemeinde Lemvig

Der "geistige Vater" des Lemvig-Projektes und damit wohl des Telehaus-Konzeptes überhaupt, der in Fjaltring (Gemeinde Lemvig, Ringkøbing amt) lebende und am Lehrerseminar Nr. Nissum tätige Lektor Jan MICHEL, war ursprünglich als entschiedener Kritiker der technologischen Entwicklung in Erscheinung getreten. In seiner Eigenschaft als Mitglied der Kunden-Repräsentation der für den größten Teil Jütlands zuständigen Telefongesellschaft "Jydsk Telefon" wurde er schon früh auf die ehrgeizigen Verkabelungs-Projekte der dänischen Tele-Verwaltungen aufmerksam. MICHEL, der sich seit vielen Jahren für Erhaltung und Förderung dörflicher Lebensformen eingesetzt hatte (vgl. die Abschnitte 5.1.2 und 5.4.1), sah es als seine Aufgabe an, die Öffentlichkeit darüber aufzuklären, welche Nachteile die kleinsten Siedlungen bei einer Realisierung der Kabel-Pläne zu erwarten hätten - so wetterte er z.B. in RINGKJØBING AMTS DAGBLAD vom 17.5.1983 unter der Überschrift "Dörfer mit 600-700 Einwohnern werden im Stich gelassen" gegen die Politik der Regierung und der Telefongesellschaften.

Obwohl MICHEL also wie viele andere in den Kabel-Projekten anfangs einen weiteren Schritt in den allgemeinen dorffeindlichen Zentralisierungsbestrebungen sah, stellte er eines Tages die Frage in den Raum, ob nicht auch umgekehrt gerade die neuen Informations- und Kommunikationstechnologien die sich aus der geographischen Abgelegenheit vieler Dörfer ergebenden Probleme kompensieren könnten. Mit diesem neuen Ansatz ging MICHEL daran, in der Gemeinde Lemvig eine Diskussion über die möglichen positiven Effekte neuer I&K-Technologien für periphere, ländliche Siedlungen in Gang zu setzen. Leitidee MICHELs war es, die Erprobung der neuen Technologien weder allein den größeren Orten noch dem Einzelnen zu überlassen, sondern in den kleinen Orten Informations- und Servicezentren einzurichten, deren Funktion er mit denjenigen der öffentlichen Bibliotheken vergleicht (MICHEL 1985, 6). Ideologisches Hauptziel jedoch war es, nicht die Gesellschaft zu Sklaven der neuen Technik zu machen, sondern diese in den Dienst der Gesellschaft (und das hieß für MICHEL: speziell in den Dienst der örtlichen Gemeinschaft) zu stellen - hier erwies es sich als besonders vorteilhaft, daß MICHEL selbst in erster Linie von gesellschaftspolitischen Überlegungen und nicht von der Begeisterung für die neuen Technologien motiviert wurde.

Im März 1984 begann eine Arbeitsgruppe mit den vorbereitenden Arbeiten für ein Telekommunikationsprojekt in der Gemeinde Lemvig. Nach intensiver Arbeit konnte bereits im Dezember 1984 eine 40-seitige Projektbeschreibung für das "Lemvig-Projekt" vorgelegt werden. Zusammengefaßt lauten die wesentlichen Zielsetzungen des Projekts wie folgt:
- Mit dem Projekt sollen den Bürgern die neuen Technologien nähergebracht werden, damit sie deren Nutzen und Grenzen durch eigene Erfahrung besser abschätzen können und damit zu qualifizierten Partnern in der gesellschaftspolitischen Diskussion werden
- Mit dem Projekt soll sowohl die Wettbewerbssituation der lokalen Erwerbstätigen (z.B. Landwirte, Handwerker) als auch die Chancen von Jugendlichen und Arbeitslosen auf dem Arbeitsmarkt verbessert werden
- Mit den Telehäusern sollen für die Dorfgemeinschaft neue Kommunikationsstätten geschaffen werden - in Anspielung auf die Versammlungshausbewegung am Ende des 19. Jahrhunderts hat MICHEL den Begriff des "elektronischen Versammlungshauses" geprägt (KRISTELIG DAGBLAD 10.7.1986)

199

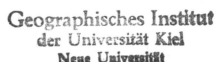

Im Sommer 1986 wurde es dann ernst - die Gelder aus dem erwähnten Projektfonds zur Erprobung neuer Technologien, der insgesamt 30 Millionen Kronen umfaßte, wurden verteilt; das Lemvig-Projekt erhielt einen Anteil von 3,3 Millionen Kronen. Ferner wird das Projekt durch die Telefongesellschaft Jydsk Telefon (Technische Ausstattung, z.B. Telefax-Apparatur) sowie die Gemeinde Lemvig (ca. 200.000-300.000 Kronen pro Jahr) gefördert. Da mit dem Telehaus-Projekt im engeren Sinne auch 2 zusätzliche sektorale Versuche (Bibliotheks- und Wirtschaftsförderungsprojekte) verbunden sind, konnten einige weitere Förderprogramme "angezapft" werden, so daß insgesamt für den 3-jährigen Versuchszeitraum 13,6 Millionen Kronen an Fördermitteln eingeworben werden konnten. Nachdem der Betrieb in Dänemarks erstem "elektronischen Versammlungshaus" faktisch bereits am 1.8.1986 aufgenommen worden war, erfolgte der offizielle, sehr medienwirksame "Startschuß" in Anwesenheit von Umweltminister Christian CHRISTENSEN am 19.Januar 1987.

Die Westküstengemeinde Lemvig hat ca. 20.000 Einwohner und ist flächenmäßig die fünftgrößte Gemeinde Dänemarks. Daraus resultieren besonders große Abstände zwischen dem ca. 7.000 Einwohner zählenden Hauptort Lemvig und den übrigen Siedlungen der Gemeinde. In Lemvig ist das Telehaus in der Bibliothek, in Nr. Nissum (ca. 1.300 Einw.) im früheren Rektorwohnhaus des Lehrerseminars und in Fjaltring (ca. 350 Einw.) in der örtlichen Schule eingerichtet worden. In den einzelnen Telehäusern wurden insgesamt 19 PC-Arbeitsplätze eingerichtet; Telefax und Videogeräte sind öffentlich zugänglich. EDV-Kurse werden u.a. für Landwirte angeboten, die dadurch die Einsatzmöglichkeiten eines PC für die eigene Betriebsplanung und Buchführung gleichermaßen erfahren sollen. Bei den Kursabenden werden auch vorhandene Programme auf ihre Brauchbarkeit geprüft und gemeinsame Probleme erörtert. Als Angebot insbesondere an kleine Handwerksbetriebe wird der Telefax-Service gesehen; außerdem wurde über Telefax ein Übersetzungs-Netz für eine Reihe von Sprachen geschaffen. Mit finanzieller Unterstützung aus dem Innenministerium wurden besondere Kurse mit EDV-Programmen zur Zusammenstellung individueller gesunder Speisepläne eingeführt. Eine der Ideen für die Zukunft ist, die Telehäuser zu lokalen Rathaus-Filialen zu erweitern, da über Telefax die gängigen Formulare direkt an den zuständigen Sachbearbeiter in der Gemeindeverwaltung weitergegeben werden können. Langfristig ist auch an die Einrichtung wohnortnaher Arbeitsplätze gedacht, wodurch das zeit- und ressourcenaufwendige Pendeln vermieden werden soll.

5.5.3 Das Telehaus-Projekt in der Gemeinde Egvad

Kurz nach der Premiere in Lemvig nahm ein ähnliches, nach QVORTRUP (1989, 6) von der in Lemvig gefundenen Konzeption inspiriertes Projekt in der ebenfalls an der jütischen Westküste gelegenen und ca. 9.700 Einwohner zählenden Gemeinde Egvad (Ringkøbing amt) seinen Betrieb auf. Auch hier waren es die Dorfbewohner und örtlichen Wirtschaftstreibenden, die das Projekt wesentlich vorantrieben, und auch hier wurden Mittel in Höhe von 3,3 Millionen Kronen aus dem genannten Versuchsprogramm und die technische Ausstattung von der Telefongesellschaft Jydsk Telefon bereitgestellt. In Egvad befindet sich das Koordinierungszentrum für "Egvad Teknologiforsøg" in Tarm, dem gut 4.000 Einwohner zählenden Hauptort der Gemeinde, während lokale Telehäuser (hier Informations- und Servicenter oder einfach Data-Stuben genannt) in den Dörfern Sdr. Bork, Lyne, Hoven und neuerdings auch in Ådum eingerichtet wurden, die alle weniger als 250 Haushalte umfassen. Alle Data-Stuben sind in den örtlichen Schulen untergebracht und mit modernster Hard- und Software ausgestattet; jede Data-Stube verfügt zum Beispiel über 5 Personal Computer und einen Drucker. Ende 1988 wurden die

Data-Stuben mit einem Mailbox-System verbunden.

Das oberste Ziel der Arbeit in den Centern wird im Abbau von Schwellenängsten gesehen, weswegen neben der Vermittlung von EDV-Kenntnissen die Geselligkeit stets eine wichtige Rolle spielt. Der erste Kontakt mit der neuen Technologie soll in sogenannten "Offenen Data-Stuben" hergestellt werden, wo jeder während des noch bis zum Jahresende 1989 laufenden Versuchszeitraums die gesamte Ausstattung völlig kostenlos benutzen kann; besonders erwähnenswert ist auch die "Offene Data-Stube für Kinder". Für die Bürger, die sich intensiver mit der Materie beschäftigen möchten, werden gegen eine geringe Gebühr Kurse mit unterschiedlicher Thematik und auf verschiedenem Anspruchsniveau angeboten, beispielhaft seien hier genannt:
- Einführung in verschiedene Programme, z.B. zur Textverarbeitung oder zur Unternehmensplanung und Buchführung,
- Allgemeiner EDV-Kurs für Landwirte (Planung und Optimierung der Fütterung bei Viehzuchtbetrieben; Anbau- und Düngeplanung bei Ackerbaubetrieben) in enger Zusammenarbeit mit der Landwirtschaftsschule in Borris,
- Spezialkurs für Nerzfarmen (Einführung in ein eigens hierfür entwickeltes Programm DAN-MINK),
- Programmier- und DOS-Kurse für Fortgeschrittene.

Besonderes Gewicht legt man im Egvad-Projekt auf die Einweisung von Lehrern der örtlichen Schulen in die EDV-Technik sowie auf die Ausbildung örtlicher Center-Leiter und -Mitarbeiter. Kurse werden außerdem gemeinsam mit dem Wirtschaftsprojekt für Ringkøbing amtskommune (ERA) durchgeführt. Darüberhinaus kann die EDV-Ausrüstung in Tarm und den 4 Dörfern für eine Reihe anderer Zwecke genützt werden. So ist es neuerdings möglich, über das öffentliche Telefonnetz den Zentralkatalog der kommunalen Bibliothek (und andere auswärtigen Datenbanken, z.B. technische Fachbibliotheken oder Patentregister) anzuwählen und in den Beständen zu blättern. Fernunterricht wird z.B. mit der Technischen Schule in Århus erprobt. Den örtlichen Gewerbebetrieben wird eine EDV-Schulung ihrer Mitarbeiter angeboten. Schließlich haben die örtlichen Vereine - mit Förderung der Sparkasse - die Möglichkeit, ihre Buchführung sowie die Verwaltung der Mitgliedskartei mit Hilfe der EDV zu erledigen.

Der gesamte Technologieversuch wird von einem eigens vom Gemeinderat eingesetzten Technologieausschuß gesteuert. Die fachliche Verantwortung liegt in der Hand eines Projektleiters sowie der (nebenamtlich tätigen) Centerleiter. Großes Gewicht wird auf die Mitwirkung der örtlichen Nutzer gelegt. In den einzelnen Orten haben sich auf freiwilliger Basis Bürgergruppen gebildet, die sich regelmäßig mit dem örtlichen Centerleiter treffen. Ziel des Versuchs ist u.a., nach Ablauf des Versuchszeitraums auf lokaler Ebene so viele ausgebildete Bürger zu haben, daß das Kursangebot aufrecht erhalten werden kann. Als Nebeneffekt hofft man, daß die Data-Stuben auch die Aufrechterhaltung der kleinen Schulen begünstigen. Obwohl die Fortführung des Projekts nach Ablauf des Versuchszeitraumes (Ende 1989) noch nicht gesichert ist, hat man in Egvad eine Reihe von Zukunftsplänen. Ein Plan zielt - in Zusammenarbeit mit der Handelsschule in Skjern - auf die Einrichtung eines EG-Informationsbüros ab, der den örtlichen Betrieben den Übergang zum Gemeinsamen Markt nach 1992 erleichtern soll. Im Gespräch ist, ähnlich wie in Lemvig, die Auslagerung von Rathausfunktionen. Außerdem wird im Dorf Hoven über die Neuorganisation der häuslichen Krankenpflege mit Hilfe der Data-Stuben nachgedacht. In Gesprächen mit dem Verfasser hat Egvads Bürgermeister Henning FREDSTED das Interesse der Gemeinde hervorgehoben, das Projekt auf jeden Fall auch über die Versuchsphase hinaus weiterzuführen.

5.5.4 Erste Erfahrungen mit Telehäusern

Es ist nicht einfach, statistische Angaben über die Nutzung der Telehäuser zu erhalten - und dort, wo Zahlen vorliegen, stellt die Interpretation der wenigen Daten ein zusätzliches Problem dar. Mit diesen Vorbehalten sollen nachfolgend einige statistische Angaben für die Projekte in den Gemeinden Lemvig und Egvad wiedergegeben werden. Im Lemvig-Projekt hat man beispielsweise für den Januar des Jahres 1988 eine zusammenfassende Statistik für die 3 angeschlossenen Telehäuser veröffentlicht. Demnach wurden die Einrichtungen wie folgt genutzt:
- 216 Personen nahmen das Angebot der Telehäuser an, selbst EDV-Anlagen zu benutzen.
- 63 Personen nahmen an Kursen zu verschiedenen Themen teil: Landwirtschaftsprogramme, Ernährungszusammenstellung, Nutzung des lokalen PC-Netzes, Steuerberechnung und Text-verarbeitung.
- 5 Vereine nutzen die Telehäuser für verschiedene Datenverarbeitungsprobleme.
- 5 Gruppen, insgesamt 75 Personen, haben eine Einführung in die Telehäuser durchlaufen.
- Auf dem Video-Sektor war die Video-Werkstatt des Projekts 27 Tage im Gebrauch; außer-dem wurde Video-Ausrüstung in 130 Fällen ausgeliehen. Insgesamt wurden 6 kleinere Video-Kurse durchgeführt.

Für das Egvad-Projekt liegt inzwischen ein wissenschaftlicher Zwischenbericht vor. RIEPER (1989, 90) rechnet für die Jahre 1987/88 mit 2.700 Besuchen in den Öffnungszeiten der "Offe-nen Data-Stuben". Im selben Zeitraum wurden ca. 300 Kursteilnehmer an den allgemeinen EDV-Kursen sowie den Landwirtschafts- und Nerzzüchterkursen gezählt. Gegenüber dem Verfasser der vorliegenden Arbeit schätzte der Projektleiter, Hans Buus PEDERSEN, daß von den rund 10.000 Einwohnern der Gemeinde rund 10 % in einer der Data-Stuben gewesen sind.

Versucht man eine allgemeine Bewertung der Telehaus-Projekte, so läßt sich ohne Zweifel eine positive Zwischenbilanz ziehen. Was Umfang der Benutzung und Struktur der Nutzer betrifft, müssen allerdings die Ergebnisse der weiteren Begleitforschung abgewartet werden. Es scheint jedoch so, als habe man auf jeden Fall das Ziel erreicht, die lokale Bevölkerung für die neue Technologie zu interessieren und bei einem Teil der Bevölkerung, u.a. bei Landwirten, Vorur-teile zu überwinden. Die Idee des "elektronischen Versammlungshauses" (wo etwas scherzhaft die Kaffeemaschine als das wichtigste Gerät bezeichnet wird) scheint in die Tat umgesetzt zu werden, und sicher nicht ohne Berechtigung hat MICHEL in zahlreichen Zeitungsinterviews die Hoffnung geäußert, die neue Technologie könnte für viele Dörfer zur Rettung werden.

Außer den umfassenden Versuchsprojekten in den Gemeinden Egvad und Lemvig sowie dem Fejø-Projekt in der Gemeinde Ravnsborg, auf das hier nicht näher eingegangen wurde, gibt es mittlerweile in einigen weiteren dänischen Landgemeinden Telehaus-Projekte. Recht gut ange-nommen wird zum Beispiel das im April 1987 eröffnete "Kommunikations- og Serviceventer Jelling" (Vejle amt). Aber auch über das Telehaus-Konzept im engeren Sinne hinaus wird in ländlichen Gemeinden Dänemarks der Einsatz der neuen Informations- und Kommunikations-techniken erprobt. Beispielhaft soll im folgenden Abschnitt auf ein Projekt in der Gemeinde Tinglev eingegangen werden.

5.5.5 Das Informationstechnologische Aktivitätszentrum in der Gemeinde Tinglev

Wie schon oben näher ausgeführt, sind die neuen Informations- und Kommunikationstechnologien mittlerweile zum selbstverständlichen Bestandteil am Arbeitsplatz in Wirtschaft und Verwaltung geworden. Dies war auch eine der entscheidenden Rahmenbedingungen, die in der Gemeinde Tinglev (Sønderjyllands amt) im Herbst 1985 zur Einrichtung eines "Informationstechnologischen Aktivitätszentrums" ("Informationsteknologisk Aktivitetscenter"), abgekürzt ITA, geführt haben. Das ITA soll zwei Hauptfunktionen erfüllen:
- In der Ausbildung von arbeitslosen Jugendlichen und deren anschließende "Einschleusung" in den Arbeitsmarkt liegt der Tätigkeitsschwerpunkt des ITA. Die Auszubildenden kommen hauptsächlich aus der Gemeinde Tinglev und sind zu ca. 75 % junge Frauen zwischen 17 und 25 Jahren. Die Ausbildung erfolgt in enger Abstimmung mit den Bedürfnissen des Arbeitsmarktes und soll vor allem Ängste vor dem Umgang mit neuen Technologien überwinden helfen. Wichtigste Lehrinhalte sind neben einer breit angelegten Gesellschaftskunde Textverarbeitung, Arbeit mit Kleinrobotern sowie eine Einführung in CAD/CAM-Techniken. Nach einem Zeitraum von ca. 2 Jahren hatten nach CORNETT (1987, 55) 70 Auszubildende den 20wöchigen Kurs absolviert; drei Viertel dieser Jugendlichen konnten anschließend auf einen Arbeitsplatz oder einen Ausbildungsplatz vermittelt werden, was als hervorragendes Ergebnis zu werten ist.
- Die Wirtschaftsförderung ist der zweite Tätigkeitsbereich des ITA, der jedoch eine eher langfristige Zielsetzung verfolgt; hier umfassen die Aktivitäten z.B. Abendkurse zur Weiterbildung von Berufstätigen sowie Starthilfen für junge Unternehmen, z.B. durch Überlassung von Räumen.

Nach Angaben des stellvertretenden Bürgermeisters von Tinglev, Harald SØNDERGAARD, ist die jüngst erfolgte Neuansiedlung eines Gewerbebetriebes auf die Aktivitäten des ITA-Centers zurückzuführen. Und auch die Landwirtschaft hat neuerdings Interesse an den Angeboten des ITA bekundet - wie am Beispiel der Telehäuser gezeigt wurde, können ja gerade Landwirte mit einer Vielzahl von EDV-Programmen ihre Betriebsführung besser überwachen und steuern. Insgesamt muß die Initiative der Gemeinde Tinglev, die aus kommunalen Eigenmitteln und Zuschüssen aus dem EG-Sozialfonds finanziert wird, als durchweg vorbildlich bezeichnet werden - gerade die Vermittlung von Jugendlichen und insbesondere jungen Frauen in ein Arbeits- oder Ausbildungsverhältnis dürfte nämlich in den ländlichen Gebieten ein noch größeres Problem als in den Städten darstellen.

5.5.6 Projekt "Telematik in kleinen Autowerkstätten" (SAVI)

Ähnlich wie im Falle der Telestuben und des in Abschnitt 5.4.3 vorgestellten "kommunalen Nachbarschaftsladens" geht es bei dem im Frühjahr 1985 in Sønderjylland gestarteten SAVI-Projekt um den Versuch, die technologischen Errungenschaften der vergangenen Jahrzehnte für die Verbesserung der Lebensqualität im ländlichen Raum nutzbar zu machen. Das Projekt wurde - ebenso wie die Telehaus-Projekte - aus dem erwähnten staatlichen Versuchsfonds gefördert und in dem im Jahr 1983 eingerichteten "Versuchszentrum für neue Informationstechnologie" in Åbenrå (INFAA) durchgeführt. Die Hauptzielsetzung lag darin, die Eignung der neuen Informations- und Kommunikationstechniken zur Stärkung kleinerer Handwerksbetriebe an dezentralen Standorten im ländlichen Raum zu testen. Einbezogen waren 30 überwiegend nicht markengebundene Autowerkstätten in ganz Sønderjylland, die (staatliche) Telefongesellschaft für Sønderjylland sowie der führende Grossist für Kfz-Ersatzteile in der Region. Bevor das Projekt starten konnte, wurden die Hard- und Softwarelieferanten auf eine harte Probe gestellt, galt es doch, mit Hilfe der EDV in erster Linie den Alltagsbetrieb des Personals in den Werkstätten zu erleichtern, ohne daß dieses selbst zu EDV-Spezialisten ausgebildet werden mußte. Nachdem in 2-jähriger Arbeit geeignete EDV-Programme entwickelt worden waren, konnten die 30 Werkstätten die verschiedensten Leistungen des Systems abrufen; in einem ausführlichen Beitrag für die Zeitung POLITIKEN (8.5.1987) zählt der Projektleiter, Luc de VISME, vor allem folgende auf:

-Die Terminals der Werkstätten waren untereinander über das öffentliche Telefonnetz verbunden; die Werkstätten konnten deswegen beliebig häufig Informationen austauschen bzw. in einem "elektronischen Briefkasten" hinterlegen.

- Man konnte z.B. bei Kollegen nach seltenen Ersatzteilen fragen, die man selbst nicht am Lager hatte, oder Informationen über Gebrauchtwagen austauschen.

- Die Bestellung von Ersatzteilen beim Grossisten konnte jederzeit in Sekundenbruchteilen erfolgen; außerdem konnte man dort für Kostenvoranschläge die Standardzeiten für bestimmte Reparaturen sowie die Preise von Ersatzteilen abfragen.

- Dem Datenverbund angeschlossen war auch die Technische Schule in Åbenrå, wo ein Datenpool (z.B. Reparaturanleitungen auch für seltene Fahrzeugtypen) zur Verfügung steht.

- Das EDV-Terminal konnte mittels spezieller Programme auch für die betriebsinterne Buchführung sowie für die Erstellung von Reparaturrechnungen genutzt werden.

Nach Abschluß der SAVI-Versuchsphase (1.3.1985 - 1.7.1987) wurde vom Projektleiter im Juli 1988 ein Abschlußbericht über das Projekt erarbeitet (VISME 1988). Dieser Bericht zeigt, daß das SAVI-Projekt mit einer Reihe von Schwierigkeiten zu kämpfen hatte: einerseits in organisatorischer Hinsicht, was die Zusammenarbeit der verschiedenen Projektbeteiligten sowie die Steuerung und Betreuung des Projekts betrifft; andererseits, was die Akzeptanz der verschiedenen angebotenen EDV-Dienstleistungen durch die Werkstätten betrifft. Bezüglich des letztgenannten Problems sei als Beispiel angeführt, daß nur gut die Hälfte der Autowerkstätten ihre Buchführung via EDV erledigte - die andere Hälfte benützte die Anlage lediglich zur Rechnungserstellung sowie zur Überwachung des Zahlungseinganges. Als Ursache für dieses überraschende Ergebnis nennt VISME (1988, 41) im Abschlußbericht des Projekts unter anderem:

- Schwierigkeiten mit der Einrichtung eines Kontoplanes,

- Mangelndes Vertrauen, die Buchführung der Firma einem neuen EDV-System zu überlassen, mit dem man keine Erfahrung hatte,

- Bedarf an weitergehender Einweisung,

- Ungenügende Anpassung des Programms an die Bedürfnisse der Autowerkstätten (u.a. fehlende Möglichkeit zur separaten Abrechnung des Benzinverkaufs).

Als eingeschränkt erachtet VISME (1988, 49) auch die Möglichkeiten, mit Hilfe von EDV und Telekommunikation die schwierige ökonomische Situation der kleinen Werkstätten deutlich zu verbessern. Hier falle insbesondere ins Gewicht, daß die Buchführung in kleinen Firmen in der Regel vom Mechaniker oder seiner Frau erledigt werde und sich insofern die Zeitersparnis nicht in gleichem Umfang kostenwirksam ausdrückt wie in Großbetrieben, wo die Arbeit von bezahltem Personal erledigt wird. Obwohl viele - vielleicht sehr hoch gesteckte - Erwartungen an das SAVI-Projekt nicht erfüllt werden konnten, sieht VISME doch einige über die rein wissenschaftlichen Erkenntnisse hinausgehende positive Resultate. Fast alle am Projekt beteiligte Werkstätten hätten bis zum Schluß durchgehalten und anschließend die EDV-Ausstattung auf eigene Kosten übernommen. Vor allem seien die Mechaniker oder ihre Frauen an die

Benutzung eines PC gewöhnt worden, der nun meist für den internen Betrieb weiterbenutzt werde.

Die Ergebnisse des SAVI-Projektes dürften auch deswegen besonders interessant sein, weil sie in aller Deutlichkeit zeigen, daß auch und gerade beim Einsatz neuer Technologien stets überlegt werden muß, welches die angepaßteste Form des Technologieeinsatzes ist. Im Falle der Autowerkstätten zeigte es sich, daß in vielen Fällen das Telefon die angepaßtere Lösung als die Verwendung eines elektronischen Briefkastens ist.

5.5.7 Ein regionales Programm zur ökonomisch-technologischen Entwicklung Nordjütlands: NordTek

Während die Telehaus-Projekte in Lemvig und Egvad sowie das SAVI-Projekt in Sønderjylland der lokal bzw. sektoral begrenzten Erprobung neuer Informations- und Kommunikationstechnologien dienen, wurde unter der Bezeichnung NordTek für die außerordentlich peripher gelegene Region Nordjütland (Nordjyllands Amtskommune) ein erheblich breiter angelegtes regionales Entwicklungsprogramm zur verstärkten Anwendung neuer Technologie in kleinen und mittelgroßen Betrieben erarbeitet.

Den Anstoß zur Erarbeitung des NordTek-Programms hatten Vertreter von Nordjyllands amtskommune im Herbst 1984 erhalten, als ihnen der damalige EG-Kommissar Poul DAL-SAGER anläßlich eines Besuchs bei der EG-Kommission in Brüssel empfahl, ein zusammenhängendes Programm zu erarbeiten, um in den Genuß von Mitteln der EG, speziell aus dem Regionalfonds, zu kommen. Im Juli 1986 lag das NordTek-Programm dann als "Nationales Programm im Gemeinschaftsinteresse" vor. Mit dem Anliegen, Regional- und Technologiepolitik in Nordjütland zu verknüpfen und insbesondere kleine und mittelgroße Betriebe zu fördern, bezieht sich Nordjyllands amtskommune denn auch auf den Bericht der EG-Kommission "The effect of new information technology on the less-favoured regions of the community" (Studies collection, Regional Policy Series No. 23), wo unter Punkt 169 festgestellt wird, daß die neuen Technologien die Möglichkeit für eine Dezentralisierung bestimmter Aktivitäten böten, was eine Herausforderung an die Regionalpolitik sei. Das NordTek-Programm wird von Nordjyllands amtskommune als Antwort auf diese Herausforderung bezeichnet.

Als wesentliche Zielsetzung des NordTek-Programms wird die Vergrößerung des Arbeitsplatzangebots in der Region bezeichnet, um deren Eigenschaft als zurückgebliebenes Randgebiet durch die wohlüberlegte Einführung neuer Technologien abzubauen. Hierzu sieht es Nordjyllands Amtskommune als erforderlich an,
- diejenigen Teile der Region in ihrer Wirtschaftsstruktur zu stärken, in denen es wegen einer vorhandenen starken Marktposition oder durch die Einführung neuer Technologie (insbesondere Informationstechnologie) möglich erscheint, "industrielles Milieu" aufzubauen,
- durch gezielten Einsatz die Kenntnisse über EDV und andere neue Technologie zu verbreiten und dadurch die Qualifikation der Arbeitskräfte zu stärken,
- durch eine bewußte Strategie die Entwicklung von Produkten voranzutreiben, die sich an den speziellen Bedürfnissen des öffentlichen Sektors, z.B. auf dem Gesundheits- und Umweltsektor, orientiert,
- durch gezielte "Vermarktung" Nordjütlands in Süd-Norwegen und West-Schweden Investi-

tionen mit hohem Technologieanteil in die Region zu ziehen, wobei der Zugang zu den Technologie-Förderungsregelungen der EG eines der Hauptargumente in der Kampagne darstellen soll.

Zur Durchführung des NordTek-Programms bewilligte die EG für den Zeitraum 1986-1990 insgesamt 95 Millionen Kronen. Im Rahmen des in den Abschnitten 5.1.5 erwähnten Freikommunen-Versuchs steuerte Nordjyllands amtskommune 40 Millionen Kronen aus einem Fond bei, aus dem sonst Kredite für die Baugrunderschließung in den Gemeinden vergeben werden. Die restlichen Mittel, durch die das gesamte Programmvolumen auf 200 Millionen Kronen aufgestockt wurde, stammt von den Gemeinden sowie als Eigenbeiträge von den privaten Unternehmen, die eine Förderung aus NordTek-Mitteln beantragen. In einem Informationsblatt vom März 1987 gibt das bei Nordjyllands amtskommune angesiedelte NordTek-Sekretariat eine kurzgefaßte Übersicht über 3 Gruppen von Projekten und Aktivitäten, welche aus NordTek-Mitteln gefördert werden können:
- Die erste Gruppe umfaßt Initiativen, die sich generell auf die gesamte Region Nordjütland auswirken, vor allem die Verbreitung von Informationen über neue Technologien sowie diesbezügliche Weiterbildungsmöglichkeiten. In diesem Sinne werden beispielsweise "Ideenzirkel", die neue Möglichkeiten für die lokale Wirtschaftsentwicklung eruieren sollen, mit bis zu 10.000 Kronen gefördert.
- Die zweite Gruppe umfaßt lokale Initiativen, worunter sowohl neue Formen der Zusammenarbeit von Betrieben als auch Initiativen der Gemeinden und lokalen Wirtschaftsförderer verstanden werden. Wie schon in dem oben referierten Zielkatalog geht es insbesondere um die Schaffung "industrieller Milieus", d.h. um die Ausnutzung der spezifischen nordjütischen Potentiale. Das Ziel ist, Produktionsketten bzw. eine zusammenhängende Produktionsstruktur zu stärken. Dies kann durch engere technologische Zusammenarbeit zwischen konkurrierenden Betrieben bzw. zwischen Zulieferern und Abnehmern oder durch die Bereitstellung erforderlicher Service-Einrichtungen für die Betriebe geschehen. Als Beispiel für eine lokale Initiative, die zur Schaffung eines "industriellen Milieu"s im Bereich der Holz- und Möbelindustrie beiträgt, nennt das NordTek-Sekretariat das Entwicklungszentrum Farsø. Dieses soll die einzelnen Betriebe bei der Einführung neuer Technik sowie der Umschulung und Qualifizierung ihrer Mitarbeiter unterstützen. Tätigkeitsfelder des Zentrums sollen u.a. Versuche zur zwischenbetrieblichen Zusammenarbeit bei der Anwendung neuer Technik sowie zur Ausbildung in der Bedienung EDV-gesteuerter Produktionsmaschinen sein.
- Die dritte Gruppe von Förderungsmöglichkeiten betrifft die Förderung privater Betriebe insbesondere durch unkonventionelle Beratungsprogramme. Damit sollen noch mehr Betriebe dazu motiviert werden, neue Wege der Entwicklung zu erproben. Es sollen mit dieser Förderung gezielt die bestehenden nationalen Förderungsmöglichkeiten ergänzt werden, wobei als Zielgruppe in erster Linie Betriebe des produzierenden Gewerbes mit höchstens 200 Beschäftigten gesehen werden. Gedacht ist vor allem an die gezielte Nutzung vorhandener Datenbasen zur Einholung von Informationen über neue Technik, Materialien, Produkte, Märkte usw., an die Analyse von Möglichkeiten zum Import neuer Technologien und Lizenzen sowie an die Beratung von Betrieben vor, während und nach der Anschaffung von EDV-Anlagen.

Insgesamt kann das NordTek-Programm - ähnlich wie die im Abschnitt 5.4.5 vorgestellte Initiative von Sønderjyllands amtskommune - als ein integratives Maßnahmenbündel betrachtet werden, in dem vorhandene und neue Förderungsansätze mit dem Ziel einer breiten Entwicklungsoffensive verknüpft werden. Informationen über die bisherigen Erfahrungen mit dem NordTek-Programm liegen bislang noch nicht vor. Es ist jedoch davon auszugehen, daß dieser geballte Einsatz zu Gunsten kleiner und mittelgroßer Betriebe in der extrem peripheren Region Nordjütland deren Wettbewerbsfähigkeit stärkt und andererseits Anzeichen von Resignation, nicht zuletzt seitens der ländlichen Bevölkerung, vorbeugt. Besonders zu begrüßen ist natürlich die ausdrückliche Aufforderung, die spezifischen endogenen Potentiale der Region stärker zu nutzen, d.h., an vorhandene Strukturen und Stärken anzuknüpfen und hierdurch eine Stabilisierung und Stärkung der regionalen Wirtschaft zu erreichen.

5.6 Zusammenfassung zu Teil 5

Nachdem in den Teilen 2 bis 4 dieser Arbeit vor allem die historischen Voraussetzungen und wechselnden gesellschaftspolitischen Rahmenbedingungen für die Entwicklung der Dörfer aufbereitet wurden, sollte Teil 5 die Bandbreite der konkreten dorfpolitischen und dorfplanerischen Ansätze demonstrieren.

In Kapitel 5.1 wurden die lokalen Organisationsformen der Dorfbevölkerung zur Stärkung des Einflusses auf die Kommunalpolitik in systematisierter Form vorgestellt. Deutlich wurde, daß auch ohne gesetzliche Grundlage und ohne offizielle Finanzzuweisungen in vielen politisch unselbständigen Orten eine lebendige lokalpolitische Kultur zu finden ist. Gezeigt wurde auch, daß es bezüglich der Frage, ob Lokalräte grundsätzlich per Gesetz als zusätzliche politische Ebene unterhalb der Gemeindeebene eingeführt werden sollten, innerhalb der Dorfbewegung kontroverse Bewertungen vorliegen.

In Kapitel 5.2 wurden die Elemente des dänischen Planungssystems, insbesondere die Kommunalplanung und die Lokalplanung, speziell unter dem Gesichtspunkt einer dorfbezogenen Planung untersucht. Dabei konnten für beide kommunalen Planungsebenen gute Beispiele für die Berücksichtigung dörflicher Belange aufzeigt werden. In den die gesamte Gemeinde abdeckenden Kommunalplänen ist es durchaus möglich, eine deutliche Weichenstellung in Richtung auf eine dezentrale Siedlungsstruktur vorzunehmen. Ausbaufähig zum "Dorfentwicklungsplan" ist insbesondere der Dorf-Lokalplan, wie ihn zahlreiche Gemeinden bereits anwenden. Charakteristisch für die dänische Situation ist schließlich, daß gerade bei der Lokalplanung zunehmend Tendenzen einer "Planung von unten" zu beobachten sind.

In Kapitel 5.3 wurde die besondere Bedeutung herausgearbeitet, die man in Dänemark schon seit längerer Zeit der Erhaltung örtlicher Einkaufsmöglichkeiten in den Dörfern beimißt. Ein Konzept in dieser Richtung, das insbesondere von der Landesplanungsbehörde nachhaltig gefördert wurde, stellt die Übertragung von Zusatzfunktionen auf Dorfgeschäfte dar. Weitere Möglichkeiten, die dörfliche Grundversorgung zu sichern, bieten die allgemeinen planerischen Instrumente, wie am Beispiel der Gemeinde Ringe gezeigt wurde, sowie Bürgerinitiativen zur Übernahme schließungsbedrohter Läden.

In Kapitel 5.4 wurde auf die dörfliche Infrastruktur und das Problem der Schaffung und Erhaltung wohnortnaher Arbeitsplätze auf dem Lande eingegangen. Die diesbezüglichen Ansätze, die näher vorgestellt wurden, betreffen so unterschiedliche Bereiche wie die Aufwertung der Dorfschule zum lokalen Kulturzentrum, die Entwicklung dorftypischer Energieversorgungskonzepte, die Dezentralisierung der öffentlichen Verwaltung und die Reaktivierung stillgelegter Bahnhöfe und Bahnstrecken. Abschließend wurden die Möglichkeiten und Probleme einer lokalen Wirtschaftsförderung angeschnitten.

In Kapitel 5.5 stand der Einsatz neuer Technologien auf dem Lande im Mittelpunkt. Insbesondere wurde hier das in Dänemark entstandene und mittlerweile in viele europäische Länder "exportierte" Telehaus-Konzept vorgestellt, wobei deutlich die zugrundeliegende vorrangig gesellschafts- und nicht primär technologiepolitisch begründete Philosophie hervorgehoben wurde. Ergänzend wurden auch andere, mehr auf eine direkte Wirtschaftsförderung abzielende Projekte zur ökonomisch-technologischen Entwicklung ländlicher Räume vorgestellt.

Mit den im Teil 5 vorgestellten Beispielen aus der Praxis dorfbezogener Politik und Planung sollte die Bandbreite von Initiativen und Experimenten deutlich werden, mit denen sowohl Bürger als auch Staat und Kommunen in Dänemark versuchen, das Überleben der Dörfer zu sichern. Im folgenden Teil 6 soll nun anhand einer Bilanz und eines Ausblicks der Frage nachgegangen werden, wie nachhaltig die von diesen Projekten ausgehenden Impulse zur Stabilisierung der Dörfer beizutragen vermögen.

6. Abschließende Wertung und Ausblick

6.1 Zusammenfassende Wertung

Die Ursachen für die Entstehung einer breiten Dorfbewegung in den 70er Jahren liegen, wie in den ersten Teilen dieser Arbeit gezeigt werden konnte, in den allgemeinen gesellschaftspolitischen Rahmenbedingungen verwurzelt, wie sie sich bereits seit dem letzten Jahrhundert entwickelt haben. Entscheidend für die breite Aktivierung der Dorfbevölkerung sind die aus heutiger Sicht sicherlich als überzogen zu bewertenden, von der Wachstumseuphorie der Hochkonjunktur getragenen Zentralisierungsbestrebungen der 50er und 60er Jahre, die in Teil 3 exemplarisch aufgezeigt wurden. Vor allem die Ergebnisse der Kommunalreform, durch die ca. 1.000 Gemeinden ihre politische Autonomie verloren, sowie die restriktive Auslegung des Zonengesetzes waren es, die den "Stein ins Rollen brachten", da sie eine Entwicklung der Dörfer weitgehend verhinderten.

In der gleichen Deutlichkeit, in der sich der Zeitgeist der 50er und 60er Jahre gegen die Dörfer richtete, ist die in den 70er Jahren entstandene Dorfbewegung als gegenläufiger Trend zu eben diesem Zeitgeist zu sehen. Von besonderer Bedeutung für die Entwicklungsbedingungen der Dorfbewegung dürfte gewesen sein, daß diese trotz der schlechten Zeiten, die die Dörfer in den Nachkriegsjahrzehnten durchzumachen hatten, an starke Traditionen anknüpfen konnte - eine wichtige Rolle bei der Identitätsbildung der lokalen Bürgergruppen wie auch der landesweiten Dorfverbände spielten nämlich die Versammlungshäuser sowie der Geist von Aufklärungs- und Genossenschaftsbewegung des 19. Jahrhunderts. Trotz unterschiedlicher politischer Rahmenbedingungen zeigten diese Vorbilder der "neuen" Dorfbewegung doch, daß sich die Landbevölkerung durch gemeinschaftliches Handeln auch in schweren Zeiten gegenüber städtischen oder zumindest als städtisch verdächtigten Repressionen behaupten kann. Der genossenschaftliche Gedanke ist darüber hinaus gerade in jüngster Zeit für die lokale Selbsthilfe wieder neu entdeckt worden.

Mit den im Teil 5 vorgestellten Beispielen aus der Praxis dorfbezogener Politik und Planung sollte die Bandbreite von Initiativen und Experimenten deutlich werden, mit denen sowohl Bürger als auch Staat und Gemeinden in Dänemark versuchen, das Überleben der Dörfer zu sichern. War es anfangs, seit Mitte der 70er Jahre, vor allem die Dorfbewegung, die sich für eine verstärkte Berücksichtigung dörflicher Belange in der Politik eingesetzt hatte, wurden ihre Forderungen in den 80er Jahren mehr und mehr von der offiziellen Politik aufgenommen; teilweise versuchen sich Politiker und Parteien seitdem bezüglich ihrer "Dorffreundlichkeit" förmlich zu überbieten. So lautet denn die Bilanz am Ende der 80er Jahre, daß "das Dorf" in Dänemark als politisches Thema im Bewußtsein der Öffentlichkeit tief verankert ist.

Die "Wunden", welche die Kommunalreform des Jahres 1970 in vielen Dörfern geschlagen hatte, scheinen mittlerweile verheilt zu sein. Hierfür dürften drei Faktoren ganz besonders beigetragen haben: Zum ersten hat sich die Dorfbevölkerung - meist sogar ohne gesetzliche Grundlage - auf örtlicher Ebene in Vereinen oder lokalen Räten organisiert und sich damit ein Sprachrohr gegenüber dem Gemeinderat und der Gemeindeverwaltung geschaffen. Zum zweiten sind die alten Ortsnamen nicht aus dem offiziellen Sprachgebrauch verbannt worden - die Post und andere Behörden sowie natürlich die Bevölkerung selbst gebrauchen diese als selbstverständlichen Bestandteil der Adressen. Zum dritten wird auch von engagierten Dorffunktionären eingeräumt, daß erst die Großgemeinden leistungsfähige und mit Fachkompetenz besetzte

Gemeindeverwaltungen ermöglicht haben. Bezüglich der Großgemeinden sei hier noch einmal unterstrichen, daß deren Bildung im Zuge der Kommunalreform von einer breiten Funktionalreform begleitet worden war, durch welche eine stattliche Anzahl öffentlicher Aufgaben vom Staat auf Amtskommunen und Gemeinden verlagert worden ist. Durch die als Blockzuschüsse, d.h. ohne detaillierte Zweckbindung vergebenen staatlichen Mittelzuweisungen an Amtskommunen und Gemeinden haben diese eine relativ große Entscheidungsfreiheit in der kommunalpolitischen Schwerpunktsetzung, wie auch die alljährlich vom Innenministerium veröffentlichten "kommunalen Schlüsselzahlen" belegen. So bleibt festzuhalten, daß trotz des "Erwachens auf dem Lande" ernstzunehmende Forderungen nach einer Revision der damaligen Kommunalreform nicht erkennbar sind.

Die herausragende Erkenntnis dieser Arbeit dürfte darin liegen, daß ein großer Teil der insbesondere im Teil 5 vorgestellten dorfpolitischen Aktivitäten nicht einfach "von oben" verordnet wurde, sondern entweder auf Initiative "von unten" oder doch zumindest als Folge einer breiten öffentlichen Diskussion - auf lokaler, regionaler oder nationaler Ebene - entstanden ist. Faszinierend war es zu sehen, wie unkompliziert und weitgehend auch unbürokratisch viele Projekte in Angriff genommen werden konnten. Wichtig ist auch, daß der dänische Staat das Experimentieren mit lokalen Projekten auch finanziell unterstützt - sei es im Bereich der Telematik, der kleinen Schulen, der umweltfreundlichen Energie oder bei anderen örtlichen Projekten. Natürlich konnten nicht alle Ansätze und Ideen gleichermaßen von Erfolg gekrönt sein, doch darf sich das, was in Dänemark für das Dorf getan wird, ohne jede Einschränkung sehen lassen.

6.2 Versuch eines kritischen Ausblicks

Auch wenn in der vorliegenden Arbeit über ein breites Spektrum von Initiativen für das Überleben der Dörfer berichtet wurde, so darf doch eine Reihe gegenläufiger Entwicklungstendenzen nicht übersehen werden. Einige dieser Tendenzen berühren zwar grundsätzlich alle Teile Dänemarks, könnten jedoch nicht zuletzt vieles von dem, was in den 70er und 80er Jahren an Überlebensstrategien für die Dörfer entwickelt wurde, gründlich konterkarieren. Mit einigen Beispielen sollen diese Gefahren skizziert werden:

6.2.1 Legitimationsprobleme der Dorfbewegung auf Landesebene

Die breite Rezeption dorfpolitischer Anliegen durch die "etablierte" Politik hat die Rolle der Dorfbewegung als Graswurzelbewegung auf Landesebene vor neue Probleme gestellt. Während auf lokaler Ebene weiterhin neue Bürgervereine und Lokalräte aus dem Boden sprießen, scheint der Schwung der landesweiten Dorfbewegung erlahmt zu sein. Als ein Beleg hierfür kann die Einstellung der seit Oktober 1987 erscheinenden, ausschließlich auf die Belange der Dörfer eingehenden Zeitung LANDSBYEN nach nur 17 Monaten bzw. 5 Ausgaben gewertet werden. Die beiden "Matadoren" der Gründungsjahre der Dorfbewegung, Carsten ABILD und Ole GLAHN, haben sich ohnehin seit einiger Zeit von den Vorstandsposten ihrer jeweiligen Verbände zurückgezogen und scheinen ebenfalls - GLAHN als hauptamtlicher Bürgermeister allerdings mehr als ABILD - den Schwerpunkt ihrer dorfpolitischen Aktivitäten auf die lokale politische Ebene verlagert zu haben. Die jüngste Entwicklung in der Dorfbewegung läuft auf eine "Wiedervereinigung" der Dorfbewegung, d.h. der beiden Dorfverbände L.A.L. und LID, hinaus - entscheidende Weichen hierfür wurden bereits gestellt. Für die Schlagkraft und Glaubwürdigkeit der Dorfbewegung kann diese Wiedervereinigung sicherlich nur nützlich sein - es bleibt allerdings zu hoffen, daß nach dem Rückzug der ursprünglichen Kontrahenten das parteipolitische Engagement von Verbandsfunktionären nicht erneut zum Reizthema wird.

6.2.2 Krise und Sympathieverlust der Landwirtschaft

Die Landwirtschaft wurde vor allem in den 80er Jahren von einer Reihe heftiger Krisen geschüttelt. Begonnen hatten die Probleme während der Dürrejahre 1975/76, die mit hohen Investitionen, steigenden Zinsen und sinkenden Preisen zusammenfielen. Allein zwischen 1970 und 1980 ist die Nettoverschuldung der dänischen Landwirtschaft von 2,8 auf 14,1 Milliarden Kronen gestiegen (HUSUMER NACHRICHTEN vom 23.1.1981). Der Verschuldung folgten Zwangsauktionen und mehr oder minder freiwillige Hofaufgaben, wodurch sich die Zahl der landwirtschaftlichen Betriebe (einschl. Gärtnereien) zwischen 1970 und 1987 um 62.000 auf rund 86.000 reduzierte. Die vielfältigen Ursachen für diese Entwicklung, nicht zuletzt die Auswirkungen der EG-Quotenregelungen, können hier nicht im einzelnen analysiert werden, doch muß mit Sorge betrachtet werden, daß die Krise der Landwirtschaft eine ernste Gefahr für das Überleben der Dörfer bedeutet, da alternative Arbeitsplätze für ehemalige Landwirte nur ganz begrenzt geschaffen werden. Die Berechnungen, die Anders SVARRE in der Landesplanungsbehörde durchgeführt hat, lassen die Aussichten für die ländlichen Gebiete außerordentlich düster erscheinen; für den Zeitraum 1986-1996 prognostiziert SVARRE (1988, 56) einen Rückgang der Beschäftigtenzahl im primären Sektor um 42.000 und bei den von der Landwirtschaft abhängigen Beschäftigten in anderen Wirtschaftssektoren von 20.000!

Negative Auswirkungen auf die Position der Dörfer in der gesellschaftlichen Diskussion dürften auch die von der Landwirtschaft ausgehenden Umweltbeeinträchtigungen haben. Nach einer Reihe von Hiobsmeldungen über den Hormongehalt von Kalbfleisch überboten sich vor allem in den Jahren 1986/87 die Medien gegenseitig in Katastrophenmeldungen über Nitrat im Trinkwasser und Überdüngung der Oberflächengewässer. Der plötzlich bekannt werdende Umfang des Schadstoffeintrags der Landwirtschaft in Wasser und Boden, aber auch ungeschicktes Agieren von Funktionären der Bauernverbände haben die städtische Bevölkerung aufgeschreckt und möglicherweise noch vorhandene Wunschvorstellungen von der "heilen Welt" auf dem Lande urplötzlich zerstört. Es ist nicht auszuschließen, daß der seitdem zu beobachtende rapide Sympathieverfall der Landwirtschaft im traditionellen Bauernland Dänemark auch die generelle Einstellung vor allem der städtischen Bevölkerung gegenüber dem ländlichen Raum negativ beeinflussen könnte.

Derzeit sieht es so aus, als werde die dänische Landwirtschaft der Zukunft vor allem von neuen Entwicklungen in der Biotechnologie abhängig sein, wodurch nicht nur das Berufsbild des Bauern weiter technisiert werden wird (man spricht bereits vom agro-industriellen Komplex), sondern sich auch der bisherige Strukturwandel weiter verschärfen dürfte (vgl. KVISTGAARD 1986). Größere und spezialisiertere Produktionseinheiten sowohl in der Pflanzen- als auch in der Tierproduktion sind ebenso zu erwarten wie Produktivitätssteigerungen und damit fallender Arbeitskräftebesatz der einzelnen Betriebe. Für die Dörfer ist weiterhin von Bedeutung, daß sich auch Veredelungs- und Versorgungsbetriebe des agro-industriellen Komplexes im Takt mit der allgemeinen Konzentrationstendenz der Landwirtschaft vor allem in mittleren und größeren Städten lokalisieren (Planstyrelsen, unveröffentl. Manuskript vom 2.3.1987).

6.2.3 Schwächung der kommunalen Autonomie durch staatliche Sparmaßnahmen

Die finanziellen Probleme der Gemeinden, die seit einigen Jahren für Schlagzeilen sorgen, könnten sich ganz besonders nachteilig für die öffentliche Infrastrukturausstattung der Dörfer auswirken. Bei den Versuchen der seit 1982 amtierenden bürgerlichen Regierungskoalitionen, die öffentlichen und damit auch die kommunalen Ausgaben zu dämpfen, sind hier in erster Linie die Streichungen bei den staatlichen Blockzuschüssen an die Gemeinden und Amtskommunen seit 1983 zu sehen. Die Einengung des finanziellen Handlungsspielraumes hat bei den Kommunen und ihren Spitzenverbänden bereits die Befürchtung geweckt, daß der Kern der kommunalen Selbstverwaltung in Gefahr sei.

Konkret haben die Sparmaßnahmen bewirkt, daß die Kommunen erhebliche Abstriche bei ihren Investitionen sowie bei den Aufwendungen für Betrieb und Unterhaltung ihrer Einrichtungen machen mußten. Zunehmend sind in den letzten Jahren Krankenhäuser, Bibliotheken, soziale Einrichtungen und Schulen dem Rotstift zum Opfer gefallen - wie das Beispiel von Schulschließungen zeigt, liegt hierin eine im Augenblick noch gar nicht abzuschätzende Bedrohung gerade für die am Rande der Wirtschaftlichkeit betriebenen kleinen Einrichtungen in den Dörfern. So waren die Zeitungen in jüngster Vergangenheit nicht nur gefüllt mit Berichten über Projekte zur Aufwertung der Volksschulen zu lokalen Kulturzentren (vgl. Abschnitt 5.4.1), sondern auch über verzweifelte Versuche von Schulausschüssen, kleine Schulen vor der drohenden Schließung zu retten.

6.2.4 Diskussionen über eine erneute Territorialreform

Ernsthafte Formen hat in der jüngsten Vergangenheit die Diskussion um eine erneute Territorial- und Funktionalreform angenommen. So sorgte der Vorschlag von Ministerpräsident SCHLÜTER im Sommer 1988 für Schlagzeilen, die Verwaltungsebene der Amtskommunen völlig zu streichen und die Zahl von gegenwärtig 275 Gemeinden kräftig zu reduzieren (vgl. z.B. die Boulevardzeitung B.T. vom 12.8.1988). In der Öffentlichkeit riefen dieser und ähnliche Vorschläge eine rege Debatte hervor. Als Gegenargument wurde unter anderem angeführt, daß gerade die kleinsten Gemeinden die niedrigsten Pro-Kopf-Verwaltungsausgaben aufzuweisen hätten, wie Auswertungen der erwähnten kommunalen Schlüsselzahlen des Innenministeriums belegen (vgl. JYLLANDS-POSTEN 29.9.1988).

Praktiker und Wissenschaftler sehen weitere Schwierigkeiten bei einer eventuellen neuen Kommunalreform, die nicht erst seit Sommer 1988 im Raum steht. So warnt CORNETT (1987, 71 f.) aus regionalwissenschaftlicher Sicht eindringlich vor einem solchen Schritt. Gerade in den kleinen Landgemeinden sei die Gemeinde oft der größte Arbeitgeber, was er am Beispiel der mit knapp 3.000 Einwohnern für dänische Verhältnisse sehr kleinen Gemeinde Höjer (Sönderjyllands amt) belegt, wo 142 der insgesamt 1.083 Arbeitsplätze von der Gemeinde gestellt werden. CORNETT schlägt anstelle einer erneuten Kommunalreform für bestimmte Aufgaben eine Wiederbelebung der über- und zwischengemeindlichen Zusammenarbeitsformen vor, wie sie vor 1970 weit verbreitet waren. Da jedoch nicht auszuschließen ist, daß sich Ministerpräsident SCHLÜTER - sollte er trotz unsicherer Mehrheitsverhältnisse noch einige Jahre im Amt bleiben - mit einer neuen Kommunalreform "ein Denkmal setzen will", wie es eine Zeitung vermutete, wird dieses Gespenst noch eine Weile den politischen Raum und die Öffentlichkeit beschäftigen. In diesem Zusammenhang ist sicher die kritische Frage erlaubt, ob

Öffentlichkeit beschäftigen. In diesem Zusammenhang ist sicher die kritische Frage erlaubt, ob nicht für den Fall, daß die Ämter tatsächlich abgeschafft, die Gemeinden vergrößert und Lokalräte flächendeckend in allen Kirchspielen eingerichtet würden, die kommunale Einteilung sehr stark der Situation vor 1970 ähneln würde und sich lediglich die Bezeichnungen verschoben hätten.

6.2.5 Fortwährende Konzentrationstendenzen im öffentlichen und privatwirtschaftlichen Bereich

Sowohl in der öffentlichen Verwaltung als auch in der Privatwirtschaft sind aus betriebswirtschaftlichen Erwägungen heraus eine Reihe von Konzentrationstendenzen erkennbar. Im staatlichen Bereich sei beispielsweise auf Pläne der Post hingewiesen, im Bereich Jütland/Fünen die Bearbeitung der gesamten Briefpost (Stempeln, Sortieren) auf 7 Postcenter zu konzentrieren, die durchgängig in mittleren oder größeren Städten, nämlich in Ålborg, Århus, Esbjerg, Fredericia, Haderslev, Herning und Odense, ihren Standort haben sollen (SØNDAGS JYDSKE 9.4.1989). Da hiermit Einsparungen in Höhe von 10,2 Millionen Kronen erwartet werden, steht zu befürchten, daß in den Dienststellen in der Fläche Personal abgebaut wird.

Im privatwirtschaftlichen Bereich sind seit einiger Zeit deutliche Konzentrationstendenzen nicht zuletzt im Kreditgewerbe zu beobachten. Nachdem bereits im Herbst 1987 eine ganze Reihe von Pressemeldungen und -kommentaren zu diesem Thema erschienen war - unter anderem warnte ein ehemaliger Bankdirektor in einem ausführlichen Beitrag für FYENS STIFTS-TIDENDE (16.11.1987) vor dem Ausdünnen des Filialnetzes gerade auf dem Lande - rechnete die Zeitung LANDSBYEN (Nr. 3 vom November 1988) in einem ausführlichen Bericht zu dieser Problematik vor, daß zwischen 1984 und 1986 insgesamt 56 Bank- und Sparkassenfilialen verschwunden sind. Erschwerend kommt hinzu, daß Fachleute mit fortschreitender EG-Integration auch mit verstärkten Bankenfusionen rechnen. Da die neugebildeten größeren Institute dann voraussichtlich mehrere Zweigstellen am selben Ort haben werden, ist hier mit einer zusätzlichen Konzentration im Filialnetz und der Vernichtung von Arbeitsplätzen auch und besonders in kleineren Orten zu rechnen.

Schließlich kommt der Verfasser nicht umhin, auf den fast ungebrochenen Vormarsch großflächiger Einzelhandelseinrichtungen hinzuweisen. Vor allem seit der Expansion der Aldi-Kette ist der Preiswettkampf auch unter den dänischen Ketten zunehmend aggressiver geworden, worunter - trotz der in Kapitel 5.3 genannten Aktionen zur Sicherung der Grundversorgung in den Dörfern - insbesondere die kleinen Kaufmannsläden zu leiden haben. Hierbei ist auch zu sehen, daß sich parallel zum Preiswettkampf der Handels-Giganten die ohnehin schon schlechteren Wettbewerbsbedingungen der kleinen Läden auf dem Lande ständig verschärfen.

6.2.6 Schwindende Unterstützung der Dörfer aus dem Umweltministerium

Ganz wesentliche Unterstützung haben die Dörfer seit Anfang der 80er Jahre, namentlich seit dem Amtsantritt des inzwischen verstorbenen Ministers Christian CHRISTENSEN, durch das Umweltministerium sowie die Landesplanungsbehörde erfahren. Gerade die letztgenannte Behörde hat in hohem Maße sowohl für die Verbesserung der Rahmenbedingungen der Dorfentwicklung als auch mit fachlichem und finanziellem Beistand für die Unterstützung konkreter lokaler Projekte gesorgt. Nach der Parlamentswahl vom Mai 1988 schied die Christliche Volkspartei, der CHRISTENSEN angehört hatte, aus der Regierung aus; mit der Bildung einer Regierungskoalition unter Einschluß der Radikalen Venstre übernahm die dieser Partei angehörende Politikerin Lone DYBKJÆR den Posten der Umweltministerin. Sicherlich ist derzeit eine Bilanz ihrer Tätigkeit verfrüht, doch ist recht offensichtlich, daß sie den Dörfern nicht das gleiche emotionale und politische Engagement entgegenbringt wie ihr Vorgänger. Auch die Landesplanungsbehörde genießt offenbar nicht mehr das gleiche ministerielle Wohlwollen wie unter CHRISTENSEN, wie sich aus den jüngsten Diskussionen über Personaleinsparungen bei der Landesplanungsbehörde schließen läßt. Die Ingenieurin DYBKJÆR, die dem städtischen Flügel der Radikalen Venstre entstammt, scheint ihr Augenmerk vor allem den (freilich mindestens ebenso drängenden) Umweltproblemen zu widmen, so daß die Dörfer zukünftig wohl auf die in den letzten Jahren so wichtige ministerielle Unterstützung aus Kopenhagen weitgehend verzichten müssen.

6.2.7 Reurbanisierung als neuer Trend

Schließlich sei auf einen weiteren Trend hingewiesen, der den Bedingungen in der Frühzeit der Dorfbewegung diametral entgegensteht. War es damals das Dorf, das als attraktive Wohnstätte galt, so haben die Städte inzwischen neu an Attraktivität gewonnen, was durch aufwendige Maßnahmen der Stadterneuerung und Verkehrsberuhigung kräftig unterstützt wurde - der "counterurbanization" der 70er Jahre ist in den 80er Jahren der Trend zur "reurbanization" gefolgt.

6.2.8 Zwiespältige Aussichten

Die Aufzählung dieser für die Dörfer kritischen Entwicklungstendenzen sollte vor allem dazu dienen, einen möglicherweise zu euphorischen Eindruck von den derzeitigen und künftigen Rahmenbedingungen der Dorfentwicklung in Dänemark auf ein realistisches Maß zu korrigieren, sie sollten aber andererseits nicht überbewertet werden. Noch sind die Dörfer fest im Bewußtsein von Öffentlichkeit und Politik verankert, wie etwa in jüngster Zeit beispielhaft die Diskussionsbroschüren von Sønderjyllands amtskommune zur Fortschreibung des Regionalplanes sowie die ersten Versuche mit der Anwendung des Stadterneuerungsgesetzes auch auf Dörfer (z.B. in den Gemeinden Herning und Århus) zeigen.

6.3 Übertragbarkeit der dänischen Erfahrungen auf deutsche Verhältnisse

Wenn für die Verhältnisse in Dänemark das Fazit lautet, daß - im Gegensatz zur Bundesrepublik Deutschland - "das Dorf" durchaus seit Anfang der 80er Jahre zu einem politisch und gesellschaftlich stark diskutierten Thema avanciert ist, so stellt sich die Frage, was von den dänischen Erfahrungen auf die Bundesrepublik übertragbar wäre. Nach Einschätzung des Verfassers sind es vor allem die folgenden Aspekte, die in diesem Sinne Beachtung verdienen:
- Die Abhängigkeit der Dörfer von übergeordneten politischen Beschlußgremien kann durch ein lebendiges Selbstbewußtsein, durch kollektives, solidarisches Handeln und durch unkonventionelle Lösungsansätze auf lokaler Ebene zu einem guten Teil aufgewogen werden. Die Dorfbewohner sollten ermutigt werden, ihre Geschicke wieder selbst in die Hand zu nehmen,

- Staatliche und regionale Organe sollten lokale Graswurzelbewegungen bzw. Bürgerinitiativen nicht skeptisch, sondern wohlwollend betrachten. Es sollte vermieden werden, diese Initiativen zu reglementieren, sondern vielmehr sollte durch unbürokratische und vertrauensvolle Mittelzuweisung Bürgergruppen in den Dörfern die Möglichkeit geboten werden, das eigene Lebensumfeld nach den jeweiligen lokalen Vorstellungen auszugestalten und weiterzuentwickeln.
- Staat und Kommunen müssen experimentierfreudig sein. Je mehr unkonventionelle Lösungen erprobt werden, desto höher ist auch die Wahrscheinlichkeit, praxistaugliche und angepaßte Lösungen für die Dörfer zu entwickeln. Dies sollte vor allem der gängigen Dorferneuerungspraxis der meisten deutschen Bundesländer ins Stammbuch geschrieben werden, die sich fast ausschließlich auf "tote" Materie konzentriert, zu stark reglementiert ist und die Möglichkeit einer in erster Linie von den Dorfbewohnern selbst getragenen und von ihren eigenen Vorstellungen geleiteten Dorfentwicklung weitgehend negiert.

Wenn es um die Übertragbarkeit dänischer Ansätze auf deutsche Verhältnisse geht, dann muß allerdings auch beachtet werden, daß die Grundeinstellung der Dänen zur Gemeinschaft, das heißt zu ihrem Dorf, zu ihrer Gemeinde und auch zu ihrem Staat, erheblich positiver ist. Während in Deutschland das Verhältnis zwischen Bürgern auf der einen Seite und Behörden auf der anderen Seite durch ein starkes gegenseitiges Mißtrauen gekennzeichnet ist, war und ist in Dänemark gerade die positive Grundeinstellung gegenüber der "Gemein schaft" (samfund) tragendes Element vieler Initiativen.

Der Verfasser kann sich jedoch vorstellen, daß es in Deutschland gerade in den Dörfern am ehesten möglich sein müßte, wegen des dort in der Regel noch sehr starken Gemeinschaftsgefühls zu ähnlichen Initiativen wie in Dänemark zu kommen und daß - analog zu einem von der dänischen Dorfbewegung häufig gebrauchten Motto - von den Dörfern eine Erneuerung der Gesellschaft ausgehen könnte. Wenn die hier zusammengetragenen Beispiele und Erkenntnisse der Dorfbevölkerung in der Bundesrepublik zumindest in einigen Bereichen neuen Mut geben, das Schicksal ihres Dorfes und damit ihre eigene Zukunft selbst in die Hand zu nehmen, dann hat diese Arbeit eine wichtige Funktion erfüllt.

Priebs, Axel (1990): Dorfbezogene Politik und Planung in Dänemark unter sich wandelnden gesellschaftlichen Rahmenbedingungen. Kieler Geographische Schriften 75. Kiel.

Dansk resumé

Afhandlingen analyserer landsbypolitik og landsbyplanlægning i Danmark under skiftende samfundsmæssige forhold. Den samfundsmæssige og regionalpolitiske udvikling gennemgås med særlig vægt på landsbyernes vilkår.

Hovedvægten lægges på forhold efter 1970 og på landsbybevægelsens aktioner og resultater, men der findes også et historisk tilbageblik, som skal gøre specielt den tyske læser bekendt med nogle historiske begivenheder i 1900-tallet, som har betydning for forståelsen af, hvad der foregår i og med landsbyerne i nutiden (Den folkelige vækkelse, andelsbevægelsen, Estruptiden m.m.).

Som forudsætning for landsbybevægelsens opståen og gennemslagskraft ses først og fremmest opgøret med vækstfilosofien og centraliseringstendenserne, som beherskede samfundsudviklingen i sammenhæng med Danmarks "2. industrielle revolution", specielt i 60'erne.

Nedgangen i antallet af mejerier, sidebaner og folkeskoler anføres bl.a. som eksempler på afviklingen i landsbyerne. Centraliseringstendensen når, efter forfatterens mening, sit højdepunkt med kommunalreformen i 1970, som fratog landsbyerne alle muligheder for politisk indflydelse på lokalområdets udvikling. Kommunalreformen gav stødet til en del lokale bevægelser og i 1976 til dannelsen af en landsdækkende landsbyorganisation. Det er såvel traditionelle elementer (genopdagelsen af forsamlingshuse, beboer- og sogneforeninger) som nye kræfter (tilflyttere fra byerne) som prægede aktivitetsmønsteret i landsbybevægelsen.

Specielt i kap.5 gives en redegørelse for den mangfoldighed af aktioner og initiativer på landsbyområdet, som blev taget såvel af lokalbefolkning som af det offentlige. Efter henvisning til den landspolitiske reception af landsbyernes problemer (Landsbykommissionen, folketingsdebat i 1980, lovændringer i 80'erne) anføres eksempler, som rækker fra lokalpolitiske organisationsformer og landsbylokalplanlægning over tillægsfunktioner i landsbybutikker og landsbyenergi til de nye teknologier på landet (telehuse).

I den afsluttende vurdering fremhæver forfatteren den store indsats, folk i lokalsamfundene har gjort for at styrke landsbyerne, men der peges også på de alvorlige problemer, som landsbyerne står overfor i slutningen af 80'erne. Der er således ikke tale om en sikret fremtid for landsbyerne. Landsbybevægelsen har imidlertid affødt vigtige ideer, ordninger og redskaber, som kan bruges til at bevare og videreudvikle landsbyerne som alternativ til de større byer.

Priebs, Axel (1990): Dorfbezogene Politik und Planung in Dänemark unter sich wandelnden gesellschaftlichen Rahmenbedingungen. Kieler Geographische Schriften 75. Kiel.

English summary

The objective of the present study was to assess the spatial development and the history of planning during the past decades in Denmark from the specific perspective of the villages and their inhabitants. For the reader who is not acquainted with the situation in Denmark, it begins with a historical review of important events in Danish history, which the author considers relevant to an understanding of the present conditions. The focus, however, lies on the period after 1970 with the activities of the grass-roots movements that originated in the villages and the nation-wide village movement developing out of them.

The faith in economic growth and the trend toward centralization and spatial concentration of the 1960's ("Denmark's second industrial revolution") are seen as having provided a crucial impetus to the development and success of the village movement. The developments in agriculture, in dairying and in the school system are presented as examples for how the villages have lost functions. The reform of local government, completed in 1970, which divested the villages of almost all political influence on local development, is seen as the height of centralization. The activities of the village inhabitants must be viewed as a protest against this. The activity patterns of the population display both traditional elements (local assembly halls, citizens' organizations) and the influence of newer forces (urban forms of action "imported" by new residents).

The evolving receptivity of government policy makers to issues related to village policy (appointment of a village commission, parliamentary debate in 1980, changes in the legislation in the 1980's) is traced. This is followed by a survey of the variety of actions and initiatives in the villages. The protagonists are the village inhabitants, communities and state institutions (especially the National Planning Agency). Examples of actual village policies and village planning range from local councils and "planning from below" to additional functions for village stores and new village energy concepts to the application of new technology in the countryside (tele-cottages).

In summary, the study stresses the great energy the people have invested in the survival of the villages, but it also shows the problems which the villages are confronted with at the end of the 80's. We cannot claim that the future of the villages is assured, but we do have access today to important concepts and experiences that should be used to preserve and develop the villages as a conscious alternative to urban life-styles.

Literaturverzeichnis

AAGESEN, A. (1949): Geografiske studier over jernbanerne i Danmark. (Kulturgeografiske skrifter 5) København.

AAKJÆR, S. (1933): Bosættelse og bebyggelsesformer i Danmarks ældre tid. In: Bidrag til Bondesamfundets Historie. Oslo.

ABILD, C. (1978): En trediedel til landsbyerne. In: THOMSEN, B. B. (red.): Landsbybogen. o. J. S. 53-55. (auch erschienen in: Byplan 30, S. 159-160)

ABILD, C. & N. C. LILLEØR (1978): Håndværk i landsbyer. O.O.

ALLMER, F. & R. ALLMER (1982): Neues Dorfgefühl bei Dänen. In: Westermanns Monatshefte, Heft 9/1982, S. 49-53.

ALSTED, H., L. CHRISTENSEN & N.-E. AAES (1977): Regionplanlægning i Sønderjyllands Amtskommune. In: Geografisk Orientering 7, S. 78-81.

ANDERSEN, B. R., P. MIKKELSEN & J. E. STEENSTRUP (1980): Kommunerne, det offentlige og samfundsudviklingen. København.

ANDERSEN, G. B. (1986): Landdistriktet - udvikling eller afvikling ? (Planstyrelsen/Miljøministeriet: Rapport Nr.3) København.

ANDERSEN, G. B. (1987): Landdistriktets lokalsamfund som selvfungerende enheder. In: NIELSEN, R. G. (Red.): Genbrug og genbefolkning af landsbyerne. København, S. 5-7.

ANDERSEN, H. H. (1977): Landsbyernes udvikling - placering og indre struktur. (hovedopgave i landinspektørstudiets 10.semester) o.O.

ANDERSEN, H. W. (1976): De nordiske velfærdsstater efter 1939. (Hovedlinier i Nordens historie 4) København.

ANDERSEN, I. & E. J. MØLLER (1981): Lokalplanlægning i landsbyer. København.

ANDERSEN, P. A. & I. R. PETERSEN (1979): Medborgerindflydelse via lokalråd. In: Byplan 31, S. 62-64.

ANDREASEN, G. (1957): Vestjyllands fremtid. Harboøre.

ARNIM, W. v. (1951): Die Landwirtschaft Dänemarks als Beispiel intensiver Betriebsgestaltung bei starker weltwirtschaftlicher Verflechtung. (Kieler Studien 17) Kiel.

AUKEN, S. (1973): Planlægningens rolle i samfundet om 25 år. In: Byplan 23, S. 184-186.

BÄHR, J. (1983): Bevölkerungsgeographie. Stuttgart.

BALLE-PETERSEN, A. P. (1980): De nye byer. In: Stationsbyen. Rapport fra et seminar om stationsbyens historie 1840-1940. Århus, S. 26-52.

BANG-SØRENSEN, K. (1986): Køb mel, lån bøger, send pakker og hæv penge på din konto. In: Andelsbladet, Heft 26, S. 531-534.

BARTELS, D. (1980): Wirtschafts- und Sozialgeographie. In: Albers, W. et al.: Handwörterbuch der Wirtschaftswissenschaft, 23. Lieferung. Stuttgart usw.

BENTZON, K.-H. (1985): Er kommunalpolitik landspolitik? In: Tidens Stemme/Tema (Valg og vælgere efter 1973), S. 6-9.

BIDSTRUP, K. (1971): Ebenezers disciple. Fra dansk byplanlægnings pionertid. København.

BIDSTRUP, K. (1977): Danmark - dit og mit. (Dansk Byplanlaboratoriets Skriftserie 15) København.

BIDSTRUP, K. & E. KAUFMANN (1963): Danmark under forvandling. (Danmarks Radios Grundbøger) København.

BIILMANN, M. (1974): Er ny ideer på vej? In: Byplan 26, S. 50-54.

BISGAARD, Holger et al. (1981): Om planlægning. København.

BJERRE, P. (1974a): Landsbyens fremtid. In: Byplan 26, S. 45-49.

BJERRE, P. (1974b): Landsbypolitik - Samfundspolitik. (Dansk Byplanlaboratoriums skriftserie 8) København.

BJERRE, P. (1977): Landsbypolitik. In: Landsbyen, Heft 10-11/1977, S. 11-13.

BJERRE, P. (1979): Andelssamfundet. København.

BJERRING, B., G. HASLEBO & S. VILLADSEN (1974): Lokalsamfund - udvikling eller afvikling? Esbjerg.

BJØRN, C. (Red.) (1982): Dansk mejeribrug 1882-2000. O.O.

BODENSTEIN, E. (1982a): Skolefrihed in Dänemark - Studien zur Entstehung eines schulpolitischen Prinzips. Tønder.

BODENSTEIN, E. (1982b): Schulfreiheit und Privatschulwesen in Dänemark. In: Grenzfriedenshefte, S. 146-161.

BØGELUND, E. (1988): Bibliotek i bagbutikken. In: Landsbyen Nr. 1/1988, S. 5.

BØGGILD, J. (1972): Centralisering eller landsbyskoler? In: Byplan 24, S. 183-185.

BØNLØKKE, S. (1987): Kommunale nærbutikker. In: Fremtidens kommuner. Frederikshavn.

BOYHUS, E.-M. (1974): Landboreformernes Bondegård. Maribo: Lolland-Falsters Stiftsmuseum.

BRETHVAD, G. (1978): "Thylisten". In: Landsbyen, Heft 12/1978, S. 8-9.

BROBERG, P. & P. RASMUSSEN (1975): Lokalråd og lokalbyer. In: Byplan 27, S. 125-128.

BRØCHER, K. & J. ENGELHARDT (1974): En reform realiseres (1962-1974). In: KOCH-OLSEN, I. (Red.): Lærerne og folkeskolen gennem 100 år. København, S. 326-391.

BRØGGER, K. et al. (1987): "Den sidste butik i landsbyen". In: Foreningen for studier i andelsbevægelse og kooperation (Hrsg.): Andelsinitiativer i lokalsamfund (Årsskrift 1987), København, S. 69-84.

BRYLD, C.-J. & H. HAUE (1982): Det agrare Danmark 1680-1980'ere. (Historiske kildehæfter) Herning.

BUCH, M. (1979): Energi. In: WEBER, B. (Red.): Landsbyer - mennesker og planlægning. (Dansk Byplanlaboratoriets Skriftserie 19), København, S. 71-77.

BUCH-HANSEN, M. et al. (1979): Om geografi. København.

BUKSTI, J. A. (1982): Dansk mejeribrug 1955-82. In: BJØRN, C. (Red.): Dansk mejeribrug 1882-2000. O.O., S. 309-475.

BYGVRÅ, S. (1983): Venlig selvbetjening - om tendenser i detailhandlen. In: Pluk fra forskning i Sønderjylland, Heft 1/1983, S. 14-20.

CHRISTENSEN, E. (1981): Studenteroprøret/studenterbevægelsen og arbejderbevægelsen. In: KNUDSEN, J. (Red.): Hvad kom der ud af oprørene? København, S. 13-21.

CHRISTENSEN, K. B. & I. Ø. MADSEN (1977): Om småbyproblemer i Danmark. In: Byplan 29, S. 131-136.

CHRISTENSEN, L. & P. HØYEN (1986): Bedre butikforsyning. In: Byplan 38, S. 44-45.

CHRISTIANSEN, B. (Red.) (1987): Rapport fra landsbykonferencen i Ringsted 1987. Ringsted.

CHRISTIANSEN, P. O. (1980): Fire landsbyer. En etnologisk rapport om nutidige livsformer. O.O.

CHRISTIANSEN, P. O. (3. Aufl. 1982): En livsform på tvangsauktion? o.O.

CHRISTOFFERSEN, H. (1978): Det offentlige og samfundsudviklingen. Træk af udviklingen efter 1945. København.

CHRISTOFFERSEN, M. & H. TOPSØE-JENSEN (1980): Fysisk planlægning og samfundsmæssige reproduktionsproblemer. København.

CLAUSEN, K. & J. P. DRAGSBO (1980): Den vestjyske stationsby. In: Stationsbyen. Rapport fra et seminar om stationsbyens historie 1840-1940. Århus, S. 138-147.

CORNETT, A. P. (1987): Landkommuner i de jyske udkantsamter - fx Tinglev. (Institut for grænseregionsforskning: Arbejdspapir 40) Åbenrå.

CORNETT, A. P. (1988a): Wirtschaft, Politik und regionale Wirtschaftspolitik. In: Aktuelle Tendenzen der Regionalentwicklung in Nordschleswig (Sønderjyllands amtskommune), In: Flensburger Arbeitspapiere zur Landeskunde und Raumordnung, Heft 14, S. 1-23.

CORNETT, A. P. (1988b): Regional erhvervspolitik i klemme. In: Samfundsøkonomien, Heft 8/1988, S. 39-45.

CORNETT, A. P. (1988c): Dezentrale Regionalpolitik in Dänemark. (Unveröff. Manuskript zu einem Vortrag vor dem Arbeitskreis für neue Methoden in der Regionalforschung am 14.10.1988).

CORNETT, A. P. & M. RATZER (1986): Landkommuner i de jyske udkantsamter. En oversigt. (Institut for grænseregionsforskning: Arbejdspapir 36) Åbenrå.

DALGAS, V. (1986): Landsbyen. Den bevarende lokalplan - hvordan? In: Bygning. By og Land, Nr.3/1986, S. 12-15.

DAMSHOLT, K. et al. (1988): Bondens land. København.

DAN, A. (1975): DSB plan 1990. Sektorplanlægning og virksomhedsplanlægning i DSB. In: Byplan 27, S. 147-150.

DANESKIOLD-SAMSØE, A. O. (1979): Skolen og landsbyen. København.

DANIELZYK, R. & C.-C. WIEGANDT (1985): Lingen im Emsland - Dynamisches Entwicklungszentrum oder "Provinz"? (Münstersche Geographische Arbeiten 22) Paderborn.

DANØ, I., J. GRANUM & V. ROHDE (1982): Landbruget. Udvikling og krise 1945-1982, o.O.

DANSTRUP, N. (1984): Dagligvarehandelen og den fysiske planlægning. (Geografisk Institut: Notat 44) Århus.

DANSTRUP, N. et al. (1981): Lavprisvarehuses effekter. (Geografisk Institut: Notat 27) Århus.

DEGN, C. (1962): Arrondieren oder kollektivieren? Wandlungen der Agrarstruktur. Kiel.

DREJER, A. A. (1949): Dansk Andelsbevægelse i Ord og Billeder. København.

DYBDAHL, V. (1982): Det nye samfund på vej 1871-1913. (Dansk socialhistorie 5) København.

EHLERS, S. (1983): En lokal grundtvigsk bevægelse. O.O. 2. Aufl.

ENGELSTOFT, S. (1977): Centerstrukturen i Vestsjællands Amtskommune. In: Geografisk Orientering 7, S. 102-104.

ENGELSTOFT, S. & V. H. OLSEN (1980): Danmarks inddeling - administrativt og statistisk. Als Manuskript vervielfältigt.

FENGER, V. H. & P. MELDGAARD (4. Aufl. 1963): Landbrugets historie. Odense.

FINK, T. (1963): Überblick über die dänische Geschichte von 1788 bis 1953. In: BUCHREITZ, G. et al.: Dänemark - Unser Nachbar im Norden. Flensburg, S. 41-61.

FISKER, J. (1986): Om at nære sig. In: Byplan 38, S. 3-4.

FOG, B. (1987): De små butikkers overlevelsesmuligheder i lokalsamfundet. In: Foreningen for studier i andelsbevægelse og kooperation (Hrsg.): Andelsinitiativer i lokalsamfundet (Årsskrift 1987). København, S. 39-49.

FOG, B. & J. VESTERHOLT (1986): Handel med dagligvarer - og kommunal planlægning. København.

FONSMARK, H. & A. LASSEN (red.) (1966): Planlægning af Danmark. København.

FRAMKE, W. (1981): Geographie und Planung in Dänemark. In: Geographische Zeitschrift 69, S. 128-140.

FRANDSEN, K.-E. (1988): Eng føder ager. Dyrkningsformer i Danmarks landbrug før og efter udskiftningen. In: Nationalmuseet: På herrens mark. København, S. 14-23.

FRUELUND, E. (1982): Detailhandelen - stadig et stedbarn i planlægningen. In: Byplan 34, S. 99-103.

FRUELUND, E. (1983a): Erfaring med planlægning af dagligvareforsyning. In: Byplan 35, S. 50-55.

FRUELUND, E. (1983b): Detailhandelsudviklingens konsekvenser for kommuneplanlægningen i en mindre kommune. In: ILLERIS, S. (Red.): Kommunerne og detailhandelen. København.

GAARDBOE, K. (1979): Vi har ikke råd til at nedlægge flere små skoler. In: L.A.L. (Hrsg.): Herfra hvor vi bor. O.O.

GAARDMAND, A. (1975): Planlægning under nye vilkår. København.

GAARDMAND, A. (1980): Plan og politik. København.

GAARDMAND, A. (1985): Plan og frihed. (Dansk Byplanlaboratoriets Skriftserie 33) København.

GAARDMAND, A. (1987a): Et samfund af lokalsamfund. In: Foreningen for studier i andelsbevægelse og kooperation (Hrsg.): Andelsinitiativer i lokalsamfundet (Årsskrift 1987) København, S. 3-18

GAARDMAND, A. (1987b): Specifikke dansk udviklede teorier og løsninger i periodens byplanlægning. In: 40'ernes og 50'ernes byplanhistorie. (Dansk Byplanlaboratorium: Byplanhistoriske noter 12) København, S. 47-58.

GAARDMAND, A. (1987c): Jobbet til manden eller manden til jobbet? Om dansk regionalpolitik fra 1945 til 1985. (Planstyrelsen/Miljøministeriet: Særtryk Nr.1/1988). København.

GAMMELGÅRD, G. (1981): Det kommunale selvstyre i Danmark og Slesvig-Holsten. Åbenrå.

GJELSTRUP, G. (1987): Evaluering af forsøg med lokaludvalg. In: AKF-Nyt, Heft 5/1987, S. 39-42.

GJELSTRUP, G. (1988): Lokaludvalg - en vej til omstilling. In: AKF-Nyt Heft 2/1988, S. 31-38.

GLÄSSER, E. (1980): Dänemark. Stuttgart.

GLAHN, O. (1978a): En slags status. In: Landsbyen, Heft 4/1978, S. 5-9.

GLAHN, O. (1978b): Nærbutik eller nødbutik. In: THOMSEN, B. B. (Red.): Landsbybogen. o. O. S. 32-35.

GLAHN, O. (1981): Mere om landsbykommissionen. In: Byplan 33, S. 183.

GLAHN, O. (1983): Detailhandelsudviklingens konsekvenser for sociale netværk og kulturelle livsformer. In: ILLERIS, S. (Red.): Kommunerne og detailhandelen. København, S. 22-30.

GODT, M. (1986): Dagligvarehandelens udvikling. In: Byplan 38, S. 38-40.

GROES, N. (1982): En fast forbindelse - oplæg til debat om konsekvenser af en fast Storebæltsforbindelse - på landsplan og regionalt. Åbenrå.

GROHNHEIT, P. E. (Red.) (1980): Regionplan - hvad nu? (Dansk Byplanlaboratoriets Skriftserie 21) København.

GUNDELACH, P. (1980): Græsrødder er seje! Århus.

GUNDELACH, P. (1986): Græsrodsbevægelser og aktioner. In: MIKKELSEN, F. (Red.): Protest og oprør. Kollektive aktioner i Danmark 1700-1985. Århus, S. 233-249.

HAAG, N., B. HANSEN & B. POULSEN (1987): Den kommunale nærbutik i Løjt Kirkeby. In: AKF-Nyt, Heft 4/1987, S. 15-23.

HAMMERICH, P. (1980): Opgang og nedtur. En danmarkskrønike 1945-72, 3.Bd. København.

HANNIBAL, E. (1985): Das Projekt "Energieversorgung in Landgemeinden". In: Biomassenutzung im Rahmen von Energieversorgungskonzepten für den ländlichen Raum (Bundesforschungsanstalt für Landeskunde und Raumordnung: Seminare-Symposien-Arbeitspapiere 20). Bonn, S. 225-253.

HANSEN, C. B. (1985a): Sognelisten. Et sognepolitisk program til kommunalvalget. Lemvig.

HANSEN, C. B. (1985b): Lokalsamfundsforskning. Et forskningsprogram for det decentrale samfund. Lemvig.

HANSEN, E., N. R. SØRENSEN & E. FRUELUND (1985): Centerstrukturen og landsbyerne i Ringe kommune. In: Byplan 37, S. 69-71.

HANSEN, E. (1987): Skole, forsamlingshus og dagligvarebutik afgørende for landsbyen. In: NIELSEN, R. G. (Red.): Genbrug og genbefolkning af landsbyerne. København. S. 11-12.

HANSEN, H. J. (1987): Telehusene i Lemvig kommune. 1. del-rapport. Odense.

HANSEN, H. (1981): Landsbyerne i Danmark. Hovedtræk af udviklingen i årene 1945 til 1981, som jeg ser den. In: HANSEN, H., A. F. RASMUSSEN & C. ABILD (Hrsg.): Slaget om landsbyen. København, S. 9-26.

HANSEN, H., A. F. RASMUSSEN & C. ABILD (1981): Slaget om landsbyen. København.

HANSEN, J. M. & N. HELBERG (1979): Statsplanlægning og decentralisering. En analyse af regionplanlægningen i Danmark. Roskilde.

HANSEN, S. A. & I. HENRIKSEN (1984): Sociale brydninger 1914-1939 (Dansk socialhistorie 6) København.

HANSEN, S. A. & I. HENRIKSEN (1984): Velfærdsstaten 1940-83. (Dansk socialhistorie 7) København.

HANSEN, V. (1949): Træk af Vendsyssels ældre bebyggelsesgeografi. In: Geografisk Tidsskrift 49, S. 99-124.

HANSEN, V. (1959): Vore landsbyers alder og struktur. In: Geografisk tidskrift 58, S. 66-102.

HANSEN, V. (1964): Landskab og bebyggelse i Vendsyssel. (Kulturgeografiske Skrifter 7) København.

HANSEN, V. (1965): Danmarks kulturgeografi. København.

HANSEN, V. (1970): Bebyggelsens historie. In: Danmarks Natur, Bd.9 (Det bebyggede land). København, S. 9-138

HANSEN, V. (1971): Den rurale bys rolle i urbaniseringsprocessen. In: Ymer (Årsbok 1971), S. 21-33.

HANSEN, V. (1972): Fra hedesamfund til industriby. In: Bygd, Heft 3/1972, S. 5-21.

HANSEN, V. (1981): Landskabsændringer i årtierne efter udskiftningen. In: Landinspektøren 90, S. 525-540.

HARDER, E. (1972): Dänische Kommunalverwaltung. Kopenhagen.

HARTMANN, N. (1983): Landsbyen forandrer sig. København.

HARTOFT-NIELSEN, P. (1978): Krisen og industri i mindre nordjyske byer. In: Byplan 30, S. 123-127.

HARTOFT-NIELSEN, P. (1979): Industri. In: WEBER, B. (Red.): Landsbyer - mennesker og planlægning. (Dansk Byplanlaboratoriets Skriftserie 19) København, S. 23-29.

HARTOFT-NIELSEN, P. (1980): Den regionale erhvervsstruktur - og beskæftigelsesudvikling. (Lavindkomstkommissionens Sekretariat: Arbejdsnotat 8) København.

HARTOFT-NIELSEN, P. (1981): Industriens regionale udvikling i Danmark i 1970'erne. In: Nordisk Forum Nr. 29, S. 22-48.

HASTRUP, F. (1964): Danske landsbytyper. (Skrifter fra Geografisk Institut ved Århus Universitet 14) Århus.

HAUE, H. (1986): Stationsbyen. København.

HAUE, H., J. OLSEN & J. AARUP-CHRISTENSEN (1985): Det ny Danmark 1890-1985. København.

HEINZE, T. (1987): Qualitative Sozialforschung. Opladen.

HEJGAARD, F. (1987): Forbundne småøer. In: Foreningen for studier i andelsbevægelse og kooperation (Hrsg.): Andelsinitiativer i lokalsamfundet (Årsskrift 1987). København, S. 109-120)

HEYLESEN, S. & B. WEBER (1983): Hybridnet - Planlægning med begrænsninger. In: Byplan 35, S. 197-200.

HJALAGER, A.-M. (1986): Lokale Industriepolitik für kleine Unternehmen: Das Beispiel der Textilindustrie in Herning-Ikast/Dänemark. In: Raumforschung und Raumordnung 44, S. 88-92.

HØJRUP, T. (1983): Det glemte folk. Livsformer og centraldirigering. Hørsholm.

HOFFMEYER, J. (1981): Den historiske baggrund for udskiftningsreformen i 1781. In: Landinspektøren 90, S. 496-507.

HOLST, K. (1977): Landsbyerne - en gave. In: Landsbyen, Heft 4/1977, S. 10-12.

HOUE, P. & H. L. ANDERSEN (1979): Landsbyudvikling - på lokale betingelser. (Arkitektskolen i Århus, afgangsopgave) Århus.

HOVMAND, S. E. (1973): Det nære samfund. En debatbog om kommunalpolitik. Holte.

HOVMAND, S. E. (1976): Det nære samfund - nationalt, regionalt og lokalt. In: Byplan 28, S. 106-109.

HOVMAND, S. E. (1980): Kan zonelovsændring redde de landsbyer som er ved at forbløde? In: Byplan 32, S. 147-148.

HUMLUM, J. (1961): Landsplanlægning i Danmark. København.

HUMLUM, J. (1966): Landsplanlægnings problemer. Skitse til en landsplanlægning i Danmark. København.

HYLLESTED, O. S. (1978): Det fremtidige bymønster - et debatoplæg fra planstyrelsen. In: Byplan 30, S. 158.

ILLERIS, S. (1965): Befolkningsudviklingen i landdistrikterne i Vestjylland og Sydsjælland 1860-1960. In: Geografisk Tidsskrift 64, S. 18-35.

ILLERIS, S. (1972): Befolkningsudviklingen i landdistrikterne. In: Byplan 24, S. 186-190.

ILLERIS, S. (1977): Koncentration eller spredning. In: Geografisk Orientering 7, S. 90-94.

ILLERIS, S. (1978): Urbanization in Denmark. In: Geographia Polonica 39, S. 49-64.

ILLERIS, S. (1979a): Planung des Städtesystems in Dänemark unter Benutzung von Alternativkonzeptionen. In: Deutscher Verband für Angewandte Geographie (Hrsg.): Materialien zur Angewandten Geographie 2. Bochum, S. 37-44.

ILLERIS, S. (1979b): Befolkning. In: WEBER, B. (red.): Landsbyer - mennesker og planlægning. (Dansk Byplanlaboratoriets Skriftserie 19) København, S. 13-21.

ILLERIS, S. (1980): Nyt materiale i landsbydebatten. In: Byplan 32, S. 22-25.

ILLERIS, S. (1981a): Kan vi redde nogle af landsbybutikkerne? In: Byplan 33, S. 124-130.

ILLERIS, S. (1981b): Dänische Erfahrungen mit Bürgerbeteiligung in der Regionalplanung. In: Informationen zur Raumentwicklung, S. 63-68.

ILLERIS, S. (1983a): Bymønstrets planlægning 1959-79. In: Byplan 35, S. 82-87.

ILLERIS, S. (1983b): Public participation in Denmark. In: Town Planning Review 54, S. 425-436.

ILLERIS, S. (Red.) (1983c): Kommunerne og detailhandelen. København.

INGEMANN, J. H. (1978): Kommunevalget 1978. In: Landsbyen, Heft 2/1978, S. 4-5.

INGEMANN, J. H. & B. B. THOMSEN (1978): Landsbyen i historisk perspektiv. In: THOMSEN, B. B. (Red.): Landsbybogen. O.O., S. 7-22.

INGEMANN SØRENSEN, J. H. (1977): Manglende fremsyn i DSB Plan 90. In: Landsbyen, Heft 7/1977, S. 13-15.

JANSEN, C. R. (1980): Stationsbyen - Definition. In: Stationsbyen. Rapport fra et seminar om stationsbyens historie 1840-1940. Århus, S. 53-65.

JANSEN, C. R. (1985): Det vilde vesten - i Danmark. In: Forskningen & Samfundet, Heft 5/1985, S. 12-16.

JENSEN, H. (1927): Statshusmandsloven af 1899. In: Den Danske Historiske Forening (Hrsg.): Festskrift til Kristian Erslev. København, S. 631-654.

JENSEN, K. M. & A. REENBERG (2. Aufl. 1981): Dansk landbrug. Udvikling i produktion og kulturlandskab. Brenderup.

JENSEN, N. (1975): Sønderjyske jernbaner. København.

JENSEN, N. (1976): Fynske jernbaner. København.

JENSEN, N. (1979): Midtjyske jernbaner. København.

JENSEN, O. M. (1985): Lokalsamfund. Selvforvaltning og fysisk planlægning. (SBI-Byplanlægning 52) Hørsholm.

JENSEN, O. M. (1986): Lokale fælleskaber - opløsning eller konsolidering. In: Globalitet og lokalitet (Geografisk Institut: Skrift 43). Århus, S. 97-102.

JENSEN, O. M. (1987): Traditionelle kontra visionære lokalsamfund. In: Foreningen for studier i andelsbevægelse og kooperation (Hrsg.): Andelsinitiativer i lokalsamfund (Årsskrift 1987). København, S. 19-28.

JENSEN, P. F. (1981): Jordfælleskabets ophævelse. In: Landinspektøren 90, S. 478-495.

JENSEN, R. H. (1967): Spredes industrien i Danmark? In: Geografisk Tidsskrift 66, S. 52-60.

JENSEN, R. H. (1971): Changes in the Geographical Distribution of Danish Industry. In: Geografisk Tidsskrift 70, S. 41-58.

JENSEN, S. A. (1970): Otterup, dispositionsplan for en storkommune. In: Byplan 22, S. 66-71.

JØRGENSEN, H. (1985): Lokaladministration i Danmark. (Administrationshistoriske studier 11) København.

JUHLER HANSEN, H. J. (1987): Andelsenergi. In: Foreningen for studier i andelsbevægelse og kooperation (Hrsg.): Andelsinitiativer i lokalsamfund (Årsskrift 1987). København, S. 85-96.

JUUL, I. (1987): Frikommuneforsøg med lokaludvalg. In: AKF-Nyt, Heft 5/1987, S. 23-27.

KAATMANN, C. (1985): Stationsbyer i Sønderjylland - Toftlund og Hjordkjær. Åbenrå.

KAMPP, A. H. (1956): Die dänischen Agrarreformen im 20.Jahrhundert. In: Geographische Rundschau 8, S. 441-442.

KAMPP, A. H. (1964): Die Aufteilung der dänischen Majorate. In: Geographische Rundschau 16, S. 477-485.

KAMPP, A. H. & A. AAGESEN (1965): Det danske Kulturlandskab. København.

KAUFMANN, E. (1966): 27 slags planer. Oversigt og kritisk analyse af den offentlige fysisk planlægning i Danmark. (SBI-Byplanlgning 4) København.

KAUFMANN, E. & S. OTT (Red.) (1968): Mennesker og planlægning. København.

KAUFMANN RASMUSSEN, E. (1959): En landsplan-hypotese. In: Byplan 11, S. 124-128.

KELLER, P. (1986): Halmvarmeværker. In: Pedersen, S., H. Have & S.Fodgaard (Red.): Alternativ energiforsyning. Frederiksberg, S. 24-28.

KERNDAL-HANSEN, O. (1979): Dagligvareforsyning. In: WEBER, B. (Red.): Landsbyer - mennesker og planlægning. (Dansk Byplanlaboratoriets Skriftserie 19) København, S. 31-38.

KIIB, M. (1981): Generobring af kommunen. In: Blød by, Heft 14, S. 23-25.

KIIB, H. (1984): Cirkus i byen. Århus.

KIIB, H. & G. MARLING (1981): Beboerbevægelser på landet. In: Nordisk Forum Nr. 29, S. 95-106.

KNUDSEN, J. G. (1986): Landsbylisten i Tinglev kommune. In: Landsforeningen af Landsbysamfund: Medlemsblad 34, S. 9-10.

KNUDSEN, J. (1981): Den danske kulturrevolution. In: KNUDSEN, J. (Red.): Hvad kom der ud af oprørene? København, S. 3-12.

KNUDSEN, P. H. (1977): Die Landwirtschaft in Dänemark. København.

KOCH-OLSEN, I. (Red.) (1974): Lærerne og folkeskolen gennem 100 år. København.

KOED, I. (1979): Skoler. In: WEBER, B. (Red.): Landsbyer - mennesker og planlægning. (Dansk Byplanlaboratoricts Skriftserie 19) København, S. 41-49.

KRAWINKEL, H. (1988): Dänische Energiepolitik - Dezentralisierung ohne Rekommunalisierung? In: Städte- und Gemeindebund 43, S. 96-109.

KRUSE, N. (1977): Alternative skitser for Vestsjællands Amtskommune. In: Geografisk Orientering 7, S. 82-85.

KRUSE, N. (1981): Regionplaner som demokratisk dialog. In: Forskningen & Samfundct, Heft 1/1981, S. 3-7.

KVISTGAARD, M. (1986): Bioteknologien og landbrugets fremtid. (als Manuskript vervielfältigt).

KYHNAUV, E. (1987): Hjortespring Lokaludvalg. In: AKF-Nyt, Heft 5/1987, S. 29-33.

LARSEN, A. & J. S. NIELSEN (1982): Kan økonomi og pædagogik forenes i små skoler? In: Uddannelse, S. 560-573.

LARSEN, A., O. RIEPER & R. BLAIS (1988): Brug af informationsteknologi. Telehuse i norden og videotex i Frankrig. København.

LARSEN, J., O. B. RASMUSSEN & S. VILLADSEN (1976): Bliver Danmark skævere? o.O.

LARSEN, J. B. (1987): Øboere laver egen lokalplan. In: Landsbyen, Nr. 1/1987, S. 5.

LARSEN, S. H. (6. Aufl. 1986): Dansk litteraturhistorie. København.

LAUNSØ, L. & G. V. MOGENSEN (1973): Danske lokalsamfundsstudier. (Socialforskningsinstituttets studie 29) København.

LAURIDSEN, H. R. (1986): Folk i bevægelse. Folkelig vækkelse, politik og andelsfælleskab i Nordvestjylland. Struer.

LAURITSEN, T. (1971): Danmarks jernbaner 1960-69. Malmö.

LINDEMANN, R. (1986): Norwegen. Stuttgart.

LINDGAARD, G. (1979a): Landsbyerne i Regionplanernes kvælende favntag (1). In: Landsbyen, Heft 7/1979, S. 4-9.

LINDGAARD, G. (1979b): Landsbyerne i Regionplanernes kvælende favntag (2). In: Landsbyen, Heft 8/1979, S. 18-23.

LINDGAARD, G. (1979c): Landsbyerne i regionplanernes kvælende favntag (3). In: Landsbyen, Heft 9/1979, S. 9-11.

LINDGAARD, G. (1979d): Ønsker til zoneloven og dens administration i 80'erne. In: Byplan 31, S. 198-202.

LINDGREN, M. (1987): Dagligdag i Danmark 1945 - 1985. Band 5: Hip, hippie hurra 1965 - 1970. København.

MADSEN, H. (1981): Om landsbykommissionen. In: Byplan 33, S. 182.

MADSEN, J. D. & l. J. MØLLER (1979): Lokalplanlægning i landzone-landsbyer. In: Byplan 31, S. 178-185.

MADSEN, P. A. T. et al. (1983): Levevilkår i 3 landsbyer: Klim, Bejstrup og Thorupstrand. Objektive forhold, Bd.2. (Geografisk Institut: Notat 40) Århus.

MALCHUS, V. F. v. (1979): Zur Versorgung der Bevölkerung in dünnbesiedelten Gebieten - Erfahrungen und Erkenntnisse aus dem skandinavischen Raum. In: Akademie für Raumforschung und Landesplanung (Hrsg.): Strukturgefährdete ländliche Räume. (Forschungs- und Sitzungsberichte 128) Hannover, S. 47-71.

MANKOV, C. (1987): Dyrholm/Køllegård Lokaludvalg. In: AKF-Nyt, Heft 5/1987, S. 35-37.

MASKELL, P. (1984): Storbykrise og vækstområder. Den industrigeografiske udvikling i Danmark 1972-82. (Institut for grænseregionsforskning: Arbejdspapir 28) Åbenrå.

MATTHIESSEN, C. W. (1985): Danske byers vækst. (Atlas over Danmark, Serie II, Bd.3) København.

MEISSNER, R. (1988): Informationstechnologische Lokalzentren als Instrument der Regionalpolitik. In: Raumforschung und Raumordnung 46, S. 54-62.

MEYER, N. I., K. H. PETERSEN & V. SØRENSEN (1978): Oprør fra midten. København.

MICHEL, J. (1985): Landsbyer og Informationsteknologi. In: Landsforeningen af Landsbysamfund: Medlemsbrev 29, S. 5-14.

230

MICHEL, J. (1987a): Det elektroniske forsamlingshus. In: Naturkampen, Heft 44/1987, S. 6-8.

MICHEL, J. (1987b): Ny teknologi og lokalsamfundsudvikling - Fra idé til virkelighed, og hvad så? In: Rapport fra Nordvestfyns teknologikonference. O.O.

MICHEL, J. (1989): Fornyelsen kommer fra landsbyerne! (als Manuskript verfielfältigt)

MØLLER, E. J. (1977): Andebølle - historien om en landsby. (Dansk Byplanlaboratoriets Skriftserie 17) København.

MØLLER, J. (1978): LAL og borgerlisterne. In: Landsbyen, Heft 2/1978, S. 6-7.

MØLLER, J. (1978): Solbjerg - en skolesag. In: THOMSEN, B. B. (Red.): Landsbybogen. O.O., S. 71-78.

MØLLER, J. (1977): Decentralisering er næsten ikke dyrere. In: Byplan 29, S. 164-168.

MØLLER, J. (1977): Decentralisering i et samfundsøkonomisk lys. København.

MØLLGAARD, J. (1974): Landdistrikterne og planlægning. (SBI-Byplanlægning 24) København.

MOGENSEN, G. V., H. MØRKEBERG & J. SUNDBO (1979): Småbyer i landdistrikter. (Socialforskningsinstituttet: publikation 86) København.

MOURITSEN, P.E. et al. (1978): Borgerdeltagelse og græsrodsbevægelse - nogle nyere tendenser i Dansk politik. O.O.

MÜNSTER, E., F. TOBIESEN & P. A. SØRENSEN (1984): Håndbog i lokal energiplanlægning. København.

MÜNSTER, E. (1984): Landsbyenergi - lokal produktion. København.

Nationalmuseet (Hrsg.) (1988): På herrens mark. Stavnsbundet eller fri. København.

NIELSEN, A. (1933): Dänische Wirtschaftsgeschichte. In: Handbuch der Wirtschaftsgeschichte, Bd. 6. Jena

NIELSEN, H. F. (1987): Lokaludvalg er ingen miniature af kommunalbestyrelsen. In: Danske kommuner, Heft 22/1987, S. 6-7.

NIELSEN, H. (1986): Lavprisvarehuse og de små nærbutikker. In: Danmarks amtsråd, Heft Heft 5/6/1986, S. 30.

NIELSEN, O. H. (1981): Landsbyen de sidste 200 år. København.

NIELSEN, R. G. (1987): Lad landsbyen leve - og lad hele samfundet medvirke. In: NIEL-SEN, R. G. (Red.): Genbrug og genbefolkning af landsbyerne. København, S. 29-31.

NIELSEN, R. G. (1987): Landsbymiljø i 200 år. (Bd. 1: Bebyggelse og befolkning) Odense.

NIELSEN, R. G. (Red.) (1987): Genbrug og genbefolkning af landsbyerne. København.

NØHR, F. et al. (1972): Service i tyndt befolkede områder. In: Byplan 24, S. 171-176.

NØRGAARD, E. (1985): Ændringer i skolens fysiske rammer. In: KRUCHOW, C., K. LARSEN & G. PERSSON: Den danske skoles historie, Bd.4. København, S. 63-92.

NØRGÅRD, J. S. & N. I. MEYER (1983): Energi i landkommuner. O.O.

Nordiska institutet för samhällsplanering (Hrsg.) (1977): Decentraliseringsprincippet. Stockholm.

NYBORG, P. (1986): Tillægsfunktioner i landsbybutikker. In: Byplan 38, S. 46-47.

OLESEN, M. W. (1984): Lokalsamfundsstudier og livsformbeskrivelser - nyliberal tendens eller ny kulturforståelse i samfundsplanlægningen? (Geografisk Institut: Notat 48) Århus.

OLSEN, G. & A. STEENSBERG (1945): Landsbyen og det danske samfund. (1. Hefte) København.

OLSEN, H. (1974): Kommunalreform - og hvad så? In: Byplan 26, S. 6-8.

OLSEN, V. H. & S. ENGELSTOFT (1980): Danmarks inddeling - administrativt og statistisk. (als Manuskript vervielfältigt)

OLSEN, V. H. & S. ENGELSTOFT (1982): Probleme der administrativen Gliederung und der Erfassung der Urbanisierung in Dänemark. In: Akademie für Raumforschung und Landesplanung (Hrsg.): Beiträge 58. Hannover, S. 57-80.

OSTENFELD, T. (1977): Overblik over amtskommunernes foreløbige alternativ-"grovskitser". In: Geografisk Orientering 7, S. 86-89.

OUSAGER, S. (1988): Politik på skinner. Odense.

PAULSEN, E. W. (1971): Romantik i røg og damp. Haderslev Amts Jernbaner 1899-1939. København.

PEDERSEN, E. H. (1986): Ländliche Neusiedlung in Dänemark vom Ende des 19.Jahrhunderts bis zur Gegenwart. In: Erdkunde 40, S. 218-226.

PEDERSEN, K. M. (1983): Landsbyer - nostalgi eller levende byer. Århus.

PEDERSEN, K. P. (1971): Hvordan overvindes lokalrådenes krise? In: Byplan 23, S. 62-63.

PETERSEN, K. (1966): Danmarkshistoriens Hvornår skete det. (Politikens Håndbøger 59) København.

PORSMOSE, E. (1987): De fynske landsbyers historie. I dyrknings-fælleskabets tid. Odense.

POST, A. (1983): Hvem har råd til at bevare landsbybutikkerne? In: Byplan 35, S. 56-57.

POST, R. (1984): Bymønster på landet. In: Byplan 36, S. 218-219.

POULSEN, E. (1975): Landsogn. o. O.

PRIEBS, A. (1987): Ländliche Nahversorgung in Dänemark. (Universität-Gesamthochschule-Siegen: HiMoN-Diskussionsbeiträge 91/87) Siegen.

PRIEBS, A. (1988): Initiativen zur Sicherung und Förderung ländlicher Ortschaften in Dänemark, dargestellt am Beispiel von Sønderjyllands amtskommune. In: Flensburger Arbeitspapiere zur Landeskunde und Raumordnung, Heft 14, S. 39-50.

QVORTRUP, L. (1989): De danske telehuse. In: DANITEL-NYT, Heft 1/1989, S. 4-7.

RASBORG, F. (1976): Nutids valg - fremtids vilkår. København.

RASMUSSEN, F. S. & T. JAKOBSEN (1983): Godt nyt for landsbybcboere. Nyere ideer til løsning af typiske landsbyproblemer. Århus.

RASMUSSEN, J. D. (1982): Produktion og afsætning 1914 - c. 1955. In: BJØRN, C. (Red.): Dansk mejeribrug 1882-2000. O.O, S. 220-238.

RASMUSSEN, S. E. (1976): Omkring Christiania. O.O.

RASMUSSEN, V. D. (1981): Nørrejyske jernbanebyer. Udvalgte problemer omkring placeringen og befolkningsudviklingen 1850-1901. Århus.

RATZER, M. (1986): Lokalsamfundet - opløsning eller udvikling? In: Pluk fra forskning i Sønderjylland, Heft 3/1986, S. 7-13.

REISFELT, A. & E. W. SØRENSEN (1976): Nærhedsbutikker - nostalgi eller et moderne begreb. In: Byplan 28, S. 1-4.

RIEPER, O. (1989): Indsatser og brugere i Egvad teknologiforsøg og erhvervsprojekt i Ringkøbing Amt. Midtvejsrapport fra evalueringen af forsøgene. København.

SASS, H.-H. (1985): Mellem land og by. Om landdistrikt og levevilkår. (LOK-studiebøgerne) o.O.

SCHILLING-KALETSCH, I. (1976): Wachstumspole und Wachstumszentren. Untersuchungen zu einer Theorie sektoral und regional polarisierter Entwicklung. Hamburg.

SCHMIED, W. (1987): Ortsverbundenheit - eine Triebkraft für die Entwicklung ländlicher Räume? In: Informationen zur Raumentwicklung, S. 131-139.

SCHWARZ, G. (1959): Allgemeine Siedlungsgeographie. (Lehrbuch der Allgemeinen Geographie, Bd.VI). Berlin.

SEDLACEK, P. (1989): Qualitative Sozialgeographie. Versuch einer Standortbestimmung. In: SEDLACEK, P. (Hrsg.): Programm und Praxis qualitativer Sozialgeographie (Wahrnehmungsgeographische Studien zur Regionalentwicklung 6) Oldenburg, S. 9-19.

SEDLACEK, P. (Hrsg.) (1982): Kultur-/Sozialgeographie. Paderborn usw.

SKIFTER ANDERSEN, H. (1985): Danish Low-rise Housing Co-operatives (bofælleskaber) as an Example of a Local Community Organization. In: Scandinavian Housing and Planning Research 2, S. 49-66.

SKOVMAND, S. (1975): Decentralisering - en trussel mod folkestyret. In: Byplan 27, S. 176-177.

SØHOLT, S. (1982): Offentlig service i landsbyer. København.

SØRENSEN, E. S. (1979): Fra kommuneskole til friskole. Roslev.

SOLVANG, G. (1984): Husmandsliv. O.O.

STEENSBERG, A. (1973): Den danske landsby gennem 6000 år. København.

STEINIGER, W. (1982): Staats- und Kommunalrecht in Dänemark. In: Institut für Regionale Forschung und Information im Deutschen Grenzverein e.V. (Hrsg.): Staats- und Selbstverwaltung in Schleswig-Holstein und Dänemark. Husum, S. 27-101.

STENDELL, M. (1985): Lokallisterne trives bedst i det jyske... In: Danske kommuner, Heft 22/1985, S. 16-17.

STILLING, N. P. (1987): De nye byer. O.O.

SUMCZYNSKI, R. & S. SØHOLT (1977): Servicesituationen i tyndt befolkede områder. In: Byplan 29, S. 194-201.

SUNDBO, J. (1972): Lokalsamfund i defensiven. København.

SVARRE, A. (1988): Fremtiden for landbruget - landkommunernes fremtid. (Planstyrelsen: Tema nr.1). København.

TAUBMANN, W. (1979): Erscheinungsformen und Ursachen sozioökonomischer Disparitäten am Beispiel von Jütland/Dänemark. In: WEBER, P. (Hrsg.): Periphere Räume - Strukturen und Entwicklungen in europäischen Problemgebieten (Münstersche Geographische Arbeiten 4) Paderborn, S. 150-183.

THESTRUP, P. (1986): Nærbutik og næringslovs-omgåelse. En undersøgelse af brugsforeningerne og deres placering i innovationsprocessen i Danmark mellem 1850 og 1919. Odense.

THOMSEN, B. B. (Red.) (1978): Landsbybogen. O.O.

THYGESEN, E. (1978): Græsrødderne gror mens venstrefløjen sover. In: Blød by, Heft 2, S. 45-50.

THYGESEN, E. (1979): Landsbyfolk og landsbybevægelse. København.

TOFT, G. (1986): Ein Blick über die Grenze - Dorferneuerung in Dänemark. In: Zentralstelle für Landeskunde im Schleswig-Holsteinischen Heimatbund (Hrsg.): Unser Dorf. Husum, S. 80-84.

TOFT, G. (1988): Aktivierung ländlicher Räume in Dänemark, Möglichkeiten der regionalen Wirtschaftspolitik. In. Flensburger Arbeitspapiere zur Landeskunde und Raumordnung, Heft 14, S. 25-37.

TOFT, G. (1989): Aktivierung ländlicher Räume in Dänemark - Möglichkeiten der regionalen Wirtschaftspolitik. In: Deutscher Verband für Angewandte Geographie (Hrsg.): Regionale Wirtschaftspolitiken im europäischen Raum (Material zur Angewandten Geographie 14). Bochum, S. 31-41.

TORK, J. A. (1950-52): Fynske Stationsbyer. In: Fynske Årbøger 4, S. 138-188.

ULHØJ, J. P. (1986): Landdistrikten og telematikken. Studier i informationsteknologiens betydning for landbrug og livsform. Århus.

VAHL, M. (1930): Landbebyggelse i Danmark. (Lunds Universitets Geogr. Institutionen, Ser.C, Nr. 62) Lund.

Vestjyllands Udviklingsråd (1982): Vestjyllands udvikling. O.O.

VILLADSEN, S. (1982): Om lokalsamfund. København.

VISME, L. de (1988): Et teleudviklingsforsøg med mindre autoværksteder (INFAA/SAVI· Slutrapport). Åbrenrå

VOLF, B. (1960): Landsplan - hvordan? In: Byplan 12, S. 47-52.

WEBER, B. (Red.) (1979): Landsbyer - mennesker og planlægning. (Dansk Byplanlaboratoriets Skriftserie 19) København.

ZÖLITZ, R. (1983): Die siedlungsstrukturelle Entwicklung der Insel Falster vom Mittelalter bis zum Ende des 17.Jahrhunderts. Quantitative Untersuchungen zur historischen Siedlungsgeographie des ländlichen Raumes. (Dissertation Universität Kiel) Kiel.

Anhang

Übersicht über Dorfprojekte, denen von der Landesplanungsbehörde die Zusage für finanzielle Unterstützung erteilt wurde

(Stand: September 1988)

1. Ökologische Dorfgemeinschaft in Torup, Gemeinde Hundested: 305.000 Kronen für Planungsarbeiten

2. Dorfkonferenz in der Gemeinde Ringsted: 4.500 Kronen für Informationszwecke

3. Von den Bewohnern errichtete Sporthalle in Strandby, Gemeinde Farsø: 50.000 Kronen für eine Fremdenverkehrskampagne

4. Wirtschaftsförderung in Ørslev, Gemeinde Ringsted: 50.000 Kronen für Beratung und Information über Ansiedlungsmöglichkeiten

5. Spielstube in Gl. Svebølle, Gemeinde Bjergsted: 12.000 Kronen für Anschaffungen

6. Bewohnereigener Kaufmannsladen in Kollemorten, Gemeinde Give: 45.000 Kronen für die Schaffung von Ausstellungsmöglichkeiten beim Geschäft

7. Projektsekretariat für Dörfer in der Gemeinde Nørhald: 130.000 Kronen

8. Bewohnereigenes Geschäft in Uhre, Gemeinde Brande: 276.000 Kronen zur Einrichtung einer Lesestube sowie das Ausfahren von Waren für ältere Bürger

9. Ortschaftszentrum in Kirkeby, Gemeinde Egebjerg: 85.000 Kronen zur Einbeziehung der Bürger in die Planung für eine erweiterte Nutzung der Schule

10. "Dyssegårdsparken", Gemeinde Næstved: 48.000 Kronen für Bürgeraktivitäten

11. Knabstrup-Projekt in der Gemeinde Tornved: 99.000 Kronen zur Fortführung der Planungsarbeit in lokalen Bürgergruppen

12. Umweltferien auf der Insel Samsø: dkr. 196.000 für die Entwicklung eines auf die ökologische Landwirtschaft als Urlaubsziel basierenden Fremdenverkehrs

13. "Torvegården" in Nimtofte, Gemeinde Midtdjurs: 165.000 Kronen für ein Aktivitätszentrum für eine größere Zahl von Bürgerprojekten

14. Camping und ökologischer Landbau bei Randbøl, Gemeinde Egtved: dkr. 150.000 für Planungsarbeiten lokaler Bürgergruppen im "Projekt Nordvest"

15. Schule und Sporthalle in Errindlev, Gemeinde Holeby: 150.000 Kronen für Planungsarbeiten zur Nutzung von Schule, Versammlungshaus und Sporthalle als lokales Kulturzentrum, u.a. mit einer Volkshochschule

16. Anbau untraditioneller Früchte bei Bislev, Gemeinde Nibe: 225.000 Kronen für die Entwicklungsarbeit von 17 Landwirten in Zusammenarbeit mit dem Wirtschaftsamt

17. Initiativgruppen für eine abgestimmte Wirtschafts- und Sozialpolitik in der Gemeinde Nørager: 150.000 Kronen für Beratertätigkeit

18. Kundenanalyse für den Kaufmann in Karstoft, Gemeinde Aaskov: 14.000 Kronen

19. Nutzung der Schule in Vind, Gemeinde Trehøje: 80.000 Kronen für eine Bürgergruppe

20. Projekt "Det grønne Lyn" (Der grüne Blitz): 194.000 Kronen für Versuche in den zur Gemeinde Aalborg gehörenden Dörfern mit kombinierter Warenauslieferung und Altmaterialenabnahme zwecks Recycling

21. Wohngemeinschaft Thorshammer, eine Genossenschaftssiedlung in der Gemeinde Skive: 240.000 Kronen für die Entwicklung von Verwaltungsformen, welche die Kompetenz im Sozial- und Gesundheitsbereich von der Gemeinde auf die Genossenschaftssiedlung übertragen könnten

22. Registrierung aufgegebener landwirtschaftlicher Hofgebäude in der Gemeinde Lemvig: 210.000 Kronen für die Bürgervereine

23. Errichtung eines Industriehauses in Skarrild, Gemeinde Aaskov: 227.000 Kronen an die bewohnereigene Gesellschaft

24. Dorf-Lokalplan für Bislev als Lokalzentrum (Gemeinde Nibe): 100.000 Kronen für Beratungstätigkeit bei der Planung

25. Kindertagesstätte im Dorfgemeinschaftshaus Fabjerg, Gemeinde Lemvig: 25.000 Kronen für einen Architekten

26. Dienstleistungsbüro mit Poststelle in Sønderho, Gemeinde Fanø: 199.300 Kronen für die Etablierung von Dienstleistungsangeboten für die örtlichen Vereine, die Wirtschaft und Touristen

27. Zukunftswerkstatt und Analyse der Lebensbedingungen in Verbindung mit der Bürgerbeteiligung an der Kommunalplanung auf der Insel Læsø: 100.000 Kronen für Beratungstätigkeit

Übersichtskarte: Gemeinde- und Amtsgrenzen in Dänemark

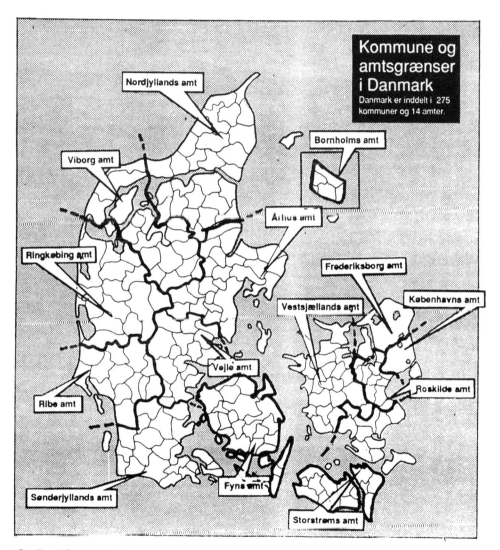

Quelle: POLITIKEN

Band IX

*Heft 1 S c o f i e l d, Edna: Landschaften am Kurischen Haff. 1938.

*Heft 2 F r o m m e, Karl: Die nordgermanische Kolonisation im atlantisch-polaren Raum. Studien zur Frage der nördlichen Siedlungsgrenze in Norwegen und Island. 1938.

*Heft 3 S c h i l l i n g, Elisabeth: Die schwimmenden Gärten von Xochimilco. Ein einzigartiges Beispiel altindianischer Landgewinnung in Mexiko. 1939.

*Heft 4 W e n z e l, Hermann: Landschaftsentwicklung im Spiegel der Flurnamen. Arbeitsergebnisse aus der mittelschleswiger Geest. 1939.

*Heft 5 R i e g e r, Georg: Auswirkungen der Gründerzeit im Landschaftsbild der norderdithmarscher Geest. 1939.

Band X

*Heft 1 W o l f, Albert: Kolonisation der Finnen an der Nordgrenze ihres Lebensraumes. 1939.

*Heft 2 G o o ß, Irmgard: Die Moorkolonien im Eidergebiet. Kulturelle Angleichung eines Ödlandes an die umgebende Geest. 1940.

*Heft 3 M a u, Lotte: Stockholm. Planung und Gestaltung der schwedischen Hauptstadt. 1940.

*Heft 4 R i e s e, Gertrud: Märkte und Stadtentwiklung am nordfriesichen Geestrand. 1940.

Band XI

*Heft 1 W i l h e l m y, Herbert: Die deutschen Siedlungen in Mittelparaguay. 1941.

*Heft 2 K o e p p e n, Dorothea: Der Agro Pontino-Romano. Eine moderne Kulturlandschaft. 1941.

*Heft 3 P r ü g e l, Heinrich: Die Sturmflutschäden an der schleswig-holsteinischen Westküste in ihrer meteorologischen und morphologischen Abhängigkeit. 1942.

*Heft 4 I s e r n h a g e n, Catharina: Totternhoe. Das Flurbild eines angelsächsischen Dorfes in der Grafschaft Bedfordshire in Mittelengland. 1942.

*Heft 5 B u s e, Karla: Stadt und Gemarkung Debrezin. Siedlungsraum von Bürgern, Bauern und Hirten im ungarischen Tiefland. 1942.

Band XII

*B a r t z, Fritz: Fischgründe und Fischereiwirtschaft an der Westküste Nordamerikas. Werdegang, Lebens- und Siedlungsformen eines jungen Wirtschaftsraumes. 1942.

Band XIII

*Heft 1 T o a s p e r n, Paul Adolf: Die Einwirkungen des Nord-Ostsee-Kanals auf die Siedlungen und Gemarkungen seines Zerschneidungsbereichs. 1950.

*Heft 2 V o i g t, Hans: Die Veränderung der Großstadt Kiel durch den Luftkrieg. Eine siedlungs- und wirtschaftsgeographische Untersuchung. 1950. (Gleichzeitig erschienen in der Schriftenreihe der Stadt Kiel, herausgegeben von der Stadtverwaltung.)

*Heft 3 M a r q u a r d t, Günther: Die Schleswig-Holsteinische Knicklandschaft. 1950.

*Heft 4 S c h o t t, Carl: Die Westküste Schleswig-Holsteins. Probleme der Küstensenkung. 1950.

Band XIV

*Heft 1 K a n n e n b e r g, Ernst-Günter: Die Steilufer der Schleswig-Holsteinischen Ostseeküste. Probleme der marinen und klimatischen Abtragung. 1951.

*Heft 2 L e i s t e r, Ingeborg: Rittersitz und adliges Gut in Holstein und Schleswig. 1952. (Gleichzeitig erschienen als Band 64 der Forschungen zur deutschen Landeskunde.)

Heft 3 R e h d e r s, Lenchen: Probsteierhagen, Fiefbergen und Gut Salzau: 1945-1950. Wandlungen dreier ländlicher Siedlungen in Schleswig-Holstein durch den Flüchtlingszustrom. 1953. X, 96 S., 29 Fig. im Text, 4 Abb.   5.00 DM

*Heft 4 B r ü g g e m a n n, Günter. Die holsteinische Baumschulenlandschaft. 1953.

Sonderband

*S c h o t t, Carl (Hrsg.): Beiträge zur Landeskunde von Schleswig-Holstein. Oskar Schmieder zum 60.Geburtstag. 1953. (Erschienen im Verlag Ferdinand Hirt, Kiel.)

Band XV

*Heft 1 L a u e r, Wilhelm: Formen des Feldbaus im semiariden Spanien. Dargestellt am Beispiel der Mancha. 1954.

*Heft 2 S c h o t t, Carl: Die kanadischen Marschen. 1955.

*Heft 3 J o h a n n e s, Egon: Entwicklung, Funktionswandel und Bedeutung städtischer Kleingärten. Dargestellt am Beispiel der Städte Kiel, Hamburg und Bremen. 1955.

*Heft 4 R u s t, Gerhard: Die Teichwirtschaft Schleswig-Holsteins. 1956.

Band XVI

*Heft 1 L a u e r, Wilhelm: Vegetation, Landnutzung und Agrarpotential in El Salvador (Zentralamerika). 1956.

*Heft 2 S i d d i q i, Mohamed Ismail: The Fishermen`s Settlements on the Coast of West Pakistan. 1956.

*Heft 3 B l u m e, Helmut: Die Entwicklung der Kulturlandschaft des Mississippideltas in kolonialer Zeit. 1956.

Band XVII

*Heft 1 W i n t e r b e r g, Arnold: Das Bourtanger Moor. Die Entwicklung des gegenwärtigen Landschaftsbildes und die Ursachen seiner Verschiedenheit beiderseits der deutsch-holländischen Grenze. 1957.

*Heft 2 N e r n h e i m, Klaus: Der Eckernförder Wirtschaftsraum. Wirtschaftsgeographische Strukturwandlungen einer Kleinstadt und ihres Umlandes unter besonderer Berücksichtigung der Gegenwart. 1958.

*Heft 3 H a n n e s e n, Hans: Die Agrarlandschaft der schleswig-holsteinischen Geest und ihre neuzeitliche Entwicklung. 1959.

Band XVIII

Heft 1 H i l b i g, Günter: Die Entwicklung der Wirtschafts- und Sozialstruktur der Insel Oléron und ihr Einfluß auf das Landschaftsbild. 1959. 178 S., 32 Fig. im Text und 15 S. Bildanhang. 9.20 DM

Heft 2 S t e w i g, Reinhard: Dublin. Funktionen und Entwicklung. 1959. 254 S. und 40 Abb. 10.50 DM

Heft 3 D w a r s, Friedrich W.: Beiträge zur Glazial- und Postglazialgeschichte Südostrügens. 1960. 106 S., 12 Fig. im Text und 6 S. Bildanhang. 4.80 DM

Band XIX

Heft 1 H a n e f e l d, Horst: Die glaziale Umgestaltung der Schichtstufenlandschaft am Nordrand der Alleghenies. 1960. 183 S., 31 Abb. und 6 Tab. 8.30 DM

*Heft 2 A l a l u f, David: Problemas de la propiedad agricola en Chile. 1961.

*Heft 3 S a n d n e r, Gerhard: Agrarkolonisation in Costa Rica. Siedlung, Wirtschaft und Sozialgefüge an der Pioniergrenze. 1961. (Erschienen bei Schmidt & Klaunig, Kiel, Buchdruckerei und Verlag.)

Band XX

*L a u e r, Wilhelm (Hrsg.): Beiträge zur Geographie der Neuen Welt. Oskar Schmieder zum 70.Geburtstag. 1961.

Band XXI

*Heft 1 S t e i n i g e r, Alfred: Die Stadt Rendsburg und ihr Einzugsbereich. 1962.

Heft 2 B r i l l, Dieter: Baton Rouge, La. Aufstieg, Funktionen und Gestalt einer jungen Großstadt des neuen Industriegebiets am unteren Mississippi. 1963. 288 S., 39 Karten, 40 Abb.im Anhang. 12.00 DM

*Heft 3 D i e k m a n n, Sibylle: Die Ferienhaussiedlungen Schleswig-Holsteins. Eine siedlungs- und sozialgeographische Studie. 1964.

Band XXII

*Heft 1 E r i k s e n, Wolfgang: Beiträge zum Stadtklima von Kiel. Witterungsklimatische Untersuchungen im Raume Kiel und Hinweise auf eine mögliche Anwendung der Erkenntnisse in der Stadtplanung. 1964.

*Heft 2 S t e w i g, Reinhard: Byzanz - Konstantinopel - Istanbul. Ein Beitrag zum Weltstadtproblem. 1964.

*Heft 3 B o n s e n, Uwe: Die Entwicklung des Siedlungsbildes und der Agrarstruktur der Landschaft Schwansen vom Mittelalter bis zur Gegenwart. 1966.

Band XXIII

*S a n d n e r, Gerhard (Hrsg.): Kulturraumprobleme aus Ostmitteleuropa und Asien. Herbert Schlenger zum 60.Geburtstag. 1964.

Band XXIV

Heft 1 W e n k, Hans-Günther: Die Geschichte der Geographie und der Geographischen Landesforschung an der Universität Kiel von 1665 bis 1879. 1966. 252 S., mit 7 ganzstg. Abb.   14.00 DM

Heft 2 B r o n g e r, Arnt: Lösse, ihre Verbraunungszonen und fossilen Böden, ein Beitrag zur Stratigraphie des oberen Pleistozäns in Südbaden. 1966. 98 S., 4 Abb. und 37 Tab. im Text, 8 S. Bildanhang und 3 Faltkarten.   9.00 DM

*Heft 3 K l u g, Heinz: Morphologische Studien auf den Kanarischen Inseln. Beiträge zur Küstenentwicklung und Talbildung auf einem vulkanischen Archipel. 1968. (Erschienen bei Schmidt & Klaunig, Kiel, Buchdruckerei und Verlag.)

Band XXV

*W e i g a n d, Karl: I. Stadt-Umlandverflechtungen und Einzugsbereiche der Grenzstadt Flensburg und anderer zentraler Orte im nördlichen Landesteil Schleswig. II. Flensburg als zentraler Ort im grenzüberschreitenden Reiseverkehr. 1966.

Band XXVI

*Heft 1 B e s c h, Hans-Werner: Geographische Aspekte bei der Einführung von Dörfergemeinschaftsschulen in Schleswig-Holstein. 1966.

*Heft 2 K a u f m a n n, Gerhard: Probleme des Strukturwandels in ländlichen Siedlungen Schleswig-Holsteins, dargestellt an ausgewählten Beispielen aus Ostholstein und dem Programm-Nord-Gebiet. 1967.

Heft 3 O l b r ü c k, Günter: Untersuchung der Schauertätigkeit im Raume Schleswig-Holstein in Abhängigkeit von der Orographie mit Hilfe des Radargeräts. 1967. 172 S., 5 Aufn., 65 Karten, 18 Fig. und 10 Tab. im Text, 10 Tab. im Anhang.   12.00 DM

Band XXVII

Heft 1 B u c h h o f e r, Ekkehard: Die Bevölkerungsentwicklung in den polnisch verwalteten deutschen Ostgebieten von 1956-1965. 1967. 282 S., 22 Abb., 63 Tab. im Text, 3 Tab., 12 Karten und 1 Klappkarte im Anhang.   16.00 DM

Heft 2 R e t z l a f f, Christine: Kulturgeographische Wandlungen in der Maremma. Unter besonderer Berücksichtigung der italienischen Bodenreform nach dem Zweiten Weltkrieg. 1967. 204 S., 35 Fig. und 25 Tab.   15.00 DM

Heft 3 B a c h m a n n, Henning: Der Fährverkehr in Nordeuropa - eine verkehrsgeographische Untersuchung. 1968. 276 S., 129 Abb. im Text, 67 Abb. im Anhang.   25.00 DM

Band XXVIII

*Heft 1 W o l c k e. Irmtraud-Dietlinde: Die Entwicklung der Bochumer Innenstadt. 1968.

*Heft 2 W e n k, Ursula: Die zentralen Orte an der Westküste Schleswig-Holsteins unter besonderer Berücksichtigung der zentralen Orte niederen Grades. Neues Material über ein wichtiges Teilgebiet des Programm Nord. 1968.

*Heft 3 W i e b e, Dietrich: Industrieansiedlungen in ländlichen Gebieten, dargestellt am Beispiel der Gemeinden Wahlstedt und Trappenkamp im Kreis Segeberg. 1968.

Band XXIX

Heft 1 V o r n d r a n, Gerhard: Untersuchungen zur Aktivität der Gletscher, darge- stellt an Beispielen aus der Silvrettagruppe. 1968. 134 S., 29 Abb. im Text, 16 Tab. und 4 Bilder im Anhang.   12.00 DM

Heft 2 H o r m a n n, Klaus: Rechenprogramme zur morphometrischen Kartenauswer- tung. 1968. 154 S., 11 Fig. im Text und 22 Tab. im Anhang.   12.00 DM

Heft 3 V o r n d r a n, Edda: Untersuchungen über Schuttentstehung und Ablage- rungsformen in der Hochregion der Silvretta (Ostalpen). 1969. 137 S., 15 Abb. und 32 Tab. im Text, 3 Tab. und 3 Klappkarten im Anhang.   12.00 DM

Band 30

*S c h l e n g e r, Herbert, Karlheinz P a f f e n, Reinhard S t e w i g (Hrsg.): Schleswig-Holstein, ein geographisch-landeskundlicher Exkursionsführer. 1969. Fest- schrift zum 33.Deutschen Geographentag Kiel 1969. (Erschienen im Verlag Ferdinand Hirt, Kiel; 2.Auflage, Kiel 1970.)

Band 31

M o m s e n, Ingwer Ernst: Die Bevölkerung der Stadt Husum von 1769 bis 1860. Ver- such einer historischen Sozialgeographie. 1969. 420 S., 33 Abb. und 78 Tab. im Text, 15 Tab. im Anhang.   24.00 DM

Band 32

S t e w i g, Reinhard: Bursa, Nordwestanatolien. Strukturwandel einer orientalischen Stadt unter dem Einfluß der Industrialisierung. 1970. 177 S., 3 Tab., 39 Karten, 23 Diagramme und 30 Bilder im Anhang.   18.00 DM

Band 33

T r e t e r, Uwe: Untersuchungen zum Jahresgang der Bodenfeuchte in Abhängigkeit von Niederschlägen, topographischer Situation und Bodenbedeckung an ausgewählten Punkten in den Hüttener Bergen/Schleswig-Holstein. 1970. 144 S., 22 Abb., 3 Karten und 26 Tab.   15.00 DM

Band 34

*K i l l i s c h, Winfried F.: Die oldenburgisch-ostfriesischen Geestrandstädte. Ent- wicklung, Struktur, zentralörtliche Bereichsgliederung und innere Differenzierung. 1970.

Band 35

R i e d e l, Uwe: Der Fremdenverkehr auf den Kanarischen Inseln. Eine geographi- sche Untersuchung. 1971. 314 S., 64 Tab., 58 Abb. im Text und 8 Bilder im Anhang.   24.00 DM

Band 36

H o r m a n n, Klaus: Morphometrie der Erdoberfläche. 1971. 189 S., 42 Fig., 14 Tab. im Text.   20.00 DM

Band 37

S t e w i g, Reinhard (Hrsg.): Beiträge zur geographischen Landeskunde und Regional- forschung in Schleswig-Holstein. 1971. Oskar Schmieder zum 80.Geburtstag. 338 S., 64 Abb., 48 Tab. und Tafeln.   28.00 DM

Band 38

S t e w i g, Reinhard und Horst-Günter W a g n e r (Hrsg.): Kulturgeographische Un- tersuchungen im islamischen Orient. 1973. 240 S., 45 Abb., 21 Tab. und 33 Photos.   29.50 DM

Band 39

K l u g, Heinz (Hrsg.): Beiträge zur Geographie der mittelatlantischen Inseln. 1973. 208 S., 26 Abb., 27 Tab. und 11 Karten.   32.00 DM

Band 40

S c h m i e d e r, Oskar: Lebenserinnerungen und Tagebuchblätter eines Geographen. 1972. 181 S., 24 Bilder, 3 Faksimiles und 3 Karten.   42.00 DM

Band 41

K i l l i s c h, Winfried F. und Harald T h o m s: Zum Gegenstand einer interdiszipli- nären Sozialraumbeziehungsforschung. 1973. 56 S., 1 Abb.   7.50 DM

Band 42

N e w i g, Jürgen: Die Entwicklung von Fremdenverkehr und Freizeitwohnwesen in ihren Auswirkungen auf Bad und Stadt Westerland auf Sylt. 1974. 222 S., 30 Tab., 14 Diagramme, 20 kartographische Darstellungen und 13 Photos.   31.00 DM

Band 43

*K i l l i s c h, Winfried F.: Stadtsanierung Kiel-Gaarden. Vorbereitende Untersuchung zur Durchführung von Erneuerungsmaßnahmen. 1975.

Kieler Geographische Schriften
Band 44, 1976 ff.

Band 44

K o r t u m, Gerhard: Die Marvdasht-Ebene in Fars. Grundlagen und Entwicklung einer alten iranischen Bewässerungslandschaft. 1976. XI, 297 S., 33 Tab., 20 Abb.   38.50 DM

Band 45

B r o n g e r, Arnt: Zur quartären Klima- und Landschaftsentwicklung des Karpaten-beckens auf (paläo-) pedologischer und bodengeographischer Grundlage. 1976. XIV, 268 S., 10 Tab., 13 Abb. und 24 Bilder.   45.00 DM

Band 46

B u c h h o f e r, Ekkehard: Strukturwandel des Oberschlesischen Industr, reviers unter den Bedingungen einer sozialistischen Wirtschaftsordnung. 1976. X, 236 S., 21 Tab. und 6 Abb., 4 Tab und 2 Karten im Anhang.   32.50 DM

Band 47

W e i g a n d, Karl: Chicano - Wanderarbeiter in Südtexas. Die gegenwärtige Situation der Spanisch sprechenden Bevölkerung dieses Raumes. 1977. IX, 100 S., 24 Tab. und 9 Abb., 4 Abb. im Anhang.   15.70 DM

Band 48

W i e b e, Dietrich: Stadtstruktur und kulturgeographischer Wandel in Kandahar und Südafghanistan. 1978. XIV, 326 S., 33 Tab., 25 Abb. und 16 Photos im Anhang.
36.50 DM

Band 49

K i l l i s c h, Winfried F.: Räumliche Mobilität - Grundlegung einer allgemeinen Theorie der räumlichen Mobilität und Analyse des Mobilitätsverhaltens der Bevölkerung in den Kieler Sanierungsgebieten. 1979. XII, 208 S., 30 Tab. und 39. Abb., 30 Tab. im Anhang.   24.60 DM

Band 50

P a f f e n, Karlheinz und Reinhard S t e w i g (Hrsg.): Die Geographie an der Christian-Albrechts-Universität 1879-1979. Festschrift aus Anlaß der Einrichtung des ersten Lehrstuhles für Geographie am 12. Juli 1879 an der Universität Kiel. 1979. VI, 510 S., 19 Tab. und 58 Abb.   38.00 DM

Band 51

S t e w i g, Reinhard, Erol T ü m e r t e k i n, Bedriye T o l u n, Ruhi T u r f a n, Dietrich W i e b e und Mitarbeiter: Bursa, Nordwestanatolien. Auswirkungen der Industrialisierung auf die Bevölkerungs- und Sozialstruktur einer Industriegroßstadt im Orient. Teil 1. 1980. XXVI, 335 S., 253 Tab. und 19 Abb.   32.00 DM

Band 52

B ä h r, Jürgen und Reinhard S t e w i g (Hrsg.): Beiträge zur Theorie und Methode der Länderkunde. Oskar Schmieder (27. Januar 1891 - 12. Februar 1980) zum Gedenken. 1981. VIII, 64 S., 4 Tab. und 3 Abb.   11.00 DM

Band 53

M ü l l e r, Heidulf E.: Vergleichende Untersuchungen zur hydrochemischen Dynamik von Seen im Schleswig-Holsteinischen Jungmoränengebiet. 1981. XI, 208 S., 16 Tab., 61 Abb. und 14 Karten im Anhang.   25.00 DM

Band 54

A c h e n b a c h, Hermann: Nationale und regionale Entwicklungsmerkmale des Bevölkerungsprozesses in Italien. 1981. IX, 114 S., 36 Fig.   16.00 DM

Band 55

D e g e, Eckart: Entwicklungsdisparitäten der Agrarregionen Südkoreas. 1982. XXII, 332 S., 50 Tab., 44 Abb. und 8 Photos im Textband sowie 19 Kartenbeilagen in separater Mappe.   49.00 DM

Band 56

B o b r o w s k i, Ulrike: Pflanzengeographische Untersuchungen der Vegetation des Bornhöveder Seengebiets auf quantitativ-soziologischer Basis. 1982, XIV, 175 S., 65 Tab., 19 Abb.   23.00 DM

Band 57

S t e w i g, Reinhard (Hrsg.): Untersuchungen über die Großstadt in Schleswig-Holstein. 1983. X, 194 S., 46 Tab., 38 Diagr. und 10 Abb.   24.00 DM

Band 58

B ä h r, Jürgen (Hrsg.): Kiel 1879-1979. Entwicklung von Stadt und Umland im Bild der Topographischen Karte 1 : 25 000. Zum 32. Deutschen Kartographentag vom 11.-14. Mai 1983 in Kiel. 1983. III, 192 S., 21 Tab., 38 Abb. mit 2 Kartenblättern in Anlage. ISBN 3-923887-00-0.   28.00 DM

Band 59

G a n s, Paul: Raumzeitliche Eigenschaften und Verflechtungen innerstädtischer Wanderungen in Ludwigshafen/Rhein zwischen 1971 und 1978. Eine empirische Analyse mit Hilfe des Entropiekonzeptes und der Informationsstatistik. 1983. XII, 226 S., 45 Tab., 41 Abb. ISBN 3-923887-01-9.   30.00 DM

Band 60

P a f f e n †, Karlheinz und K o r t u m, Gerhard: Die Geographie des Meeres. Disziplingeschichtliche Entwicklung seit 1650 und heutiger methodischer Stand. 1984. XIV, 293 Seiten, 25 Abb. ISBN 3-923887-02-7.   36.00 DM

Band 61

*B a r t e l s †, Dietrich u.a.: Lebensraum Norddeutschland. 1984. IX, 139 Seiten, 23 Tabellen und 21 Karten. ISBN 3-923887-03-5.   22.00DM

Band 62

K l u g, Heinz (Hrsg.): Küste und Meeresboden. Neue Ergebnisse geomorphologischer Feldforschungen. 1985. V, 214 Seiten, 66 Abb., 45 Fotos, 10 Tabellen. ISBN 3-923887-04-3.   39.00 DM

Band 63

K o r t u m, Gerhard: Zuckerrübenanbau und Entwicklung ländlicher Wirtschaftsräume in der Türkei. Ausbreitung und Auswirkung einer Industriepflanze unter besonderer Berücksichtigung des Bezirks Beypazari (Provinz Ankara). 1986. XVI, 392 Seiten, 36 Tab., 47 Abb. und 8 Fotos im Anhang. ISBN 3-923887-05-1.   45.00 DM

Band 64

F r ä n z l e, Otto (Hrsg.): Geoökologische Umweltbewertung. Wissenschaftstheoretische und methodische Beiträge zur Analyse und Planung. 1986. VI, 130 Seiten, 26 Tab., 30 Abb. ISBN 3-923887-06-X.   24.00 DM

Band 65

S t e w i g, Reinhard: Bursa, Nordwestanatolien. Auswirkungen der Industrialisierung auf die Bevölkerungs- und Sozialstruktur einer Industriegroßstadt im Orient. Teil 2. 1986. XVI, 222 Seiten, 71 Tab., 7 Abb. und 20 Fotos. ISBN 3-923887-07-8.   37.00 DM

Band 66

S t e w i g, Reinhard (Hrsg.): Untersuchungen über die Kleinstadt in SchleswigHolstein. 1987. VI, 370 Seiten, 38 Tab., 11 Diagr. und 84 Karten. ISBN 3-923887-08-6. 48.00 DM

Band 67

A c h e n b a c h, Hermann: Historische Wirtschaftskarte des östlichen Schleswig-Holstein um 1850. 1988. XII, 277 Seiten, 38 Tab., 34 Abb., Textband und Kartenmappe. ISBN 3-923887-09-4.   67.00 DM

Band 68

B ä h r, Jürgen (Hrsg.): Wohnen in lateinamerikanischen Städten - Housing in Latin American cities. 1988. IX, 299 Seiten, 64 Tab., 71 Abb. und 21 Fotos.
ISBN 3-923887-10-8.   44.00 DM

Band 69

B a u d i s s i n - Z i n z e n d o r f, Ute Gräfin von: Freizeitverkehr an der Lübecker Bucht. Eine gruppen- und regionsspezifische Analyse der Nachfrageseite. 1988. XII, 350 Seiten, 50 Tab., 40 Abb. und 4 Abb. im Anhang.
ISBN 3-923887-11-6.   32.00 DM

Band 70

H ä r t l i n g, Andrea: Regionalpolitische Maßnahmen in Schweden. Analyse und Bewertung ihrer Auswirkungen auf die strukturschwachen peripheren Landesteile. 1988. IV, 341 Seiten, 50 Tab., 8 Abb. und 16 Karten.
ISBN 3-923887-12-4.   30.60 DM

Band 71

P e z, Peter: Sonderkulturen im Umland von Hamburg. Eine standortanalytische Untersuchung. 1989. XII, 190 Seiten, 27 Tab. und 35 Abb.
ISBN 3-923887-13-2.   22.20 DM

Band 72

K r u s e, Elfriede: Die Holzveredelungsindustrie in Finnland. Struktur- und Standortmerkmale von 1850 bis zur Gegenwart. 1989. X, 123 Seiten, 30 Tab., 26 Abb. und 9 Karten.
ISBN 3-923887-14-0.   24.60 DM

Band 73

B ä h r, Jürgen, Christoph C o r v e s & Wolfram N o o d t (Hrsg.): Die Bedrohung tropischer Wälder: Ursachen, Auswirkungen, Schutzkonzepte. 1989. IV, 149 Seiten, 9 Tab., 27 Abb.
ISBN 3-923887-15-9.   25.90 DM

Band 74

B r u h n, Norbert: Substratgenese - Rumpfflächendynamik. Bodenbildung und Tiefenverwitterung in saprolitisch zersetzten granitischen Gneisen aus Südindien. 1990. IV, 191 Seiten, 35 Tab., 31 Abb. und 28 Fotos.
ISBN 3-923887-16-7.   22.70 DM

Band 75

P r i e b s, Axel: Dorfbezogene Politik und Planung in Dänemark unter sich wandelnden gesellschaftlichen Rahmenbedingungen. 1990. IX, 239 Seiten, 5 Tab., 28 Abb.
ISBN 3-923887-17-5.   33.90 DM

Band 76

S t e w i g, Reinhard: Über das Verhältnis der Geographie zur Wirklichkeit und zu den Nachbarwissenschaften. Eine Einführung. 1990. IX, 131 Seiten, 15 Abb.
ISBN 3-923887-18-3   25.00 DM

Band 77

G a n s, Paul: Die Innenstädte von Buenos Aires und Montevideo. Dynamik der Nutzungsstruktur, Wohnbedingungen und informeller Sektor. 1990. XVIII, 252 Seiten, 64 Tab., 36 Abb. und 30 Karten in separatem Kartenband.
ISBN 3-923887-19-1.   88.00 DM